RECUEIL DE L'ACADÉMIE DE LÉGISLATION DE TOULOUSE.

ANNÉE 1862. — LIVRAISON SUPPLÉMENTAIRE.

LA FÉODALITÉ

ET

LE DROIT CIVIL FRANÇAIS

PAR

G. D'ESPINAY,

Juge au Tribunal de Saumur,

Membre correspondant de l'Académie de législation de Toulouse.

MÉMOIRE COURONNÉ PAR L'ACADÉMIE DE LÉGISLATION

Le 5 décembre 1858.

SAUMUR,

IMPRIMERIE DE P. GODET, PLACE DU MARCHÉ-NOIR, 1.

1862.

LA FÉODALITÉ

ET

LE DROIT CIVIL FRANÇAIS.

RECUEIL DE L'ACADÉMIE DE LÉGISLATION DE TOULOUSE.

ANNÉE 1862. — LIVRAISON SUPPLÉMENTAIRE.

LA FÉODALITÉ

ET

LE DROIT CIVIL FRANÇAIS

PAR

G. D'ESPINAY,

Juge au Tribunal de Saumur,

Membre correspondant de l'Académie de législation de Toulouse.

MÉMOIRE COURONNÉ PAR L'ACADÉMIE DE LÉGISLATION

Le 5 décembre 1858.

SAUMUR,

IMPRIMERIE DE P. GODET, PLACE DU MARCHÉ-NOIR, 1.

1862.

PRÉFACE.

L'étude historique du droit a fait depuis quelques années de grands progrès en France. On a compris que notre législation actuelle n'était souvent que la reproduction de l'ancien droit. De savants jurisconsultes ont montré que l'histoire seule pouvait éclairer le véritable sens des lois et que l'ignorance des origines réduisait la science juridique à une interprétation étroite et routinière.

L'académie de législation de Toulouse s'est associée à ce mouvement qui a rendu à l'étude du droit son véritable caractère et sa valeur scientifique. Après avoir mis au concours *L'Influence du droit canonique sur la législation française*, elle a pensé qu'il était utile d'approfondir aussi l'influence exercée par la féodalité sur notre droit civil. L'Église a dominé la société du moyen-âge et a transformé les lois de tous les peuples soumis à la foi catholique ; mais toutes les institutions de cette époque ne sont pas cependant d'origine ecclésiastique ; le régime féodal a imprimé partout aussi une trace profonde et marqué de sa rude empreinte les mœurs et la législation. Une étude sur la féodalité et sur son influence était donc le complément nécessaire de celle que l'académie avait déjà proposée.

Le programme développé par le savant et si re grettable Benech était fort étendu (1). Il fallait tracer le tableau des effets exercés par la féodalité sur l'état des personnes, sur le mariage et les caractères de l'association conjugale quant aux biens, sur la propriété et ses différents modes de jouissance, d'acquisition et de transmission, enfin sur les contrats et les obligations en général. Les concurrents devaient en outre comprendre dans leurs études les résultats de la réaction des légistes contre la féodalité et rechercher les traces que ce double mouvement peut avoir laissées dans nos lois et dans nos mœurs juridiques.

Il était difficile de parcourir dans le temps donné une pareille carrière. Ce sujet proposé pour 1857 dut être remis au concours pour l'année suivante. Cependant le mémoire couronné en 1858 laissait encore beaucoup à désirer; et, malgré de nombreuses lacunes, il avait surtout le défaut d'être trop long. L'auteur s'est efforcé de combler quelques vides, de retrancher les passages inutiles, de modifier les théories douteuses et de resserrer le plan. Il a tâché de faire droit aux observations qu'on a bien voulu lui proposer et de rendre son ouvrage moins indigne du suffrage dont l'académie de législation l'a honoré (2).

(1) Séance du 29 juillet 1855.
(2) L'Académie de législation n'accepte ni ne repousse les théories émises dans les ouvrages qu'elle couronne; l'auteur publie son travail sous sa propre responsabilité.

LA FÉODALITÉ

ET

LE DROIT CIVIL FRANÇAIS.

INTRODUCTION.

Fugit irreparabile tempus.

L'état politique de l'Europe, au moyen-âge, différait profondément des constitutions produites par les révolutions modernes. Le système féodal, dont l'histoire seule a conservé le souvenir, régissait alors tous les peuples occidentaux. Ce régime, tour à tour trop décrié et trop vanté par les écrivains, avait, malgré ses vices, sa raison d'être dans ces temps reculés : c'était la première forme sociale que l'Europe, à moitié barbare, pût alors recevoir. Ensevelie sous les ruines du passé, la féodalité appartient à l'histoire qui peut la juger aujourd'hui sans haine comme sans flatterie.

L'organisation sociale et politique des peuples a exercé à toutes les époques une immense influence sur leur législation civile. La loi qui gouverne l'État imprime une trace profonde sur celle qui régit la famille et la propriété. L'usage, qui est le premier législateur de tous les peuples, consacre, à défaut de lois écrites, l'accord du droit public et du droit privé. Chez les nations régies par la seule coutume et chez celles qui ont rédigé leurs lois, la même harmonie règne entre le droit civil et les institutions politiques.

Cette vérité, que démontrent toutes les législations humaines, ne se présente nulle part peut-être avec autant d'évidence que dans le droit féodal. Il n'y eut pas seulement au moyen-âge, dans l'organisation des peuples de l'Europe occidentale, influence réciproque de la loi civile sur la loi politique et de la loi politique sur la loi civile, il y eut plus : le droit public et le droit privé se confondirent presque complètement, et la loi féodale régit à la fois l'État, la famille et la propriété. S'il est vrai de dire, avec Mézeray : « que » sous la fin de la deuxième race le royaume était tenu selon les » lois des fiefs, se gouvernant comme un grand fief, plutôt que » comme une monarchie », il faut reconnaître aussi que chaque seigneurie féodale était en quelque sorte une petite monarchie.

A l'époque féodale, la souveraineté fut en effet morcelée entre une foule de petits princes dont elle devint la propriété privée. Il y eut alors autant de souverains qu'il y avait de provinces, de villes et de châteaux. Ces seigneurs exerçaient dans leurs domaines, pendant les premiers siècles de notre histoire, tous les droits qui sont aujourd'hui l'apanage exclusif du chef de l'État ; ils levaient des troupes et faisaient la guerre ; ils promulguaient des édits ou des bans ; ils faisaient rendre la justice en leur nom ; ils levaient des taxes de toute sorte sur le territoire soumis à leur domination ; ils exerçaient en un mot sur leurs sujets une autorité absolue et souvent tyrannique.

Les petits souverains féodaux, qui gouvernaient sans contrôle toute l'étendue de leurs domaines, ne jouissaient pas cependant d'une indépendance absolue ; il existait entre eux une hiérarchie fortement constituée ; le lien du vasselage les rattachait étroitement les uns aux autres. Le châtelain, duquel dépendaient quelques centaines de serfs et de vilains, était vassal du baron, auquel il avait prêté le serment féodal, et ce seigneur lui-même devait foi et hommage au duc ou au comte qui régissait la province par droit héréditaire. Chaque seigneur avait sous lui des vassaux qui le suivaient à la guerre, tandis qu'il était lui-même vassal d'un autre seigneur auquel il devait aussi le service militaire. Les terres étaient, comme les hommes, soumises à une hiérarchie déterminée ; chaque seigneurie relevait d'une autre seigneurie ; les manses des serfs et des censitaires étaient grevés de redevances en faveur du domaine dont ils dépendaient ; et le fief inférieur était aussi soumis à des charges de diverse nature au profit du fief dominant.

Cet ordre de choses donna naissance à une législation civile qui eut pour but de conserver les petites souverainetés héréditaires, avec tous les droits qui en dépendaient, entre les mains des familles dont elles formaient le patrimoine. La propriété et ses différents modes de jouissance et de transmission, le système des successions, celui des douaires et des tutelles subirent ainsi l'influence du régime féodal. Les seigneuries et les fiefs transformés en domaines privés tombèrent dans le commerce comme les autres biens ; l'usage établit des règles qui tinrent longtemps lieu de lois écrites.

Du IXe au XIIIe siècle, le régime féodal domina partout en France et en Europe ; puis les rois de l'Ile de France, qui n'exerçaient d'abord qu'une souveraineté nominale sur les autres provinces, acquirent peu à peu une puissance considérable ; ils agrandirent successivement leurs domaines aux dépens des seigneurs, réduisirent ceux-ci à l'obéissance, leur enlevèrent les droits régaliens et devinrent les monarques absolus de la France tout entière. La nation grandit à l'ombre de leur pouvoir ; et l'unité monarchique enfanta l'unité nationale. Dès lors le régime féodal vit arriver son ère de décadence ; du XIIIe au XVIe siècle, il s'affaiblit peu à peu ; mais après avoir perdu sa puissance politique il conserva cependant son organisation civile. Le droit féodal privé survécut longtemps au droit féodal public. Enfin la révolution de 1789, renversa complètement le système politique et social du moyen-âge.

Nous étudierons d'abord les origines de la féodalité ; nous verrons ensuite quelle influence elle a exercée pendant sa domination sur la législation civile, sur l'état des personnes, sur celui de la famille et de la propriété ; enfin nous chercherons à apprécier les effets de la lutte soutenue pendant plusieurs siècles contre les institutions féodales, par les légistes français, adversaires infatigables du régime seigneurial, champions dévoués de la monarchie absolue et du Tiers-État. Le régime féodal a succombé sous leurs efforts et sous les coups de la démocratie ; mais il existe encore dans les lois modernes des restes de l'ancienne organisation, conservés par les législateurs du XIX⁰ siècle comme ces débris antiques que l'on retrouve quelquefois dans les monuments d'un âge plus récent.

LIVRE PREMIER.

Origines féodales.

CHAPITRE PREMIER.

Établissement de la féodalité.

Pendant les derniers siècles de l'antiquité, le peuple romain étendit sa domination sur presque tout le monde connu ; toutes les nations du sud et de l'ouest de l'Europe lui furent soumises ; il établit partout une puissante unité politique ; il organisa une centralisation administrative savante et inconnue jusqu'alors ; il écrasa les vaincus sous le poids du plus lourd despotisme qui ait jamais existé.

Mais au Ve siècle, à l'époque de la grande invasion des barbares, la puissance romaine n'était plus que l'ombre d'elle-même ; menacée de toutes parts par les peuples du Nord, affaiblie par les guerres civiles, par les révoltes des Bagaudes et par sa propre corruption, elle s'écroulait rapidement. Vainement ses derniers généraux s'efforçaient d'arrêter l'ennemi, il fallait capituler avec lui ; on abandonnait successivement les provinces de l'empire aux étrangers et l'on cherchait des alliés parmi ces hommes qui venaient détruire les derniers restes de la domination des Césars.

La Gaule, à cette époque, était déjà partagée entre plusieurs peuples d'origine diverse. Les provinces du sud appartenaient aux Visigoths, celles de l'est aux Burgondes.

A l'ouest, les colons bretons, établis en Armorique par l'usurpateur Maxence, avaient fait revivre dans cette province les anciennes coutumes de la race kymrique. Les émigrés, chassés de l'île de Bretagne par les Anglo-Saxons, devaient plus tard s'y réfugier et former avec leurs anciens compatriotes une nation indépendante.

Au nord, les Francs, établis d'abord comme alliés de l'empire sur les terres fiscales des frontières romaines, avaient fini par occuper presque toutes les provinces belges (1). La nation franque se composait d'un grand nombre de tribus; chacune avait son chef particulier (2); mais elles élisaient un chef suprême, quand les besoins de la guerre l'exigeaient.

A la fin du Ve siècle, la tribu des Sicambres, la plus redoutable de toutes, avait à sa tête un jeune chef qui devait fonder un vaste empire (3). Doué d'une activité prodigieuse, Clovis battit à Soissons les légions gallo-romaines de Syagrius, mit en déroute à Vouglé les Visigoths et les Arvernes, ravagea successivement presque toutes les provinces gauloises, réunit par la ruse et par l'assassinat toutes les tribus franques sous sa domination, et mourut après avoir accompli en quelques années la conquête des Gaules (4). Ses successeurs régnèrent avec la plus cruelle barbarie; toute l'histoire de cette époque n'est que le récit d'une longue suite de guerres, de pillages et de crimes (5).

Mais au milieu de ces luttes sanglantes, Clovis jeta parmi les barbares le premier germe de la civilisation; il embrassa le catho-

---

(1) *Études sur l'époque mérovingienne*, par M. de Pétigny.

(2) *Juxta pagos vel civitates reges crinitos super se creavisse de primâ et ut ità dicam nobiliori suorum familiâ.* (Gregorius turonensis. Lib. II, Cap. 9).

(3) « *Mitis depone colla, Sicamber,* » disait saint Remi en baptisant Clovis. (Greg. tur. II. 31.)

(4) Greg. tur. II. 23. 27. 32.

(5) Greg. tur. *Passim*.

licisme, et prépara ainsi la grandeur de la France. Le clergé et les populations catholiques de la Gaule désiraient ardemment sa domination qui devait les délivrer de l'intolérance des rois ariens de Bourgogne et d'Aquitaine (1). Le baptistère de Reims fut le premier berceau de la nation française : le principe religieux fut le seul lien assez fort pour rattacher les différentes nations qui peuplaient la Gaule.

La conquête franque, en effet, ne créa ni l'unité nationale, ni l'unité monarchique. Après Clovis, comme avant lui, les peuples qui avaient succédé à la puissance romaine restèrent distincts ; chaque nation conserva ses mœurs, son langage, son individualité propre et sa législation.

L'Aquitaine resta fidèle au droit impérial (2), et conserva son organisation municipale avec les mœurs et la civilisation de ses anciens maîtres. On appelait encore au VIIe siècle ses habitants *les Romains d'outre Loire* (3). La langue latine qu'on parlait purement dans cette province, sous la domination romaine (4), s'y altéra toutefois peu à peu et donna naissance au roman méridional.

Les Burgondes, soumis par les fils de Clovis, gardèrent aussi leurs anciens usages ; ils obéirent toujours à la loi Gombette, recueil des coutumes rédigées par les rois de leur nation.

A l'autre extrémité de la Gaule, les Bretons luttèrent énergiquement pendant plusieurs siècles pour maintenir leur indépendance. Sans cesse ils envahissaient le territoire des Francs (5). Souvent vaincus, jamais soumis, ils repoussaient, comme une usurpation des droits de leurs chefs, la domination des rois de la Gaule (6) ; et la haine qu'ils leur portaient s'exhalait dans les chroniques bre-

---

(1) *Omnes eos amore desiderabili cuperent regnare.* (Greg. tur. II. 23.)

(2) *In illa terrâ in quâ judicia secundum legem romanam terminantur...* (*Edictum pistense*, c. 16. Balluze, tom. II.)

(3) *Chron. de Frédégaire.*

(4) D. Vaissette. *Histoire du Languedoc*, L. VI, n° 96.

(5) Greg. tur. V. 32. — *Ermoldus niger*, Cant. 3.

(6) *Chron. Briocence.* D. Morice. *Preuves de l'histoire de Bretagne*, tom. I, col. 17.

tonnes, en termes injurieux (1). Restés fidèles à la vieille langue kymrique, ils célébraient, dans leurs poëmes, les luttes acharnées qu'ils avaient soutenues contre les princes germains (2). Leur organisation politique et leur législation étaient aussi complètement nationales (3).

Au nord de la Loire seulement, la domination franque était solidement assise. Dans ces contrées, la population germanique était nombreuse, les rois et les guerriers francs s'étaient fixés sur les vastes domaines que le sort des armes leur avait donnés et qui probablement provenaient surtout du fisc romain (4). Toutefois la race tudesque et la race gallo-romaine restèrent distinctes pendant plusieurs siècles. Les Francs obéissaient aux coutumes germaniques (5), parlaient la langue tudesque (6) et conservaient leurs mœurs, leurs usages et même leurs anciens costumes (7). Ils s'estimaient eux-mêmes bien au-dessus des vaincus et le wergheld du barbare était double de celui du Romain (8). Les Gallo-Romains, même dans les provinces du nord, gardaient aussi leurs lois, leurs mœurs et leurs usages; le droit romain et le droit germanique étaient simultanément en vigueur dans la même contrée (9). On y parlait à la fois la langue des conquérants et le roman rustique, latin dégé-

---

(1) *Chron. Britannicum*, anno 970. D. Morice. *Preuves*. Tom. I, col. 101.

(2) *Laz-Bzeiz.* V^e et VIe chants. *Chants populaires de la Bretagne*, traduits par M. de la Villemarqué.

(3) Voir les anciennes chartes bretonnes. D. Morice. D. Lobineau. *Passim*.

(4) Les chartes du VIe siècle et des siècles suivants mentionnent à chaque instant les terres fiscales que les rois francs distribuaient aux églises ou aux hommes de guerre.

(5) *Si quis barbarum occidit qui lege salica vivit...* (*Lex salica emendata*, t. 43, c. 1. Pardessus, V^e texte.)

(6) *Si quis quod nos teudiscâ lingua* heriliz *dicimus fecerit....* (*Capitul.* 779. c. 81. *Leges Langobardorum*. Canciani, tom. I.)

« Pepin eut un fils qu'il nomma *Karl* dans sa propre langue » (Continuateur de Frédégaire.)

(7) *Vestiri solitus erat more Francorum*. Eginhard. *Vie de Charlemagne*.

(8) *Lex salica emendata*, t. 43, c. 1. 4. 6. 7.— *Lex Ripuariorum*, t. 36.

(9) *Capit. Chlotarii*, c. 4, en 610. Balluze. tom. I. — *Lex Ripuar.* t. 58, c. 1.

néré auquel l'ignorance des temps et le mélange des mots barbares avaient fait subir de nombreuses altérations (1). Mais avec le temps les coutumes se modifièrent comme la langue ; les anciens habitants du pays admirent de nombreux usages empruntés aux Germains, tandis que ceux-ci adoptaient plusieurs dispositions du droit romain. A la fin du IXe siècle, l'application du droit romain, comme loi personnelle, était devenue rare et difficile dans les contrées situées au nord de la Loire (2).

La conquête franque brisa l'ancienne centralisation impériale et mit partout le morcellement à la place de l'unité politique. Clovis, en faisant tuer les autres rois ou chefs francs, ses parents ou ses alliés, avec l'aide desquels il avait conquis la Gaule, n'établit l'unité de gouvernement que d'une manière passagère (3). Ses fils et ses successeurs partagèrent entre eux les villes et les provinces conquises, avec les trésors et les domaines de leurs pères ; ils en faisaient des lots qu'ils tiraient au sort (4) ; ils les donnaient en dot et en *morgengab* à leurs épouses (5) ; ils en gratifiaient les églises et les hommes de guerre ; ils les considéraient et les régissaient en un mot comme des biens privés, et conformément à leurs coutumes nationales. S'il n'y eut plus, après la mort du conquérant, autant de rois que de tribus, il y en eut toutefois presqu'autant que de provinces.

Les princes mérovingiens voulurent cependant faire revivre les traditions romaines ; ils s'entourèrent d'une cour organisée comme celle des empereurs, tentèrent de conserver ou de rétablir les anciens impôts et cherchèrent à reconstituer l'administration romaine ; mais ces essais échouèrent complètement.

A la fin de la première race, la Gaule était plus divisée que

---

(1) Concile de Tours, en 813, c. 17 ; — de Reims, en 813, c. 15. Labbe. tom. VII.

(2) Extrait des *Acta Sanctorum*. Ginouilhac. *Hist. de la Communauté*. App. I.

(3) *Interfectisque et aliis multis regibus, vel parentibus suis* (Greg. tur. II. 42.)

(4) Greg. tur. III. 1. — IV. 42.

(5) *Traité d'Andelot*. Balluze, tom. I,

jamais. L'Aquitaine, devenue indépendante sous les successeurs de Charibert, soutint pendant un siècle une lutte sanglante et acharnée contre Charles Martel, contre Pepin et contre Charlemagne; elle fut domptée, mais sans perdre l'espoir de recouvrer la liberté (1). Les Basques ou Gascons, qui avaient donné à la Gaule méridionale des ducs issus de la race de leurs chefs nationaux, s'unissaient aux Aquitains contre les Francs. Les chroniques mentionnent à chaque instant les révoltes et les incursions de ces montagnards, que les rois du Nord repoussaient fréquemment, sans pouvoir jamais les assujétir (2). Les Wisigoths gardèrent longtemps la Septimanie où Clovis n'avait pas pénétré.

La race franque elle-même était en proie à de profondes divisions; deux tribus germaniques rivales, celle des Ripuaires et celle des Saliens, qui ne suivaient pas la même loi, occupaient l'Austrasie et la Neustrie. Elles combattirent longtemps pour la suprématie; la bataille de Testry décida la question en faveur de la première. Cette victoire amena bientôt la chute de la race de Clovis, et la famille austrasienne de Pépin d'Héristall régna sur toutes les contrées conquises par les Francs.

Cette dynastie nouvelle, qui ne produisit d'abord que de grands princes, chercha, mais vainement aussi, à rétablir l'unité politique. Sous le règne de Charlemagne, les traditions romaines se ranimèrent un instant; le restaurateur de l'empire d'Occident semblait appelé à constituer l'unité dans le monde barbare. Ce vaste génie, qui embrassait à la fois la guerre, la politique et les lettres, régissait d'une main ferme toutes les parties de son immense empire : vainqueur des Saxons, des Slaves, des Avares, des Lombards, des Aquitains et des Sarrasins, il réunit sous sa domination toutes les contrées de l'Europe occidentale. Il réforma les lois de ces nations différentes et fut assez fort pour les faire exécuter; il s'efforça d'introduire l'ordre dans l'administration : guerre, justice et finances, il savait tout régler; ses *missi* parcouraient sans cesse les provinces de l'Empire et lui rendaient compte de leurs travaux. Au sein des

---

(1) D. Vaissette, *Hist. du Languedoc*, L. VII et suiv.
(2) *Chron. de Frédégaire*. — Annales d'Eginhard. *Passim*.

assemblées, qu'il tenait annuellement dans son palais, il s'informait exactement de ce qui se passait d'une extrémité à l'autre de ses États; il décidait tout par lui-même, avec la précision, la sûreté de vues et l'énergie qui caractérisent les grands génies politiques (1).

Si l'unité de l'empire d'Occident ne survécut pas à son fondateur, il ne faut pas penser cependant que les travaux de Charlemagne soient demeurés sans résultat. Il arrêta au nord et à l'est l'invasion des peuples germains, slaves et hunniques, encore païens, et au midi celle des musulmans; il porta le christianisme et la civilisation jusqu'au fond de la Germanie; il fut le plus ferme appui de l'Eglise et de la Papauté; il établit les bases sur lesquelles devait reposer l'organisation de toute l'Europe occidentale, et, suivant la belle expression d'un écrivain moderne, *il fut le père de l'Europe* (2).

Cependant l'unité politique qu'il avait établie ne pouvait être maintenue que par la force de son génie. La diversité des races était, en effet, restée sous Charlemagne ce qu'elle était du temps des Mérovingiens; au IXe siècle, comme au VIe, l'empire des Francs n'avait aucune homogénéité nationale. Les peuples différaient par les lois et par les mœurs, par le langage et par les intérêts politiques; aucune loi commune, aucun lien puissant, sauf l'unité des croyances religieuses, ne les rattachait entr'eux, et lorsque la main de fer de Charlemagne eut cessé de les retenir, ils ne songèrent plus qu'à se séparer. L'empire carlovingien fut bientôt démembré, comme l'avaient été les États des rois-mérovingiens.

Dès le règne de Louis-le-Pieux, on vit la nation gallo-franque inspirer des craintes au chef de l'empire (3). Moins d'un demi-siècle après la mort de Charlemagne, ses petits-fils avaient secoué le joug de la puissance impériale et réduit au néant les droits de Lothaire à la suprématie. Après la bataille de Fontanet, où les Germains et les

---

(1) Hincmar. *De ordine palatii.*
(2) Rorhbacher, *Histoire universelle de l'Église catholique.*
(3) *Diffidens quidem Francis, magis se credens Germanis.* (L'Astronome. *Vie de Louis-le-Pieux.*)

Gallo-Francs combattirent ensemble avec tant d'acharnement contre le représentant de l'unité, l'empire d'Occident n'exista plus que de nom. Les pays de langue romane se séparèrent violemment des pays de langue tudesque (1); la France, l'Italie, la Germanie se constituèrent en États indépendants, tandis que les Saxons s'efforçaient de secouer le joug. La France elle-même se subdivisa; le Midi se sépara du Nord; le duché de France, l'Aquitaine, la Gascogne, le Languedoc formèrent des États indépendants; la Bourgogne et la Lorraine, détachées des États Lotharingiens, devinrent aussi des souverainetés particulières. La Bretagne, vaincue par Louis-le-Débonnaire, avait recouvré son indépendance avec Nemonoë. En 912, Charles-le-Simple fut obligé de céder les côtes de la Manche à Rollon et à ses pirates scandinaves. L'établissement des Normands créa un nouvel État, qui devint redoutable pour les rois de France. A la fin du X⁰ siècle, les Carlovingiens ne possédaient plus en propre que quelques cités situées au nord de la Seine.

Le démembrement de l'empire ne s'arrêta pas là; chaque Etat se subdivisa à l'infini, et l'on vit une foule de principautés différentes naître ou se développer dans chaque contrée, sur un sol habité par des hommes de même race et de même langue. A la fin du IX⁰ siècle, sept royaumes et vingt-neuf petits Etats avaient en effet remplacé l'empire carlovingien. Dans les dernières années du X⁰ siècle, leur nombre s'élevait jusqu'à cinquante-neuf (2), et ces Etats eux-mêmes furent morcelés en une foule de fiefs ou de petites souverainetés d'ordre inférieur. C'est alors que commence l'époque féodale.

Les origines du régime féodal ont donné lieu, ainsi que les causes de la dissolution de l'empire carlovingien, à de nombreuses controverses entre les historiens du siècle dernier, et malgré les progrès de la science, la lumière n'est peut-être pas encore faite sur tous les points.

D'après l'ancienne école historique, la monarchie française était régulièrement constituée dès le règne de Clovis ou même de Pharamond; l'établissement du régime féodal en a brisé l'antique et belle

---

(1) Nithard. *Histoire des dissensions des fils de Louis-le-Pieux.*
(2) M. Guizot. *Histoire de la Civilisation en France*, leçon 24⁰.

unité. L'ambition des seigneurs, les invasions des Normands, la misère des peuples et l'ignorance universelle ont seules amené le démembrement et la chute de l'empire carlovingien. La féodalité est née spontanément vers la fin du X⁰ siècle ; Hugues Capet l'a créée en sanctionnant l'hérédité des bénéfices et les usurpations des gouverneurs de province. Cette révolution a soumis toutes les personnes au servage de la glèbe, toutes les terres à la directe seigneuriale (1). Le droit romain et les lois germaniques ont disparu dans l'anarchie du X⁰ siècle et la féodalité seule a créé toutes les coutumes (2).

L'étude des sources a fait de nos jours justice de ce système qui n'établissait aucune différence entre la royauté de Clovis et celle de Louis XIV et qui prêtait au V⁰ siècle les mœurs et les institutions du XVII⁰ (3). L'unité monarchique n'a pas commencé avec notre histoire ; elle s'est formée lentement au contraire sur les ruines de la féodalité. Les explications, données par l'ancienne école sur les causes du démembrement de l'empire de Charlemagne, sont étroites et sans portée, ainsi que l'ont établi les historiens modernes (4). Le régime seigneurial n'est pas né spontanément au X⁰ siècle. On le trouve en germe dès les premiers temps de notre histoire dans les mœurs et dans les lois. La féodalité se rattache par de nombreux liens à l'organisation sociale des époques précédentes ; mais elle n'est pas sortie non plus toute formée des forêts de la Germanie, comme l'ont prétendu d'autres écrivains (5) ; elle n'a pas été l'œuvre exclusive de la conquête franque au V⁰ siècle, suivant l'opinion de certains historiens, aujourd'hui abandonnée (6).

Le système féodal comprenait au moyen-âge une foule d'ins-

---

(1) Chantereau-Lefebvre. *Traité des Fiefs*, liv. I, ch. 10. — Voir aussi Furgole. *Traité du Franc-Alleu*, ch. 2.

(2) Claude Fleury. *Hist. du Droit français*.

(3) Aug. Thierry. *Lettres sur l'Hist. de France*, lettre 9ᵉ.

(4) M. Guizot. *Hist. de la Civilisation en France*, leçon 24ᵉ.

(5) Dumoulin. *Traité des Fiefs*, nᵒˢ 12 et 13. — Montesquieu. *Esprit des Lois*, liv. XXX.

(6) Loiseau. *Traité des Seigneuries*, ch. 1. — Boulainvilliers. *Hist. de l'ancien gouvernement de la France*.

titutions qui n'avaient ni la même date ni la même origine. De nombreux débris de la domination romaine restèrent debout après la chute de l'empire des Césars (1), tandis que les Germains importaient en Gaule leurs mœurs belliqueuses et barbares (2). Le système féodal ne fut pas en effet l'œuvre d'un seul jour, ni celle d'un seul homme, il a fallu plusieurs siècles pour sa formation complète; les divers éléments dont il est sorti ont subi des transformations successives; ce régime s'est développé peu à peu pendant l'époque mérovingienne et surtout pendant l'époque carlovingienne. Les révolutions politiques de ce temps ont eu une large part à son établissement; toutefois elles ne l'ont pas créé tout d'une pièce. Au Xe siècle il atteignit son apogée, mais ses origines se perdent dans l'obscurité des temps. Il ne faut pas prendre pour le berceau de la féodalité, le siècle où elle parvint à l'âge viril, ni la voir toute formée alors qu'elle n'existait qu'en germe.

Nous devons étudier rapidement l'organisation de la Gaule romaine et celle des tribus germaniques qui l'ont conquise, voir comment ces institutions diverses se sont fondues ensemble et rechercher la portée des modifications qu'elles ont subies du VIe au Xe siècle.

(1) La persistance des institutions et des lois romaines, sous les Mérovingiens, a été parfaitement mise en lumière par l'abbé Dubos, Lehuërou, Savigny, A. Thierry, M. Guizot, M. de Pétigny, et en général par tous les historiens modernes.

(2) Klimrath et l'école allemande ont montré l'influence des lois germaniques sur la formation des coutumes françaises. — Voir aussi les ouvrages de MM. Laboulaye, Kœnigswarter, etc.

CHAPITRE II.

Institutions romaines.

L'élément romain a exercé une influence incontestable sur l'établissement d'un certain nombre d'institutions qui sont restées en vigueur sous le régime féodal. Il suffit pour en avoir la preuve de jeter un rapide coup-d'œil sur le gouvernement des provinces, sur le service militaire, sur les impôts, sur l'état des personnes et des terres pendant les derniers temps de la domination impériale.

Au IVe et au Ve siècle, des magistrats appelés *consulares, rectores, præsides,* et quelquefois *comites* par les lois romaines, gouvernaient les provinces, sous la direction des préfets du prétoire et de leurs vicaires (1). Ces derniers régissaient les grandes divisions de l'empire, c'est-à-dire les préfectures et les diocèses.

Le gouverneur de province était le lieutenant de l'Empereur et son représentant ; il appartenait dans la hiérarchie de la noblesse impériale à la classe des *clarissimi;* il exerçait l'*imperium* et le *jus gladii;* il avait la direction des différentes branches de l'administration civile, de la police et de la justice ; il était le *judex ordinarius* de la province ; il connaissait comme juge de première instance de toutes les causes civiles qui excédaient la compétence des magistrats municipaux ou qui exigeaient l'exercice de l'*imperium;* comme juge de seconde instance, des appels portés contre les sentences des magistrats municipaux ; il avait la pleine juridiction criminelle, il connaissait aussi des causes relatives à certaines personnes privilégiées. Il n'avait pas l'autorité militaire ; elle appartenait aux *magistri militum,* aux *duces* et aux *comites rei militaris* (2) ; quant aux finances,

---

(1) Quelques gouverneurs de province portaient le nom de proconsuls et passaient de suite après les préfets du prétoire. (*Notitia dignitatum imperii.*)

(2) Il y avait, pendant les derniers siècles de l'empire, des comtes civils et des comtes militaires. (*Cod. Just.,* lib. XII, t. 12, 13, 14.)

ses attributions se combinaient avec celles des fonctionnaires fiscaux (*advocati fisci*) (1).

Au-dessous de lui venaient les magistrats municipaux qui administraient les cités. Dans les derniers siècles de l'empire, la législation mit à la tête de chaque ville, un fonctionnaire appelé *defensor*, chargé de protéger les habitants et d'exercer une certaine juridiction d'ordre inférieur (2). Nous verrons quelle extension prit sous la domination germanique le pouvoir des gouverneurs de province et ce que devint le régime municipal.

Les évêques exerçaient aussi une juridiction dont parlent souvent les anciens monuments du droit canonique et qui fut sanctionnnée par la législation impériale ; elle s'étendait non-seulement sur les clercs, mais encore sur les laïques quand ils réclamaient l'arbitrage du pontife (3). Le pouvoir temporel des évêques devait s'accroître encore après la chute de l'empire romain et surtout sous le règne de la féodalité.

La domination romaine avait donc établi dans toute l'étendue de l'empire un système complet et combiné régulièrement en matière de juridiction. Il en était de même pour les finances. Toutes les provinces, à l'exception de celles qui jouissaient du *jus italicum*, payaient le tribut au fisc impérial ; on appelait pour cela les fonds provinciaux *tributaria* ou *stipendiaria prædia*.

Les principaux impôts étaient alors : l'impôt personnel (*capitatio*), l'impôt foncier appelé aussi *capitatio* et quelquefois *terrena jugatio*, divers péages perçus sur le transport et sur l'entrée des marchandises et que rappellent nos contributions indirectes (*portoria*), l'*aurum coronarium* qu'on payait à l'avènement des empereurs, les prestations en nature (*annonæ*), les corvées publiques (*angariæ, veredi*), etc. (4). L'impôt foncier était inscrit sur les registres publics,

---

(1) *Dig. De officio præsidis*, l. 4, l. 6, § 8 ; l. 10, 11, 12. — *Cod. Just. De accusat. et inscript.*, l. 1, 4, 6, 7. — *De appellationibus*, l. 5. — Novel XV, c. 5.

(2) *Cod. Just. De defensor. civit.*

(3) *Cod. Just. De episcop. audientia*, l. 7, 8. — Concile d'Antioche, en 341, c. 13, — de Chalcédoine, en 451, c. 4, — de Carthage, en 419, c. 12, 19.

(4) *Dig.*, l. 18, § 1, *De muneribus et honoribus*. — *Cod. Theod.*, lib. XI, t. 12, c. 1, 2. — XIII, t. 10, c. 8. — VII, t. 13, c. 1.

au nom et à la charge du propriétaire ; les colons devaient par tête la contribution personnelle ; mais le propriétaire était tenu d'en faire l'avance au fisc, et en opérait sur eux le recouvrement. Il devait la contribution personnelle pour tous ses esclaves. En fait et suivant un usage constant, il faisait acquitter tous les tributs ou prestations publiques par ses tenanciers (1). Ces divers tributs devaient devenir plus tard la source d'une foule de droits seigneuriaux. Les gouverneurs de province et les autres fonctionnaires publics recevaient pour traitement une partie de l'impôt payé par le territoire soumis à leur juridiction soit en argent, soit en nature. Ces attributions, appelées *delegationes*, étaient accordées même à de simples particuliers ; on appelait *honorati* les hauts fonctionniares qui avaient obtenu cette faveur (2). Les concessions de droits fiscaux durèrent pendant tout le moyen-âge.

Les curiales, attachés héréditairement à la curie ou collége municipal de leur cité, étaient responsables du recouvrement de l'impôt foncier. Cette responsabilité, si lourde pour eux, tomba en désuétude après la chute de la domination romaine.

La défense des frontières était assurée, comme le recouvrement de l'impôt, par une classe de personnes chargées de cet office. On donnait des terres vacantes situées sur les frontières de l'empire, à la charge de les défendre, soit à des vétérans, soit à des tribus barbares. L'histoire romaine mentionne fréquemment les établissements de colonies militaires faites dès le temps de la république par les chefs des armées romaines et plus tard par les empereurs sur les domaines du fisc. Ces terres, appelées tantôt *prædia militaria* et tantôt *terræ leticæ*, étaient exemptes de l'impôt foncier (*immunes*) ; elles passaient aux fils des concessionnaires avec les mêmes priviléges, mais à la condition qu'ils porteraient les armes comme leurs pères. S'ils étaient impropres au service militaire ou s'ils refusaient de s'y livrer, ils étaient soumis aux charges curiales. Une constitution impériale décida même que le fils du cohortale, comme celui du curiale, ne pouvait changer de position, et qu'ils devaient l'un et l'autre garder la

---

(1) *Cod. Just.*, lib. XI, t. 47, l. 20.
(2) *Cod. Theod.*, lib. XII, t. 1, c. 75.— *Cod. Just.*, lib. XI, t. 24, c. 75.

condition de leur père (1). Les *prædia militaria* ont été les premiers modèles des fiefs du moyen-âge, bien que ceux-ci en diffèrent par des points importants. L'obligation imposée aux propriétaires de fournir aux légions un certain nombre de *tirones*, pris parmi les colons de leurs domaines, contribuait aussi à assurer le recrutement de l'armée et le service militaire (2). Elle survécut à la domination romaine et persista sous une autre forme pendant l'époque féodale.

La classe des colons était vouée héréditairement à l'agriculture. L'état des cultivateurs resta durant les premiers siècles du moyen-âge ce qu'il était à peu près sous la législation romaine. Il faut donc recourir encore à ses dispositions pour rendre compte de l'état des serfs et des colons sous le régime seigneurial. Le colon, bien que réputé libre de sa personne, fut attaché à la glèbe comme le serf par les lois impériales ; il ne pouvait quitter le lieu de sa naissance, sous peine d'y être ramené par la force et sévèrement châtié ; on pouvait l'acquérir par prescription. En cas de vente du domaine, il passait à l'acquéreur avec la terre qu'il cultivait ; il ne pouvait ni aliéner la tenure dont il jouissait, ni même disposer de son pécule. La descendance du colon appartenait à son maître ; en cas de mariage entre colons de divers domaines, le maître de la femme avait droit à une esclave vicaire pour la remplacer et au tiers des enfants, ou plutôt à une indemnité qui représentait leur valeur. Ce fut l'origine du droit de *formariage* qui subsista pendant une grande partie du moyen-âge. Le maître du mari conservait le reste de la famille, mais on ne devait pas toutefois séparer les époux. L'enfant né d'une femme libre et d'un colon ou d'un homme libre et d'une *colona* suivait la pire condition (3). Cette règle resta en vigueur sous le régime féodal.

L'emphytéote à concession perpétuelle fut aussi attaché à la glèbe

---

(1) *Cod. Theod.*, lib. VII, t. 15, c. 1 ; l. 20, c. 1, 2, 3 ; l. 22, c. 1, 2, 3, 4. — VIII, t. 4, c. 18. — XII, t. 1, c. 15. — XIII, t. 11, c. 9.

(2) *Cod. Theod.*, lib. VII, t. 13, c. 7, 8.

(3) *Cod. Just. De colonis thracensibus*, c. 1. — *Cod. Theod.*, lib. V, t. 9, c. 9 ; — t. 10, c. 1 ; — t. 11, c. 1 ; — lib. XIII, t. 10, c. 3. — *Novel. Theod.*, lib. II, t. 9 ; lib. V, t. 2. — *Cod. Just. De agricolis et censitis*, c. 21. — *Novel.* 156. *De prole partienda inter rusticos.*

par les lois impériales, il lui fut interdit de la quitter sous aucun prétexte (1).

Chaque *villa* ou domaine romain se composait ordinairement de deux parties distinctes : l'une que le maître se réservait en propre et qu'il faisait exploiter pour son compte, sous la direction d'un *villicus*, par des esclaves ou par des serfs attachés à la glèbe ; l'autre qu'il concédait soit à des colons ou emphytéotes, soit à des serfs assimilés aux colons (2).

Le concessionnaire était tenu de payer une redevance au propriétaire ; cette redevance était fixe et ne pouvait être élevée par le maître (3). L'emphytéote était mis en possession par le propriétaire ; il ne pouvait aliéner le fonds sans l'autorisation de celui-ci, et devait en cas de vente lui payer un droit appelé *laudemium ;* le bailleur avait en outre un droit de préférence ou de retrait. Une loi insérée au code de Justinien décida que si l'emphytéote voulait vendre le fonds il devait d'abord l'offrir au propriétaire ; celui-ci avait un délai de deux mois pour racheter sa terre. Le droit primitif du bailleur n'était pas aboli par la concession (4). Le cens, les lods et ventes, le retrait seigneurial et le droit de préemption des coutumes féodales existaient donc déjà dans l'emphytéose du droit romain.

Les droits du serf attaché à la glèbe (*servus adscripticius*) sur la terre concédée étaient bien moins étendus que ceux de l'emphytéote ; il n'avait qu'une jouissance complètement précaire. Le maître pouvait le chasser aussi facilement qu'il pouvait affranchir son esclave (5).

Le sort des esclaves ou serfs de la glèbe avait reçu de notables améliorations sous la domination des empereurs chrétiens ; grâce à l'influence de l'Eglise, on avait adouci l'esclavage et facilité l'affranchissement (6). Mais tandis que la position de l'esclave s'était élevée, celle du colon, par suite du malheur des temps, s'était

---

(1) *Cod. Just. De mancipiis et colonis*, c. 4.
(2) *Dig. De instructo vel instrum. legato*, l. 12, § 2, 3.
(3) *Cod. Just. In quibus causa coloni*, c. 1.
(4) *Cod. Just. De jure emphyteutico*, c. 3.
(5) *Cod. Just. De agricolis et censitis*, c. 21.
(6) *Cod. Theod.*, lib. II, t. 25, c. 1 ; — III, t. 1, c. 5 ; — IV, t. 7, c. 1 ; t. 11, c. 1 ; — XI, t. 3, c. 2.

rapprochée du servage de la glèbe, qui fut pendant le moyen-âge l'état de la plus grande partie des cultivateurs.

Le maître avait sur tous les hommes qui dépendaient de lui un pouvoir domestique fort étendu. Dans l'antiquité païenne, il disposait de la vie de ses esclaves et leur infligeait les châtiments les plus atroces. L'influence du christianisme modifia cet état de choses, mais sans enlever au maître le droit de corriger ses serfs en leur appliquant la peine des verges et celle de la prison (1). Les domaines romains renfermaient un grand nombre d'esclaves attachés les uns à la culture des terres, les autres à l'exercice des différents métiers ou au service de la maison (2). Ils comprenaient une vaste étendue de terre et quelquefois des villages entiers; chaque domaine formait en quelque sorte un petit Etat (3). En Gaule, avant la conquête romaine, le peuple, opprimé par la noblesse, était réduit à un état voisin de l'esclavage (4). Cet état de choses persista sous la domination des Césars.

Une foule de cultivateurs, incapables de se protéger eux-mêmes contre les exactions des officiers impériaux, aliénaient leur liberté, afin d'échapper aux charges publiques, et se mettaient avec leur bien dans la clientelle des hommes riches et influents (5). La loi prononçait en vain la peine de mort contre l'agriculteur qui réclamait le *patrocinium* d'un homme puissant et celle de l'amende ou même de la confiscation contre le patron ; les cultivateurs et les petits propriétaires n'en continuaient pas moins à chercher dans le patronage un abri contre la tyrannie du fisc (6). Le patron protégeait son

---

(1) *Cod. Just. l. unica, de emend. serv.*

(2) *Dig. De instructo vel instrum. legato*, l. 12, § 5, 6. — Il y avait en outre dans les villes des ouvriers libres, organisés par corporations, et qui exerçaient héréditairement leur profession. (*Cod. Theod.*, lib. XIV, t. 2 et suiv.; — XV, t. 2, c. 7.)

(3) *Villarum infinita spatia, familiarum numerum et nationes.* (Tacit. *annal.*, lib. III, c. 53.)

(4) Cæsar. *De bell. gall.*, VI, 13.

(5) *Tradunt se ad tuendum protegendumque majoribus, dedititios se divitum faciunt et quasi in jus eorum, ditionemque transcendunt.* (Salvian. *De gubernatione Dei*, lib. V, c. 8.)

(6) *Cod. Theod.*, lib. XI, t. 24, c. 2, 5.

client, et souvent même lorsque celui-ci s'était rendu coupable de quelque crime, il parvenait à le soustraire aux justes rigueurs de la loi (1). Il est impossible de ne pas reconnaître, dans cette protection accordée par les grands à leurs clients et dans la sujétion de ceux-ci envers leurs patrons, l'une des sources du vasselage féodal.

Enfin les affranchis restaient soumis à certains devoirs à l'égard de leurs patrons, et ces derniers avaient des droits à exercer sur la succession de leurs affranchis décédés sans enfants. La manumission laissait toujours subsister un certain lien entre l'homme nouvellement libre et son ancien maître (2).

Le grand propriétaire romain, entouré d'une foule d'esclaves, de serfs, de colons, de clients et d'affranchis, exerçait donc au milieu de ses vastes domaines une sorte de souveraineté; souvent il pillait et massacrait ses voisins (3); quelquefois il faisait fortifier sa demeure en dépit des lois qui le défendaient (4) et levait à ses propres frais, comme l'arverne Ecdicius, une armée de colons et de clients (5). L'usage des forteresses et des guerres privées ne date pas seulement du X° siècle, il remonte à une époque beaucoup plus ancienne; c'est encore un trait de ressemblance entre les mœurs et les coutumes des derniers temps de l'empire romain et celles des siècles féodaux.

(1) *Cod. Just. De defensor. civit.*, l. 6.
(2) *Cod. Theod.*, lib. IV, t. 11, c. 1. — *Novel. Theod.*, lib. II, t. 6.
(3) *Querolus : fac ut sim privatus et potens. — Lar. Potentiam cujusmodi requiris? — Quer. Ut liceat vicinos spoliare et cædere. — Lar. Latrocinium, non potentiam requiris : tamen inveni, vade, ad Ligerim vivito.* (*Aulularia.*)
(4) *Cod. Theod.*, lib. VII, t. 15, c. 2.
(5) *Taceo te collegisse privatis viribus publici exercitus speciem.* (Sid. Apoll. *epist.* 3.)

CHAPITRE III.

Institutions germaniques.

L'élément germanique a exercé, comme l'élément romain, une influence considérable sur la formation du régime féodal; il faut donc étudier aussi les mœurs et les coutumes des conquérants.

La tribu germanique se composait d'un certain nombre de familles qui gardaient le vague souvenir d'une commune origine (1). En temps de guerre, d'après César, chaque tribu élisait un chef qui la conduisait au combat. En temps de paix, il n'y avait pas de chef commun; mais dans chaque canton, dans chaque bourgade, un chef particulier rendait la justice aux hommes libres. Les peuplades et les familles vivaient isolées sur leurs terres et mettaient leur gloire à s'entourer de vastes solitudes. Il n'y avait point alors de propriétés privées; les chefs partageaient annuellement les terres aux hommes de leurs tribus; chaque parenté, chaque famille recevait un lot que ses membres occupaient en commun; ces possessions ne duraient qu'une année, et à l'expiration du terme, la terre changeait de maître (2).

Au temps de Tacite, la communauté de biens régnait encore parmi les tribus germaniques; elles se donnaient toujours des chefs électifs qui rendaient la justice dans les cantons et dans les bourgs; ceux-ci étaient assistés par des centeniers (en tudesque *thung*), élus également parmi les habitants de chaque bourgade (3).

La famille tudesque était fortement constituée à cette époque; elle se composait d'un grand nombre de branches, dont l'ensemble

---

(1) *Merovicus a quo Franci Merovinci appellati sunt, quod quasi communis pater ab omnibus coleretur* (Roric. *Gesta Francorum.*)

(2) Cæsar. *De bell. gall.*, VI, 22, 23.

(3) Tacit. *De moribus Germanorum*, c. 6, 7, 11, 12, 26.

portait le nom de *fara, faramundia, genealogia,* ainsi que l'attestent les lois barbares (1). Tous les hommes qu'unissaient les liens du sang formaient entr'eux une étroite association ; ils marchaient ensemble au combat, car les bandes de guerriers ne se composaient pas de gens rassemblés au hasard, mais de familles et de parentés. Lorsqu'un Germain devait comparaître devant l'assemblée du peuple (*malberg*), ses parents l'accompagnaient et venaient jurer avec lui. Si l'un des membres de la famille était victime d'un meurtre, les autres devaient embrasser sa querelle et venger sa mort, et si le coupable se rachetait avec des troupeaux, les parents recevaient en commun le prix du sang. Quand un Germain venait à mourir, les héritiers naturels succédaient seuls ; l'usage du testament était inconnu (2).

Les mœurs des Germains étaient toutes militaires ; lorsqu'un jeune homme avait atteint l'âge de porter les armes, son père ou un proche parent le conduisait au malberg et lui remettait, en présence des guerriers, la framée et le bouclier ; le mineur était dès lors admis au rang des hommes libres et des guerriers (3).

Les Germains passaient leur vie au milieu d'expéditions guerrières et de courses de pillage. D'après Jules César, les hommes les plus braves de chaque tribu s'engageaient à suivre le chef qui entreprenait quelque expédition de ce genre ; ils ne pouvaient l'abandonner sans être traités de lâches et de déserteurs (4). Tacite parle aussi de la clientelle militaire. De son temps, les chefs mettaient leur gloire à s'entourer d'un grand nombre de *fidèles* ou de *compagnons* qui se dévouaient entièrement à eux, les suivaient à la guerre et restaient attachés à leurs personnes, même en temps de paix et au sein de la tribu ; ils leur donnaient pour solde des chevaux, des armes et des festins (5).

Les Germains, du temps de César, vivaient du produit de leurs troupeaux et de celui de la chasse, ils ne se livraient pas à l'agri-

(1) *Leges barbarorum. Passim.*
(2) Cæsar. *De bell. gall.*, I, 51. — Tacit. *De mor. Germ.*, c. 7, 13, 20, 21.
(3) Tacit. *De mor. Germ.*, c. 13.
(4) Cæsar. *De bell. gall.*, VI, 21, 23.
(5) Tacit. *De mor. Germ.*, c. 13, 14.

culture (1). D'après Tacite, les hommes libres, les guerriers, avaient toujours ce même genre de vie et dédaignaient de cultiver les terres; mais ils les faisaient exploiter par des serfs dont la position ressemblait beaucoup à celle des colons romains. Les serfs germains n'étaient pas agglomérés dans la demeure du maître, comme les esclaves romains; ils ne faisaient pas le service intérieur des maisons, on l'abandonnait aux femmes. Chacun avait son habitation distincte et fournissait à son maître des redevances de blé, de troupeaux et de vêtements. Les serfs germains n'étaient pas soumis à une discipline sévère et régulière; mais leurs maîtres pouvaient impunément les mettre à mort. La position de l'affranchi dans la plupart des tribus différait peu de celle du serf (2).

Telle était dans son ensemble l'organisation des peuplades tudesques avant la conquête des Gaules. La société féodale conserva un grand nombre d'usages empruntés au vieux droit germanique. La clientelle guerrière fut la source du vasselage militaire de l'époque gallo-franque, de cet engagement d'homme à homme inconnu des Romains, et qui donna naissance aux principales institutions féodales. La solidarité de la famille, la vengeance privée, la copropriété de biens entre parents, le pouvoir du maître sur les colons de ses domaines et plusieurs autres usages d'origine germanique dont les écrivains classiques ne parlent pas, mais qu'on trouve dans les lois barbares, restèrent en vigueur pendant presque toute la durée du moyen-âge.

Les seigneurs féodaux menèrent longtemps le même genre de vie que les anciens chefs francs. Leur existence s'écoulait aussi au milieu des guerres privées, des vengeances de famille, des grandes chasses et des courses de pillage.

(1) Cæsar. *De bell. gall.*, VI, 21, 22.
(2) Tacit. *De mor. Germ.*, c. 25.

CHAPITRE IV.

Institutions gallo-franques.

§ 1ᵉʳ.

DU GOUVERNEMENT DES PROVINCES ET DES CITÉS. — DES DROITS SEIGNEURIAUX.

JURIDICTION PUBLIQUE. — Après l'établissement des Germains dans les Gaules, l'organisation des tribus franques subit de profondes modifications. Les rois, de simples chefs électifs, devinrent héréditaires en fait et par la force des choses, sans que ce changement si important ait été jamais décrété par aucune loi, ni consigné dans aucun document écrit. Le caractère de la royauté barbare fut complètement changé. L'autorité des rois mérovingiens participe à la fois de celle des chefs de tribu germains (*koning*, *hersog*) et de celle des souverains romains. Clovis, élu d'abord par ses guerriers, avait reçu plus tard, du César de Bysance, le titre de consul romain. L'influence immense qu'exerçait le clergé sur les affaires publiques imprima à la royauté de cette époque, surtout pendant la période carlovingienne, un caractère presque ecclésiastique (1). Le roi fut alors, suivant l'expression du droit canonique, *un évêque extérieur*.

Le gouvernement des provinces et des cités gallo-romaines conquises par les Francs fut confié à des chefs, que les lois barbares appelaient *graviones* et *thungini*, comme les anciens juges électifs des Germains (2), mais auxquels les Gaulois donnaient les titres romains de *duces* et de *comites*. Ces gouverneurs, que les rois nommaient le plus souvent eux-mêmes, étaient désignés quelquefois par

---

(1) Lehuërou. *Instit mérov.*, L. II, ch. 5. — *Inst. carlov.*, L. II, ch. 4.
(2) *Graff*, en tudesque, signifie juge; *thung*, centenier, ou plutôt dizenier.

l'élection populaire ; ils étaient choisis, soit parmi les Francs, soit même parmi les anciens habitants du pays (1).

Les charges de comte, de duc et de *marchio* ou margrave étaient appelées *honores* (2). Celui qui obtenait le gouvernement d'une province ou d'une ville promettait fidélité au roi qui le lui conférait ; il devenait son homme, son vassal. Le graff ou comte convoquait le malberg où l'on rendait la justice aux hommes libres, et faisait exécuter les sentences des juges. Ce tribunal était composé des hommes les plus considérables de la localité : *boni homines, racimburdi* (3). Le comte menait en outre les guerriers au combat, surveillait la gestion des domaines du roi et faisait rentrer les revenus du fisc dans le trésor royal (4). Il percevait pour solde une portion des amendes ou *freda,* et des autres revenus fiscaux, et recevait des terres du domaine royal, soit en propre, soit en bénéfice. Il régissait sa province avec une grande indépendance et n'était pas soumis au régime de la centralisation administrative. Les rois cependant destituaient quelquefois les comtes, soit pour cause d'incapacité, soit pour trahison (5).

Les comtés, dans l'origine, n'étaient pas ordinairement concédés à titre héréditaire. Quand le possesseur mourait, le roi donnait son gouvernement à qui bon lui semblait (6). Le fils succédait quelquefois à son père ; mais c'était par la volonté du souverain, ce n'était pas encore en vertu d'un droit acquis au concessionnaire.

---

(1) Greg. tur. V, 47. — Pardessus. *Diplomata, chartæ,* tom. I, p. 354.

(2) Les *marchiones* étaient chargés de la défense des frontières. Le mot *marchio* vient des racines tudesques *marck* (frontière), et *graff* (comte).

(3) Sous les Mérovingiens, les juges ou jurés germains étaient appelés *rachimbourgs ;* ils furent remplacés sous Charlemagne par des juges nommés *scabini* (*scapene,* juges).

(4) Marculf. Lib. I, f. 8. — Charte de 789, pour Trutmann, nommé comte de Saxe. Balluze, tom. I. — *Formules anciennes et capitulaires. Passim.*

(5) *Capit. ad omnes generaliter,* c. 12. Canciani, tom. II.—Louis-le-Pieux destitua, en 826, Balderic, duc de Fréjus, pour incapacité ; il destitua Chreso, duc de Toulouse, pour trahison. (L'Astronome. *Vie de Louis-le-Pieux.*)

(6) Ces changements se voient fréquemment dans Grégoire de Tours et dans les autres chroniqueurs.

Cependant, dès le VIIe et le VIIIe siècle, il y eut des duchés et des comtés concédés à titre perpétuel : tels furent ceux de Bavière, d'Allemannie, d'Aquitaine, de Gascogne, etc. (1). Les ducs de ces provinces ne dépendaient du reste que nominalement du roi des Francs et se mettaient souvent à la tête des résistances nationales contre la domination de la race conquérante. Peu à peu le nombre des duchés et des comtés héréditaires se multiplia. Dès la première moitié du IXe siècle, Toulouse était gouvernée par des comtes qui transmettaient leur titre à leurs fils (2). Vers la même époque, le Maine, sous Roric II, qui succéda en 841 à Roric Ier, son père, l'Anjou, sous Ingelger, la Flandre, sous Baudouin Bras-de-Fer, la France, sous Eudes, la Lorraine, sous Reignier (3), la principauté d'Orange, sous Hélimbruge, fille de Guillaume Court-Nez, en 860 (4), toutes ces provinces devinrent successivement des duchés et des comtés héréditaires.

Pendant le cours des VIIe, VIIIe et IXe siècles, presque tous les duchés et les comtés du midi appartinrent à deux ou trois familles. Les descendants de Charibert et ceux de Saint-Guillaume figurent à peu près seuls sur la liste des comtes et des ducs de ces contrées (5). Lorsque les fils de ces seigneurs ne succédaient pas à leurs pères, ils recevaient en échange des villes et des provinces que ceux-ci avaient régies, les villes ou les provinces voisines. Le nombre des comtés concédés à perpétuité alla toujours en s'augmentant pendant le cours du IXe et du Xe siècle ; c'est alors que toutes les grandes familles féodales du moyen-âge commencèrent à paraître sur la scène de l'histoire.

(1) *Avus noster Karolus fidelissimo Lupo duci qui ex secunda Eudonis linea primogenitus fuit totam Wasconiæ partem beneficiario jure reliquit.* (*Karolus calvus.* Dipl. 49. D. Bouquet, tom. VIII, p. 471.) — Voir aussi D. Vaissette, tom. I, p. 337, 338, 426, 428, 473. — D. Calmet. *Hist. de Lorraine*, tom. I, p. 494.

(2) D. Vaissette, tom. I, p. 580.

(3) D. Calmet. *Hist. de Lorraine*, tom. I, col. 377.

(4) Hoüard. *Anciennes lois des Français,* tom. II, p. 24.

(5) D. Vaissette. Tom. I, notes, col. 689, 705 ; — *Généalogie d'Eudes ; — de saint Guillaume, duc de Toulouse.*

L'hérédité des gouvernements provinciaux, déjà établie en fait, fut sanctionnée en 877 par Charles-le-Chauve. Ce prince décida en effet, par les deux capitulaires de Kiersy, que lorsqu'un comte viendrait à mourir, l'évêque et les officiers du comté administreraient ce territoire, en attendant que l'empereur en fût informé, afin qu'il pût donner au fils du comte l'investiture des honneurs de son père. Si le fils était en bas âge lors de la mort du père, le comté devait être administré par les parents du mineur, par l'évêque et par les officiers du comté, jusqu'à ce que le fils du défunt fût d'âge à recevoir l'investiture de la main du souverain. Mais dans le cas où le possesseur ne laissait pas de fils, l'empereur se réservait le droit de donner la charge vacante à qui bon lui semblait (1). Tant que l'autorité royale garda une ombre de pouvoir, elle confirma les ducs et les comtes comme gouverneurs des contrées soumises à leur juridiction. On en trouve plusieurs preuves dans les chroniques du Xe siècle (2).

Au-dessous des comtes, les lois barbares mentionnent les centeniers. C'étaient des magistrats d'un ordre inférieur et qui régissaient un territoire moins étendu ; ils présidaient, comme le comte lui-même, le tribunal des *rachimbourgs* et plus tard celui des *scabini*. Nous avons déjà vu l'origine germanique de la centène et des centeniers.

Il existait entre les hommes qui composaient une même centène la plus étroite solidarité. D'après un édit de Chlotaire, la centène répondait des délits de ses membres ; elle devait indemniser la personne qui avait été victime d'un vol, et si le voleur se réfugiait dans une autre centène, celle-ci était obligée de le livrer à la justice, sous peine de payer le prix de l'objet dérobé (3).

Les textes mentionnent encore d'autres magistrats, qu'ils nom-

---

(1) 1er cap. de Kiersy, en 877, c. 9. — 2e cap., c. 3.

(2) *Chronique de Richer*, I, 64. II, 39. Championnière. *De la propriété des eaux courantes*, n° 346.

(3) *Decret. Chlotarii*, c. 1, en 595. Balluze, tom. I. — La *hundria* des Anglo-Saxons était organisée à peu près de la même manière. Les membres de l'association se devaient aussi une mutuelle protection ; ils étaient responsables les uns des autres. (*Leges Knutis*, c. 19.)

ment *judices, vice domini, vicarii, præpositi, advocati, scabini;* ces fonctionnaires régissaient les différentes fractions du comté, sous les ordres du comte. Sous Charlemagne, ils étaient tous électifs, ainsi que les centeniers ; le comte et le peuple participaient ensemble à leur nomination (1), puis le comte seul les nomma sans l'assistance du peuple. Leurs charges finirent par devenir héréditaires comme les comtés dont elles faisaient partie. Nous retrouverons parmi les juges seigneuriaux des *vicomtes*, des *vidames*, des *viguiers*, des *prévôts*, des *avoyers*, des *échevins;* quant aux centeniers, les documents anciens cessent de les mentionner dès la seconde moitié du IXe siècle (2). Sous la féodalité, les centènes furent remplacées probablement par les vigueries et les prévôtés.

La juridiction épiscopale fut sanctionnée par les lois de l'époque barbare comme elle l'avait été par les lois romaines. D'après les capitulaires, les évêques peuvent juger tout procès sur la demande de l'un des plaideurs et contre le gré de l'autre partie (3). Un décret de Chlotaire les chargea même de surveiller les juges laïques, et de les contraindre à rendre la justice avec équité (4).

Le régime municipal romain subsista longtemps, sur le sol de la Gaule conquise par les Francs, à côté de la centène germanique. Certaines villes avaient encore, sous les Mérovingiens et même sous les Carlovingiens, une *curia publica* et des magistrats municipaux : un *defensor*, un *curator*, un *magister militum*, comme du temps de l'empire romain. La curie avait conservé l'exercice de la juridiction volontaire. En outre, le comte de la province, lorsqu'il s'agissait de juger d'après la loi romaine, siégeait souvent avec l'évêque à la tête des décurions (5). Les évêques, qui exerçaient en général les fonctions de défenseurs, devinrent partout les chefs des curies; le diacre faisait

---

(1) Cap. de 809, c. 22. — 1er cap. de 803, c. 17.

(2) Ils sont encore mentionnés dans le 1er capitulaire de 819, c. 10, et dans un capit. de 829, c. 7. Balluze, tom. I.

(3) Capit. VI, 366.

(4) *Decretum Chlotarii*, en 560, c. 6.

(5) *Formulæ andegavenses*, f. 1, 32. — Marculf, II, 37. — Sirmond, f. 3. — Charte de donation, par Harvic, habitant d'Angers, à l'abbaye de Prüm, en 804. D. Martene. *Miscellanea*, p. 58, 59.

les fonctions de secrétaire ; les curies prirent ainsi un certain caractère ecclésiastique, et dans beaucoup de localités elles furent peu à peu absorbées par le pouvoir des évêques qui devinrent seigneurs féodaux de leurs villes épiscopales (1). Ailleurs, les cités furent administrées par des juges dépendant des seigneurs laïques. Il est impossible d'expliquer d'une manière précise comment s'opéra cette transformation.

Droits seigneuriaux. — Les seigneurs gallo-francs exercèrent, dès les premiers siècles de notre histoire, un grand nombre de droits qui tombèrent depuis dans le domaine exclusif du pouvoir royal. Tels sont les droits de justice, de guerre, celui de lever des impôts, de battre monnaie, etc.

Justices privées. — Chez les Germains, comme chez les Romains, le maître exerçait un pouvoir à peu près absolu sur les serfs et sur les esclaves de ses domaines. Mais, d'après la législation impériale, les hommes libres et les colons établis sur les terres des grands propriétaires, ne dépendaient, quant à la justice, que de la puissance publique. Au contraire, d'après les coutumes des peuples du Nord, les vassaux et les tenanciers libres étaient soumis à la juridiction de leurs maîtres. Chez les Anglo-Saxons et chez les Islandais, dont les lois sont l'expression exacte des vieux usages tudesques, le seigneur devait à la fois protéger les hommes qui dépendaient de lui, surveiller leur conduite, et répondre de leurs actes. On trouve aussi la juridiction privée chez les peuples restés sur les rives du Rhin (2).

En Gaule, les formulaires des époques mérovingienne et carlovingienne nous montrent que la juridiction privée des seigneurs de ce temps, s'étendait non-seulement sur leurs serfs, mais encore sur leurs colons et sur les hommes libres qui dépendaient d'eux (3). Des

---

(1) Il en était ainsi au Puy-en-Velay, à Cambrai, à Beauvais, à Laon, à Narbonne, à Strasbourg, etc. (Voir la charte de l'évêque Archambault. — M. Rivière. *Hist. des biens communaux*, p. 239, 240.)

(2) Lois Anglo-Saxonnes : *Leges Hlotharii et Edrici*, c. 11, 12, 13, 14. *Leges Ethelredi*, c. 1. *Leges Edwardi*, c. 21. — *Gragas*, cités par M. de Péligny, tom. III, ch. 2. — *Lex Alammanorum*, t. 85.

(3) *Form. andegav.*, 10, 29, 30, 46. — Balluze, f. 3, 4. — *Cap. de monast. S. Crucis pictav.*, c. 8. Mabillon. *Veter. anal.*, tom. I.

documents anciens distinguent avec précision la juridiction publique et la juridiction privée (1). Au commencement du VII⁰ siècle, Chlotaire II défendait aux évêques et aux grands qui possédaient des domaines dans diverses provinces d'envoyer des juges d'une province dans l'autre (2). Les capitulaires de Charlemagne et de ses successeurs parlent fréquemment de la juridiction privée ; ils obligent même les évêques, les abbés, les comtes et les bénéficiers royaux à rendre la justice à leurs vassaux et aux hommes de leurs domaines (3). Ces justices privées avaient pour source des concessions spéciales.

Les rois mérovingiens et carlovingiens accordèrent souvent en effet soit aux églises épiscopales, soit aux abbayes, soit aux bénéficiers royaux, le droit d'immunité. En général, la charte de concession défendait aux juges royaux de pénétrer dans le domaine qui avait reçu ce privilége, d'y juger les causes et d'y percevoir les amendes et les revenus fiscaux. Elle donnait à l'évêque, à l'abbé ou au seigneur laïque et à son avocat, le droit de rendre la justice à tous les hommes qui dépendaient de l'évêché, du monastère ou du domaine (4). Le seigneur privilégié percevait seul alors le produit des amendes, tandis que sur les terres qui n'avaient pas reçu l'immunité, le tiers des amendes appartenait au comte et les deux autres tiers au fisc (5). Les recueils de diplômes sont remplis de chartes d'immunité conçues toujours à peu près dans les mêmes termes. Quand un roi fondait ou dotait une église ou une abbaye,

---

(1) *Et ut ab omnibus optimatibus nostris et judicibus publicis et privatis melius ac certius credatur.* (*Preceptum Dagoberti pro immunitate S. Dionysii.*)

(2) *Concil. parisiense*, c. 19. Balluze, tom. I.

(3) Cap. de 779, c. 21. — 1ᵉʳ cap. de 802, c. 25. — Cap. de 803. *De leg. Lang.*, c. 16.—Cap. *de Villis*, c. 52.—2ᵉ cap. de 806, c. 1. Canciani, tom. II, p. 598. — *Pippini regis Italiæ leges*, c. 10. — Cap. de 821, c. 7. — *Monumenta legalia. Constit. Lodov. II*, en 854. Canciani. — Cap. de 869. *Adnunciatio Karoli*, c. 2.

(4) Marculf. I, 2, 14, 15, 16, 17, 36. — Cap. *de monasterio S. Crucis pictavensis*, c. 8.

(5) Marculf. I, 3, 4. — *Monumenta legalia Pippini*, c. 18, en 793.

il lui accordait presque toujours l'exemption de la juridiction royale (1).

Sur les domaines qui avaient reçu le privilége de l'immunité, le seigneur exerçait une juridiction plus ou moins complète, suivant les conditions de la charte de concession. Au contraire, sur les domaines qui n'avaient pas reçu le même privilége, le seigneur n'exerçait qu'une justice domestique, qui ne faisait point obstacle à l'exercice de la juridiction royale (2). Plusieurs documents nous montrent que les deux juridictions pouvaient exister concurremment. D'après les capitulaires rendus en faveur des Espagnols fugitifs, les comtes devaient connaître des causes les plus graves ; les seigneurs espagnols, des causes moins graves ; ceux-ci avaient en outre juridiction sur leurs vassaux pour les obligations dont ces derniers étaient tenus envers eux (3). Mais partout, sans aucune concession royale, le maître avait sur ses serfs le droit de correction corporelle qui résultait de la condition de ceux-ci, comme sous la domination romaine (4).

La justice du comte dérivait de la puissance publique et s'étendait sur toute la contrée qu'il gouvernait, sans lui donner la propriété des terres situées dans son ressort ; elle s'appliquait à tous les habitants du comté, sans égard à leur condition. La justice privée du seigneur ne s'exerçait que sur ses propres domaines et sur les hommes qui dépendaient de lui, soit comme serfs ou colons, soit comme vassaux.

Lorsque les comtés furent devenus héréditaires, la juridiction que les comtes exerçaient d'abord au nom du roi, devint aussi héréditaire par une conséquence toute naturelle de la transformation opérée dans

---

(1) Voir toutes les collections de chartes et de diplômes ; elles sont remplies d'actes de cette nature.

(2) Voir Pardessus. *Loi salique*, dissertation 9ᵉ. — M. Guizot accorde aux grands propriétaires une juridiction beaucoup plus étendue. (*Hist. de la Civilisation en France*, 2ᵉ partie, 8ᵉ leçon). — Voir aussi Lehuërou. *Institutions carlov.*, 1ʳᵉ partie, ch. 11.

(3) Cap. de 815, c. 2, 3. — Cap. de Toulouse, en 844, c. 2, 3. — *Constit. Olonn.*, en 823, c. 7.

(4) Marculf. II, 27. *Appendix*, f. 16. — Bignon, f. 13, 26.

le gouvernement des provinces. Les comtes concédèrent, comme les rois, leurs droits de justice à leurs principaux vassaux. Les juridictions se multiplièrent ainsi presque à l'infini.

Dès le IX° siècle, la justice seigneuriale était rendue par le préposé du seigneur, assisté des vassaux de celui-ci. C'est ce que nous montre un jugement rendu en 870 par le *missus* et les vassaux de l'évêque de Langres, entre l'abbé de St-Bénigne et les hommes de l'abbaye (1). C'est là le jugement par les pairs, principe essentiel de la procédure féodale.

SERVICE MILITAIRE. — Les hommes libres suivaient au combat le comte de leur province, car la guerre était toujours la principale occupation des barbares, même après leur établissement sur le sol romain. Pour eux, homme de guerre (*arhiman*) et homme libre étaient deux termes synonymes. Il n'y avait pas, sous les Mérovingiens, de service militaire régulièrement organisé; mais les rois francs trouvaient toujours des armées disposées à guerroyer avec eux. Charlemagne paraît être le premier prince qui ait constitué régulièrement le service militaire; il en fit une obligation rigoureuse; il décréta que chaque propriétaire possédant trois manses serait tenu de faire le service en personne; les hommes qui possédaient moins de trois manses devaient s'associer entre eux, de telle sorte que cette étendue de terre fournît toujours un combattant (2). Ces dispositions du reste tombèrent promptement en désuétude.

Les Gallo-Romains portaient les armes comme les Francs. Grégoire de Tours parle souvent d'armées recrutées parmi les anciens habitants du pays; les capitulaires ne font aucune distinction entre les uns et les autres relativement au service militaire. Ils marchaient à la suite du comte de leur province comme les Francs établis dans le même pays. Le service militaire était en outre assuré par le vasselage et les bénéfices dont nous parlerons plus loin. Lorsque les comtes eurent secoué le joug des rois, ils

---

(1) Charte de 870, rapportée par Mlle de Lézardière. *Théorie des lois politiques de la monarchie française.*

(2) 1er cap. de 802, c. 7. — 5e cap. de 803, c. 17. — Cap. d'Aix-la-Chapelle, en 807, c. 2.

continuèrent de lever des troupes dans leurs petits États, et s'en servirent pour leurs guerres privées. Le droit d'*ost* tomba dans leur domaine comme la juridiction publique.

GUERRES PRIVÉES. — Les Francs, après leur établissement dans les Gaules, conservèrent l'usage des vengeances de famille; chez eux le droit de punir appartint longtemps aux héritiers de la victime plutôt qu'au pouvoir politique. Le Salien qui avait tué son ennemi enfonçait un pieu dans la tête du mort, et plaçait devant sa porte ce trophée sanglant. La loi salique punissait l'homme qui osait enlever cette tête sans la permission du vainqueur (1). Les formules de Marculf et celles de Lindenbrog prouvent aussi que le droit de vengeance était en vigueur plusieurs siècles après l'invasion germanique. Toutes les lois barbares consacrent l'usage des compositions que le coupable devait payer à la famille de la victime pour acheter la paix. Les parents partageaient entre eux le wergheld du mort dans la proportion fixée par la loi (2).

Les rois s'efforcèrent d'abolir ou de restreindre le droit de vengeance. Childebert, en 595, abolit la *chrenecrude*; il fut défendu au meurtrier de se racheter lui-même ou de se faire racheter par ses parents; il devait subir la peine de mort (3); mais cet édit paraît n'avoir pas reçu d'exécution (4).

Les capitulaires de Charlemagne condamnent aussi les vengeances privées; ils les flétrissent comme une usurpation des droits du prince et renferment des dispositions destinées à les prévenir (5). Malgré ces défenses sans cesse renouvelées, les guerres privées furent nombreuses pendant l'époque mérovin-

---

(1) *Lex. sal.*, t. 69, c. 3.

(2) *Lex. sal.*, t. 65; Marculf, II, 18; Lindenbrog, f. 124, etc. — *Leges barbarorum; Formulæ veteres. Passim.* — *Leges Alfridi*, c. 38.

(3) *Edict. Childeberti*, c. 5. Balluze, tom. I.

(4) Cette procédure, par laquelle le meurtrier qui ne pouvait payer le wergheld en chargeait ses parents, est encore reproduite dans la *Lex salica emendata* du règne de Charlemagne (t. 61).

(5) Cap. V, 332. — Cap. *Ad omnes generaliter*, c. 5. Canciani, tom. II, p. 165.

gienne ; les Gallo-Romains, comme les Francs, avaient adopté cet usage barbare ; souvent les seigneurs se battaient les uns contre les autres avec de petites armées qu'ils recrutaient parmi leurs vassaux et leurs colons (1). Au IX⁰ siècle, on vit aussi de fréquentes guerres privées. Un document, émané de Charles-le-Chauve en 871, mentionne une guerre entre l'évêque de Laon et le comte Normant. La chronique de Verdun raconte la guerre soutenue au commencement du X⁰ siècle par l'évêque Dudon contre Gontran Boson (2).

A partir de cette époque, les vengeances seigneuriales remplissent les chroniques ; elles sont pour ainsi dire le fond même de l'histoire de ce temps. Lorsque les comtes qui régissaient les provinces furent devenus indépendants et souverains dans leurs principautés, ils se firent des guerres acharnées. A tous les degrés de l'échelle sociale, le droit de vengeance et la nécessité de se faire justice soi-même multipliaient et prolongeaient ces sanglantes querelles. Suivant le degré de puissance des combattants et l'étendue de leurs possessions, la lutte prenait des proportions plus ou moins considérables ; elle se faisait de famille à famille, de ville à ville ou de province à province. Le vasselage militaire qui plaçait auprès de chaque seigneur un nombre plus ou moins considérable d'hommes d'armes qui devaient le suivre à la guerre, leur permettait de combattre sans cesse leurs voisins et leurs rivaux (3).

L'usage d'élever des forteresses privées se généralisa de plus en plus, par suite des guerres privées de l'époque barbare. Pépin, pendant son expédition d'Aquitaine, s'empara d'un grand nombre de châteaux forts appartenant à des seigneurs particuliers. Louis-le-Pieux les rendit, en 819, aux propriétaires qui s'étaient soumis volontairement et leur permit de les garder comme leurs biens

(1) Greg. tur., III, 35, 37 ; IV, 46 ; VI, 17 ; VII, 47. — Voir aussi le récit de la lutte de Flaochat et du patrice Villebad, dans la *Chronique de Frédégaire*.

(2) *Proclamatio Karoli.* — *Chron. virdun.* D. Calmet. *Hist. de Lorraine*, tom. I. *Preuves*, col. 208.

(3) *Adnuntiatio Karoli.* Balluze, tom. II, p. 44.

propres (1). Pendant les invasions des Normands et au milieu de l'anarchie de cette époque, on éleva une foule de forteresses privées pour mettre les personnes et les propriétés à l'abri des Barbares. Charles-le-Chauve, en 864, ordonna la démolition des châteaux construits sans son aveu (2) ; mais ce prince n'avait pas assez de puissance pour faire exécuter de pareils ordres. La France fut bientôt couverte de forteresses, et les seigneurs conservèrent, pendant toute la durée du moyen-âge, l'usage d'habiter des demeures fortifiées.

DROITS FISCAUX. — Sous les Mérovingiens, les Gallo-Romains payaient au fisc royal l'impôt foncier et la capitation (*census publicus*) comme sous les empereurs romains (3). Les populations s'insurgeaient quelquefois contre les collecteurs et brûlaient les registres du cadastre (4). Ces impôts ne consistaient pas seulement en argent mais aussi en redevances en nature. A cette époque de désordre, il était difficile de maintenir la perception régulière d'un tribut public au profit du fisc. Il est probable qu'un grand nombre de propriétaires parvenaient à se soustraire à cette obligation. Charlemagne, qui voulut régulariser toutes les branches de l'administration, recommanda dans ses capitulaires de rétablir le paiement du cens, tant sur les personnes que sur les terres, partout où il était dû (5). Mais, lors de la dissolution de l'empire carlovingien, ces tributs, et notamment l'impôt foncier, se changèrent en redevances seigneuriales et tombèrent dans le domaine des comtes et de leurs viguiers. En outre, ceux-ci imposaient souvent aux hommes libres des corvées et des redevances pour leur profit personnel et ne se bornaient pas à exiger les services

---

(1) 2ᵉ cap. de 819, c. 7.

(2) *Edict. pistense* (*in fine*).

(3) Lehuërou. *Institut. mérov.*, liv. II, ch. 1. — Capit. de 615, c. 8. Balluze, tom. I.

(4) Greg. tur., V, 27.

(5) 2ᵉ cap. de 805, c. 20. — 3ᵉ cap. de 812, c. 10. — Le sens du mot *census* est, du reste, assez douteux dans les textes; on ne sait pas toujours s'il désigne un tribut public ou les redevances payées par les colons du domaine du roi.

dûs au prince. Charlemagne avait combattu aussi cet abus (1); mais, sous la faible administration de ses successeurs, les seigneurs purent, sans contrôle, imposer arbitrairement leurs sujets. Le cens seigneurial, ainsi que certaines redevances et corvées de l'époque féodale, sont donc très-probablement des transformations des anciens tributs.

L'impôt personnel ou capitation devint aussi une redevance féodale. Au lieu d'en opérer le recouvrement pour le compte du trésor public, les seigneurs le perçurent à leur profit. Les polyptiques mentionnent en effet, sous le nom de *capaticum,* un droit que chaque serf ou chaque colon devait par tête et dont le seigneur touchait le produit (2). Telle fut probablement l'origine de la taille personnelle du moyen-âge.

Sous les rois germains, comme sous la domination romaine, le produit des droits d'entrée, de péage, qu'on appelait alors *theloneum* (du tudesque *zoll,* douane), appartenait au fisc. Les comtes et les intendants faisaient payer ces contributions dans les villes et dans les domaines royaux, pour le compte du roi (3); mais lorsqu'ils se furent rendus indépendants, ils les touchèrent pour eux-mêmes (4).

Les seigneurs qui jouissaient du privilége de l'immunité, percevaient, dans leurs domaines propres, les mêmes contributions que le roi dans les siens. C'est ce que le capitulaire *de Villis* établit formellement (5). Un capitulaire de 811 nous apprend que les évêques et les abbés avaient des préposés chargés de faire payer les droits de péage à leur profit (6). Un autre capitulaire reconnaît que celui qui entretient ou construit un pont, de ses propres

---

(1) Cap. de 793, c. 13. — 5ᵉ cap. de 803, c. 17.

(2) *Polypt. Irmin. II* (*in fine*). — *Polypt. S. Vitonis virdun.* Guérard, *app. polypt. S. Remigii,* dipl. 3.

(3) Cap. *Ad omnes generaliter,* c. 13. Canciani, tom. II, p. 165. — Cap. d'Aix-la-Chapelle, c. 17, en 819. — Cap. *de Villis,* c. 62.

(4) Les chartes du moyen-âge parlent fréquemment des droits de péage concédés par les comtes à leurs vassaux ou aux abbayes.

(5) Cap. *de Villis,* c. 63.

(6) 13ᵉ cap. de 811, c. 4.

deniers, peut demander le péage établi par la coutume (1). Plusieurs diplômes mentionnent les droits de péage établis sur les territoires de diverses églises (2). Les formules d'Alsace parlent aussi de ces différentes contributions (3).

L'obligation de défrayer le roi ou ses envoyés, quand ils étaient en voyage, resta toujours en vigueur, et profita aux petits souverains de l'époque féodale. Il en fut de même des amendes prononcées contre les coupables.

Il est souvent difficile de rendre compte de l'origine de ces tributs, qui provenaient de sources différentes. Les rois, en faisant des donations aux églises, aux abbayes, aux vassaux royaux, ne leur concédaient pas seulement des terres, ils leur accordaient souvent aussi le droit de percevoir sur leurs domaines, ou même dans toute l'étendue d'un canton, les redevances dues au fisc royal. C'est ainsi que certains tributs passèrent du domaine des rois dans celui des seigneurs (4). Les comtes firent aussi à leurs vassaux des concessions semblables. De nombreuses conventions réglèrent entre eux l'exercice de ces différents droits ; mais souvent les seigneurs établirent des péages ou d'autres contributions sans concession régulière, et l'usage les consacra avec l'aide du temps.

Droit de monnaie. — Dans l'antiquité, le droit de battre monnaie n'était pas réservé à la puissance publique d'une manière aussi absolue qu'il l'est de nos jours ; certaines villes municipales battaient monnaie à l'époque de la domination romaine (5). Les rois francs concédèrent ce privilége à plusieurs églises. Théodoric III, en 865, l'accorda aux évêques du Mans (6). Au IXe siècle

---

(1) Cap. de 820, c. 3.

(2) D. Bouquet, tom. VI. *Louis-le-Pieux*, dipl. 102. — *Karoli præcept.* Balluze, tom. II, p. 75.

(3) *Formulæ alsat.*, 7, 8, 9.

(4) *Ut idem liberi homines et posteritas eorum censum quod ad fiscum persolvi solebant, parte prædicti monasterii exhiberent atque persolverent.* (Charte de 828. *Cart. de St-Gall.* Guérard. *Polypt. Irmin.*, tom. I, p. 699.)

(5) D. Vaissette, tom. I, p. 50.

(6) Pardessus. *Diplom., chartæ,* tom. II, dip. 405.

et au commencement du X⁰, on trouve aussi des concessions de cette nature. En 861, Lothaire donne le droit de battre monnaie et celui d'avoir un marché au monastère de Prüm. En 919, Charles-le-Simple accorde les mêmes avantages à l'abbaye de Saint-Martin de Tours (1). Vers cette époque, les concessions faites par les souverains féodaux et probablement aussi de nombreuses usurpations généralisèrent de plus en plus ces priviléges.

§ II.

DE L'ÉTAT DES TERRES. — DES ALLEUX.

On ne sait pas exactement comment s'opéra l'établissement des Francs sur le sol romain, ni s'ils partagèrent dans une certaine proportion avec les anciens habitants les terres du pays conquis, comme l'avaient fait les Bourguignons et les Visigoths. On ignore aussi comment ils répartirent entre eux les domaines que le sort leur aurait attribués (2). Plusieurs historiens pensent que les chefs se réservèrent les plus considérables et que les autres guerriers eurent aussi leur part plus ou moins importante des terres conquises; ceux-ci s'établissaient dans le voisinage de leurs chefs et se groupaient autour d'eux, afin d'être toujours prêts à marcher au combat (3). D'après la théorie la plus récente, les tribus franques restèrent au nord de la Somme et sur les bords du Rhin; il n'y eut dans le reste de la Gaule que des établissements individuels. Les chefs qui avaient reçu des terres fiscales soit en usufruit, soit en pleine propriété, vinrent s'y établir avec leurs

---

(1) *Miscellanea*, p. 158, 273.

(2) En Normandie, lors de l'établissement des pirates scandinaves, Rollon, leur chef, distribua le pays à ses fidèles, en le divisant au cordeau, et le remplit, suivant l'expression d'un chroniqueur, de ses hommes de guerre. (Guillaume de Jumièges, liv. II, c. 19.) Les textes n'indiquent rien de semblable pour la conquête franque.

(3) M. Guizot, *Histoire de la Civilisation en France*, 1ʳᵉ partie, leçon 8ᵉ. — Aug. Thierry. Lettre 10ᵉ. — Pardessus. *Loi salique*, dissertation 8ᵉ.

familles et leurs vassaux ou lides; mais le corps de la nation ne quitta pas ses anciens cantonnements (1).

La propriété n'avait pas, à cette époque, le caractère d'unité qu'elle a de nos jours; tous les possesseurs ne jouissaient pas des mêmes droits et ne détenaient pas leurs biens au même titre. On distinguait les alleux, les bénéfices, les précaires, etc.

ALLEUX. — L'alleu était la propriété proprement dite, pleine et héréditaire. Dans les textes des époques mérovingienne et carlovingienne, il signifie tantôt l'ensemble de la succession par opposition à la terre salique, tantôt la propriété pleine par opposition aux bénéfices et aux précaires, et tantôt la propriété transmise par les aïeux, le *propre,* par opposition à la propriété acquise par le détenteur actuel ou *l'acquêt (acquisitum, comparatum)* (2).

Le mot *alleu,* malgré son origine tudesque, s'étendit aussi aux domaines possédés par les Gallo-Romains, et l'on appela de ce nom, dans les provinces du midi comme dans celles du nord, des terres régies soit par le droit romain, soit par le droit germanique (3). Partout, du reste, l'alleu était une véritable propriété; il ne restait plus de traces de l'ancien droit politique de Rome, d'après lequel le sol provincial était réputé la propriété du peuple ou de César (4).

(1) M. de Pétigny. *Instit. mérovingiennes*, tom. III, ch. 1.

(2) L'étymologie du mot *alodium* est douteuse; d'après certains historiens, il vient du mot tudesque *loos* (sort). La loi des Bourguignons parle en effet de la terre acquise par le sort: *Terra sortis titulo acquisita.* (*Lex. Burg.*, t. 1, c. 1.) D'après d'autres historiens, il est formé des deux mots tudesques *all* (tout), et *od* (biens, richesses). Au titre 62 de la loi salique, *aloda* signifie l'ensemble de la succession. Il nous paraît probable que ce mot vient des deux racines tudesques *alt* (vieux), et *od* (bien); il signifie, par conséquent, patrimoine, bien héréditaire. Les formules anciennes prennent souvent le mot *alode* dans le sens de bien propre et l'opposent à l'acquêt : *Tam de alode quam de comparato.* (Sirmond, f. 38. — Lindenbrog, f. 17. — *Form. andegavenses,* f. 40.) Ailleurs, elles opposent l'alleu au bénéfice. (Marculf, II, 5, 6. — Bignon, f. 20. — Chartes de 844, 845, 850. D. Martene. *Miscellanea,* p. 103, 109, 121.)

(3) D. Vaissette. *Preuves. Passim.*

(4) Gaïus. *Comment.*, II, 21.

Les Francs, suivant l'opinion la plus probable, ne payaient pas d'impôts fixes pour leurs terres, comme les Gallo-Romains. On les voit en effet châtier cruellement les agents des rois lorsque ceux-ci violaient leur immunité et cherchaient à les soumettre au tribut (1). Cela venait peut-être de ce que leurs premières possessions en Gaule leur avaient été données comme terres létiques, toujours exemptes du tribut. En outre, les chartes d'immunité accordées par les rois aux églises, aux abbayes, et même à des seigneurs laïques exemptaient les privilégiés non-seulement de la juridiction royale et de ses effets, mais encore du paiement des redevances fiscales ; elles furent la première source des francs-alleux du moyen-âge.

Pendant le IX° et le X° siècle, les malheurs du temps obligèrent un grand nombre de propriétaires à implorer pour eux et pour leurs terres le patronage des grands ; de là un nombre considérable d'alleux furent transformés en bénéfices, en précaires ou même en tenures serviles et soumis aux charges qui pesaient sur ces différentes espèces de biens, tandis que les anciens possesseurs passaient à l'état de vassaux et de tenanciers (2).

§ III.

DU VASSELAGE MILITAIRE ET DES BÉNÉFICES. — DES NOBLES.

VASSELAGE MILITAIRE. — Les rois barbares conservèrent après la conquête l'usage de la clientelle militaire ; comme les anciens chefs germains, ils s'entouraient de guerriers dévoués à leur personne. Les textes mentionnent à chaque instant, sous les noms de *fideles, leudi, arhimanni, convivœ regis, antrustiones, juniores,*

---

(1) Greg. tur., III, 36 ; VII, 15.
(2) Marculf, I, 13 ; II, 5, 6, 39. — Bignon, f. 20. — *Formulæ alsaticæ*, 1, 2. — Sirmond, f. 1. — Lindenbrog, f. 19. — *Cartul. de Vissemberg.* (Guérard. *Polypt. Irmin.*, append. IV, c. 7.)

gasindi, vassi (1), les hommes qui se recommandaient, c'est-à-dire qui s'attachaient à la fortune du roi (2).

Les rois n'étaient pas les seuls chefs auxquels les hommes libres venaient se recommander. Les évêques, les abbés, les comtes et tous les seigneurs assez riches pour entretenir auprès d'eux une troupe d'hommes armés avaient une nombreuse clientelle militaire (3).

A cette époque, celui qui voulait se recommander était libre de choisir qui bon lui semblait (4); il pouvait même, d'après certaines lois barbares, quitter ensuite son patron, pourvu qu'il n'en eût reçu

---

(1) *Leudi* signifie hommes, gens; *Antrustio* est synonyme de fidèle et vient du mot tudesque *trust (fiducia); arhiman* vient de *her* (guerre) et de *man* (homme); *junior* est l'opposé de *senior; gasindus* veut dire hôte; *conviva regis*, hôte du roi; *vassus*, qui a formé le mot français *vassal*, paraît venir du saxon *vassen* (lier). (Ducange, Gloss. V^is. *Antrustio*, *gasindus*, etc.)

(2) *Lex. sal.*, t. 43, 44. — Cap. add. ad. leg Lang., en 779, c. 9, 18.— Cap. de 793, c. 36. Canciani, tom. I. — *Conventus apud Andelaum.* — Cap. ex. leg. Lang, c. 45. — 5ᵉ cap. de 819, c. 27. — *Charta divisionis imperii*, en 817, c. 9. — Marculf, I, 18. — Balluze, form. 5. — Charte de 693 (Pardessus. *Diplomata, chartæ*, tom. II, dipl. 431, etc).

(3) Cap. de 813, c. 16, ad. leg. Burg.— *Lex Alamann*, t. 36, c. 5. — *Lex Bajuv.*, t. 2, c. 15; t. 3. c. 13. — *Lex Sax.*, t. 17. — Cap. *de partibus Saxoniæ*, c. 13, 14. — *Lex Wisig.*, lib. V, t. 3, c. 1. App. II, cap. de 815, c. 6.; — de 816; — de 844, c. 5, 10. — *Leg. Lang. Luitprand.*, lib. VI, c. 87.—*Peppini regis Italiæ leges*, c. 47.—*Monumenta legalia*, cap de 793, c. 5, 13, 36. Canciani. — Cap. *ex* Mabillon, c. 12. — *Concilium ticinense*, en 877, c. 17.—Cap. *Lamberti imp.*, c. 3, 4, 10, en 898, add. ad leg. Lang. Canciani. — *Leges in Anglia conditæ. Æthelstan*, c. 2; *Edward*, c. 21; Canciani, tom. IV. — 1ᵉʳ Cap. de 809, c. 10. — 2ᵉ cap. de 809, c. 5. — Cap. d'Aix-la-Chapelle, en 807, c. 3. — 3ᵉ cap. de 811, c. 7, 8. — 2ᵉ cap. de 812, c. 7. — *Chartæ div. imp.*, en 817 et 837, c. 9. — 5ᵉ cap. de 819, c. 27. Balluze, tom. I. — *Adnuntiatio Karoli*, c. 2, 3, 5. Balluze, tom. II, col. 44. — Marculf, I, 18, 24. — *Form. alsat.*, 21. — Etat des biens de l'abbaye de Saint-Riquier, en 831. — *Epistola Karoli ad Fulrad.* Pertz.

(4) Cap. d'Aix-la-Chapelle, en 813, c. 16, add. ad leg. Burg. — *Lex Wisig.*, lib. V, t. 3, c. 1. *Append. II*, cap. de 844, c. 5, 10; —de 815, c. 6; — de 816. — *Charta divisionis imp.*, c. 9, 10. — *Monumenta legalia*, cap. de 793, c. 13. — *Adnuntiatio Karoli*, c. 2.

aucun don (1); mais d'après un grand nombre de dispositions législatives, il était défendu aux vassaux de quitter leurs seigneurs sans motif et aux seigneurs de recevoir des vassaux sans les connaître (2).

Tant que durait le lien créé par la recommandation, le vassal se trouvait placé sous la tutelle de son seigneur; c'est ce qui résulte de la loi des Saxons, la plus fidèle de toutes les lois barbares à l'esprit du vieux droit germanique (3). Les lois anglo-saxonnes le montrent aussi, car elles rendent le seigneur responsable des actes de ses vassaux (4). En outre, la tutelle seigneuriale donnait au seigneur, d'après certaines lois barbares, le droit de recueillir le wergheld dû pour le meurtre de son vassal, lorsque celui-ci ne laissait pas d'héritiers (5).

Le seigneur, en sa qualité de tuteur, devait à son vassal aide et protection, et s'il se portait, soit envers celui-ci, soit envers les membres de sa famille à de graves excès, le lien du vasselage était rompu (6).

Les vassaux habitaient sur les terres de leurs maîtres (7), qui souvent leur en concédaient une certaine portion à titre de bénéfice. Ces concessions de terre eurent pour résultat de fortifier et de développer l'institution du vasselage militaire.

Le vassal était de son côté soumis à plusieurs obligations envers son seigneur. Le premier de ses devoirs était la fidélité, de là le nom d'*antrustion* que lui donnent souvent les textes anciens. Il promettait

---

(1) *Leg. Wisig*, lib. V, t. 3, c. 1. — 2ᵉ cap. de 813, c. 16.

(2) *Peppini regis Italiæ leges*, c. 47. — *Monumenta legalia*, cap. de 793, c. 5. — Cap. *ex* Mabillon, c. 12. — *Charta divis. imp.*, 817 et 839, c. 9. — *Adnuntiatio Karoli*, c. 3.

(3) *Lex Sax.*, t. 17.

(4) *Leges Ethelred.*, c. 1.

(5) *Lex Bajuv.*, t. 3, c. 13.

(6) Cap. d'Aix-la-Chapelle, en 813, c. 16.—*Leg. Lang. Luitprand*, lib. VI, c. 87.

(7) *Leges Lotharii*, c. 62, add. ad leg. Lang. — *Concilium ticinense*, en 877, c. 17. — Cap. *de Villis*, c. 4. — *Testamentum Aredii*. Mabillon. *Vetera analecta*, tom. II. — Charte de l'abbaye de Saint-Martin de Tours, en 816. Balluze, tom. II. *App. actorum veterum*, Dipl. 32.

à son patron un dévouement à toute épreuve (*fidem inlæsam*). L'usage du serment de fidélité existait dès l'époque mérovingienne et persista pendant les siècles suivants (1). Les capitulaires obligent les hommes libres à prêter le serment de fidélité non-seulement au roi, mais encore au seigneur duquel ils dépendent (2). La loi saxonne punit de mort le vassal qui tue son seigneur, ou qui ravit la femme ou la fille de celui-ci (3).

Le vassal devait suivre son seigneur à la guerre. Cette obligation était générale pour tous les vassaux, qu'ils dépendissent du roi lui-même ou de quelque seigneur particulier; les capitulaires la mentionnent et la reproduisent sous toutes les formes possibles. Les vassaux du roi devaient tous répondre à son ban de guerre (4); les comtes étaient tenus de mener leurs vassaux avec eux au combat (5). Les évêques et les abbés envoyaient aussi leurs hommes d'armes à la guerre (6) et quelquefois ils les y conduisaient eux-mêmes (7).

Les seigneurs laïques devaient également se faire accompagner par leurs vassaux et même par leurs lides lorsqu'ils obéissaient au ban de guerre (8). Un capitulaire de Charles-le-Chauve oblige les vassaux à marcher au combat avec leurs seigneurs et à les servir constamment, excepté quand une invasion étrangère rend nécessaire le concours de tous les hommes libres pour la défense du pays; on nommait *landwer*, cette levée générale (9).

---

(1) *Conventus apud Andelaum.* — Marculf, I, 18. — *Lex sal.*, t. 43, c. 4; t. 44, c. 2. — *Lex Rip.*, t. 11, c. 1, 3. — Lindenbrog, form. 40.

(2) Cap. *ad omnes generaliter*, c. 9. Canciani. — 3ᵉ cap. de 789, c. 2. — 1ᵉʳ cap. de 802, c. 2.

(3) Cap. *de partib. Saxon.*, c. 13, 14.

(4) Cap. de 807, c. 3. — 5ᵉ cap. de 819, c. 27.

(5) *Lex Wisig.*, lib. IX, t. 2, c. 9. — Cap. d'Aix-la-Chapelle, en 807, c. 3. — 5ᵉ cap. de 819, c. 27.

(6) 2ᵉ cap. de 812, c. 10. — 5ᵉ cap. de 819, c. 27. — *Leges Edwardi*, c. 21.

(7) *Epistola Karoli ad Fulrad.*, Pertz.

(8) *Lex salica*, t. 28, c. 1. — *Lex Wisig.*, lib. IX, t. 2, c. 9. — 3ᵉ cap. de 811, c. 8, 9. Balluze.

(9) *Adnuntiatio Karoli*, en 847, c. 5. Balluze, tom. II, col. 44.

Les vassaux devaient en outre assister leur patron dans l'accomplissement de certains actes de la vie civile ; ils l'aidaient de leurs conseils lorsqu'il rendait la justice et remplissaient auprès de lui, dans l'intérieur de son habitation, les fonctions de sénéchaux, de référendaires et autres de même nature (1). Enfin ils accompagnaient leur seigneur quand il voyageait (2).

Telles étaient les obligations réciproques que le vasselage militaire établissait entre le seigneur et son homme, dès l'époque gallofranque; elles restèrent à peu près les mêmes pendant toute la durée du moyen-âge. Les Romains, comme les Francs, entraient dans les liens du vasselage et devenaient *convives du roi* (3); les deux races se fusionnaient dans cette condition commune.

BÉNÉFICES. — Tacite ne nous apprend pas si, dans les forêts de la Germanie, les chefs barbares avaient déjà l'habitude de donner des terres à leurs compagnons. Il est probable cependant que l'usage de ces concessions s'établit à une époque assez reculée parmi les tribus restées au-delà du Rhin.

Dès les temps mérovingiens, cette coutume était en pleine vigueur parmi les peuples établis sur le sol romain. Les terres données à titre précaire étaient à cette époque appelées *beneficia*. Ce mot avait alors un sens plus étendu qu'on ne le pense généralement. Il désignait non-seulement les domaines accordés aux guerriers à titre de solde, comme les *prædia militaria* de l'époque romaine, mais encore différentes espèces de concessions de terres faites par les seigneurs à leurs tenanciers, moyennant certaines charges (4). Dans ce dernier cas, le bénéfice paraît se confondre avec le précaire et la censive. Quelquefois aussi on appelait *bénéfices,* certaines concessions sans charge qui étaient de véritables usufruits (5).

---

(1) *Lex Allam.*, t. 36, c. 5. — *Lex Bajuv.*, t. 2, c. 15, § 1. — 2ᵉ cap. de 809, c. 5. — Pardessus. *Diplom., chartæ,* tom. II, dipl. 431.

(2) *Form. alsat.*, f. 21.

(3) *Lex sal.*, t. 43, c. 6.

(4) *Polypt. Irmin.*, I, 40; VI, 52; XVI, 91. — *Polyp. S. Remigii remensis,* VI, 3, 4; XXVI, 10.

(5) *Polypt. Irmin.*, I, 39; VI, 2, 55; XIV, 92.

Le bénéfice militaire portait en langue tudesque le nom de *féc* (solde) ou *fcod*, d'où sont venus les mots *fevum*, *feodum*, *feudum* qui, dans la latinité du moyen-âge, désignent le fief (1). Des concessions de cette nature furent souvent faites par les rois des deux premières races ; ils poussèrent si loin la libéralité à cet égard qu'ils finirent par dissiper toutes leurs richesses territoriales (2). Ces princes avaient à satisfaire l'ambition d'un grand nombre de vassaux ; ils possédaient des domaines immenses dont il leur était facile de détacher certaines portions, pour les donner à leurs hommes de guerre en usufruit ou même en toute propriété. Tous les textes de cette époque mentionnent à chaque instant les concessions de terres faites aux *vassi dominici*, soit à titre de bénéfice, soit à titre d'alleu (3).

Il y avait deux manières d'établir un bénéfice : tantôt le seigneur concédant détachait pour le donner à son vassal quelque portion de son domaine ; tantôt au contraire un propriétaire cédait son bien propre à son seigneur, et le recevait ensuite de lui en bénéfice (4).

Les seigneurs laïques ou ecclésiastiques donnaient, comme les rois eux-mêmes, des bénéfices militaires à leurs vassaux (5).

---

(1) Aug. Thierry. *Lettres sur l'histoire de France*, lettre 10e.

(2) Thegan. *Vie de Louis-le-Pieux*. — Voir aussi les chroniques des VIIIe, IXe et Xe siècles. *Passim*.

(3) *Conventus apud Andelaum*. Balluze, tom. I.—*Edictum Chlotarii in concil. paris.*, c. 16, 17. — Cap. de 779, *ad leg. Lang.*, c. 9. Cap. ex leg. Lang., c. 18. — *Charta divis. imp.*, 806, c. 9 ; 837, c. 5. — Cap. d'Aix-la-Chapelle, en 813, c. 16.—Cap. *de Villis*, c. 52.—Balluze, tom. II, *app. act. vet.*, dipl. 19, 25, 55, 60, 81, 96, 108, 129.—Martene. *Miscellanea*, p. 95, 102, 103, 109, 121, 136. — D. Vaissette, tom. I. *Preuves*, dipl. 5, 33, 43, 46, 47, 56, 57, etc.

(4) Marculf, I, 13, 14, 31, 32, 33.

(5) *Lex Wisig.*, lib. V, t. 3, c. 4. Cap. de 844, c. 10, app. II, *ad leg. Wisig.* — Cap. de 757, c. 6. — Marculf, II, 17. — Goldast, f. 77, charte de 766. — Pardessus. *Dipl., Chartœ*, tom. II, dipl. 300. — *Annal. S. Bertini*. Concession faite par le comte Eberhard à l'un de ses vassaux, VIIe siècle. — Etat des biens de l'abbaye de Saint-Riquier, sous Louis-le-Pieux. — *Breve chron. auriliacense*. Mabillon. *Veter. anal.*, tom. II, p. 240.

La concession d'un bénéfice, qu'elle fût faite par le roi ou par un seigneur, par un laïque ou par un ecclésiastique, imposait toujours au concessionnaire les mêmes obligations. Il devait avant tout rester fidèle à son seigneur; s'il se montrait ingrat ou rebelle, on lui enlevait les terres qu'il avait reçues (1). Le bénéficier devait en outre le service militaire au roi ou au seigneur de qui il tenait sa terre, sous peine de la perdre (2).

Les effets de la concession d'un bénéfice étaient donc les mêmes que ceux de la recommandation. Jusqu'à la fin du Xe siècle, on trouve souvent la recommandation sans concession de terre (3), mais à l'époque féodale proprement dite, la recommandation pure et simple tomba en désuétude.

Dans l'origine, il n'y avait point de règle précise sur la durée des concessions de bénéfices. Les rois prétendaient les révoquer quand bon leur semblait, afin d'en gratifier leurs nouvelles créatures; mais les bénéficiers leur résistaient énergiquement. Ces derniers l'emportèrent et les rois furent obligés à diverses fois de s'engager à ne pas révoquer arbitrairement les bénéfices (4).

Ces concessions n'étaient pas d'abord héréditaires, bien que les rois permissent quelquefois aux fils de leurs vassaux d'hériter des bénéfices de leurs pères (5). Dès l'époque mérovingienne, il y avait cependant des bénéfices concédés à perpétuité (6). Pendant l'époque suivante, le nombre en devint très-considérable; certains bénéfices royaux furent transformés en alleux et l'hérédité des tenures

---

(1) *Lex Wisig*, lib. V, t. 3, c. 3.—Cap. *Pippini*, en 792, c. 5.—Cap. d'Aix-la-Chapelle, en 813, c. 16. — *Chartæ divis. imperii*, en 806, c. 9; en 837, c. 5. — 4e cap. de 819, c. 3. — Marculf, I, 32. — *Charta regis Odonis*, en 889. Guérard, app. *Polyp. Irmin.*, dipl. 15.

(2) Cap. d'Aix-la-Chapelle, en 807, c. 1. — 1er cap. de 812, c. 1. — 2e cap. de 812, c. 3, 5, 7. — Cap. de Toulouse, en 844, c. 10. *App. II ad leg. Wisig.* — Cap. *ex leg. Lang.*, c. 42. Balluze, tom. I. — Goldast, f. 77, charte de 766; f. 78, charte de 850.

(3) Richer, I, c. 53, 64; II, c. 97, cité par Championnière, n° 347.

(4) *Conventus apud Andelaum.* — Cap. de 844, c. 3.

(5) Greg. tur., VIII, 22; IX, 35.

(6) Charte de concession de biens dépendant de l'église du Mans, faite par Charles Martel. (D. Bouquet, tom. V, p. 757.)

passa complètement dans les mœurs et dans les usages (1). Toutefois, à chaque transmission nouvelle, l'héritier d'un bénéfice du domaine royal était obligé de faire confirmer son droit par l'autorité souveraine (2).

En 877, Charles-le-Chauvre accorda à tous les bénéficiers royaux, comme aux comtes qui gouvernaient les provinces, le droit de transmettre *ab intestat* leurs bénéfices à leurs fils, et celui d'en disposer par testament, soit en faveur de l'héritier direct, soit en faveur d'un proche parent. Le capitulaire de Kiersy ne fit du reste que sanctionner ce qui déjà existait en fait. Le roi se réserva toutefois le droit de donner le fief à qui bon lui semblait, lorsque le vassal ne laissait pas d'héritier mâle en ligne directe. Le même édit ordonne aux évêques, aux abbés, aux comtes et aux autres fidèles, de laisser à leurs hommes la faculté de transmettre leurs bénéfices, soit *ab intestat*, soit par testament, comme les bénéfices tenus du roi (3). Plus tard, l'usage étendit le droit de succession au-delà de ces limites, et la famille fut appelée à hériter du fief comme de l'alleu.

Le vassal ne pouvait pas disposer de son bénéfice sans l'autorisation de son seigneur. Cette règle, qui était en vigueur dès l'époque mérovingienne, fut sanctionnée par les capitulaires de Charlemagne (4). Les lois carlovingiennes défendent en outre aux vassaux de disposer des serfs de leurs bénéfices ; elles leur ordonnent de résider sur ces terres et de les améliorer (5) ; en un mot elles protègent le plus possible l'intérêt du domaine royal. Au IXe siècle, les vassaux n'avaient donc pas encore la propriété de leurs bénéfices ; le droit des bénéficiers était assimilé à un usu-

---

(1) D. Martene. *Miscellanea*, p. 103, 109. — *Polyp. Irmin. append.*, dipl. 15. — Thegan. *Vie de Louis-le-Pieux*, c. 19. — *Annales de Fulde*, années 883, 884.

(2) Balluze, tom. II, *app. act. vet.*, dipl. 19, 25, 60.—D. Vaissette, tom. I. *Preuves*, dipl. 57.

(3) 1er cap. de Kiersy-sur-Oise, c. 9, 10.

(4) Marculf, I, 12, 14, 17. — 5e cap. de 806, c. 7, 8.

(5) 2e cap. d'Aix-la-Chapelle, en 813, c. 4. — 1er cap. de 802, c. 6. — 7e cap. de 803, c. 3. — Cap. *incerti anni*, c. 49. Balluze, tom. I. — 5e cap. de 806, c. 8. — 4e cap. de 819, c. 3.

fruit (1); mais, par la suite des temps, il s'affermit et l'on considéra les fiefs comme de véritables propriétés.

Il n'y a pas du reste de différence essentielle entre les fiefs et les bénéfices. Les documents des X°, XI° et XII° siècles emploient à peu près indifféremment les mots *feudum* et *beneficium* et les appliquent aux mêmes tenures. Les bénéfices des deux premières races sont devenus les fiefs de la troisième.

Noblesse. — La constitution des Gallo-Francs admettait, comme toutes les sociétés antiques, l'inégalité des personnes. Presque toutes les lois germaniques rédigées après la conquête des Gaules mentionnent en effet trois classes d'hommes, sans compter les serfs : les nobles (*edelings, adalings, optimates*); les hommes libres (*freelings, minores*) et les colons (*lazzi, lidi, aldiones, coloni*). Le wergheld était plus élevé pour le meurtre de l'homme libre que pour celui du colon; plus élevé pour le meurtre du noble que pour celui de l'homme libre mais qui n'était pas noble (2). Les lois salique et ripuaire ne mentionnent pas spécialement les nobles; mais il est incontestable qu'il y avait une noblesse chez les Francs comme chez les autres peuples tudesques (3).

On qualifiait de nobles certaines familles célèbres par l'antiquité de leur race, par leur bravoure et peut-être aussi par leurs richesses; on choisissait ordinairement parmi elles les chefs qui devaient régir les tribus ou les provinces (4); mais là se bornaient les prérogatives de la noblesse germanique : elle ne

---

(1) Une charte de 889 parle d'une concession faite par le roi Eudes à l'un de ses fidèles, *jure beneficiario et usufructuario*. (*App. Polyp. Irmin.*, dipl. 15.)

(2) *Lex Bajuv.*, t. 2, c. 20. — *Lex Saxon.*, t. 2. — *Lex Frisionum*, t. 1. — *Lex Burg.*, t. 2, c. 1, 2. — *Lex sal.*, t. 44, c. 4. — *Lex Rip.*, t. 9.

(3) *Fecit te liberum, non nobilem, quod impossibile est post libertatem.* (Thegan. *Vita Ludovici pii.*)

(4) Tac. *De mor. Germ.*, c. 7. — Greg. tur., II, 42. — Nithard, lib. IV. — *Lex sal.*, cap. extrav., c. 9. Pardessus. — *Lex Sax.*, t. 2, c. 1. — *Lex Werin.*, t. 1. — *Lex Fris.*, t. 1, 22. — *Lex Burg.*, t. 2, c. 12. — *Lex Bajuv.*, t. 2, c. 20. — *Leges Inæ*, c. 39, 40, 42. — *Leges Knutis*, c. 28. — Ducange Gloss. V^{is} *Adalingus, ceorlus, thainus.* — *Judicia Londiniæ.* Canciani, tom. IV.

formait pas encore un ordre privilégié, ni un corps constitué dans l'État.

Il y avait aussi des nobles parmi les Gallo-Romains sous la domination des rois francs. Grégoire de Tours parle souvent des hommes de race sénatoriale, qui parvenaient, comme les Francs eux-mêmes, aux plus hautes dignités, soit à la cour des rois mérovingiens, soit dans le clergé.

La noblesse gallo-franque fut probablement la source première de la noblesse féodale ; elle se confondit sans doute avec les antrustions et les bénéficiers du roi, et forma la tige des premières familles seigneuriales. Pendant l'époque féodale, la qualité d'homme de guerre (*miles*) et la possession des fiefs ou bénéfices militaires furent suffisantes pour acquérir la noblesse.

§ IV.

DU COLONAT, DU SERVAGE ET DES TERRES ACENSÉES.

Colons et lides. — La plupart des dispositions du Code théodosien relatives aux cultivateurs passèrent dans les lois qui devaient régir les Gallo-Romains (1). Les textes du droit germanique et tous les autres documents de ce temps mentionnent aussi les colons sous les noms latins de *coloni, accolæ;* ils appellent *ingenui* les hommes libres qui cultivaient des terres concédées, en conservant la liberté civile (2).

Sous la domination germanique, comme au temps des empereurs romains, le colon était attaché à la glèbe, et s'il s'échappait, il devait y être ramené malgré lui, comme un serf (3). L'enfant nais-

---

(1) *Lex romana Wisig.*, lib V, t. 9, 10, 11. — *Lex rom. Burgund.*, t. 6. — *Lex rom. Utin.*, V, 9, 10; XIV, 1. — *Edict. Theodorici*, c. 66, 67.

(2) 3ᵉ cap. de 803, c. 10. — *Edict. pistense*, c. 30. — Marculf, II, 1, 3, 4, 6, 7, 10, 11, 16, 19, 23. — Bignon, form. 20. — *Form. andeg.*, 39, 40. — *Polyp. Irmin. Polyp. S. Remig. Passim.* — *Testam. S. Remig.* Archives de Reims, tom. I. — *Testam. Aredii. Vetera analecta*, tom. II.

(3) *Colonus autem vel servus ad naturale servitium, velit, nolit, redeat* (*Cap. de monast. S. Crucis pictav.*, c. 7. *Veter. anal.*, tom. I).

sait colon lorsque son père ou sa mère appartenait à cette condition (1). Les enfants nés de deux colons de divers domaines étaient partagés entre les maîtres de leurs parents (2). Lorsqu'un propriétaire cédait un domaine, les colons suivaient la terre à laquelle ils étaient attachés et ne pouvaient en être séparés; c'est ce que nous voyons dans un grand nombre de chartes de cette époque (3). On les donnait aussi avec leur famille, ainsi que le montrent certains actes de donation.

Dès le VIe siècle, le colon pouvait être affranchi contrairement aux dispositions du droit romain. Saint Rémi, par son testament, donna la liberté à plusieurs colons et à plusieurs serfs; le texte distingue avec précision ces deux états (4).

La condition des colons germains se rapprochait beaucoup de celle des colons romains; leur état tenait aussi le milieu entre la liberté et le servage. Ils portaient divers noms dans les différentes contrées occupées par la race teutonique; on les appelait *lidi* chez les Francs, *aldiones* chez les Lombards, *lazzi* chez les Saxons, *ceorli* chez les Anglo-Saxons et les Danois de la Grande-Bretagne (5); mais tous ces noms différents désignaient à peu près la même classe d'individus.

Le lide était soumis au pouvoir de son seigneur. La loi salique et d'autres lois barbares frappent d'une amende l'homme qui épouse une femme de condition lidile, sans le consentement du maître de celle-ci (6). La même loi décide que la femme libre qui épouse un lide perdra la qualité d'ingénue; elle frappe enfin d'une amende celui qui affranchit par le denier un lide sans le consentement de son maître et veut que, dans ce cas, le patron

---

(1) Marculf, app., f. 32.

(2) *Form. andeg.*, 44.

(3) 65° diplôme de Louis-le-Pieux, en 817. D. Bouquet, tom. VI; — 24° diplôme de Lothaire, en 846; 59° diplôme de Charles-le-Chauve, en 845; — 281° diplôme du même, en 877. (*Id.*, tom. VIII).

(4) *Testam. S. Remigii.* Flodoard. *Hist. rem.*, I, 18.

(5) Le *ceorl* ne pouvait quitter la terre de son seigneur. (*Leges Inæ*, c. 39.)

(6) *Lex sal.*, t. 14, c. 15. — *Lex Fris.*, t. 9, c. 13.

reprenne le pécule de l'affranchi (1). Le taux du wergheld montre aussi quelle différence il y avait entre le serf et le lide, et d'autre part entre celui-ci et l'homme libre. D'après la loi barbare, en effet, le wergheld du serf variait suivant sa valeur vénale (2) ; le wergheld du lide au contraire était déterminé d'une manière fixe. Les lois n'établissaient pas toutes la même proportion ; mais en général le wergheld du lide n'était que la moitié de celui de l'homme libre (3). Suivant certaines lois barbares, une portion de cette somme était payée au maître du lide (4), tandis que pour le meurtre de l'homme libre, la somme entière était payée à la famille de la victime, et que, pour celui du serf, elle appartenait intégralement au maître.

En cas de mariage mixte, les enfants des colons germains suivaient en général la pire condition. D'après la loi lombarde, en effet, les enfants d'un aldion et d'une serve naissaient serfs du maître de leur mère. Ceux de deux aldions étaient au contraire de la même condition que le père (5). La femme libre qui épousait sciemment un lide devenait lide elle-même, ainsi que les enfants issus du mariage (6).

La condition des lides dont s'occupent toutes les lois barbares subsista longtemps. Les documents du IXe siècle parlent encore fréquemment des lides (7) ; mais le Polyptique de saint Rémi de Reims, un peu plus récent que celui d'Irminon, n'en fait plus mention. Le nom fut oublié lorsque la langue tudesque, à laquelle il appartenait, cessa d'être en usage dans la Gaule occi-

---

(1) *Lex sal.*, t. 14, c. 7 ; t. 28, c. 1.

(2) *Lex sal.*, t. 11, c. 5.—*Lex Burg.*, t. 10.—*Cap. add. ad leg. Alamm.*, c. 44.

(3) *Lex Rip.*, cap. de 803, c. 2. — *Cap. add. ad leg. Alamm.*, c. 26, 27. —*Lex Fris.*, t. 15.—*Lex Sax.*, t. 2, c. 1, 3, 4.—*Lex Lang. Rotharis*, c. 129.

(4) *Lex Fris.*, t. 1, c. 7, 11. — D'après cette même loi, la somme due pour outrage envers une femme de condition lidile était payée en entier au maître. (*Id.*, t. 9, c. 2, 3.)

(5) *Lex Lang. Rotharis*, c. 219, 220.

(6) *Form. italicæ*, c. 11. Canciani. — *Lex Fris.*, t. 6.

(7) Marculf, app., f. 47. — *Polypt. Irmin.*, I. III, XI, XII, etc.

dentale (1). Quant à la condition même des colons germains, elle se confondit peu à peu avec celle des colons romains. La fusion des races amena progressivement ce résultat. Les corvées et autres prestations auxquelles les hommes libres étaient soumis envers les comtes et les autres seigneurs justiciers étant des charges analogues à celles que les colons devaient à leurs maîtres, on finit souvent par les confondre sous la dénomination de *vilains* et de *gens de poeste*.

SERFS. — Au-dessous des colons venaient les serfs, dernier échelon de la société gallo-franque. Leur état, comme celui des colons, resta sous la domination germanique à peu près ce qu'il était pendant les siècles de décadence de l'empire romain. Les lois romaines de l'époque barbare en fournissent la preuve ; mais, contrairement à la législation classique, elles veulent que l'enfant né d'un serf ou d'une serve et d'une personne libre suive dans tous les cas la pire condition (2).

Le droit germanique admettait aussi le servage. Les serfs, dont les lois barbares parlent à chaque instant, étaient de véritables esclaves. Leur état était inférieur, non-seulement à celui de l'homme libre, mais encore à celui du colon et du lide. Cette infériorité se manifestait dans le prix du wergheld (3), proportionné à l'importance que l'on attachait au métier de l'esclave. On payait plus cher pour celui qui exerçait une profession mécanique que pour les autres (4). Les serfs étaient soumis à

---

(1) Les mots *litus* et *lidus*, des lois barbares, paraissent venir des racines saxonnes *lathen* et *liten* (*servare*). Ce terme aurait, par conséquent, le même sens étymologique que le mot latin *servus* (*Servus id est servatus*. Just., lib. I, t. 3, § 3). Ducange Gloss. V° *litus*. — D'autres le font venir, comme le mot leudes, de *liudi* (hommes, gens).

(2) *Ad inferiorem personam vadit origo*. (*Lex rom. Wisig.*, lib. IV, t. 8, c. 3. Interpr.) — *Gaii epitome*, c. 4. — *Edict. Theodor.*, c. 65, 66, 67.— *Lex rom. Burg.*, t. 37 : « *Deteriorem lineam secuti dominis adquiruntur.*»

(3) *Lex Rip.*, t. 7, 8. — *Lex Burg.*, t. 33. — *Lex Alamm.*, t. 8, 9. — *Lex Bajuv.*, t. 4, c. 2; t. 5, c. 18. — *Lex Fris.*, t. 15. — *Lex Werin.*, t. 1. — *Lex Sax.*, t. 2, c. 1, 4. — *Lex Lang. Rotharis*, c. 129, 130 et *seq*.

(4) *Lex sal.*, t. 11, c. 5.— *Lex Burg.*, t. 10.— *Cap. Add. ad leg. Alamm.*, c. 26, 27, 44. — *Lex Lang. Rotharis*, c. 130 et *seq*.

des châtiments corporels qu'on n'infligeait pas aux hommes libres (1). Leurs maîtres pouvaient leur donner la discipline (2) ; quelquefois même ils les faisaient périr dans les plus atroces supplices (3) ; des peines sévères frappaient les serfs fugitifs et ceux qui favorisaient leur évasion (4). Le maître était responsable des délits de son serf, comme des dommages causés par les animaux de ses étables ; mais il pouvait s'affranchir de cette obligation en abandonnant à la partie lésée le quadrupède ou le serf coupable (5).

Le serf était la propriété du maître, qui en disposait à son gré, le vendait, le donnait, l'échangeait, le mettait en gage comme tout autre objet mobilier (6). On donnait en général ou l'on vendait les serfs avec le domaine qu'ils cultivaient (7) ; mais le propriétaire pouvait aussi disposer d'eux d'une manière absolue et sans aliéner aucune portion de sa terre (8).

(1) *Lex sal.*, t. 13, c. 1, 2 ; t. 27 ; t. 42. — *Lex Burg.*, t. 2, c. 3 ; t. 15, c. 2 ; t. 27. — *Lex Fris.*, t. 3. — *Lex Wisig.*, lib. VII, t. 2, c. 2. — Cap. de *Villis*, c. 4.

(2) Marculf, II, 27, 28 ; append. 16. — Bignon, f. 13, 26. — Sirmond, f. 10. — *Form. arvern.*, 7. — *Form. andeg.*, 2, 3, 19.

(3) Greg. tur., V, 3.

(4) *Lex Alamm.*, t. 21. — *Lex Fris. add.*, t. 8. — *Lex Wisig.*, lib. IX, t. 1, c. 5 et seq. — *Leges Inæ*, c. 30. — 4° cap. de 819, c. 1.

(5) *Lex. sal.*, t. 37, c. 8 ; t. 38. — *Lex Rip.*, t. 21, 22, 25, 30. — Cap. de *Interp. leg. Rip.*, c. 4. — *Lex Burg.*, t. 2, c. 3, 5. Addit. I, t. 16, c. 4, 5. — *Lex Fris.*, t. 1, c. 13 ; t. 3, c. 7. — *Lex Alamm.*, t. 31, c. 2. — *Lex Werin.*, t. 16. — *Lex Sax.*, t. 11, c. 1, 2. — *Pactus pro tenore pacis*, ann. 595, c. 5. — *Decret. Chlotarii*, eod. ann., c. 9, 10. — Cap. de 803, add. ad leg. sal., c. 8. — Cap. de *Interp. leg. sal.*, c. 7.

(6) *Lex Burg.*, t. 19, c. 3. Add., II, c. 2, 8. — *Lex Alamm.*, t. 86 ; t. 37, c. 1, 2. — *Lex Bajuv.*, t. 15, c. 6. — *Lex Wisig.*, lib. V, t. 4, c. 15. — *Lex Burgund.*, t. 56. — *Lex Lang. Rotharis*, c. 232, 233, etc. — *Leges portoriæ*. Canciani, tom. II. — *Formulæ veteres. Passim.*

(7) Sirmond, f. 1, 4, 5, 17, 18. — Lindenbrog, f. 25. — Balluze, f. 45. — *Form. alsat.*, 12. — Goldast. *Cartul. de St-Gall.*, f. 38, 39, 40, etc.

(8) Goldast, f. 22, 23, 24, 56. — Chartes de 828 et 928. Balluze, tom. II. *App. act. vet.*, dipl. 46, 135. — *Testam. Aredii.* Mabillon. *Vet. anal.*, tom. II.

On distinguait parmi les serfs deux classes différentes : celle des *servi casati* et celle des *servi non casati*. Les premiers étaient des cultivateurs qui avaient reçu une maison (*casa*) et un manse qu'ils devaient cultiver en payant une redevance au propriétaire concédant. Leur position se rapprochait beaucoup de celle des colons; les charges imposées aux uns et aux autres étaient presque toujours les mêmes (1). Quant aux *servi non casati*, c'étaient ceux qui n'avaient pas reçu de concessions de terre. Leur position était nécessairement plus précaire que celle des autres; ils étaient soumis d'une manière plus absolue à la volonté arbitraire de leurs maîtres; leur état s'éloignait moins de l'esclavage personnel de l'antiquité. Les textes anciens distinguent les serfs casés et les serfs non casés (2).

D'après le droit germanique, comme d'après le droit gallo-romain, les enfants des esclaves suivaient la condition de leurs parents; ceux issus d'un mariage mixte étaient également serfs (3). Les lois barbares déployaient même des rigueurs terribles contre les femmes libres qui épousaient des serfs (4). Les enfants issus de serfs appartenant à différents maîtres devaient être partagés entre les propriétaires, ainsi que cela se pratiquait sous la législation romaine (5). Un capitulaire défendit toutefois de séparer, dans les ventes de serfs, le mari et la femme (6).

(1) *Polyp. Irmin. Passim.*

(2) *Polyp. Irmin.*, append. V, lib. II, c. 17, p. 334.—*Charta divis. imp.*, c. 11. Balluze, tom. I. — Ducange. V° *Casatus.*

(3) *Lex Rip.*, t. 58, c. 9, 10, 14, 15, 16.—*Lex Alamm.*, t. 18, c. 3, 5.— Concil. Bajuv., c. 9, en 772. — *Lex Wisig.*, lib. III, t. 2, c. 5. — *Lex Langob*, Rotharis, c. 219, 220. — Cap. de *Interp. legis sal.*, c. 3. — Cap. Lotharii add. ad leg. Lang., c. 14.—Marculf, II, 29. App., f. 18.—Bignon, f. 10. — *Form. andeg.* 58.

(4) *Lex sal.*, t. 14, c. 11. — Cap. de *Interp. leg. sal.*, c. 3. — Cap. de Clovis retrouvé par Pertz. — *Lex Rip*, t. 58, c. 18. — Capit. *Adelchis princip.* Benev., c. 1. Canciani. — *Lex Lang.* Rotharis, c. 222, 223. — *Lex Burg.*, t. 35, c. 2, 3. — *Lex Wisig.*, lib. III, t. 2, c. 2.

(5) *Lex Wisig.*, lib. X, t. 1, c. 17. — Goldast, f. 2. — *Form. andeg.*, 44. — *Regino*, lib. I, c. 22.

(6) Cap. de 752, *apud Vermeriam*, c. 19.

Pendant l'époque barbare, la naissance n'était pas la seule source de l'esclavage : les rois francs vendaient comme esclaves les prisonniers qu'ils faisaient dans leurs expéditions guerrières (1). On pouvait se donner en esclavage pour acquitter soit le wergheld dû pour un meurtre, soit toute autre dette; on se vendait soi-même pour éviter la misère ; quelquefois le père de famille aliénait sa propre liberté, celle de sa femme et celle de ses enfants (2).

On sortait d'esclavage par l'affranchissement. Les Germains employaient certains modes symboliques d'origine barbare ; ils adoptèrent, après leur conversion au christianisme, la manumission dans les églises et la manumission par testament, modes d'affranchissement empruntés au droit romain (3). Les documents parlent d'affranchis par acte public (*cartularii*), d'affranchis par acte privé (*epistolarii*) et d'affranchis devant témoins (4).

Les lois germaniques conservèrent les dispositions du droit romain relatives aux obligations imposées à l'affranchi envers son patron et aux droits que celui-ci pouvait exercer sur la succession

---

(1) Greg. tur., III, 11. — *Vita sancti Austremontii.* — *Vita S. Eptadii.* — Hugon. abbat. Flaviniaci *Chron. virdun.* D. Calmet. *Preuves.*

(2) Cap. de *Leg. Rip.*, c. 3. — *Lex Bajuv.*, t. 1, c. 11. — *Lex Fris.*, t. 11, c. 1. — Cap. d'Aix-la-Chapelle, en 819, c. 2. — Marculf, II, 27, 28. App., f. 16. — Bignon, f. 13, 26. — Sirmond, f. 10. — *Form. arvern*, f. 7 ; — *Form. andeg.*, f. 2, 3, 19, 25. — Greg. tur., VI, 36 ; VII, 45.

(3) *Lex Rip.*, t. 57, c. 1. — Marculf, I, 22. App., f. 24. — *Form. alsat.*, 4. — *Lex Lang.*, *Rotharis*, c. 225, 227, 229. *Luitprand*, IV, 5. — *Lex Rip.*, t. 61, c. 1, 2, 3. — *Concil. Bajuv.*, en 772, c. 7, 8. — *Lex Wisig*, lib. V, t. 7, c. 9. — Marculf, app., f. 8, 56. — Goldast, f. 7. — Sirmond, f. 12. — *Form. arvern.*, f. 5, 6. — Lindenbrog., f. 88, 96, 100, 101, 103. — Balluze, f. 43. — Charte de 876. Balluze, *App. act. vet.*, dipl. 105. — Lois de Withred, c. 9. Labbe. — *Form. andeg.*, 20, 23. — Test. d'Alfred, duc d'Aquitaine, en 928. Balluze. *App. act. vet.*, dipl. 136. — *Test. S. Remigii remensis*. Archiv. de Reims, tom. I, p. 2. — *Test. Aredii.* Mabillon. *Veter. anal.*, tom. II.

(4) *Polyp. S. Remig. rem.*, XX, 4, 5, 6, 59, 64. — *Lex Burg.*, t. 88. — *Lex Wisig.*, lib. V, t. 7, c. 1.

de son ancien serf (1); mais les chartes d'affranchissement le libéraient souvent de ces charges (2).

Le serf pouvait aussi obtenir la liberté, soit par la prescription, soit par l'abandon de son pécule (3).

Cependant l'Église s'efforçait de réprimer la dureté des mœurs et d'améliorer le sort des serfs. La législation canonique, dans le but de protéger les serfs et les esclaves chrétiens, imposa des restrictions importantes à la faculté de les vendre (4). Les lois germaniques limitèrent aussi le droit de vente (5). Il fut défendu de mutiler les serfs et de les faire périr sous les coups (6); l'action bienfaisante du catholicisme a laissé partout des traces dans la législation de cette époque. Peu à peu l'état des serfs s'améliora et se rapprocha de celui des colons. Nous les retrouverons sous les noms de *mainmortables,* de *taillables* et de *corvéables à merci* pendant l'époque féodale.

TERRES ACENSÉES. — Sous la domination des conquérants germains, le mode d'exploitation des terres resta tel qu'il était pendant l'époque gallo-romaine. Le propriétaire se réservait encore en propre une portion de son domaine, et cédait le reste à différents cultivateurs (7). La partie réservée portait le nom de *mansus dominicalis;* elle était exploitée, soit par des esclaves, soit au moyen

---

(1) *Lex Rip.*, t. 58, c. 4. — *Lex Burg.*, t. 40. — *Lex Wisig.*, lib. V, t. 7, c. 13, 21. et seq.—*Testam. Abbonis*, ann. 739. Pardessus. *Dipl., Chartœ,* dipl. 559. — *Leges Withred,* c. 9.

(2) Marculf, II, 32.—Sirmond, f. 12.—*Form. arvern.* f. 5, 6.—Lindenbrog, f. 88, 100, 103. — Baluze, f. 43. — *Lex Rip.*, t. 61, c. 1, 2, 3.

(3) *Lex Burg.* Add. 1, t. 19. — *Lex Wisig.*, lib. X, t. 2, c. 4. — *Lex Lang. Grimoald,* c. 1, 2. — *Form. andeg.*, f. 10. — Marculf, app. f. 48.

(4) 3ᵉ concile de Tolède, en 589, c. 15. — Concile de Reims, en 625, c. 11; — de Châlons-sur-Saône, en 650, c. 9.

(5) Cap. de 779, c. 19. — Cap. *ex* Mabillon, c. 8. — *Lex Alamm.*, t. 37, c. 1, 2. — Cap. *Sichardi princip. Benev.*, c. 3, ann. 836.

(6) Cap., VI, 11. — *Lex Wisig.*, lib. VI, t. 5, c. 13.

(7) *Polyp. Irmin.*, II, 1; III, 1; IV, 1. — *Frag. polyp. sithiensis.* Guérard, *app. polyp. Irmin.*, dipl. 3. — *Polyp. fossatense.* Baluze, tom. II, *app. act. vet.*, dipl. 12.

de corvées dues par les colons qui jouissaient du reste de la terre, en payant des redevances.

Un domaine au moyen-âge renfermait, ainsi que les *villæ* romaines, tous les individus nécessaires à son exploitation. Les lois barbares et les polyptiques mentionnent toujours, à côté des colons et des serfs cultivateurs, d'autres serfs employés tant au service intérieur des habitations (*ministeriales*) qu'à l'exercice des différentes professions mécaniques (1). Les femmes serves, soit qu'elles fussent réunies dans le *gynécée*, soit qu'elles habitassent avec leurs familles sur des manses concédés, devaient tisser la laine et le lin, fabriquer des vêtements et fournir à leurs maîtres des redevances d'objets provenant de leur travail (2).

Tous les serfs étaient soumis, ainsi que les colons, à la surveillance du *villicus, judex, decanus* ou *major* (maire ou intendant) qui était placé par le propriétaire à la tête du domaine ou d'une partie du domaine et chargé de l'administrer en son nom. Le *villicus* et les autres officiers subalternes des domaines royaux ou ecclésiastiques (forestiers, collecteurs, dizeniers, etc.), recevaient, comme salaire, des manses pour lesquels ils étaient obligés de payer un cens (3).

La portion concédée du domaine était cultivée par des hommes de conditions différentes, les uns libres, les autres serfs, ou de condition mixte. Les charges auxquelles les terres étaient soumises étaient de plusieurs sortes, elles consistaient généralement en redevances en nature et en denrées de toute espèce (4), quel-

---

(1) *Lex sal.*, t. 11, c. 5. — *Lex Alamann.*, t. 79, 80. — *Polyp. Irmin.*, XIII, 101, 102, 103, 104. — *Polyp. S. Remigii remens.*, IX, 20; XVII, 116, 117, 118. — Cap. *de Villis*, c. 45.

(2) Cap. d'Aix-la-Chapelle, en 813, *add. ad leg. Burg.*, c. 19. — *Lex Alamm.*, t. 22, 79, 80. — *Lex Fris.*, t. 13. — Cap. *de Villis*, c. 43. — *Polyp. Irmin.*, XI, 13; XIII, 109, 110; XXIII, 27.

(3) Cap. d'Aix-la-Chapelle, en 813, *add. ad leg. Burg.*, c. 19. — Cap. *de Villis*, c. 10, 45, 50, 62. — *Polypt. Irmin.*, V, 3; IX, 8, 57; XIII, 100, 101.

(4) *Lex Alamann.*, t. 22. — Goldast, f. 79, 88. — *Polypt. Irmin. Passim.*

quefois dans un cens en argent (1), souvent en corvées, charrois, travaux manuels de nature diverse (*carroperœ, manuoperœ*) (2). Tantôt le serf ou le colon devait tant de jours de corvée par semaine, par mois ou par an (3); tantôt il devait labourer et bécher une étendue déterminée de terres ou de vignes (4), tantôt enfin il était soumis à des travaux que le maître fixait arbitrairement (5). Quelquefois le colon ne devait que le cens ou la redevance sans la corvée (6), mais souvent il devait l'une et l'autre à la fois (7). Les tenanciers étaient enfin tenus de défrayer leur maître à son passage, lorsqu'il allait en voyage (8). Il n'y avait du reste, au sujet de ces différentes charges, aucune loi commune, ni aucune coutume uniforme ; autant de domaines, autant de manses, autant d'usages différents (9).

On distinguait des manses *ingenuiles, lidiles* et *serviles;* mais cette distinction était plus nominale que réelle. Souvent des colons libres détenaient des manses lidiles ou serviles, tandis que des serfs cultivaient des manses ingenuiles (10). Les charges qui grevaient les tenures serviles n'étaient pas ordinairement plus lourdes que celles des autres manses. Les redevances, les corvées et les cens étaient toujours à peu près les mêmes, que le cultivateur fût libre, colon ou serf (11).

---

(1) Bignon, f. 20, 21. — Goldast, f. 88. — Lindenbrog, f. 19. — Balluze, tom. II, *app. act. vet.*, dipl. 23. — Pardessus. *Dipl.*, *chartœ*, tom. II, dipl. 488. — *Polypt. Irmin.*, VII, 6, 71, 73, etc.

(2) *Lex Alamann.*, t. 22, 23. — *Lex Bajuv.*, t. 1, c. 14.

(3) *Polypt. Irmin.*, I, 20, 21, 35. — *Frag. polypt. sithiensis*, c. 6, 7.— *Specimen breviarii rerum fiscalium Karoli magni*, c. 5. Guérard. *App. Polypt. Irmin.*

(4) *Polypt. Irmin.*, I, 1, 2, etc.

(5) *Id.*, I, 13, 14, 16, 17, 27 ; II, 2 ; V, 3.

(6) *Id.*, VII, 71, 73, etc.

(7) *Id.*, III, 2 ; VII, 79, etc.

(8) *Form. alsat.*, f. 22.

(9) *Polyptiques. Passim.*

(10) *Polypt. Irmin.*, I, 6, 13, 14, 15 ; II, 1, 4.

(11) *Lex Alamm.*, t. 23.— *Lex Bajuv.*, t. 1, c. 14. — *Polypt. Irmin.*, I, II. — *Frag. polypt. mediolacensis in diocœsi Trevir.* Guérard. *Append. polypt. S. Remigii*, dipl. 4.

Le concédant gardait la propriété de la terre, et le colon ne pouvait en disposer sans l'autorisation de son maître. Les formules et les chartes en fournissent de nombreuses preuves (1). Les capitulaires défendent formellement aux colons du fisc et à ceux des terres ecclésiastiques de disposer de leurs manses (2).

Nous devons mentionner enfin, parmi les terres acensées, les concessions faites à des hommes libres et ingénus, à titre précaire et à charge de redevances en nature ou d'un cens en argent, et qu'on ne peut assimiler aux bénéfices militaires (3).

La durée des concessions variait selon les conditions de la charte ; autant d'actes, autant de systèmes différents. Les conditions et la durée des tenures étaient tantôt établies librement par l'accord des parties (*contractu*), et tantôt imposées par le seigneur seul (*precario*). Il y avait en effet deux manières de constituer les précaires comme les bénéfices militaires. Lorsque le seigneur concédait à son tenancier une portion détachée de son domaine, il lui faisait quelles conditions il voulait ; mais quand un propriétaire donnait son bien à un seigneur pour le recevoir ensuite de lui, avec des charges, toutes les conditions relatives à ces charges, à la durée de la concession et au mode de transmission de la terre, étaient le résultat d'un contrat consensuel (4).

Cependant, dès le IXe siècle, l'hérédité des concessions faites aux colons tendait à s'établir ou plutôt à se généraliser. Le polyptique d'Irminon et l'édit de Pitres parlent de colons jouissant de tenures héréditaires (5).

---

(1) Bignon, f. 20, 21. — Lindenbrog, f. 20. — Goldast, f. 47, 49, 50, 54, 58, 76. — *Testam. Aredii.* Mabillon. *Vet. anal.*, tom. II.

(2) *Edictum pistense*, c. 30. — 3e cap. de 803, Aix-la-Chapelle, c. 10.

(3) *Polypt. Irmin.*, I, 40 ; VI, 52 ; XVI, 91. — *Polypt. S. Remig. rem.*, VI, 2 3, 4, 5, 6 ; XXVI. — *Formulæ veteres. Passim.* — *Testam. Aredii.* Mabillon. *Vet. anal.* — Charte de 854. D. Morice, tom. I, col. 274.

(4) *Canones Abbonis*, c. 7. Mabillon. *Vet. anal.*, tom. II. Ce document appartient au règne de Hugues Capet. — Marculf, II, 5. — Bignon, f. 20. — Sirmond. f. 6, 7. — Lindenbrog, f. 19, 20, 25, 26. — *Form. alsat.*, f. 1, 2. — Goldast, f. 58, 76. — *Testam. Aredii.*

(5) *Polypt. Irmin.*, XXII, 95, 96. — *Edict. pistense*, c. 30.

A cette époque, on voit certaines terres cultivées par des serfs ou colons vivant en communauté. Souvent un seul manse était exploité par tous les membres d'une même famille, quelquefois même par plusieurs ménages qui vivaient et travaillaient ensemble (1). Lorsqu'un des membres de cette petite société venait à mourir, les survivants ne faisaient que continuer la possession dont ils avaient joui tous à la fois pendant la vie du prédécédé. Ces communautés de serfs subsistèrent dans un grand nombre de localités durant la période féodale.

Tel fut l'état des terres acensées pendant les premiers siècles de notre histoire ; il est facile de voir que les censives et les mainmortes des siècles suivants tirent leur origine des précaires, des bénéfices non militaires et des concessions de terres que les seigneurs de l'époque gallo-franque faisaient à leurs colons et à leurs serfs. Un grand nombre de censives durent aussi provenir des transformations d'alleux en terres acensées, qui étaient si fréquentes à cette époque.

(1) *Polypt. Irmin.*, I, 5, 14, 15; II, 6; V, 9, 10, 28, etc.; VI, 47, 48; XIII, 39.

CHAPITRE V.

Institutions bretonnes.

L'organisation de la Bretagne pendant l'époque barbare ne fut point une création des mœurs germaniques. Cette province était alors régie par les vieilles coutumes kymriques qu'avaient conservées les émigrés venus d'Outre-Manche. Ses divisions territoriales portaient, dans la langue bretonne, les noms de *trefs* et de *contrefs* (1). Elle était partagée entre plusieurs chefs qui exerçaient tous les droits de la souveraineté et qui gouvernaient leurs sujets avec un pouvoir absolu. Les chroniques latines leur donnent le nom de comtes; tels étaient ceux de Vannes, de Goëllo, de Léon, de Cornouailles. Au-dessous d'eux venaient les *mactierns* (fils ou plutôt lieutenants de princes), appelés *tyranni* dans les anciennes chartes; ils dépendaient des premiers et régissaient, sous leur autorité, un territoire d'une certaine étendue. Ils se qualifiaient de princes et de seigneurs héréditaires (2), et ils exerçaient presque tous les droits de la souveraineté; ils rendaient la justice aux hommes de leurs cantons (3), faisaient la guerre à la tête de leurs vassaux (4), percevaient des droits de péage sur les rivières (5), etc.

(1) Voir *Mémoire sur l'origine des institutions féodales*, par M. A. de Courson. *Revue de législation*, année 1847, tom. II.

(2) Chartes du IXe siècle, extraites du Cartulaire de Redon. D. Morice. *Preuves de l'Hist. de Bretagne*, tom. I, col. 267, 295, 299, 304.

(3) Charte de 851, *Cartul. de Redon*. D. Morice. *Preuves*, tom. I, col. 295.

(4) Voir le récit de la guerre des mactierns Illoc et Riswelen (*Vita S. Convoionis*, lib. I, c. 7, 8. D. Morice, tom. I). — Le mactiern Urfrand fit la guerre au roi de mer Hastings, après que le roi de Bretagne Salomon eut conclu la paix avec Hastings. (*Chron. Reginonis*).

(5) Charte de 844, *Cartul. de Redon*. D. Lobineau, tom. II, *Preuves*, col. 52.

Les princes bretons s'entouraient, comme les chefs gaulois du temps de César, de vassaux ou de clients qui combattaient à leur suite. Le patron devait protéger son vassal, venger sa mort ou forcer le meurtrier à payer une composition pour le prix du sang versé (1).

Des documents du IXe siècle parlent de bénéfices militaires concédés à titre héréditaire par des seigneurs et des abbés à leurs vassaux (2); mais il est probable que cet usage fut introduit en Bretagne par les Francs, après leur établissement dans la partie orientale de ce pays.

Les nobles bretons possédaient des terres que les chartes appellent *hereditates* ou *alodia*, dont ils pouvaient disposer librement (3).

Après les nobles ou guerriers, venaient les censitaires. Ces derniers ne pouvaient aliéner leurs terres sans l'autorisation de leurs seigneurs et payaient pour elles un tribut appelé *dicofrit* (4).

La famille bretonne conservait encore, au IXe siècle, son ancienne organisation patriarcale qui rappelait celle des clans gallois ; elle formait, sous l'autorité de son chef, une vaste association ; elle devait tout entière embrasser sa querelle et lui former une sorte d'armée qui marchait à sa suite (5).

Les vieux usages bretons se conservèrent longtemps sous l'em-

---

(1) Charte du IXe siècle, *Cartul. de Redon.* D. Morice, tom. I, col. 273. — *Cartul. de Landvenech.* D. Morice, tom. I, col. 177. — *Actes de St Judicaël,* D. Morice, tom. I, col. 206: *Adest cum cognatis et clientibus.*

(2) *Chron. Briocense.* D. Morice, tom. I, col. 28. — *Frag. vet. Hist. Brit.*, col. 281, 282. — Charte du IXe siècle, *Cartul. de Redon.* D. Morice, tom. I, col. 305.

(3) Chartes de 857 et de 1030. D. Morice, tom. I, col. 304, 370.

(4) *Cartul. de Redon.* Chartes de 851 et 857. D. Morice, tom. I, col. 294, 304. — Ducange, V° *Dicofrit.*

(5) « Le grand chef de famille chemine, suivi de toute sa parenté. » (Il va demander à Nemonoë vengeance de la mort de son fils.) (*Laz-Breiz,* chant VI, trad. de M. de la Villemarqué.)

pire de la féodalité, et quelques-uns ont subsisté presque jusqu'à nos jours. Cependant le régime des fiefs a exercé en Bretagne, comme dans le reste de la France, une influence incontestable sur le droit commun (1).

(1) D'après M. de Courson, la féodalité bretonne était déjà toute constituée dès le VIII° ou le IX° siècle.

LIVRE II.

Domination du régime féodal. — Influence de la féodalité sur le droit civil.

CHAPITRE PREMIER.

Etat politique de la France sous la féodalité absolue.

Les guerres qui détruisirent l'unité impériale avaient rempli tout le IXe siècle; au Xe, lorsque le démembrement de l'empire de Charlemagne fut complètement consommé, une nouvelle lutte s'engagea. Les ducs de France combattirent pendant toute cette époque contre les rois carlovingiens, et finirent par les détrôner. Ils furent soutenus par les seigneurs, souverains des autres provinces, animés d'une vieille haine contre l'ancienne dynastie. L'élection mit successivement la couronne sur la tête des ducs Eudes, Robert et Raoul, et les opposa aux rois héréditaires Charles-le-Simple, Louis-d'Outre-Mer et Lothaire. Toutefois, avec l'aide des empereurs d'Allemagne, qui soutenaient en France les descendants de Charlemagne, ces princes reprirent à trois fois différentes le royaume que les seigneurs leur avaient enlevé.

Vers la fin du Xe siècle, Hugues Capet, plus heureux que ses prédécesseurs, arracha définitivement la couronne des mains des

Carlovingiens et la fit passer dans la famille de Robert-le-Fort, malgré la vaine résistance de Charles, duc de Lorraine, dernier représentant de l'ancienne dynastie. L'avènement de Hugues Capet fut le triomphe définitif du système féodal ; il marque le point culminant de la puissance seigneuriale ; c'est l'aristocratie qui se couronne elle-même dans la personne du plus puissant de ses chefs et qui met le dernier sceau à son indépendance et à sa souveraineté.

Hugues Capet, suivant A. Thierry, est le vrai fondateur de la monarchie. C'est au Xe siècle qu'il faut rapporter le commencement de la nationalité française. Vers cette époque, les Francs et les Gallo-Romains achevèrent de se fondre ensemble ; le système des lois personnelles tomba en désuétude. La langue tudesque, que parlaient encore les derniers Carlovingiens, et qui resta en usage au-delà de la Meuse, cessa d'être employée à la cour des rois. Hugues Capet et ses successeurs parlaient, comme leurs sujets, la langue romane qui devait, en se perfectionnant, devenir le français (1).

Le couronnement de Hugues Capet n'établit pas toutefois l'unité politique dans l'ancienne Gaule. A la distinction des races avait succédé celle des provinces ; les populations de ces diverses contrées formaient autant de peuples différents dont les chefs restèrent indépendants du nouveau pouvoir royal. La puissance véritable du roi était renfermée dans les limites du duché de Paris. La véritable France était resserrée entre la Meuse, la Loire et la Vilaine. Un seigneur s'estimait autant que le roi et souvent même lui contestait son titre (2). Les ducs d'Aquitaine rappor-

---

(1) Aug. Thierry. *Lettres sur l'histoire de France*, 12e lettre.—La distinction des races franque, gothique et romaine est encore indiquée dans les diplômes des cartulaires du Languedoc, pendant la première moitié du Xe siècle. (D. Vaissette, tom. II. *Preuves*. Dipl. 42 et 56, de 918 et de 933.) Après cette époque, les chartes parlent encore des lois germaniques, mais sans mentionner, comme dans les actes plus anciens, la nation à laquelle les scabins appartiennent. (D. Vaissette, tom. II. *Preuves*. Dipl. 120 et 148 de 985 et de 1015.)

(2) « *Quis te comitem constituit?* » disait un envoyé de Hugues au comte de Périgord. « *Quis te regem constituit?* » répondit celui-ci.

taient leurs actes *du règne du Christ, en attendant un roi* (1) ; en 989, Borel, comte d'Urgel, datait un contrat de vente, de la troisième année du règne de Hugues, *roi* ou *duc* des Francs (2).

La puissance royale devait rester longtemps réduite à cet état précaire. Sous Robert-le-Pieux, sous Henri Ier et sous Philippe Ier, elle ne fait aucun progrès. Renfermés dans leurs États héréditaires, les rois ne s'occupent pas de ce qui se passe en dehors de ces étroites limites. Malgré le titre qu'ils portent, ils n'ont pas plus d'autorité que lorsqu'ils étaient encore simples ducs de France ; ils ne sont, à vrai dire, que les seigneurs de leur province. Autour d'eux, le monde féodal s'agite ; ils ne prennent aucune part à ses luttes : les seigneurs combattent sans cesse les uns contre les autres ; les guerres de province à province, de château à château sont perpétuelles. C'est l'époque du règne exclusif et absolu de la féodalité ; mais les rois ne songent ni à réprimer le désordre, ni à protéger, comme Charlemagne, les églises souvent exposées au pillage (3). Les chroniques du temps sont empreintes d'une tristesse profonde, elles montrent en termes énergiques les maux de la société livrée alors à la plus complète anarchie (4).

Deux évènements d'une grande importance historique signalèrent la fin du XIe siècle, mais la royauté y resta étrangère. En 1066, Guillaume-le-Bâtard, duc de Normandie et vassal du roi de France, faisait la conquête de l'Angleterre, fondait un royaume et devenait plus puissant que son suzerain. Peu d'années après, en 1095, toute l'Europe féodale se précipitait sur l'Orient, à la voix de l'Église, pour aller délivrer le tombeau du Christ ; mais rien ne put émouvoir l'inertie des premiers Capétiens ; ils restèrent étrangers aux évènements de leur temps. La faiblesse de leur caractère maintint l'état précaire du pouvoir royal, qui demeura stationnaire pendant toute la durée du XIe siècle (5).

(1) *Christo regnante, rege deficiente.*
(2) D. Vaissette, tom. II. *Preuves.* Dipl. 131.
(3) Lettre de Charlemagne à Pépin, roi d'Italie. Balluze, tom. I, p. 462.
(4) Richer, I, 4.
(5) M. Guizot. *Hist. de la Civil. en France.* 2e partie, leçon 12e.

Avec Louis VI, au commencement du XIIe siècle, les choses commencèrent à changer de face. Ce prince s'efforça de réprimer la turbulence et l'insoumission de ses vassaux. Il agit, il est vrai, sur un territoire très-resserré, mais il n'en fit pas moins sentir son autorité. Presque toute sa vie se passa à livrer de petits combats aux seigneurs de Monthléry, de Corbeil, ou à d'autres châtelains rebelles. Il intervint dans le mouvement qui se manifesta de son temps, dans les grandes cités, contre la puissance seigneuriale; s'il ne faut pas faire de ce prince, comme l'ancienne école historique, l'auteur unique de l'affranchissement des communes (1), il faut cependant reconnaître que l'intervention de la royauté dans le développement du Tiers-État date de son règne. Dès lors, la féodalité, qui avait dominé sans partage et sans contradiction pendant les Xe et XIe siècles, eut en présence deux adversaires : la royauté et les communes.

Le pouvoir royal, malgré son réveil, resta bien faible encore sous Louis-le-Gros et sous Louis VII, son fils. Après eux, Philippe-Auguste étendit considérablement le domaine royal; le nombre des prévôtés dépendant directement du roi fut presque doublé sous son règne (2); la confiscation prononcée par les barons contre Jean-sans-Terre, roi d'Angleterre, lui permit d'ajouter à ses États la Normandie, le Maine, l'Anjou, la Touraine et le Poitou. Sous Louis VIII, la sanglante guerre des Albigeois fut terminée par la réunion des provinces méridionales. La guerre de cent ans, sous les Valois, commencée par tant de revers pour la France, amena, au XVe siècle, la complète expulsion des Anglais et la réunion définitive à la Couronne de toutes les côtes de l'Océan. Les rois créèrent donc le royaume depuis Philippe-Auguste jusqu'à Louis XI.

La suzeraineté royale n'avait été pendant longtemps qu'un principe sans application; mais, dès le XIIIe siècle, elle passa de la théorie dans la pratique; les rois devinrent assez forts pour faire respec-

---

(1) Aug. Thierry. Lettre 13e.

(2) Voir le tableau des prévôtés du domaine de la couronne, dans l'*Histoire du Droit*, de M. Lafferrière, tom. IV, app. I.

ter leurs ordres ; ils commencèrent contre la féodalité une lutte qui devait durer plusieurs siècles ; ils restreignirent, par tous les moyens possibles, les droits des seigneurs. Les jugements des officiers seigneuriaux furent soumis à l'appel devant les justices royales et leur juridiction fut restreinte par l'établissement des cas royaux ; la suprématie passa peu à peu aux mains des officiers qui représentaient le roi.

Toutefois, pendant les XIII°, XIV° et XV° siècles, la puissance féodale, bien qu'amoindrie, restait encore debout. Depuis la fin du XII° jusqu'au règne de Louis XI, elle recula sans cesse mais lentement devant le pouvoir royal ; elle céda le terrain mais en le défendant pied à pied. Les tentatives absolutistes de Philippe-le-Bel amenèrent même une réaction sous le règne de ses successeurs. La royauté finit toutefois par triompher avec les derniers Valois, et Louis XI la mit enfin pour toujours *hors de page*.

Les seigneurs eurent à lutter aussi contre les communes, qui furent pour eux presque aussi redoutables que les rois. La formation et le développement du Tiers-État, ses luttes avec les seigneurs remplissent toute la seconde moitié de l'époque féodale. Divers éléments concoururent à former cette classe, qui comprenait presque toute la masse de la nation. Les villes du midi n'avaient pas subi complètement la domination du régime féodal ; elles avaient conservé, pendant toute la durée du moyen-âge, l'organisation municipale qu'elles tenaient de la loi romaine, et l'on sait que, sous la domination des empereurs romains, il y avait presque autant de municipes que de villes et de bourgs (1).

Pendant longtemps elles ne jouèrent, il est vrai, aucun rôle politique, et le silence des anciens écrivains a fait révoquer en doute la persistance du système municipal romain dans le midi ; mais aujourd'hui, la question est complètement résolue (2). Au XII°

---

(1) Salvien. L. V, c. 4.

(2) Raynouard. *Hist. du Droit municipal.* — Savigny. *Hist. du Droit romain au moyen-âge.* — En Italie, les villes lombardes étaient administrées par des *consuls*, nommés pour cinq ans, et qui devaient recevoir l'investiture, soit de l'empereur, soit de l'évêque, si c'était l'usage du lieu. (*Pax Constantiæ.*)

siècle, les cités municipales reparurent sur la scène et purent avoir une histoire ; elles furent le premier élément du Tiers-État.

Au nord, les communes se formèrent d'une autre manière ; les habitants s'associaient entre eux contre leurs seigneurs et obtenaient de ceux-ci, par l'insurrection ou autrement, des chartes de franchises. Dès le IXe siècle, on avait vu les vilains former des réunions insurrectionnelles connues sous le nom de *gheldes,* que les rois s'efforcèrent de réprimer (1). Au XIe et au XIIe siècle, au sein des villes du nord de la France, les gheldes se multiplièrent et donnèrent naissance aux communes jurées. Dans celles qui se constituèrent ainsi, la juridiction communale fut substituée à la juridiction seigneuriale et les prévôts nommés par les seigneurs furent remplacés par des magistrats (maires, échevins, prud'hommes) librement élus par les habitants. Ces cités devinrent de petites républiques qui purent s'administrer elles-mêmes. Elles différèrent des municipes du midi sur un point essentiel : l'organisation de celles-ci était surtout aristocratique, l'organisation des autres fut au contraire démocratique.

Entre les municipes du midi et les communes jurées du nord, il faut placer encore une troisième classe, celle des villes dites *de bourgeoisie.* Toujours soumises à la juridiction de leurs seigneurs ou à celle du roi et gouvernées par des préposés royaux ou seigneuriaux, elles reçurent cependant, au XIIe ou au XIIIe siècle, des priviléges plus ou moins étendus, des franchises plus ou moins complètes ; elles purent, dans de certaines limites, participer à l'administration de leurs intérêts. La variété des constitutions urbaines fut du reste aussi grande au moyen-âge que celle des lois féodales. Chaque ville de quelque importance eut sa charte particulière, et toutes ces chartes présentent entre elles de nombreuses différences.

Au XIVe siècle, la classe roturière acquit une grande importance politique et joua un rôle redoutable aux États-Généraux ; l'époque d'Étienne Marcel fait déjà songer à celle de la Convention.

Les habitants des campagnes formèrent aussi l'un des éléments

---

(1) *Cap. Karlom. apud Verni palatium,* t. 3, c. 14, en 882.

du Tiers-État ; ce serait une grave erreur de ne donner ce nom qu'aux habitants des villes (1). L'affranchissement progressif des esclaves, opéré sous les deux premières races par l'influence de l'Église, les avait fait peu à peu passer dans la classe des colons et des mainmortables. L'abolition de la mainmorte, que les vilains obtinrent de leurs seigneurs, pendant le cours des XIIe et XIIIe siècles, dans beaucoup de localités, soit de vive force, soit de gré à gré, soit à prix d'argent, donna une extension considérable à la classe des censitaires libres. La jacquerie fut une réaction terrible des vilains contre les seigneurs.

Au milieu de ces luttes sanglantes, tandis que la féodalité se débattait contre les communes et contre la royauté, les légistes s'efforçaient de la soumettre au droit commun.

Pendant une grande partie de l'époque féodale, la législation n'avait aucune espèce d'unité et présentait un mélange assez confus de dispositions d'origines diverses. Le droit canonique régissait un grand nombre de matières; le droit romain n'avait jamais cessé d'être en vigueur sur bien des points, surtout dans le midi de la Gaule (2); au XIIIe siècle, certaines coutumes locales du midi et même du centre étaient encore toutes romaines (3) ; on gardait aussi dans ces provinces le souvenir du droit germanique ; la loi salique y était encore appliquée au Xe et au XIe siècle (4). Dans le nord, le droit germanique avait laissé des traces encore plus profondes. Sous le règne de Hugues-Capet, l'abbé Abbon invoquait les capitulaires de Charlemagne (5); une charte de 987, du cartulaire de Chartres, se réfère à la loi salique (6) ; à une époque postérieure,

---

(1) Aug. Thierry. *Hist. du Tiers-Etat*, chap. 1.

(2) *His partibus in quibus juris legisque prudentia viget ; aliisque vero partibus, ubi sacratissimæ leges incognitæ sunt.* (*Petri exceptiones*, II, 31.)

(3) Telles étaient celles de Toulouse, de Montpellier, de Châteauneuf-sur-Cher en Berry, etc.

(4) D. Vaissette, tom. II. *Preuves*. Dipl. 56, 120, 148.

(5) *Canones Domni Abbonis*, c. 6. Mabillon. *Vet. anal.*, tom. II, p. 248.

(6) *Secundum legem salicam et secundum consuetudinem qua viri proprias uxores dotant.* (Guérard. *Cod. diplom. S. Petri carnot.*, p. 87, 88.)

Henri Ier, roi d'Angleterre, réglait le taux des compositions judiciaires, conformément aux dispositions des lois salique et ripuaire et s'appuyait sur leur autorité (1). On sait aussi qu'au XIVe siècle, les barons invoquèrent la loi salique pour exclure du trône de France, Edouard, roi d'Angleterre.

Chaque province, chaque seigneurie avait ses usages locaux : dès l'époque germanique, il existait déjà dans chaque cité des coutumes particulières que les formules anciennes désignent sous le nom de *leges loci* (2). Les Polyptiques nous montrent également que la coutume du lieu était la seule règle qui fixât la nature et l'étendue des droits des seigneurs. Mais c'est surtout dans les cartulaires des abbayes, recueils si intéressants des actes de ce temps, qu'il faut chercher l'expression des usages juridiques de la féodalité absolue. Les chartes nous apprennent comment se transmettait la propriété, comment se régissaient les douaires, les successions, les tutelles, etc.

En l'absence de lois écrites, la tradition servait à décider toutes les contestations, et conservait une foule d'institutions, soit d'origine romaine, soit d'origine germanique, dont on avait oublié la source.

Les seigneurs constatèrent ensuite, dans les premiers codes féodaux, les usages suivis dans l'étendue de leurs domaines en matière de fiefs (3). Les bourgeois firent aussi consacrer leurs coutumes par les chartes de commune ou de bourgeoisie (4); ils empruntèrent plusieurs usages au droit des fiefs. Puis, les

---

(1) Lois de Henri Ier, c. 89, 90. Canciani. *Leges in Anglia conditæ.*

(2) Voir Sirmond, form. 33. — *Form. andeg.*, 1, 36, 45, 48, 57.

(3) Voir les lois de Baudouin, comte de Flandre, rédigées en 1200; celles de Thibault, comte de Champagne, au XIIIe siècle; l'*Assise* de Geoffroy, comte de Bretagne, en 1185; les *Assises de Jérusalem (Cour des barons)*, etc.—Voir aussi le *Liber feudorum* lombard et le coutumier plus ancien, intitulé *Antiquus libellus de beneficiis*, dans Canciani.

(4) Voir, entre autres, les chartes de Laon et d'Amiens (XIIe siècle), dans le *Recueil des Ordonnances;* les *Assises de Jérusalem (Cour des bourgeois),* les chartes et les statuts renfermés dans la collection de M. Giraud et les diverses coutumes locales, dans Richebourg.

décisions des baillis royaux, des cours féodales, des cours d'échevinage et, plus tard, celles des parlements créèrent dans les différentes provinces des usages constants et généraux qui s'écartèrent souvent des coutumes locales et primitives de la province. Ces usages furent recueillis par des jurisconsultes praticiens; tels furent, au XIIIe siècle, Desfontaines, Beaumanoir, l'auteur inconnu des *Établissements de Saint-Louis;* au XIVe et au XVe siècle, Bouteiller, Littleton, l'auteur du *Grand Coustumier,* etc. Ces écrivains invoquaient à la fois les traditions locales et les arrêts rendus par les magistrats de leurs provinces; ils y ajoutaient de nombreuses décisions empruntées soit au droit romain, soit au droit canonique, et souvent aussi leurs propres idées. Leurs doctrines manquaient de précision, leurs opinions étaient souvent flottantes et incertaines; la législation n'était pas encore fixée, mais elle se formait peu à peu au milieu des tribunaux. Les premières coutumes ne furent guère que des recueils de décrets seigneuriaux et d'arrêts rendus par les cours féodales ou bourgeoises (1).

Si l'on veut bien saisir le véritable caractère des coutumes, c'est dans les anciens statuts locaux et dans les coutumiers antérieurs à la rédaction du XVIe siècle qu'il faut surtout l'étudier. C'est là qu'on peut voir l'origine et les premiers progrès de nos institutions civiles. Il est facile de reconnaître dans la législation de cette époque l'action constante de la féodalité; si elle n'a pas créé tous les usages juridiques du temps, elle a du moins laissé partout des traces profondes.

(1) Voir l'*Ancienne Coutume de Bourgogne du XIVe siècle,* publiée par M. Giraud; les *Etablissements de Normandie,* les *Assises* et les *Arrêts de l'Echiquier,* publiés par M. Marnier; les *Coutumes de l'Echevinage de Reims,* les *Fors du Béarn,* etc.

CHAPITRE II.

Des droits seigneuriaux.

§ Ier.

SOUVERAINETÉ POLITIQUE DES SEIGNEURS.

Au Xe siècle et surtout au XIe, les ducs et les comtes étaient devenus indépendants du pouvoir royal. Ils étaient à la fois souverains dans leurs États et propriétaires de leurs souverainetés. Un grand nombre de seigneurs d'une moindre importance exerçaient aussi héréditairement la même autorité.

A cette époque, les duchés et les comtés, qui ne dépendaient pas directement du duché de France, étaient plutôt des alleux souverains que des fiefs de la Couronne. Ce fut seulement pendant la période capétienne, que les rois, devenus plus puissants, concédèrent en fiefs ou en apanages à leurs puînés différentes provinces déjà réunies au domaine royal. L'Anjou fut donné ainsi à Charles, frère de Saint-Louis, tige de la maison d'Anjou-Sicile; la Bourgogne à Philippe-le-Hardi, fils du roi Jean; l'Artois à Robert, fils de Louis VIII; l'Orléanais à Philippe, fils de Philippe de Valois, etc. Il se forma ainsi une seconde féodalité issue du sang royal, et qui n'avait rien de commun avec la féodalité carlovingienne. Tous ces grands fiefs furent assez promptement réunis à la Couronne, à laquelle ils devaient toujours faire retour, à défaut de descendance des feudataires.

On voit, dès le IXe et le Xe siècle, les grands seigneurs prendre le titre de ducs et de comtes *par la grâce de Dieu* (1). Cette for-

---

(1) Une charte de l'an 883, de Bernard, comte d'Auvergne, renferme ces mots : *Ego Bernardus, gratia Dei comes.* (D. Vaissette, tom. II. *Preuves. Dipl. 6.*) — Les ducs de Lorraine, au Xe siècle, employaient la même formule. (D. Calmet. *Hist. de Lorraine*, tom. I. *Preuves*, col. 377.)

mule, toutefois, n'avait peut-être pas alors la portée que nous lui donnons aujourd'hui. Suivant D. Vaissette, elle était plutôt un signe de la piété des seigneurs qu'une marque de leur indépendance. Quoiqu'il en soit, ils exerçaient tous les droits que les constitutions modernes réservent au pouvoir royal. Nous voyons au XIIe siècle, en effet, l'empereur Frédéric céder en fief à Raymond, comte de Barcelone, la ville d'Arles et les comtés de Provence et de Forcalquier, avec tous les droits impériaux et royaux (1). A la fin du XIIIe siècle, bien qu'alors l'aristocratie féodale fût attaquée à la fois par les rois, par les communes et par les légistes, la souveraineté des seigneurs n'était pas contestée en principe. Beaumanoir la reconnaissait encore, mais en la soumettant à l'exercice des prérogatives royales :

« ...... çascuns barons est souvrains en se baronnie. Voirs est que li rois est sovrains par desor tous........... Et se n'i a nul si grant desous li qui ne puist estre trais en se cort par defaute de droit ou par faus jugement » (2).

La première conséquence de la souveraineté, c'est le droit de faire des lois. Aussi voyons-nous, pendant toute la durée de la féodalité absolue, les principaux ducs ou comtes exercer ce qu'on appelle aujourd'hui le pouvoir législatif. Les documents de toutes les provinces en fournissent des preuves. On attribue à Rollon, au Xe siècle, les premiers *Établissements de Normandie;* au XIe, Guillaume-le-Bâtard donna aussi des lois à cette province ; en 1155, une charte d'Henri II fixa les usages de la féodalité normande ; en 1200, ceux de la féodalité flamande furent réglés par Baudouin, comte de Flandre et de Hainault ; un peu plus tard, Thibault, comte de Champagne, donna des lois à ce pays. L'*Assise* de Geoffroy, comte de Bretagne, en 1185, montre que les comtes bretons exerçaient aussi le pouvoir législatif. Il faut mentionner enfin les chartes concédées aux villes de bourgeoisie par leurs seigneurs (3).

---

(1) *Cum omnibus pertinentiis suis et pertinentibus ad regale vel imperiale servitium.* (Charte de 1162, D. Martene. *Miscellanea*, col. 860).
(2) Beaumanoir, ch. 34, n° 41.
(3) Voir ces différentes sources déjà citées au chapitre précédent,

Le pouvoir royal avait encore, au XIIIe siècle, si peu d'autorité sur les seigneurs et leur faisait si difficilement accepter ses lois, que Saint-Louis, en 1230, fit jurer par les barons son ordonnance dite *Stabilimentum Judæorum*, afin qu'elle fût observée dans leurs terres (1). Les rois, à cette époque, demandaient l'obéissance et ne pouvaient encore l'exiger.

Les seigneurs déléguaient une partie de leur autorité à des officiers inférieurs. Dans beaucoup de localités, il y avait un vicomte chargé de gouverner la ville, et de rendre la justice au nom du comte, dont il était en quelque sorte le lieutenant. Le vicomte recevait pour solde une portion des droits de justice et des différents profits féodaux. On lui concédait souvent aussi des châteaux et des domaines qu'il tenait en fief et auxquels on donna depuis le titre de *vicomté*. Dans l'origine, ce titre s'appliquait à la charge seulement, tandis que le domaine, concédé pour solde, était une simple seigneurie. C'est ainsi que les vicomtes de Poitiers, seigneurs de Thouars, firent prendre à cette seigneurie le titre de vicomté. Il en fut de même des vicomtes du Mans, seigneurs de Beaumont; de ceux de Limoges, seigneurs de Turenne, etc. (2). Les vicomtés se donnaient en fief et devenaient patrimoniales comme les domaines eux-mêmes; c'est ce que l'on voit dans la charte de concession de la viguerie de Montpellier, de l'an 1103 (3). Elles finirent même par devenir aliénables; ainsi, en 1210, la comtesse Blanche acheta la vicomté de Cuis; en 1248, le comte de Champagne, celle de Provins (4).

Le vidame était pour l'évêque ce que le vicomte était pour le comte, du moins quant au temporel. Mais les pouvoirs du vidame étaient en général plus étendus que ceux du vicomte; il jugeait tous les vassaux de l'évêché; le premier ne connaissait au contraire que des causes relatives aux hommes qui habitaient dans

---

(1) Brussel, *Usage des Fiefs*, L. II, ch. 23.

(2) Voir Brussel, *Usage des Fiefs*, L. III, ch. 1. — Voir aussi une charte de Thibault, comte de Champagne, de 1199.

(3) Voir le texte de la charte, dans Brussel, L. I, ch. 7.

(4) *Cartulaire de Champagne*, Brussel, L. III, ch. 1.

le ressort de la vicomté, toujours moins étendu que celui du seigneur dominant (1).

A côté des vicomtes, il faut mentionner aussi les châtelains, les viguiers et les baillis. Les premiers avaient à peu près les mêmes fonctions que les vicomtes ; le seigneur supérieur établissait un châtelain dans les villes de son domaine où il n'y avait pas de vicomte (2). Une charte de l'an 1090 nous fournit un exemple de l'investiture donnée à un châtelain. La comtesse Sophie, après avoir fait construire le château de Saint-Michel, confie à un châtelain la garde de la forteresse, et, pour lui servir de solde, elle lui donne en bénéfice une terre et la moitié des profits du péage d'un pont (3). Les cartulaires renferment de nombreux documents du XIe et du XIIe siècle sur les viguiers qui gouvernaient, au nom des comtes, les petites villes des différentes provinces. Jusqu'à la fin du Xe siècle, les viguiers dépendirent des comtes, en vertu d'un lien hiérarchique qui n'était point celui du vasselage féodal (4). Mais au XIe et au XIIe siècle, les vigueries furent données en fief par les rois ou par les comtes ; elles furent presque toutes érigées en châtellenies ou en baronnies.

Quant aux baillis, établis vers le XIIe ou le XIIIe siècle, ils ne tardèrent pas à prendre un caractère essentiellement judiciaire. Cependant ils étaient, dans l'origine, hommes d'épée autant qu'hommes de robe. Ils remplacèrent peu à peu les vicomtes, et ceux-ci cessèrent d'exercer les fonctions attachées à leur titre (5).

Outre ces officiers seigneuriaux, d'autres magistrats étaient chargés de l'administration des villes. Ce serait une erreur de croire qu'il n'existait pas, sous la féodalité, d'administrations locales, et qu'au milieu de l'anarchie de cette époque, toute trace de gouvernement régulier avait disparu des villes, pour renaître ensuite subitement au XIIe siècle. Le régime communal se rattache au

---

(1) Brussel, L. III, ch. 5, § 4.
(2) Brussel, L. III, ch. 2.
(3) D. Calmet, *Hist. de Lorraine*, tom. I, *Preuves*, col. 486.
(4) Championnière, *De la Propriété des Eaux courantes*, nos 73, 174.
(5) Brussel, L. III, ch. 1, § 14.

contraire directement à celui qui l'a précédé. Les échevins des villes du moyen-âge ne sont autres que les *scabini* des capitulaires de Charlemagne. L'institution de ces juges locaux ne subit pas d'interruption ; les préposés ou prévôts seigneuriaux (*villici, missi, prepositi*) étaient assistés, comme les comtes impériaux, par des juges locaux que les chartes désignent sous le nom de *scabini* ou de *boni homines*. On en voit la preuve dans plusieurs diplômes du Xe et du XIe siècle, rédigés soit au nord, soit au midi de la France (1).

La charte donnée par Archambault, évêque de Strasbourg, à sa ville épiscopale, en 980, nous donne une idée très-complète du système administratif d'une grande cité de cette époque. L'évêque instituait quatre magistrats : le *scultet* ou *causidicus* (bailli), chef de la justice ; le *burgrave* (châtelain), qui cumulait le pouvoir militaire et les fonctions administratives ; le *thelonaire* (receveur), chargé de la perception des droits seigneuriaux, et le maître des monnaies (2). Ceux-ci nommaient les magistrats inférieurs. Le bailli devait instituer pour juges deux bourgeois dignes de rendre la justice à leurs concitoyens (3).

D'après les statuts de Burchard, évêque de Worms, rédigés au commencement du XIe siècle, les tenanciers de l'église épiscopale devaient être jugés par leurs pairs (*socii*); il y avait des scabins (*scabini*) qui siégeaient au placité où les hommes étaient tenus de se rendre (4). Les constitutions de Leduin, abbé de Saint-Waast d'Arras, nous prouvent aussi que, vers la même époque, dans

---

(1) Charte du comte Sigeric, pour l'abbaye de Vergaville, en 966; — Charte d'Eudes, évêque de Toul, en 1069. D. Calmet, tom. I, *Preuves*, col. 378, 466. — Voir D. Vaissette, tom. II, *Preuves*, dipl. 42, 56.

(2) *Charta Archambaldi*, c. 7. — Il y avait, en outre, l'avoyer (*vogt*), nommé par l'évêque, mais auquel l'empereur donnait l'investiture. Il jugeait au grand criminel et faisait exécuter les sentences par son vicaire.

(3) *De sculteto, qui et causidicus dicitur, primum exequimur. Causidici jus est duas sub se ordinare personas, vicarias, quas judices appellare solet, adeo honestas quod burgenses cum honore suo coram eis in judicio stare valeant.* (Id., c. 8.)

(4) *Burchardi leges et statuta*, c. 7, 17, ann. 1024.

cette seigneurie, les jugements étaient rendus par l'abbé ou par son préposé entouré des *scabions* (1). Il est facile de reconnaître ici les *scabini* des capitulaires; mais toutefois, d'après les vieux usages germaniques, la tribu élisait elle-même ses juges, tandis que, sous la féodalité, ils étaient nommés par les représentants du seigneur. Au XII⁰ siècle, les villes constituées en communes jurées recouvrèrent le droit d'élire elles-mêmes leurs magistrats municipaux, mais dans beaucoup de cités, dans celles notamment que l'on désigne sous le nom de villes de prévôté ou de bourgeoisie, le principe contraire resta toujours en vigueur.

§. II.

DU DROIT DE JUSTICE (2).

Les plus anciens documents relatifs aux fiefs consacrent formellement la juridiction du seigneur. Il l'exerçait à la fois sur les différents feudataires qui tenaient des fiefs relevant de lui, et sur les bourgeois, vilains ou manants qui habitaient ses États. A l'égard des hommes de fief, le droit de justice avait pour source l'hommage féodal. Il naissait de l'obligation contractée par le seigneur de protéger ses feudataires, et du devoir d'obéissance à laquelle ceux-ci s'étaient engagés envers lui. Il rappelait l'ancienne juridiction que le chef de bande germanique exerçait sur ses compagnons de guerre. A l'égard des vilains, il avait une autre source. Occupons-nous d'abord de la juridiction féodale proprement dite.

D'après la *Constitution* de Conrad (1037), les procès des grands vassaux devaient être jugés par l'empereur; ceux des vassaux de moindre importance par le *missus* de l'empereur ou par les seigneurs (3). Les matières féodales étaient du ressort exclusif de

---

(1) *Leduini constitutiones*, c. 1, 2, 3. *Miscellanea*, p. 391, ann. 1020.

(2) M. Championnière a exposé avec une grande clarté l'origine des justices féodales, dans son ouvrage sur la propriété des eaux courantes.

(3) Conrad. *Constit. de feudis*, c. 5, 6.

la cour du seigneur ; le vassal, pour toutes les questions relatives à son fief, devait être jugé par ses pairs. Il pouvait en appeler à l'empereur comme suzerain supérieur (1). L'ancien livre des fiefs allemands constate aussi que le seigneur devait rendre la justice aux feudataires qui tenaient des fiefs de lui, avec l'assistance de leurs pairs (2). Dans le royaume latin de Jérusalem, où les croisés avaient porté les lois féodales primitives, le droit et le devoir de juger ses pairs et d'être jugé par eux venaient aussi du lien qui unissait le seigneur et son vassal, le feudataire et ses cofeudataires, dépendant d'un même suzerain (3). Beaumanoir parle du jugement par les pairs, qui s'appliquait à tous les possesseurs de fiefs, soit nobles, soit même roturiers, pour les matières féodales (4). « Aulcun, disait le *Grand Coustumier de Normandie*, ne peut faire justice sur le fief, s'il n'est tenu de luy » (5).

Le seigneur féodal avait en outre une juridiction que l'on nommait censière ou foncière ; il pouvait de sa propre autorité se faire payer les cens et autres droits qui lui étaient dûs par ses sujets ou vassaux. La justice haute et basse pouvait être séparée de la justice foncière (6). Celle-ci fut admise par la coutume de Paris jusqu'à la fin du XVIe siècle (7). On la trouve dans les coutumes d'Anjou, d'Artois, du baillage de Laon, de Châlons, de Péronne, de Senlis, de Sedan (8).

(1) *Constit. de feudis*, c. 1, 2.—D'après la paix de Constance, les contestations relatives aux fiefs relevant de l'empire devaient être jugées par l'empereur, et, en son absence, par les pairs de la cité ou de l'évêché. (*Pax Constantiæ*, c. 36.)

(2) *Antiquus libellus de beneficiis*, c. 16, 18. Canciani.

(3) Beugnot. *Livre de Jean d'Ibelin*, ch. 46, 164.

(4) *Cout. de Beauvoisis*, ch. 48, n. 11.

(5) *Grand Coustumier de Normandie*, ch. 29.

(6) *Justitiam altam et bassam et omnes costumas (concedimus) excepta justitia de fundo terræ.* (Charte de 1280, du prieuré de Saint-Eloi.)

(7) Arrêts de 1287,—du 2 janvier et du 31 mai 1560, du 3 mars 1569, cités par Bacquet. *Droit de Justice*, ch. 3.

(8) Chopin. *De Andium legibus*, lib. I, t. 1, cap. 1, 4. — Cout. d'Artois, art. 1, 9.—C. du baillage de Laon, art. 126, 135.—C. de Châlons, art. 123. — A. C. de Péronne. Richebourg, tom. II, p. 602.— Senlis, 235, 239, 240. —Sedan, 258, 259.

Il ne faut pas confondre cette justice foncière avec le pouvoir presque absolu que le seigneur exerçait sur les serfs de ses domaines propres, et dont nous parlerons plus loin.

A côté de ces diverses juridictions, toutes les chartes et toutes les coutumes mentionnent les justices proprement dites. Elles appartenaient aux ducs et aux comtes, en vertu de la souveraineté qu'ils exerçaient sur les provinces, à ceux de leurs vassaux auxquels ils les avaient concédées, aux évêques et aux abbés qui les tenaient soit du roi, soit des seigneurs souverains en vertu des chartes d'immunité, et enfin aux seigneurs qui, avec ou sans droit, s'étaient érigés en justiciers dans leurs cantons. Sous la féodalité absolue presque tous les seigneurs de fiefs exercèrent le droit de justice. (1). Cette juridiction s'appelait *haute justice* lorsqu'elle s'appliquait aux crimes les plus graves : tels que le meurtre, le brigandage, le viol, l'incendie, etc.; elle s'appelait *basse justice* lorsqu'elle ne s'appliquait qu'à des causes moins importantes. La distinction de la haute et de la basse justice provenait de la diversité des concessions primitives, qui avaient été faites avec plus ou moins d'étendue, ou même de l'usage. Les seigneurs justiciers jugeaient ou faisaient juger par leurs viguiers, prévôts ou baillis, tous les habitants du ressort de leur juridiction, que ceux-ci fussent ou non leurs serfs ou leurs tenanciers ; leur justice s'appliquait aux bourgeois comme aux vilains. Toute l'histoire de l'affranchissement des communes n'est que le récit des longues luttes des bourgeois pour se soustraire à la juridiction des officiers de leurs comtes et de leurs seigneurs. Les Assises de Jérusalem nous apprennent aussi que la plupart des seigneurs d'outre-mer avaient, comme les justiciers du continent, une cour de bourgeoisie ; celle du roi était présidée par le vicomte de Jérusalem (2). La juridiction justicière était absolue et sans appel; le vilain, d'après Pierre Desfontaines, ne pouvait fausser le jugement de son seigneur à moins d'une charte spéciale : « Par nostre usage n'a il entre toi et ton vilein

---

(1) De Laurière *sur Loisel*, L. IV, t. 3, reg. 14. — Beaumanoir, ch. 10, n. 2.

(2) *Jean d'Ibelin*, ch. 270. — *Assises de la Cour des Bourgeois*, ch. 4.

juge fors Deu, tan com il est tes couchans et tes levans, s'il n'a autre lois vers toi que la commune » (1). Il faut remarquer que le vilain dont parle ici le jurisconsulte du XIIIe siècle n'est pas un serf, et l'auteur établit même la distinction d'une manière précise.

La juridiction justicière s'étendait sur toutes les terres comprises dans le ressort de la seigneurie, quels que fussent les propriétaires des terres enclavées ; elle était attachée à la seigneurie et non à la qualité de la personne. D'après les Établissements de Saint-Louis, le baron qui tient fief dans la baronnie d'un autre, n'a pas la justice ; ce droit appartient au second : « Ains seroit la justice au baron en qui chastelerie li fiés seroit. » Le vassal pouvait tenir une terre qui relevait féodalement d'une baronnie et d'une autre baronnie pour la justice; il y avait alors lieu à un double hommage (2).

Quoique la juridiction justicière et la féodale fussent souvent réunies dans les mêmes mains, elles n'en étaient pas moins distinctes en principe. L'ancien Coutumier de Normandie établit ainsi leur différence :

« Une jurisdiction est fieffal et l'autre est baillée » (3). De là est venue la maxime : *Fief et justice n'ont rien de commun*, avec laquelle les légistes devaient plus tard battre en brèche la féodalité.

Dans certains pays, cependant, l'usage avait étroitement uni le fief et la justice :

« Tout cil qui tiennent en fief en le conté de Clermont, dit Beaumanoir, ont en lor fief toute justiche haute et basse et la connissance de lor sougès, sauves les resons du conte et sans ses ressors » (4).

Les possesseurs de certains alleux, soit en vertu d'anciennes concessions, soit par des usurpations perdues dans la nuit des

---

(1) Pierre Desfontaines, ch. 21, n° 8 ; — ch. 22, n° 3.
(2) *Etablissements de Saint-Louis*, L. I, ch. 111.
(3) *Grand Coustumier de Normandie*, ch. 2.
(4) *Coutumes de Beauvoisis*, ch. 10, n° 2.

siècles et légitimées par le temps, eurent aussi dans plusieurs localités le droit de justice sur leurs sujets (1).

Pendant toute la durée du moyen-âge, les justices, hautes ou basses, furent la source d'une foule de conventions différentes entre les justiciers et leurs vassaux. Ces seigneurs les concédaient souvent en fiefs à des hommes qui, eux-mêmes, les donnaient en arrière-fiefs; on divisait les différents droits attachés à la juridiction pour en céder quelques-uns à un vassal et d'autres à un autre vassal. Le seigneur supérieur cédait à un feudataire un domaine en fief, en réservant le droit de justice, ou *vice versà;* on faisait à chaque instant des partages de juridiction qui compliquaient singulièrement les rapports des justiciables et de leurs seigneurs. Les chartes en fournissent des exemples nombreux (2).

Il existait dans les provinces méridionales de la France, comme dans celles du nord, des juridictions seigneuriales. Au commencement du Xe siècle, on voit Charles-le-Simple concéder à Théodose, à titre héréditaire, des terres situées dans le comté de Gothie, avec tous les droits de justice ; les habitants sont soustraits à la juridiction du comte, qui ne pourra exiger d'eux ni tributs, ni amendes (3). C'est une charte d'immunité royale, semblable à celles dont les siècles précédents offrent tant d'exemples. Les comtes faisaient aussi, dès cette époque, des concessions de chartes d'immunité absolument semblables à celles des rois. En 936, en effet, Raymond Pons, comte de Toulouse et d'Aquitaine, donna à l'abbaye de Saint-Pons, un certain nombre d'alleux avec leurs justices et tous les autres droits qui s'y trouvaient attachés (4).

Les abbés, comme les seigneurs, rendaient la justice à leurs tenanciers. D'après les Constitutions du monastère de La Réole, le prieur avait le droit de juger tous les hommes qui habitaient sur ses

---

(1) Voir l'ordonnance de Louis X, rendue à Paris en 1315. *Recueil des Ordon.*, tom. I, p. 553.

(2) Voir une charte de l'an 1090, entre l'abbé de Saint-Michel et la comtesse Sophie. D. Calmet. *Hist. de Lorraine*, tom. I, *Preuves*, col. 486. — *Cartulaires angevins. Passim.*

(3) Charte de 904. Balluze. *App. act. vet.*, dipl. 129.

(4) D. Vaissette, tom. II, *Preuves*, dipl. 63.

domaines et de percevoir les droits de justice (1). Il connaissait de toutes les contestations et nommait quels juges il voulait ; chacun devait obéir à la citation donnée pour comparaître devant lui, sauf le cas de nécessité absolue (2). Ce droit s'exerçait non-seulement sur les colons de l'abbaye (*omnes homines qui morantur in villa vel in dominio prioris*), mais encore sur les vassaux militaires et tenant fief de lui. Si le feudataire commettait un méfait, il était justiciable du prieur ; s'il refusait de comparaître, le prieur saisissait son fief (3).

A une époque postérieure, nous retrouvons encore la justice seigneuriale dans les différentes provinces du midi. Lors de la réunion du Dauphiné à la couronne de France, la juridiction des seigneurs fut confirmée tant au civil qu'au criminel. Il fut stipulé que les nobles de ce pays connaîtraient de tous les procès relatifs aux terres relevant d'eux, sous la condition de les faire décider par des juges non suspects, et de tous les crimes commis dans l'étendue de leur juridiction (4). Les Coutumes béarnaises et basques admirent aussi les justices seigneuriales ; mais, dans ces contrées, elles avaient un caractère tout particulier.

D'après les *Fors du Béarn*, chaque *domenger* ou seigneur avait, dans sa *domenjadure*, *sa lay*, c'est-à-dire sa justice sur les vassaux et sur les hommes de sa compagnie et de son pain (5). La Coutume de Sole reconnaissait aux seigneurs *cavers* (chevaliers), la juridiction de *faymidret* sur leurs *bottois* et *fivaters*, (tenanciers) (6). D'après la même coutume, les non-nobles qui acqué-

---

(1) *Constit. S. Regulæ*, c. 5, 20, 31, en 977, publiées par M. Giraud.

(2) « A moins, dit le texte, qu'il ne soit à dîner ou au bain. » (*Id.*)

(3) *Id.*, c. 38, 41.

(4) Clauses de la cession du Dauphiné, c. 12 et 29. *Recueil des Ordonnances*, tom. V, p. 34.

(5) *Fors du Béarn*. Voir un remarquable article de M. Laferrière, sur ces coutumes, dans le *Recueil de l'Acad. de législ. de Toulouse*, tom. V.

(6) Los gentius homes qui an jurisdiction basse entre los fivaters...... Lo senhor de fius qui a jurisdiction de faymidret pot tenir cort en sa jurisdiction, so es sus sa terre feudalle ab dus gentius homes e dus cavers ou au-dessus. (*Cout. de Sole*, t. 10, c. 1, 2; t. 2, c. 8.)

raient des fiefs ne pouvaient pas exercer la juridiction de faymidret (1). Les Coutumes de Labour accordaient aussi aux seigneurs *caviers* la basse justice sur leurs *fivatiers*, mais au civil seulement, et à charge d'appel au bailli de Labour (2). Ces coutumes participent à la fois du régime patriarchal des anciennes races ibériennes et de la féodalité (3).

§ III.

DROIT DE VENGEANCE. — GUERRES FÉODALES.

Pendant les siècles féodaux, le droit de vengeance privée resta en vigueur dans toutes les classes de la société. Nous voyons par les *Statuts de Burchard*, que le serf de la *famille de Saint-Pierre*, qui avait commis un crime, devait se racheter et payer le wergheld à la famille de la victime, pour se soustraire à ses poursuites; et que les parents du coupable, s'ils ne se purgeaient par le serment, s'y trouvaient exposés comme le meurtrier lui-même (4).

En France, comme en Allemagne, le droit de vengeance fut consacré par les coutumes, avec le principe barbare de la solidarité de la famille. Les chartes communales de certaines villes du nord donnent à la famille outragée le droit de poursuivre le coupable et de faire, si elle le veut, la paix avec lui (5). Beaumanoir s'exprime en ces termes sur le droit de vengeance entre bourgeois et gens de poeste, déjà fort restreint de son temps :

---

(1) *Cout. de Sole*, t. 18, c. 1.
(2) *Cout. de Labour*, t. 1, art. 4, 6.
(3) De l'autre côté des Pyrénées, la juridiction féodale était également en vigueur au moyen-âge; mais les seigneurs ne devaient l'exercer que sur les fiefs tenus d'eux. Le châtelain qui pouvait prouver qu'il tenait sa terre en alleu, n'était pas soumis à la juridiction de la seigneurie dans l'étendue de laquelle son domaine se trouvait situé. (*Usatica cathalonensia. De allodio castellani.* Galland, p. 102.)
(4) *Burchardi leges*, c. 9, 30.
(5) Chartes de Laon, de Péronne, d'Abbeville. *Recueil des Ordonn.*

« Et fust ainsi que li uns eust tué le père à l'autre, et li fix, après le premier fet, tuoit celi qui son père aroit tué, si seroit-il justiciés de l'occision.... car en tel cas est donés congiés au lignage de penre tix qui lor ont meffet après ce qu'il sunt bani, ou mors ou vis ; et s'il les prendent vis, ils les doivent rendre au segneur por justicier selonc le meffet... » (1).

Mais en même temps il décide « que le meffet est plus contre le segneur que contre le lignage » principe civilisateur qui devait devenir la base même du droit pénal moderne (2). D'après Britton, l'obligation de venger la mort de la victime appartenait :

« Au prochyn masle du saunke del parente cely que felonisement auera este tue, ou autre que luy auera fait homage, ou que auera este de sa meyne (manse) ou son nurry, son main past, luy que fuit leve de founs de baptesme » (3).

Littleton admet aussi le droit de vengeance et la solidarité de la famille. Le *Grand Coustumier de Normandie* impose aux membres de la famille du mort l'obligation de l'exercer suivant la proximité du degré de parenté :

« De meurdre et de homicide peult le plus prochain du lignaigne faire la suite, et se le plus prochain est en non aage, le plus prochain après celui-là pourra faire, ou aultre du lignaige à qui tout le lignaige s'accordera » (4).

La vengeance n'appartenait donc pas seulement aux parents du sang, mais encore à tous ceux qu'un lien de vassalage ou d'affection avait attachés au défunt ; et la famille pouvait, à défaut d'un proche parent en âge de porter les armes, donner mandat à un autre de verser le sang de l'ennemi commun.

En Bretagne, les anciens usages consacrent aussi la vengeance privée. Dans ce pays, quand un homme était arrêté pour meurtre, on sommait les parents du mort de venir, dans le délai de huit

---

(1) Beaumanoir, ch. 59, n° 5.
(2) *Id.*, ch. 59, n° 7.
(3) Britton, ch. 23. Hoüard, *Cout. anglo-normandes*, tom. IV.
(4) Littleton. *Institutes*, section 500. — *Grand Coust. de Normandie*, ch. 70.

jours, déclarer s'ils voulaient lui demander le rachat du sang de leur parent. Puis celui qui devait combattre l'accusé en champ-clos devait dire :

« Je accuse tel du fait qu'il a fait à tel, mon cousin en tel dégré, et vous requiers, dame justice, que vous veuilliez allouer la cause sur moy (1).

Cette procédure, qui portait le nom de *finporter*, fut plus tard abolie.

Dans le royaume de Jérusalem, les Assises consacraient la vengeance privée, mais quand les parents les plus proches du mort avaient fait la paix avec le meurtrier, les autres parents n'avaient plus le droit d'attaquer ce dernier en justice (2).

Dans le midi, les bourgeois avaient le droit de vengeance comme les nobles. La Coutume de Montpellier les y autorise formellement. « ... *Potestatem et licentiam ulciscendi propriâ autoritate* » (3). Celle de Bigorre permet au paysan d'attaquer un chevalier quand celui-ci a brûlé sa maison ou enlevé ses bœufs (4).

Les seigneurs exercèrent, pendant tout le moyen-âge, le droit de guerre privée dont nous avons déjà vu l'origine. Tous les anciens coutumiers parlent, à chaque instant, de ce droit comme d'un apanage de la puissance seigneuriale. La loi féodale autorisait même, dans certains cas, le vassal à faire la guerre à son seigneur. D'après les Assises de Jérusalem, le vassal qui avait plusieurs seigneurs pouvait combattre contre l'un d'eux sans être *foi-mentie*. Il devait suivre celui auquel il s'était attaché en premier lieu, contre les autres seigneurs qui avaient depuis reçu son hommage (5). Les *Usages de Romanie* voulaient que le vassal suivît

---

(1) Bretagne. T. A. C., ch. 100 et 131.

(2) *Jean d'Ibelin*, ch. 89.

(3) *Cout. de Montpellier*, c. 29. — D'après la coutume de Carcassonne, la partie outragée pouvait seulement arrêter le coupable et le retenir jusqu'à ce qu'elle eût pu le dénoncer à la curie.

(4) *Cout. de Bigorre* de 1097, c. 41.

(5) *Jean d'Ibelin*, ch. 211.

son seigneur direct, lorsque celui-ci faisait la guerre au suzerain dont il avait à se plaindre (1).

Dans la France du nord, nous trouvons les mêmes coutumes. Les Etablissements de Saint-Louis permettent au vassal d'accompagner son seigneur contre le suzerain, lorsque celui-ci a fait déni de justice au premier :

« Se li sires a son hons lige et li die : venez vous en o moi car je vueil guerroyer mon seigneur qui m'a vée le jugement de sa court. Li hons doit respondre en tele manière à son seigneur : Sire, je iray volontiers scavoir à mon seigneur se il est ainsi que vous me dites..... et se il ne s'en volait aller o lui, il en perdroit son fié par droit » (après s'être assuré près du suzerain que celui-ci ne voulait pas rendre la justice au seigneur intermédiaire) (2).

D'après Beaumanoir, le droit de guerre privée n'appartenait qu'aux nobles ; c'était un privilége attaché uniquement à la qualité de gentilhomme et dont les gens de poeste et les bourgeois ne jouissaient pas (3).

Lorsqu'une guerre s'élevait entre deux gentilshommes, leurs familles étaient obligées d'épouser la querelle. On pouvait se venger d'un méfait sur les parents du coupable jusqu'au quatrième degré, mais les parents plus éloignés n'étaient pas tenus de participer à la guerre et n'y prenaient part que s'ils le voulaient (4). Les amis des combattants pouvaient déclarer qu'ils n'acceptaient pas la guerre ; quant aux hommes de fief et de poeste, quoiqu'ils ne

---

(1) Se miser lo principe movesse guerra ad alguno suo baron, over feudatario, li feudatarii de quello baron, o de quello feudatario è tegnudi a defender lo so signor, se miser lo principe iniustamente li move guerra. (*Le Uxanze de lo imperio di Romagnia*, c. 27.)

(2) *Etablis. de S. Louis*, L. I, ch. 49.

(3) Beaumanoir. ch. 59, nos 5, 6.

(4) *Id.*, ch. 59, n° 20. — A une époque plus ancienne, la loi de la solidarité de la famille comprenait tous les parents, jusques et compris le 7e degré (14e du droit moderne) ; mais en 1215, le Concile de Latran ayant restreint la parenté canonique, pour le mariage, aux quatre premiers degrés (8e du droit moderne), la législation féodale renferma la parenté civile, pour le parage et les guerres privées, dans les mêmes limites.

fussent pas du lignage, ils devaient aider leur seigneur (1). Toutes ces dispositions et surtout cette solidarité qui pesait à la fois sur tous les membres de la famille, sur les vassaux et sur les colons, venaient du vieux droit barbare.

Les seigneurs du midi avaient aussi le droit de guerre ; les Coutumes de La Réole nous apprennent qu'au Xe siècle, il appartenait au prieur de cette abbaye (2). Les nobles du Dauphiné, lors de la réunion de leur province à la couronne de France, firent confirmer ce privilége qu'ils avaient toujours exercé avec celui de rendre la justice (3).

L'Église d'abord, puis les rois combattirent énergiquement le droit de guerre ; mais ni les anathêmes, ni l'établissement de la trève de Dieu par les conciles, ni celui de la Quarantaine-le-Roy par Saint-Louis, ni les nombreuses ordonnances des rois ne purent d'abord éteindre la fureur des vengeances et des guerres privées (4). Ce fut seulement avec l'aide des siècles que l'Église et la royauté purent triompher de cet usage barbare.

Certains coutumiers anciens admirent toutefois de notables restrictions au droit de guerre. D'après Littleton, le seigneur ne peut se faire justice soi-même du tort qu'on lui a causé sur son fonds (5).

Le droit d'élever des forteresses, suite naturelle des guerres pri-

(1) Beaumanoir, ch. 59, n°s 8, 21.
(2) *Const. S. Regulæ*, c. 39, 40.
(3) Clauses de la cession du Dauphiné, c. 14, *Rec des Ordon.*, tom. V, p. 34. — La Cour delphinale pouvait, toutefois, interdire la guerre avant qu'elle fût commencée ; c'était un premier progrès.
(4) Concile de Narbonne, en 1080, c. 2, 3 ; — de Troyes, en 1093, c. 2 ; — de Clermont, en 1095, c. 14 ; — de Rouen, en 1096, c. 1 ; — de Latran, en 1123, c. 13 ; — 1139, c. 12 ; — 1179, c. 21. — Ordon. de 1296 ; — de 1303 ; — de 1314 ; — du 15 avril 1350, art. 26 ; — du 17 décembre 1352 ; — du 5 octobre 1361.
(5) Littleton, sect. 212. — L'empereur Frédéric défendit les guerres privées aux comtes, barons et chevaliers, sous peine de mort et de confiscation. (*Constit. regni Siculi*, lib. I, t. 8, c. 2.) Il abolit aussi le duel judiciaire et lui substitua, comme saint Louis en France, la preuve par témoins. (*Id.*, lib. II, t. 32, c. 1.)

vées, était patrimonial comme tous les attributs de la souveraineté seigneuriale; on vit au Xe et au XIe siècle des femmes investies de seigneuries féodales construire ou gouverner des forteresses privées. Les cartulaires en fournissent la preuve (1).

Cependant les seigneurs suzerains s'opposaient souvent à la construction des forteresses élevées par leurs vassaux et qui pouvaient faciliter les révoltes; ils exigeaient que ceux-ci obtinssent leur autorisation et imposaient leurs conditions.

Une charte bretonne du XIe siècle en fournit un exemple curieux : le comte Eudes autorise son vassal Geoffroy à bâtir un château, en lui faisant jurer sur les saints évangiles qu'il ne s'en servira ni contre le comte ni contre ses héritiers, qu'il le laissera y mettre garnison en cas de besoin et percevoir les droits de passage comme auparavant (2). Mais les Bretons, de leur côté, prétendaient avoir le droit de construire des forteresses sans demander l'autorisation de leurs comtes et protestaient énergiquement contre les prétentions opposées des souverains (3).

Les seigneurs exigeaient le service militaire, non-seulement de leurs vassaux possesseurs de fiefs, mais encore des roturiers soumis à leur juridiction. Les premiers le devaient comme feudataires, les seconds comme sujets. Le cartulaire de Saint-Maur-sur-Loire renferme plusieurs transactions passées entre les moines et les comtes d'Anjou, d'après lesquelles les colons de l'abbaye devaient les suivre à la guerre (4). Les bourgeois de La Réole devaient assister l'abbé dans le même cas et payer la moitié des frais (5). Les

---

(1) Donation faite, en 990, par Guillaume, vicomte d'Agdes, à sa femme et à sa fille, de divers alleux, chacun avec sa tour et ses fortifications. (D. Vaissette, tom. II, *Preuves*, dipl. 123.) — Construction du château de Saint-Michel, en Lorraine, en 1090, par la comtesse Sophie. (D. Calmet, tom. I, *Preuves*, col. 486.)

(2) D. Morice, tom. I, col. 398.

(3) *Communes petitiones Britonum.* D. Morice, tom. I, col. 884.

(4) Cartul. de Saint-Maur-sur-Loire, no 17, charte de 1066; no 33, de 1036. — App., no 63, de 1066; no 67, de 1124. (Marchegay. *Archives d'Anjou*, tom. I.)

(5) *Const. S. Regulæ*, c. 39, 40.

Coutumes de Martel obligent les habitants à suivre leur seigneur au combat, sous peine d'une amende de 60 sous. Les bourgeois de Belvoir devaient aussi accompagner leur seigneur à leurs frais, mais pendant un jour et une nuit seulement ; s'il les retenait plus longtemps, il devait faire le reste des dépenses (1). Les sujets étaient tenus non-seulement à faire l'*ost* et la *chevauchée,* mais encore à venir garder le château de leur seigneur, ce que l'on appelait faire *le guet*. Les Établissements de Saint-Louis mentionnent ces différents droits, qu'on trouve aussi très-souvent dans les chartes (2).

§ IV.

DROITS D'AUBAINE, DE DÉSHÉRENCE, DE BATARDISE, DE CONFISCATION, DE MONNAIE, DE VOIRIE, DE BANALITÉS, ETC.

La qualité de souverain donnait aux seigneurs haut-justiciers une foule de droits utiles ; tels étaient ceux d'aubaine, de confiscation, de monnaie, etc.

Dès le IVe siècle, les grands propriétaires réduisaient à l'état de serfs les étrangers qui se réfugiaient sur leurs terres (3). D'après le droit barbare, tout étranger, tout homme dont l'origine n'était pas connue était présumé esclave fugitif, et tout vagabond, traité en ennemi (4) ; tout homme devait *s'avouer d'un seigneur,* sous peine de rester hors la loi (5). Ces dispositions sont la source du

---

(1) Cout. de Martel, c. 7, en 1219. — Charte de Belvoir, en 1314, art. 19. Perreciot, *Preuves,* dipl. 114.

(2) *Etablissements de Saint-Louis,* L. 1, ch. 53, 61. — Charte de 1296, du prieuré de Mouthe. Perreciot, tom. III, *Preuves,* dipl. 102.

(3) Salvien. *De gubernatione Dei.*

(4) *Lex Burg.,* t. 39.

(5) *Leges Æthelstani,* c. 2 (924-940). — Les Coutumes de Bigorre, de l'an 1097 (c. 37), obligent tout homme libre, dont le seigneur est mort, à en choisir un autre dans le délai de trois semaines. Le comte pouvait donner à quel chevalier il voulait l'homme qui n'avait pas accompli cette obligation dans le délai prescrit. — La langue du droit moderne a conservé un souvenir de ces usages : le Code pénal appelle encore les vagabonds *des gens sans aveu.* (C. P., art. 270.)

droit d'aubaine. Au XIII⁰ siècle, l'homme qui quittait son lieu de naissance et allait s'établir dans une seigneurie, située hors du diocèse d'où il était originaire, devait dans l'an et jour faire hommage au seigneur du lieu, sous peine d'amende. S'il testait au préjudice de celui-ci sans lui laisser quatre deniers, le seigneur prenait tous les meubles de cet étranger (1). D'après l'ancienne coutume de Champagne, le seigneur justicier pouvait, dans l'an et jour, réclamer comme son serf l'aubain établi dans son ressort; s'il ne l'avait pas fait, l'étranger appartenait au roi (2). L'homme *desconnu,* c'est-à-dire celui qui venait d'un autre royaume, était encore plus mal traité, et le gentilhomme sur la terre duquel il habitait prenait la moitié de ses meubles. Quand il mourait sans laisser ni enfants, ni parents (*sans hoirs et sans lignage*), il avait, comme les autres habitants de la seigneurie, le seigneur pour unique héritier (3). Les anciens *Usages d'Anjou* nous apprennent qu'à Loudun, l'aubain devait choisir un seigneur dans l'an et jour; s'il mourait après ce délai, sans avoir rempli la formalité prescrite, tous ses meubles appartenaient au roi, sauf toutefois l'exercice des droits de sa femme et de ses enfants (4). Une foule de chartes, de coutumes, d'ordonnances viennent attester le même fait, et prouvent que le droit d'aubaine appartenait dans l'origine aux différents seigneurs. Brussel a publié plusieurs chartes relatives au droit d'aubaine qu'exerçaient les seigneurs de Flandre et ceux de Champagne (5). Les Constitutions de La Réole donnent à l'abbé le droit de prendre toute la succession de l'étranger décédé sans laisser ni femme ni enfants, et la moitié quand il laisse une veuve (6). Mais les officiers royaux s'efforçaient de dépouiller les seigneurs de l'exercice de ce droit au profit du roi : pendant longtemps la question resta indécise; plusieurs ordonnances confirmèrent le droit des seigneurs. En 1301,

---

(1) *Etablissements de Saint-Louis,* L. I, ch. 87.

(2) *A. C. de Champagne,* art. 58.

(3) *Etablissements de Saint Louis,* L. 1, ch. 96.

(4) *Anciens Usages d'Anjou,* publiés par M. Marnier, art. 22. — L'Anjou, à l'époque de leur rédaction, était réuni à la couronne.

(5) Brussel, L. III, ch. 16.

(6) *Const. S. Regulœ,* c. 31.

Philippe IV faisait défense aux collecteurs royaux de prendre pour lui les successions des aubains et des bâtards dans les terres des seigneurs ayant toute justice, à moins qu'il ne fût constant que le roi était en possession de les recueillir (1). Des *Lettres* de Louis XI, en 1464, confirmèrent le droit qu'avaient les seigneurs haut-justiciers du Tournesis de recueillir les successions des aubains et des bâtards décédés *intestat* et sans *hoirs* légitimes, c'est-à-dire sans enfants (2). Les coutumes du Maine, d'Anjou, de Touraine, de Bourbonnais sanctionnèrent le droit des seigneurs lors de la rédaction officielle, et malgré l'opposition des gens du roi (3).

Certaines localités obtinrent, dès l'époque féodale, l'exemption du droit d'aubaine. La charte de Bourges de l'an 1145, accorde aux gens nés dans le royaume et qui viennent s'établir à Bourges et y bâtir, le droit de transmettre leurs biens à leurs parents (4). Les *Priviléges d'Eyrieu*, rédigés à la fin du XIVe siècle, assimilent complètement la succession du marchand forain, voyageur ou étranger mort à Eyrieu, à celle du bourgeois de la ville (5). Beaucoup de cités obtinrent plus tard dans l'intérêt du commerce les mêmes avantages.

Le seigneur succédait aussi à ceux de ses sujets qui mouraient sans héritiers ; le droit romain et plus tard les lois barbares appelaient alors le fisc (*fiscus post omnes*) ; la féodalité mit le seigneur à la place du fisc. Quand il s'agissait d'un fief resté en déshérence, le seigneur reprenait l'exercice de son droit primitif de propriété en succédant au vassal qui ne laissait personne pour le remplacer. Il

---

(1) Ord. de 1301, c. 1. *Recueil des Ord.*, tom. I, p. 338.

(2) *Recueil des Ord.*, tom. XVI, p. 247.

(3) Touraine, 43, 45. — Bourbonnais, ch. 2, art. 196. — Anjou, 41. — Maine, 48. — Ces deux dernières coutumes attribuent aux seigneurs, ayant droit de moyenne justice, les meubles des aubains décédés dans leurs fiefs, sans enfants légitimes, et aux seigneurs ayant basse justice, les immeubles des aubains situés dans leurs fiefs. (Chopin. *De And. leg.*, lib. I, t. 2, c. 40, 41.

(4) Charte de Bourges, c. 11. *Ordon.*, tom. I, p. 9.

(5) *Ordon.*, tom. VII, p. 306.

en était de même des main-mortes et des autres concessions précaires ; dans ces différents cas, le seigneur ne faisait que reprendre la terre qu'il avait primitivement concédée sous une condition résolutoire qui se trouvait réalisée par le défaut d'héritiers descendant du premier concessionnaire. Mais lors qu'il s'agissait de la succession mobilière ou allodiale, le seigneur justicier succédait, non pas en vertu du domaine éminent, mais en qualité de souverain. Le droit de déshérence se retrouve partout dans nos anciens coutumiers; les Assises de Jérusalem donnent au seigneur la succession du bourgeois décédé *intestat* et sans parents habiles à lui succéder, et celle du clerc ou du religieux, à son église ou à son couvent (1). Les Usages de Romanie veulent que le seigneur emploie en bonnes œuvres la succession du bourgeois, mais ils lui donnent en propre celle du vilain (2). Les chartes de Nevers et d'Auxerre donnent au comte de Nivernais la succession du bourgeois décédé sans hoirs (3) ; d'après celle de Beaumont, les meubles passaient au duc d'Aquitaine, les fiefs aux seigneurs dont ils relevaient (4) ; d'après celle de Grenade, le roi prenait la succession en déshérence (5). Tous ces documents du reste accordaient un an et un jour aux héritiers pour faire valoir leur droit ; celui du seigneur ne devenait définitif qu'au bout de ce temps, terme ordinaire de la prescription à l'époque barbare et féodale.

Avec le droit de déshérence, il faut mentionner celui de bâtardise. Le bâtard était incapable de succéder à ses parents (6). Le seigneur était préféré, d'après les Assises de Jérusalem, à l'enfant issu d'un mariage entre parents au degré prohibé (7). L'enfant naturel ne faisait pas partie de la famille ; aucun lien ne le rattachait aux parents de ses auteurs ; il ne pouvait par conséquent transmettre

---

(1) *Assises de la Cour des Bourgeois*, ch. 89, 196. — *El Pladeante*, c. 39.
(2) *Le Uxanze de lo imp. di Romagnia*, c. 38, 185.
(3) Charte de Nevers, c. 11. *Ord.* III, 114. — Charte d'Auxerre, c. 4. *Ord.* VI, 416.
(4) Charte de Beaumont, c. 4. *Ord.* XV, 445.
(5) Priviléges de Grenade, c. 16. *Ord.* IV.
(6) *Grand Coust. de Normandie*, ch. 27.
(7) *Assises de la Cour des Bourgeois*, ch. 161.

la succession qu'à ses descendants légitimes, et faute de laisser des enfants habiles à lui succéder, il avait son seigneur pour héritier. D'après les Etablissements de St-Louis, la veuve du bâtard devait garder seulement son douaire, qui à son décès passait au seigneur. Le bâtard ne pouvait tester au préjudice du seigneur appelé à lui succéder, il pouvait seulement disposer de ses meubles à titre d'aumône (1). Les Usages d'Anjou décident aussi que si le bâtard meurt sans hoirs de lui et de sa femme, rien ne retourne à son lignage (2). L'ancienne Coutume de Bourgogne donnait au duc la succession du bâtard (3). La plupart des coutumes confirmèrent le droit de bâtardise dont jouissaient alors les seigneurs haut-justiciers. La position de l'enfant naturel était donc analogue à celle de l'aubain.

L'exercice de la juridiction seigneuriale donna naissance à d'autres droits qui n'étaient du reste que la conséquence de celui de rendre la justice ; tels étaient ceux d'amende et de confiscation. D'après les Établissements de Saint-Louis, les meubles et les héritages des larrons et des meurtriers appartenaient aux seigneurs (4). L'ancien Coustumier de Normandie donne au seigneur les fiefs et les échutes des condamnés pour félonie au préjudice des héritiers du condamné (5).

L'homme qui mourait hors de l'Église, à cette époque essentiellement religieuse, mourait par là même hors de la société ; on l'assimilait en quelque sorte à l'aubain. Mais comme les seigneurs poussaient les conséquences de ce principe au-delà de toute équité, et s'emparaient indistinctement des biens de tous les individus morts subitement, les Établissements de Saint-Louis décidèrent que les seigneurs ne pourraient prendre les biens des gens frappés de mort subite, mais seulement de ceux morts *deconfés*,

---

(1) *Etablissements de Saint-Louis*, L. I, ch. 97.
(2) *Anc. Usages d'Anjou*, art. 72.
(3) *A. C. de Bourgogne*, art. 198. — D'après une charte de 1314, du cartulaire de Belvoir, la succession du bâtard doit appartenir à son seigneur. (Perreciot, tom. III, *Preuves*, dipl. 114.)
(4) *Etablissements de Saint-Louis*, L. II, ch. 39.
(5) *Grand Coust. de Normandie*, ch. 24.

après huit jours de maladie (1). Le Grand Coustumier de Normandie reconnaît aussi aux seigneurs le droit de recueillir la succession mobilière des excommuniés, des *désespérés* et des *deconfés* morts après neuf jours de maladie ; mais il le restreint aux meubles du défunt (2).

Viennent enfin les droits de monnaie, de péage, de passage, la taille et autres contributions. Nous avons vu déjà pendant la période précédente la naissance de ces différents droits. Sous le règne de la féodalité absolue, ils furent exercés par une foule de seigneurs et l'on peut les considérer comme faisant partie des attributs de la souveraineté féodale. Brussel a réuni un grand nombre de titres des IXe, X^e, XIe, XIIe et XIIIe siècles, relatifs aux monnaies seigneuriales, d'où il résulte que le droit de battre monnaie appartenait alors à un grand nombre de seigneurs (3). Au Xe siècle, la charte de Strasbourg nous montre que l'évêque jouissait du droit de battre monnaie ; il instituait un maitre des monnaies ; il prélevait le *theloneum* (droits de péage, de passage, d'entrée sur les marchandises) ; en outre, les divers corps de métiers de la ville lui fournissaient des redevances consistant en objets manufacturés (4). Les abbés de Saint-Riquier percevaient, dès le IXe siècle, des redevances de même nature fournies par les corporations de la ville (5). Ces ouvriers n'étaient pas des serfs, mais des contribuables.

(1) *Etablissements de Saint-Louis*, L. I, ch. 89.
(2) *Grand Coust. de Normandie*, ch. 21.
(3) Brussel, L. II, ch. 10.
(4) A Strasbourg, à la fin du Xe siècle, chaque corps de métier formait une association particulière, qui avait un chef nommé par le burgrave. Chaque corporation devait à l'évêque des objets différents à titre de redevances; lorsque les troupes faisaient une expédition, les ouvriers en fer devaient fournir des fers pour les chevaux et repolir les casques et les épées des vassaux ; en cas de siège, ils étaient tenus de fournir trois cents flèches, etc. (*Charta Archambaldi*, ann. 980, c. 103, 106, 111, etc.)
(5) La rue des marchands devait une pièce de tapisserie de cent sous d'or; celle des ouvriers en fer faisait tous les ouvrages nécessaires à l'entretien de l'abbaye ; celles des selliers, des boulangers, des bouchers, des cordonniers, des foulons, etc., fournissaient aussi des objets provenant de leur industrie. (*Etat des terres* de Saint Riquier, sous Louis-le-Pieux.)

Le prieur de La Réole avait aussi des droits étendus sur les ventes, les marchés, le sel; il percevait des redevances fournies par les corps de métiers, etc. (1). Plusieurs actes des X⁰ et XI⁰ siècles mentionnent le droit de battre monnaie dont jouissaient les comtes de Barcelonne, les abbés de Turnus, les comtes de Melgueil, les évêques d'Alby, les comtes de Toulouse, etc. (2). Ces seigneurs exerçaient aussi les autres droits fiscaux (3). Des chartes des diverses provinces de France prouvent qu'au XI⁰ et au XII⁰ siècle, ces divers droits existaient partout au profit des seigneurs (4).

Les seigneurs justiciers avaient la surveillance et la police des chemins qui, sous Charlemagne, appartenaient aux comtes et à leurs vicaires. La voirie, *viaria*, que mentionnent fréquemment les actes du moyen-âge, était une conséquence de la justice (5); le seigneur pouvait la donner en fief à ses feudataires (6). Ce droit de police se changea par la suite du temps en une véritable propriété (7). Les justiciers devinrent aussi seigneurs du cours des grandes rivières, des fleuves publics ou navigables, et, dans certaines provinces, des îles qui s'y forment (8). La propriété des fleuves publics appartenait au fisc, d'après le droit romain; les justiciers succédèrent aux droits qu'exerçait jadis l'autorité impériale sur les grands cours d'eau. Ils succédèrent aussi à ceux du fisc romain sur les terrains vacants et sans maîtres.

Les banalités n'ont pas une source aussi ancienne; elles furent

---

(1) *Const. S. Regulæ,* c. 4, 5, 7, 8, 9, 25, etc.

(2) D. Vaissette, tom. II, p. 110, 243.

(3) D. Vaissette, tom. II, *Preuves,* dipl. 63, de l'an 936; — dipl. 179, de l'an 1037.

(4) Charte de l'an 1090. D. Calmet, tom. I, *Preuves,* col. 486, 479. — D. Morice, *Preuves de l'Hist. de Bretagne,* tom. I, col. 308. — *Cartulaires angevins.* — Brussel. *Passim,* etc.

(5) Championnière, n° 324. — « *Viæria et justitia,* » charte de 1124. Ducange. V° *Viæria.*

(6) Charte de 1229, relative à la voirie de Chablies. Brussel, p. 731.

(7) Beaumanoir, ch. 25, n° 4.

(8) Cout. de Bourbonnais, art. 340, 341. — Sens, t. 1, art. 13. — Metz, t. 12, art. 27, 28.

établies par l'autorité absolue des justiciers, en vertu du droit qui leur appartenait de faire des ordonnances (1); elles ne paraissent pas remonter au-delà du XI° siècle (2). Le seigneur obligeait ses sujets à venir moudre à son moulin, boulanger à son four, presser la vendange à son pressoir, moyennant une taxe, et leur interdisait l'usage de tout autre moulin, four ou pressoir. C'était un monopole qu'on retrouve dans une foule de chartes et de coutumes anciennes, et qui était attaché au droit de justice, ainsi que le montrent les Établissements de Saint-Louis :

« Se aucuns hons avoit moulin qui eust voière (justice) en sa terre et qu'il ayt homes estagiers, ils doivent moudre à son moulin tuit cil qui sont dedans la banlieue » (3).

De tous les droits féodaux, le droit de garenne, en vertu duquel les seigneurs pouvaient chasser en tout temps sur le territoire soumis à leur juridiction, fut l'un des plus oppressifs. Certains seigneurs dévastaient les terres de leurs sujets et les transformaient en forêts pour s'y livrer sans obstacle aux plaisirs de la chasse (4). D'autres se bornaient à exercer leur droit de chasse sur les terres de leurs hommes sans les dévaster aussi complètement. Mais, partout où il existait une garenne, le seigneur pouvait seul chasser ou pêcher. Une foule de chartes du XII° et du XIII° siècle mentionnent le droit de garenne avec le droit de pêche. Il souleva de nombreuses réclamations, surtout lorsque les seigneurs, toujours hommes de guerre et chasseurs, voulaient aggraver la servitude en créant de nouvelles garennes dans les lieux où il n'en existait pas encore (5). Les peines les plus sévères frappaient les sujets qui

---

(1) *Bannum*, du tudesque *bann* (cri); sous les deux premières races, on appelait *hériban*, l'appel que faisait le roi à ses sujets pour les mener à la guerre.

(2) Championnière, n° 337.

(3) *Etablissements de Saint-Louis*, L. I, ch. 107, 110.

(4) Guillaume-le-Bâtard ruina vingt-six paroisses de Normandie pour y faire une forêt de trente lieues. (Hévin. *Questions féodales*, p. 211.) — *Cartulaires angevins*.

(5) Voir plusieurs documents des XII° et XIII° siècles cités par Championnière, n°s 34, 35.

violaient le privilége de leur seigneur, en chassant dans ses garennes. Les anciens rois normands faisaient crever les yeux aux hommes qui contrevenaient aux lois de chasse ou les faisaient horriblement mutiler (1).

Sous Saint-Louis, la législation française était plus humaine et frappait seulement d'une amende de 60 sous l'homme coutumier, coupable d'avoir chassé dans la garenne de son seigneur ou pêché dans son étang (2).

(1) *Si quilibet in fraude venationis deprehensi fuissent eruebantur oculi eorum, abscidebantur virilia, manus vel pedes truncabantur.* (Mathieu Paris, cité par Ducange. V° *Foresta*.)

(2) *Etablissements de Saint-Louis*, L. I, ch. 150.

CHAPITRE III.

De l'alleu.

Au XIe et au XIIe siècle, comme à l'époque précédente, un certain nombre de terres allodiales furent changées en fiefs ou en censives; les chartes de ce temps en fournissent des exemples (1). Il ne faut pas toutefois conclure de là que toutes les terres sans exception aient été soumises alors à la directe féodale, au domaine éminent des seigneurs. Aucun document ne prouve que ceux-ci aient dépossédé tous les anciens propriétaires et les aient réduits à l'état de serfs ou de tenanciers.

Les textes des Xe, XIe, XIIe et XIIIe siècles font au contraire assez fréquemment mention de terres tenues en alleu ou en franchise. Un diplôme du Xe siècle oppose les terres tenues *in franchisia* à celles qui dépendent du fisc royal, de la seigneurie des évêques, ou de celle des comtes (2). Ces domaines ne relevaient d'aucun seigneur, soit ecclésiastique, soit laïque, à titre féodal ou foncier; ils étaient exempts des charges fiscales. Ils ne dépendaient que de la juridiction spirituelle de leur église paroissiale (3),

---

(1) Le seigneur de Salm, ne pouvant payer ses dettes, vendit pour 700 livres son alleu de Moranges à Frédéric, duc de Lorraine, et le reçut ensuite de lui en fief. (*Chronique de Senones*, L. V, c. 5. D. Calmet. *Hist. de Lorraine*, tom. II, *Preuves*.)—Voir une charte de l'an 1244, du Cartulaire de Saint-Gall. (Goldast, f. 80.) — Voir plus loin une charte de la maison de Gand, de 1153.

(2) *Aut sint de fisco regali, aut de potestate episcopali, vel de potestate comitali, sive de franchisia.* (Diplôme du Xe siècle, cité par Championnière, n° 162.)

(3) *Jus autem ejusdem prædii est quod ab omni jurisdictione cujuslibet tam seculari quam spirituali, præterquam illius cujus est prædium capellani qui eadem celebraverit, fuit semper et erit immune.* (Dipl. du XIIIe siècle, cité par M. Laboulaye. *Hist. de la propriété*, p. 275.)—Balde définit ainsi le franc-alleu : *Allodium est proprietas quæ a nullo recognoscitur.* (Galland, ch. 1er.)

et, lorsqu'ils n'avaient pas le privilége de juridiction, de la justice royale ou de celle du comte, sujétion qui n'avait rien de commun avec la directe féodale.

En Allemagne, le propriétaire d'un alleu était tellement indépendant, qu'à peine daignait-il saluer un empereur dont il ne tenait rien en fief, et traitait avec lui de souverain à souverain (1). Lorsqu'un vassal avait commis quelque délit entraînant la confiscation, les alleux qu'il possédait passaient à ses héritiers, et, à leur défaut, à l'empereur, tandis que le seigneur dominant prenait les fiefs (2).

Dans les provinces du nord et du centre de la France on trouve aussi, pendant la même époque, un grand nombre de terres franches et exemptes de tout service féodal; les cartulaires des XIe et XIIe siècles en fournissent la preuve presque à chaque page (3). Une charte de l'an 1092, du cartulaire de Saint-Marcel-lès-Chalons, relate une donation faite par un chevalier au monastère de Saint-Marcel et consistant dans un alleu et un fief (4). En 1153, Roger de Gand vendit un fief qu'il tenait du comte de Flandre, et, pour l'indemniser, lui donna un alleu; le comte rendit aussitôt cette terre à Roger qui dut la tenir à l'avenir à titre

---

(1) Le baron de Krenekingen, seigneur aleutier qui ne relevait de personne, ne voulut pas se lever devant Frédéric Ier; il se contenta de porter la main à son chapeau. Galland, qui, imbu des idées de son temps, comprenait peu celles du moyen-âge, a rapporté cette anecdote sous ce titre singulier : *Insolence d'un aleutier.*

(2) Schilter. *Codex juris allemanici feudalis*, c. 89, § 5.

(3) *Est autem naturaliter allodium ab antiquo nullam omnino cuiquam reddens consuetudinem, eidemque a progenitoribus jure hereditario contingens.* (Charte de l'an 1078, du cart. de Vendôme, citée par Championnière, n° 164.) — *Jure proprietario liberaliter habeant, possideant, videlicet ut nemini mortalium quamlibet penitus consuetudinem persolvant, sed quidquid inde pro commoditate suæ ecclesiæ facere libuerit liberam ac firmissimam faciendi habeant potestatem.* (Donation par Hugues de Saumoussay à l'abbaye de Saint-Maur, en 1097. *Cart. S. Mauri*, n° 30. Marchegay. *Archives d'Anjou.*) — Voir aussi diverses autres chartes citées par Galland. *Traité du franc alleu*, p. 10, 23 et 24, et tous les cartulaires cités plus haut. *Passim.* — La Thaumassière. *Traité du franc-alleu.*

(4) Perreciot, tom. III, dipl. 10.

de fief (1). Au commencement du XII⁰ siècle, la charte communale de Laon prouve qu'au nord de la France, il existait aussi des alleux. D'après elle, l'homme qui commet un crime dans le territoire de Laon doit être puni, sur la demande du maire et des jurés, par le seigneur dans le district duquel sont ses possessions ; mais, s'il possède un alleu, il n'est justiciable que de l'évêque (2). La charte de Cerny, de la fin du même siècle, parle aussi des alleux appartenant aux seigneurs (3). En 1204, on vit un seigneur bourguignon reconnaître par une charte que certains individus tiennent leurs terres *en alluy franchement et sans droits de fye ou d'héritage* (4). En 1280, une charte du Cartulaire de Montfaucon mentionne un vassal qui cède un alleu à son seigneur pour le tenir ensuite de lui en fief (5). Vers la même époque, Beaumanoir écrivait, il est vrai, que, « selon la Coutume de Beauvoisis, il n'y avait pas d'alleux (6) » ; mais ceci ne prouve pas que la directe seigneuriale fût alors universelle ; cette coutume qui rejetait le francalleu parle en effet de cette exclusion comme d'un fait local. Lors de la rédaction officielle, les Coutumes de Bretagne et de Blois n'admirent pas d'alleux. D'autres reconnurent au contraire l'existence de terres franches dans leur ressort ; telles furent celles de Troyes, de Chaumont, de Vitry, de Langres, de Nivernais, de Bourbonnais, d'Auxerre, de Sesanne, de Paris, d'Orléans, de Normandie. Une ordonnance de Louis X reconnaît également l'existence des alleux et décide qu'il ne sera payé aucun droit pour les alleux donnés en emphytéose, à moins qu'ils n'aient juridiction (7).

(1) *Titres de la maison de Gand*, Galland, p. 16. — Le passage de la chronique de Senones, cité plus haut, prouve aussi l'existence des alleux.

(2) Charte de Laon, 1128, c. 2. *Rec. des Ord.*, tom. XI, p. 185.

(3) Charte de Cerny, 1184, c. 4. *Ord.*, tom. XI, p. 231.

(4) *Cartulaire de Montfaucon.* Perreciot, tom. III, dipl. 31.

(5) *Id.*, dipl. 68.

(6) « Selonc nostre coustume ne pot pas tenir d'alues, et on apele alues ce c'on tient sans rendre à nului nule redevance. » *(Coust. de Beauvoisis*, ch. 24, n° 5.)

(7) Ordonnance de Paris, en 1315. *Ord.*, tom. I, p. 553 ; — Paris, A. C., 46 ; — Vitry, 19 ; — Troyes, 50 ; — Orléans, A. C., 214 ; — Langres, 4 ; — Bretagne, 3, 28 ; — Blois, 33.

En Anjou, la coutume admettait des alleux dont le possesseur était tenu seulement de reconnaître la juridiction du seigneur justicier et de lui payer le droit de lods et ventes (1).

Les provinces méridionales prétendirent toujours être des terres de franc-alleu. Sous la domination romaine, elles jouissaient du *jus italicum*, et, en vertu de ce privilége, elles ne payaient pas d'impôt foncier. Les rois francs ne changèrent pas probablement cet état de choses. Les actes rédigés dans ces contrées, au Xe et au XIe siècle, parlent souvent d'alleux appartenant à différents seigneurs (2). Les aveux rendus, en 1273, à Édouard Ier, roi d'Angleterre, par les habitants de l'Aquitaine, mentionnent un grand nombre d'alleux ou terres libres dont les propriétaires ne devaient aucun service ni au roi, ni à personne (3). Une ordonnance de Louis XII, en 1501, reconnaît que les terres du Languedoc sont tenues en pur et franc alleu, et ne sont soumises qu'aux charges résultant de titres en bonne forme (4).

Il y avait deux sortes d'alleux; quelques-uns étaient de véritables seigneuries ayant droit de justice sur un certain territoire, et dont relevaient des fiefs et des censives. Ces domaines allodiaux étaient devenus de petites souverainetés complètement indépendantes; tels furent les alleux de Bar et de Commercy, que les rois de France ne dédaignèrent pas d'aller réduire en personne et qu'ils transformèrent en fiefs mouvants de la Couronne, en 1301

---

(1) Pocquet de Livonnière. *Traité des Fiefs*, L. IV, ch. 5, § 8. — C. d'Anjou, art. 140.

(2) D. Vaissette. *Hist. du Languedoc*, tom. II, *Preuves*, dipl. 31, 63, 91, 97, 111.

(3) *Tenent in allodium liberum sub dominio regis...... ita quod nihil debent inde facere sibi nec alicui alii viventi.* (M. S., cité par Championnière, n° 170 et suiv.)

(4) Ord. de Louis XII, de 1501. *Ord.*, tom. XXI, p. 294. — Dans certaines contrées du Midi, toutefois, la présomption légale était contraire à la liberté des héritages. D'après les Usages de Catalogne, le châtelain ou le vassal qui possédait une terre située dans l'étendue d'une seigneurie était réputé tenir en fief, à moins qu'il ne prouvât qu'il tenait en alleu. (*Usatica cathalonencia*. *De allodio castellani*. Galland, p. 102.)

et en 1444 (1). L'ordonnance de 1315, dont nous venons de parler, mentionne aussi les alleux érigés en seigneuries justicières.

Les autres alleux n'avaient ni juridiction, ni fiefs, ni censives relevant d'eux; ils appartenaient souvent à des bourgeois ou à des roturiers. Tels étaient les alleux dont parle la charte de Laon; tels étaient aussi ceux que mentionnent les Constitutions de l'abbaye de Saint-Waast d'Arras et les lois de Baudouin, comte de Flandre (2).

Les alleux d'ordre inférieur n'étaient pas toujours exempts de toute charge. On trouve souvent dans les chartes des terres désignées sous le nom d'alleux, et soumises à certaines redevances. Cela provenait de ce que ces domaines étaient soumis à la juridiction justicière du seigneur dans le ressort duquel ils étaient situés; cette sujétion entraînait comme conséquence le paiement de certains droits utiles; mais ces charges étaient généralement assez légères (3). Elles n'empêchaient pas le possesseur allodial d'avoir la propriété pleine et héréditaire de son domaine. Beaucoup d'actes prouvent du reste que l'aleutier disposait de son bien sans le consentement du seigneur, tandis que le feudataire était obligé de l'obtenir. Le seigneur intervenait toujours quand son vassal vendait ou donnait le fief tenu de lui; mais on ne le voit pas figurer dans les actes relatifs aux alleux (4). Ceci prouve qu'il n'avait aucun droit de propriété sur l'alleu, tandis qu'il avait conservé un démembrement de ce droit sur le fief, dont le vassal n'était en quelque sorte qu'usufruitier.

La maxime « *Nulle terre sans seigneur* », admise par plusieurs coutumes, ne faisait point obstacle à l'existence des alleux. Cet axiome coutumier n'avait point, au moyen-âge, la portée qu'on lui attribua plus tard. Il signifiait seulement que toute terre, à moins d'une concession spéciale, était soumise à la juridiction du seigneur justicier dans le ressort duquel elle se trouvait située; mais il ne

---

(1) Galland. *Traité du franc-alleu*, p. 14.
(2) *Constit. Leduini*, c. 8. — *Leges Balduini comitis*, Brussel, p. 884.
(3) Championnière, n° 171.
(4) Cartulaires. *Passim*.

donnait pas à ce seigneur la propriété de toutes les terres enclavées dans son ressort. Desmares décide en effet que les alleux ne relèvent d'aucun supérieur, si ce n'est quant à la juridiction, *nisi quoad ressortum* (1). Au commencement du XVIe siècle, Dumoulin admettait encore que la maxime « *Nulle terre sans seigneur* » n'est vraie que si on l'applique à la juridiction, mais qu'elle est fausse quand on lui fait signifier que toute terre est soumise au domaine direct d'un seigneur (2). D'après ce jurisconsulte, il faut distinguer avec soin le domaine direct et la juridiction. Le roi a le domaine direct des fiefs qui relèvent de la Couronne médiatement ou immédiatement; mais il n'a qu'un droit de juridiction sur les alleux et sur les fiefs qui dépendent de domaines allodiaux; les alleux sont complètement libres de toute seigneurie directe, et les fiefs qui en dépendent ne relèvent que d'eux (3).

Au moyen-âge, la juridiction du seigneur justicier n'entrainait aucun droit de directe sur le territoire qui lui était soumis; il n'était point présumé seigneur dominant des censives et des fiefs situés dans l'étendue de son ressort. C'est ce qu'exprime la maxime coutumière : « *Fief et justice n'ont rien de commun.* » Les coutumes et toute l'ancienne jurisprudence, jusqu'au XVIIe siècle, rejetèrent la présomption de la directe au profit du seigneur haut justicier, ainsi que nous l'apprend Loiseau (4).

D'après Dumoulin, tout héritage doit être présumé franc et allodial; tout seigneur qui réclame la directe et les services féodaux, doit fournir la preuve de son droit; en cas de doute, la présomption est pour la liberté. Les héritages ne sont présumés

---

(1) Desmares. Décision 17.

(2) Dumoulin. *Traité des Fiefs*, § 67, gloss. 2, n. 11, 12.

(3) *Multa enim sunt feuda non dependentia a rege, sed ab allaudiis quæ a nullo moventur, nec a rege quidem; sed nullus est locus in hoc regno qui non subsit supremæ jurisdictioni et majestati regiæ, nec sacer quidem. Aliud jurisdictio et majestas regia, aliud dominium directum feudale vel censuale et eorum recognitio.* (*Traité des Fiefs*, § 1, gloss. 6, n. 12; — § 3, gloss 4 n. 15.)

(4) Loiseau. *Traité des Seigneuries*, ch. 12, n° 43 et suivants.

relever féodalement d'un seigneur que lorsqu'ils sont enclavés dans l'étendue d'un territoire déterminé dont il a le domaine direct (1).

Malgré cela, la plupart des terres étaient passées, dans le nord de la France, à l'état de fiefs et de censives ; l'allodialité était l'exception ; la sujétion féodale, la règle. Dans le midi, au contraire, la franchise des héritages et la présomption d'allodialité restèrent toujours de droit commun.

Les alleux furent longtemps régis par les vieux usages francs ou par le droit romain, suivant les contrées, avant de l'être par le droit féodal. Tandis que les femmes n'étaient pas encore admises à posséder des fiefs, de nombreux actes nous montrent qu'elles pouvaient posséder des alleux, soit à titre de *dotalicium* ou de *maritagium*, soit comme héritières ou donataires. D'après certaines chartes, les filles partagent l'alleu, terre héréditaire, par parts égales avec leurs frères (2). Suivant d'autres documents, le père de famille divise son alleu entre ses fils, sans droit d'aînesse, mais à l'exclusion des filles, qui sont réduites à de simples legs (3).

Lors de la rédaction de la Coutume de Paris, en 1510, on proposa d'assimiler les alleux aux fiefs, mais les commissaires firent observer qu'il existait des héritages tenus franchement, qui n'avaient ni juridiction, ni fiefs, ni censives relevant d'eux. Il fut donc décidé que les alleux nobles seraient seuls assimilés aux fiefs et soumis au droit d'aînesse, et que les autres seraient partagés roturièrement par parts égales entre les héritiers. Ce système fut admis par la Coutume de Vitry. La Coutume d'Orléans l'avait repoussé lors de sa première rédaction, en 1509, en décidant que tous les alleux seraient partagés roturièrement ; mais la coutume, réformée en 1583, admit la même distinction que la Coutume de Paris, et

---

(1) *Traité des Fiefs*, § 67, gloss. 2, n. 4, 5, 6, 11, 12.

(2) Charte du Cartulaire de Marmoutiers. Galland. *Traité du franc-alleu*, p. 24.

(3) Charte du Cartul. de Beaulieu, n° 89, vers. 913. — Charte du Cartul. de de la Trinité de Vendôme. Galland, p. 23.

soumit les alleux ayant juridiction au droit d'aînesse (1). L'influence féodale se fit donc sentir sur les terres allodiales, lors de la rédaction de ces différentes coutumes. Celles de Troyes et de Châlons conservèrent au contraire leur ancien usage et continuèrent à régler le partage des alleux, tant nobles que roturiers, sans droit d'aînesse, comme celui des censives (2).

Il faut mentionner enfin parmi les propriétés franches celles qui formaient les bénéfices ecclésiastiques. Ces terres étaient tenues, suivant l'expression consacrée, *en pure aumosne*, et assimilées aux alleux :

« Pure omosne est en quoy le prince ne retient rien de terrienne juridiction ne de dignité, et de ce la jurisdiction et dignité appartient du tout à l'Église (3). »

(1) Paris, A. C., 46. — Vitry, 19, 20. — Orléans, A. C., 214. N. C., 255.
(2) Chalons, 165. — Troyes, 53.
(3) *Grand Coustumier de Normandie*, ch. 115.

CHAPITRE IV.

Du fief.

§ 1er.

DES DIFFÉRENTES ESPÈCES DE FIEFS.

Les caractères de la tenure en bénéfice ou en fief, qui dans l'origine n'étaient pas déterminés d'une manière précise, furent vers le XIe siècle fixés par l'usage. D'après l'*Ancien Livre des fiefs allemands*, pour qu'une concession soit un bénéfice, il faut qu'elle soit faite à charge d'hommage (1). Mais on peut concéder à titre de bénéfice, soit des terres, soit des droits incorporels, tels que ceux de battre monnaie et de percevoir le *theloneum* ou la dîme (2).

On finit par constituer en fiefs toutes sortes de biens ou de droits : les justices, les rentes en argent, la gruerie des forêts, le droit de chasse, les fours bannaux, les essaims d'abeilles, etc. (3). Certains seigneurs donnèrent même des hommes libres, des arhimans en fiefs ; c'est ce que montre un capitulaire de l'empereur Lambert, rendu en 898, pour interdire cet usage abusif (4).

Les anciens coutumiers ont classé les différentes espèces de bénéfices, non d'après les objets donnés en fiefs, mais d'après l'importance des concessions et la nature des services imposés. D'après le droit commun de la France, on distinguait les fiefs de dignité, tels que les duchés, les comtés, les marquisats, les ba-

---

(1) *Antiquus libellus de benef.*, c. 130 (XIe siècle).

(2) *Id.*, c. 35. — Frédéric Ier donna au baron de Krenekingen le droit de battre monnaie, afin qu'il pût tenir en fief quelque chose de lui.

(3) Brussel, L. I, ch. 1, § 11. — *Jean d'Ibelin*, ch. 173, 174.

(4) *Cap. Lamberti*, c. 3, 10. Canciani.

ronnies, les châtellenies ayant haute et basse justice, et les simples fiefs de hautbert ou de chevalerie dont les possesseurs devaient le service militaire. Telle était la distinction admise par les vieux coutumiers français et par les Assises de Jérusalem (1). Nous verrons plus loin dans quel ordre ces diverses inféodations étaient échelonnées les unes au-dessus des autres. Les *Institutes* de Littleton mentionnaient en outre une sorte de fiefs inférieurs aux précédents. Elles distinguaient l'*escuage* ou tenure soumise au service de chevalerie (du mot *scutum*, bouclier) et le *soccage*, tenure par *féauté* et *hommage*, mais inférieure à celle des chevaliers et qui n'entraînait pas l'obligation du service militaire :

« Hommage per soy ne fait pas service de chivaler. »

C'était une sorte de fief roturier, intermédiaire entre le fief noble et la tenure vilaine. Cette tenure était particulière aux coutumes anglo-normandes; car, dans le reste de la France, les fiefs des chevaliers et ceux des barons entraînaient seuls l'hommage. Les soccagers avaient été tenus, dans l'origine, à certaines corvées; ils devaient labourer et ensemencer les terres du seigneur; plus tard ces obligations furent changées en redevances (2). Les coutumes anglo-normandes distinguaient aussi le *fief simple* ou héréditaire et le *fief tail* ou conditionnel, nommé aussi *fief d'aventure;* elles appelaient ainsi le fief donné ou vendu à la condition de revenir au donateur à la mort du donataire ou acquéreur (3).

§ II.

DE L'HOMMAGE ET DE L'INVESTITURE. — DE LA POSSESSION.

L'hommage était le premier acte que dût faire le vassal en se mettant en possession du fief. Par cette formalité, qui devait son origine à l'ancien usage de la recommandation qu'elle avait rem-

---

(1) *Jean d'Ibelin*, ch. 269. — Beaumanoir, XXXIV, 41.
(2) *Institutes* de Littleton, L. II, ch. 3, 4, sect. 117, 119.
(3) *Id.*, ch. 1, 2, sect. 18. — *Grand Coust. de Normandie*, ch. 25.

placé, le feudataire se reconnaissait l'homme de son seigneur et s'engageait envers lui. On distinguait, au moyen-âge, plusieurs sortes d'hommage. Brussel en compte trois : l'hommage ordinaire qui obligeait le vassal au service d'*ost* ou de guerre et à celui de cour ou de justice ; l'hommage *plane* ou simple, qui n'obligeait le vassal qu'à la fidélité sans aucun service ; et enfin l'hommage *lige*, par lequel le vassal était tenu au service de guerre, en tout temps et à ses frais, tandis que l'hommage ordinaire ne l'obligeait qu'à un service limité (quarante jours ordinairement). Les deux premières espèces d'hommage se seraient, d'après lui, confondues vers le XIIIe siècle (1). Chantereau-Lefebvre n'en distingue au contraire que deux sortes : l'hommage lige qui est personnel et oblige le vassal d'une manière absolue, et l'hommage simple qui est réel et n'oblige qu'à cause du fief détenu (2). Il est difficile de rien déterminer à cet égard, cependant la seconde classification paraît plus exacte et plus conforme aux sources qui ne mentionnent ordinairement que deux sortes d'hommage ; elle précise mieux que l'autre la différence de l'hommage lige et de l'hommage simple.

L'usage de l'hommage est mentionné sous ces formes diverses dans les textes, dès une époque fort reculée. Au XIe siècle, le vassal rendait hommage à son seigneur à cause du fief qu'il avait reçu de lui. Des chartes des premières années de cette époque en fournissent la preuve (3).

Vers le même temps, les coutumes féodales allemandes imposaient l'obligation de l'hommage au fils du vassal qui voulait succéder à son père. Il devait le prêter, les mains dans celles du seigneur, dans l'an et les six semaines après le décès de son auteur, suivant le *Libellus antiquus*, et, plus tard, dans l'an et jour (4). Le seigneur devait accepter l'hommage, à moins que le vassal n'eût pas la capacité nécessaire pour faire le service du fief. Si le premier

---

(1) *Usage des Fiefs*, L. I, ch. 9, 10, 11, 12, 13.

(2) Chantereau-Lefebvre, L. I, ch. 12.

(3) D. Vaissette, tom. II, *Preuves*, dipl. 148, 153, des années 1015 et 1020.

(4) *Ant. lib. de benef.*, c. 45. — Schilter. *Codex juris allemanici feudalis*, c. 43, § 2.

refusait sans motifs, le second devenait libre et pouvait, à son gré, user du bénéfice. Le vassal devait fournir à son seigneur, dans le délai de quatorze jours, le dénombrement des biens qu'il tenait de lui (1).

Les Assises de Jérusalem obligeaient le vassal à faire hommage dans le délai d'un an et un jour, sous peine de perdre le fief (2). Un vassal pouvait rendre hommage à plusieurs seigneurs, en réservant toutefois les droits de celui envers lequel il s'était d'abord engagé ; mais il ne devait être homme-lige que d'un seul seigneur à la fois (3). Celui qui avait fait hommage lige à un seigneur pouvait encore faire hommage simple à d'autres. L'hommage lige était celui qui entraînait les obligations les plus strictes.

Les Établissements de Saint-Louis décrivent ainsi les cérémonies de l'hommage qui, du reste, étaient à peu près les mêmes partout :

« Et jointes meins doit dire en tele manière : Sire, je devien vostre homme et vous promet feauté d'orenavant, comme à mon saignieur envers tous hommes qui puissent vivre ne mourir, en telle redevance comme li fiés la porte, en fesant vers vous de vostre rachat, comme vers saignieur..........

» Et li sires doit présentement respondre : et je vous reçois et preing à hons, et vous en bese en nom de foy et sauf mon droit et l'autruy » (4).

Primitivement, l'hommage était dû par le vassal pour toute mutation, soit de vassal, soit de seigneur. L'ancien droit féodal allemand exigeait encore au XIe siècle que le vassal vînt demander une nouvelle investiture, lorsque le fils du seigneur succédait à

---

(1) *Ant. lib. de benef.*, c. 48, 50, 52.
(2) *Jean d'Ibelin*, ch. 191.
(3) *Id.*, ch. 148.
(4) *Etablis. de Saint-Louis*, L. II, ch. 18. — Dans Littleton, les cérémonies sont rapportées de la même manière ; mais la formule de l'hommage fait la réserve expresse des droits du roi : « Jeo deveigne vostre home de cestiour » en avant de vie et de member et de terrene honour et a vous serra foyall et » loyall e foy à vous portera des tenemens que jeo cleim de tener de vous, *salve » la foy que jeo doy à nostre seignior le roy.* » (Sect. 85.)

son père ; mais si le seigneur mourait sans laisser de fils, le vassal était obligé alors de demander l'investiture au suzerain duquel relevait le fief dominant (1). Le droit féodal lombard imposait aussi au vassal l'obligation de rendre hommage et de demander une nouvelle investiture à chaque changement de seigneur ou de vassal, dans le délai d'un an et d'un mois (2). Plus tard, cette obligation tomba en désuétude. D'après Littleton, le vassal ne doit l'hommage qu'une seule fois en sa vie ; lorsqu'il l'a prêté à un seigneur, il n'est plus tenu de le prêter au fils. Le vassal ne doit à celui-ci que la *feaulté*, mais sans l'hommage (3). Les coutumiers français, tels que les Établissements de Saint-Louis et les Assises, n'exigent pas non plus que l'hommage soit renouvelé à chaque mutation de seigneur. Cet engagement, d'abord personnel, était devenu permanent ; il n'engageait pas seulement le vassal envers son seigneur actuel, mais il le liait indéfiniment envers toute la descendance de ce suzerain. On voit en effet, dans des chartes anciennes, certaines formules d'hommage par lesquelles le vassal s'engage non-seulement envers le seigneur, mais encore envers la postérité de celui-ci (4).

D'après le vieux droit féodal allemand, le jeune vassal pouvait posséder des fiefs dès l'âge de treize ans ; en France, les hommes devaient faire hommage à vingt-et-un ans, les filles à quatorze ans (5).

L'obligation de fournir aveu et dénombrement était une suite de l'hommage féodal ; elle fut imposée aux vassaux par l'ancien droit féodal en France et en Orient, comme en Allemagne. D'après des

(1) *Ant. lib. de benef.*, c. 57, 59, 60.
(2) *Liber feudorum*, lib. I, 1. 22.
(3) Littleton, sect. 148.
(4) *Bona fide jurabunt (vavassores) dominum comitem Theobaldum Campaniæ et heredes suos, de corpore suo descendentes.....* (*Cartulaire de Champagne*, charte de 1223.) — Voir aussi la charte de l'hommage prêté, en 1224, par Guy de Châtillon à Thibault, comte de Champagne. (*Cartulaire de Champagne*, Chantereau-Lefebvre, *Preuves*, p. 150, 158.)
(5) *Ant. lib. de benef.*, c. 64. — Ordonn. de Louis IX, pour les nobles d'Anjou, en 1246, c. 6, 9. *Ord.*, tom. I, p. 58.

Lettres de Jean II, roi de France, les possesseurs de fiefs et d'arrière-fiefs mouvants de la Couronne devaient fournir leurs aveux et dénombrements à la Chambre des Comptes de Paris (1).

Après le serment de fidélité, prêté par le vassal à son seigneur, venait l'investiture. Par elle, le seigneur donnait ou confirmait à celui-ci la possession de son bénéfice. L'investiture ou *vest* était donc la mise en possession du fief. Cette formalité consistait à saisir le vassal, *à le vêtir du fief,* suivant l'expression pittoresque employée par nos vieux coutumiers (2).

L'investiture s'opérait, comme presque tous les actes juridiques de cette époque, au moyen de cérémonies symboliques empruntées aux vieux usages saliques : par le fétu, par la baguette, par le rameau, par le couteau, par les clefs, par les gants, par l'épée, etc. Les chartes des XIe, XIIe et XIIIe siècles renferment une foule d'exemples qui prouvent la généralité de cet usage (3). Les différents objets dont on se servait à cet effet étaient le symbole de la possession, et quelques-uns d'entre eux celui du service militaire auquel le vassal s'engageait en recevant son fief.

L'investiture avait pour effet de transférer immédiatement au vassal la possession du fief ; dès lors le vassal jouissait de la

---

(1) *Recueil des Ordonn.*, tom. IV, p. 134. — Les bourgeois et les vilains faisaient aussi *hommage* à leur seigneur, mais il ne faut pas confondre cette marque de soumission avec l'hommage féodal. Lors de l'affranchissement des bourgeois de Briançon, par Humbert II, il leur fut accordé qu'en rendant hommage au dauphin, ils lui baiseraient le dos de la main, au lieu de *lui baiser les pouces, comme font les populaires.* (Priviléges de Briançon. *Ord.*, tom. VII, p. 719.)

(2) Obertus de Orto définit ainsi l'investiture : « *Investitura quidem proprie dicitur possessio, abusivo autem modo dicitur investitura quando hasta vel aliud corporeum quidlibet porrigitur a domino feudi se investituram facere dicente. (Liber feudorum,* lib. II, t. 2.) *Nulla autem investitura debet ei fieri qui fidelitatem facere recusat, cum a fidelitate feudum dicatur vel a fide ; nisi eo pacto acquisitum sit ei feudum, ut sine juramento fidelitatis habeatur. (Id.,* t. 3.) — Nous ne nous portons pas garant de l'étymologie donnée au mot *feudum* par le compilateur milanais.

(3) Voir divers fragments de chartes de cette époque. Galland, ch. 20.

warandia de l'objet donné en bénéfice (1). En outre, la prescription confirmait, s'il était nécessaire, les effets de l'inféodation. D'après l'Ancien Livre des fiefs, le seigneur ne pouvait changer les biens qu'il avait donnés en bénéfice à son vassal, quand celui-ci les avait possédés pendant un an et six semaines (2). Lorsque deux bénéficiers se disputaient un fief, le feudataire qui était en possession devait être préféré à celui qui n'avait pas cet avantage. Mais si les deux concurrents n'étaient en possession ni l'un ni l'autre, on devait choisir celui qui avait le titre le plus ancien (3).

Les Assises de Jérusalem admettent aussi les effets de la possession en matière féodale. D'après la *Cour des Barons*, celui qui a possédé un héritage un an et un jour ne peut plus être dépossédé (4). Cependant, la prescription n'a pas été partout également appliquée aux fiefs. Les anciennes coutumes normandes, portées par Roger dans l'Italie méridionale, repoussaient la prescription en matière féodale. Le fief ne pouvait être acquis par l'effet de la prescription, quelle qu'eût été la durée de la possession. Mais l'empereur Frédéric, appliquant aux fiefs les règles du droit commun, établit qu'à l'avenir une possession de trente ans, paisible et non interrompue, ferait acquérir la propriété du fief (5).

§ III.

DES SOUS-INFÉODATIONS.

La faculté qu'avait le vassal investi d'un fief de le sous-inféoder à un autre individu remonte à une époque reculée. Les vassaux et les fiefs furent échelonnés les uns au-dessous des autres par des sous-inféodations successives; c'est ainsi que se forma la hiérarchie féodale.

(1) *Ant. lib. de benef*, c. 30.
(2) *Id.*, c. 32.
(3) *Id.*, c. 23, 93.
(4) *Jean d'Ibelin*, ch. 38.
(5) *Constit. regni siculi*, lib. III, t. 32, c. 2.

L'ancien droit féodal allemand comptait sept degrés parmi les possesseurs de fiefs : 1° le roi des Romains ; 2° les évêques, les abbés, les abbesses, et les princes les plus illustres ; 3° les princes laïques d'un rang moins élevé, parmi lesquels il faut compter les principaux sujets et vassaux des évêques ; 4° les seigneurs nobles et libres ; 5° les vassaux et les guerriers de ceux-ci ; 6° les vassaux des vasssaux, ou arrière-vassaux des seigneurs ; 7° enfin, quand les princes laïques devenaient vassaux des évêques, ils passaient du 2e au 3e degré et faisaient descendre le 6e rang au 7e (1). Le *Livre des fiefs lombards* ne mentionne que cinq degrés : 1° l'empereur ; 2° les titulaires des fiefs de dignité ; 3° les grands vassaux tenant directement de l'empereur, ou *capitanei;* 4° les *minores valvassores*, tenant des précédents ; 5° les *minimi valvassores* (2). En France, la hiérarchie féodale n'a jamais été constituée d'une manière aussi régulière. Nulle part on ne trouve une classification semblable à celle des fiefs de l'Empire Germanique ou de la Lombardie. On pourrait toutefois mettre au premier rang les duchés souverains, tels que celui de France qui devint, sous Hugues Capet, le domaine royal ; ceux de Bretagne, de Normandie, de Bourgogne, d'Aquitaine, le comté de Toulouse, etc., qui furent plus tard transformés en fiefs relevant directement de la Couronne ; au second rang, les comtés et les marquisats que les ducs souverains inféodèrent à leurs principaux vassaux ; au 3e rang, les baronnies, châtellenies et vigueries données en fief par les comtes ; au 4e, les seigneuries d'ordre inférieur, parmi lesquelles on pourrait trouver encore plusieurs degrés.

La même terre pouvait donc appartenir, par suite de ces différentes sous-inféodations, à plusieurs seigneurs à la fois ; mais ils n'étaient tous comptés que pour une seule personne quant à la possession du fief, et il n'y avait jamais qu'une seule possession ; c'est-à-dire que le vassal inférieur possédait pour son suzerain et maintenait le droit de celui-ci (3) ; mais il était défendu, d'a-

---

(1) *Ant. lib. de benef.*, c. 2, 3. — *Miroir de Saxe*, L. 1, ch. 2, § 2.
(2) *Lib. Feud.*, lib. 1, t. 14 et 16.
(3) *Ant. lib. de benef.*, c. 39.

près le vieux droit allemand, de sous-inféoder le bénéfice urbain (1).

En France, la faculté de sous-inféoder n'était pas générale. Elle dépendait des localités et aussi, dans celles où elle était permise, de la nature du fief. D'après les Coutumes de Beauvoisis, le vassal ne pouvait donner en arrière-fief une partie de sa tenure; s'il contrevenait à cette défense, le seigneur avait le droit de confisquer le fief (2). La sous-inféodation était en effet une sorte d'aliénation. Il importait donc au seigneur supérieur que son vassal ne démembrât pas le fief sans son consentement; il lui importait surtout que le vassal ne compromît pas le service dû pour le fief, en mettant à sa place un arrière-vassal incapable ou suspect. Aussi, l'ancien droit féodal était-il très-sévère à l'égard des actes d'aliénation faits par le vassal sans le consentement du seigneur (3). Cette rigueur, il est vrai, s'adoucit peu à peu; mais cependant certaines coutumes locales la conservèrent longtemps. Telle fut celle de Château-Meillan qui, bien que rédigée en 1648, proscrivait les arrière-fiefs; d'après elle, tous les fiefs et toutes les censives, compris dans l'étendue de son ressort, devaient être tenus directement du seigneur de Château-Meillan (4).

Lors de la cession du Dauphiné, les nobles de ce pays jouissaient du droit de donner en arrière-fiefs et en censives les domaines qu'ils tenaient du Dauphin; mais ils ne pouvaient, sans l'aveu de leur suzerain, sous-inféoder les villes, les châteaux et les juridictions (5).

---

(1) *Ant. lib. de benef., de urbano benef.*, c. 1.

(2) Beaumanoir, ch. 2, n° 21.

(3) Les *Assises de Jérusalem* prononçaient la perte du fief aliéné sans l'autorisation du seigneur. (*Jean d'Ibelin*, ch. 149, 190.) — Les Usages de Barcelone ne permettaient pas non plus au vassal d'aliéner ni de sous-inféoder son fief sans l'autorisation du seigneur. (*Usatici Barchinonæ*, c. 32, 33.)

(4) Cout. loc. de Château-Meillan, t. 8. Richebourg, *Cout. locales du Berry*.

(5) Clauses de la cession du Dauphiné, c. 22. Ordon., tom. V, p. 34.

§ IV.

DE LA CAPACITÉ DE POSSÉDER DES FIEFS.

Les bénéfices militaires ne pouvaient, dans l'origine, être concédés qu'à des hommes ayant la capacité nécessaire pour porter les armes et pour faire le service exigé du concessionnaire. Au XIe siècle, le droit féodal allemand déclarait incapables de tenir des bénéfices, les clercs, les femmes, les paysans, les marchands, les infâmes, les bâtards, et enfin tous ceux qui n'étaient pas issus d'un père et d'un aïeul militaires. Si quelqu'un de ces incapables recevait un fief, cette concession était personnelle et ne pouvait être transférée par le titulaire à personne, pas même à son fils (1). Il était défendu de donner un bénéfice soit à un aveugle, soit à un lépreux, soit à un homme mutilé (2).

Les Assises de Jérusalem exigent aussi que celui qui veut acheter un fief soit capable d'en faire le service. De là l'interdiction imposée au jeune homme au-dessous de quinze ans, quoique fils de chevalier, et à la fille non mariée d'acheter des fiefs, parce qu'ils ne peuvent acquitter les obligations que la tenure impose. Pour acheter un fief, il faut être chevalier et fils d'un chevalier et d'une femme noble et avoir *voix* et *reponds en cour*. Une femme mariée peut acheter un fief soumis au service personnel, mais il faut alors que son mari fasse le service (3).

Cependant, dès que les fiefs furent devenus patrimoniaux, on vit, malgré la sévérité des règles féodales, beaucoup de fiefs passer entre les mains des femmes. Au Xe et au XIe siècle, elles partageaient les titres de leurs maris ; elles possédaient de grandes seigneuries et régissaient des provinces. On

---

(1) *Ant. lib. de benef.*, c. 4, 5.
(2) *Id.*, c. 81.
(3) *Jean d'Ibelin*, ch. 187.

en trouve plusieurs exemples tant au nord qu'au sud de la France (1).

L'incapacité des roturiers dura plus longtemps que celle des femmes. Les Usages de l'empire de Romanie défendent de donner un fief soit à un vilain, soit à une commune; le fils d'un vilain et d'une femme libre ne peut hériter d'un fief (2). A la fin du XIIIe siècle, Beaumanoir décidait encore que celui qui n'est pas gentilhomme ne peut posséder un fief, à moins qu'il n'ait épousé une femme noble et propriétaire d'un fief; alors il peut le tenir du chef de sa femme (3). Au XIVe siècle, suivant l'Ancienne Coutume de Bourgogne, une personne noble ne pouvait tenir en fief une terre relevant d'un bourgeois (4).

Cependant, dès la fin du XIIe siècle, certaines localités avaient reçu sur ce point un privilége important. La charte de Waben, en Ponthieu, et celle d'Abbeville permettent aux jurés de garder de plein droit les fiefs dont ils étaient devenus propriétaires par succession ou par mariage (5).

Le développement du commerce et l'accroissement des richesses du Tiers-État mirent peu à peu un grand nombre de roturiers en état d'acquérir des fiefs, et souvent ils en achetaient en dépit de l'ancienne prohibition. L'usage finit même par l'abolir à peu près, mais elle fut remplacée par une imposition nommée droit de *franc-fief,* que les roturiers devaient payer pour les fiefs dont ils se rendaient acquéreurs. Des Lettres de Charles IV, en 1326, dont les dispositions furent reproduites, en 1406, par des Lettres de Charles VI,

---

(1) Acte de donation de la fin du Xe siècle, signé de la *comtesse* Berthe, femme de Raymond. (D. Vaissette, tom. II, *Preuves,* dipl. 92.) — Acte de donation, de l'an 1030, signé par Judith, *marchionessa Lotharingiæ;* autre acte de la fin du XIe siècle, signé par Agnès, *comtesse* de Bar. (D. Calmet, tom. I, *Preuves,* col. 403, 479.) — Acte de donation d'une *comtesse* de Cornouailles, du XIe siècle. (*Cart. de Quimper.* D. Morice, tom. I, col. 366.)

(2) *Le Uxanze de lo imperio di Romagnia.* c. 78, 96.

(3) Beaumanoir, ch. 48, n° 5.

(4) *Anc. Cout. de Bourgogne,* art. 180.

(5) Charte de Waben, concédée en 1199, c. 24. *Ord.,* tom. XX, p. 122. — Charte d'Abbeville, confirmée en 1350. *Ord.,* tom. IV, p. 53.

ordonnèrent aux roturiers qui avaient acheté des fiefs depuis moins de quarante ans et les avaient changés en censives, de payer le revenu de trois années (1). Les officiers royaux n'en étaient pas exempts. Une déclaration de Charles V, de 1372, décida que les sergents et les officiers royaux qui achetaient des biens nobles devaient acquitter le droit de franc-fief, à moins qu'ils n'eussent été anoblis. Dans ce cas même, il leur fallait payer pour les biens acquis avant les lettres d'anoblissement (2).

Le droit de franc-fief reçut, comme l'interdiction absolue qui l'avait précédé, de nombreuses exceptions ; certaines localités en furent exemptes. En 1294, une constitution du duc de Bretagne avait fait défense à tous les bourgeois et roturiers de la province de posséder des fiefs nobles ; mais, en 1555, des Lettres de Henri II accordèrent aux habitants non nobles de Nantes la faculté d'acquérir des fiefs nobles, sans payer le droit de franc-fief (3). Le même privilége fut concédé aux habitants de Condom par Philippe VI, en 1340 (4) ; aux bourgeois de Paris par Charles VI, en 1390 (5). Louis XI l'accorda aussi aux habitants non nobles de Rouen, en 1467 ; en 1472, il l'étendit aux bourgeois de Beauvais (6). Un peu plus tard, en 1506, Louis XII le donna aux maires et aux échevins d'Angoulême (7). Cependant le principe fut toujours maintenu par la législation, sauf dans les localités privilégiées.

Du reste, dès le XIIIe siècle, le roturier qui habitait un fief était, dans certains cas, assimilé au gentilhomme. D'après Pierre des Fontaines, le vilain qui tient un fief doit, s'il y couche, avoir, comme le gentilhomme, quinze jours pour comparaître en justice, lorsqu'il est assigné. Au contraire, le noble qui demeure dans un vilenage, doit subir la loi de la roture (8). Beaumanoir veut aussi

---

(1) *Ordonn.*, tom. I, p. 797 ; — tom. IX, p. 322.
(2) *Ord.*, tom. V, p. 608.
(3) D. Morice, *Preuves*, tom. II, col. 63 et 1154.
(4) Lettres de Philippe VI, c. 5. *Ordonn.*, tom. III, p. 233.
(5) Ordonn. du 5 août 1390. Isembert, tom. VI.
(6) *Ord.*, tom XVI, p. 579 ; — tom. XVII, p. 531.
(7) *Id.*, tom. XXI, p. 355.
(8) *Conseil à un ami*, ch. 3, n°s 5 et 6.

que l'homme de poeste qui habite un héritage noble soit traité comme noble, et qu'il puisse user des franchises du fief (1).

§ V.

DU SERVICE DU FIEF.

La fidélité était, au XIe siècle comme au IXe, le premier devoir du vassal envers son seigneur, ainsi que le montrent les anciennes chartes de concessions féodales (2). Cette obligation, inscrite dans tous les codes féodaux, n'est pas étrangère à la noblesse des sentiments chevaleresques. La chevalerie a dû son origine aux coutumes germaniques moralisées par le christianisme (3). La féauté féodale s'est alliée aux devoirs que l'Église imposait aux chevaliers, lors de leur admission au rang des guerriers. La notion de fidélité et celle du fief se confondirent tellement ensemble qu'on fit même dériver l'une de l'autre. Cette étymologie, admise par presque tous les anciens auteurs, a été repoussée par les modernes. Cependant le Livre des Fiefs prouve qu'au XIIe siècle, on considérait la fidélité comme l'obligation principale du feudataire et qu'elle était de l'essence même du fief (4). D'après les Assises de Jérusalem, le vassal doit garder son seigneur « *contre totes riens qui vivre et morir puissent* » (5).

Le vassal devait en outre assister son seigneur à l'ost et au plaid. Cette obligation était la conséquence du devoir de fidélité. Le service militaire et le service judiciaire étaient partout imposés

(1) *Coust. de Beauvoisis*, ch. 30, n° 44.
(2) ...... *Adjutor erit Guillermus tibi Petro suprascripto ipsas civitates et ipsos castellos et ipsas forticias suprascriptas a tenere et ad habere sine deceptione de te Petro*...... (Charte de concession en fief de divers lieux fortifiés, par Pierre, vicomte de Carcassonne, en 1036. D. Vaissette, tom II, *Preuves*, dipl. 177.) — Voir aussi dipl. 148, 153, des années 1015 et 1020.
(3) M. Guizot. *Hist. de la Civilisation en France*, 2e partie, 6e leçon.
(4) *Liber feudorum*, lib. II, t. 3.
(5) *Jean d'Ibelin*, ch. 197.

au vassal. D'après le droit féodal allemand, le vassal devait à son seigneur le serment de fidélité ; tant que celui-ci vivait et que le vassal tenait un bénéfice, il devait honorer son patron et lui rester fidèle (1). Il suivait son seigneur à la guerre pendant six semaines et pouvait se reposer ensuite pendant le même temps. Il assistait aussi son seigneur lorsqu'il jugeait en matière féodale, les jours non fériés, avant midi (2). Le vassal qui tenait un bénéfice situé dans l'intérieur des murs d'une ville, devait défendre la ville et assister aux plaids urbains (3).

Les Assises de Jérusalem imposaient aussi au vassal la double obligation du service militaire et du service judiciaire. Chaque seigneur devait au roi de Jérusalem un certain nombre de cavaliers ; les églises et les villes fournissaient un nombre déterminé de fantassins (4). Lorsque le vassal était appelé par son seigneur, il devait se présenter devant lui, à cheval et armé, à la tête de ses cavaliers et de ses sergents ; il était obligé de combattre avec son seigneur, pendant un an, dans l'intérieur du royaume. Il servait hors de ces limites lorsque les intérêts de la foi et ceux du royaume l'exigeaient. Il était également obligé d'assister le seigneur, lorsqu'il rendait la justice, de l'aider de ses conseils, de juger avec lui, de faire les enquêtes et les *records de cour,* et de se rendre sur les lieux litigieux lorsque son seigneur trouvait nécessaire de l'y envoyer (5).

Les coutumiers du nord de la France renferment, comme les Assises, de nombreuses dispositions relatives au service des fiefs. D'après les plus anciennes lois anglo-normandes, tous ceux qui ont reçu des dons du roi doivent toujours se tenir bien armés et bien équipés, être prêts à marcher sous ses ordres et à faire le service auquel les obligent leurs fiefs et leurs tènements (6). D'après le Grand Coustumier de Normandie, quiconque possède un fief de

(1) *Ant. lib. de benef.*, c. 8.
(2) *Id.*, c. 11, 16.
(3) *Id., de urbano, benef.* c. 2.
(4) *Jean d'Ibelin*, ch. 241.
(5) *Id.*, ch. 217.
(6) Charte de Guillaume-le-Conquérant, c. 58. Canciani, tom. IV.

hautbert doit en personne le service de l'ost ; mais le feudataire peut se faire remplacer, s'il est dans l'impossibilité d'accomplir lui-même cette obligation (1). Beaumanoir parle aussi du service imposé à celui qui possède un fief. La femme, suivant les Coutumes de Beauvoisis, doit, pour son fief, les mêmes services que l'homme ; elle se fait seulement remplacer pour la chevauchée (2).

Dans les provinces de l'ouest, nous trouvons aussi le service militaire imposé aux vassaux possesseurs de fiefs ; des chartes bretonnes et angevines des XIe et XIIe siècles mentionnent fréquemment cette obligation féodale (3).

Il en était de même dans le midi. Lorsque le prieur de La Réole faisait la guerre, les vassaux de l'abbaye étaient obligés de l'assister, à cause des fiefs qu'ils tenaient de lui (4). Au XIIIe siècle, les Coutumes de Provence mentionnaient aussi le service militaire des vassaux. D'après les Statuts de Raymond Bérenger, chaque baron, chaque chevalier devait au comte de Provence quarante jours de service par an ; mais le service devait être renouvelé lorsque le comté était envahi par l'ennemi (5). Le service de cour existait aussi dans cette province ; le jugement par les pairs ou vassaux tenant fief était en vigueur dans les pays de droit écrit comme dans

---

(1) *Grand Coust. de Normandie*, ch. 44.

(2) Beaumanoir, ch. 29, n° 19.

(3) ...... *ut essent defensores totius abbatiæ*...... (Charte relative aux vassaux de l'abbaye de Saint-Sauveur, *Cartul. de Redon*, vers 869. D. Morice, *Preuves*, tom. I, col. 305.) — ...... *jura et dominia...... tam super militibus quam super villanis jure hereditario*. (Charte de donation de Robert de la Roche-Bernard, en 1026. Titre de Saint-Gildas-des-Bois. D. Morice, tom. I, col. 363.) — Acte de 1154 énumérant les feudataires obligés au service militaire envers l'abbaye de Saint-Michel. (*Cartul. de Saint-Michel*. D. Morice, tom. I, col. 618, 620.) — Titres de l'église de Dol, de 1181. D. Morice, tom. I, col. 686, 687.

(4) *Si forte guerram propriam prior habuerit debent venire in ejus auxilium pro feodis quæ tenent intra villam*. (*Consuet. S. Regulæ*, c. 39, 40.)

(5) *Statuta Raymondi Berenghieri comitis Provinciæ*, en 1235. Rubrica *de cavalcatis*.

ceux de coutume (1) ; les vassaux de l'abbé de La Réole l'assistaient quand il rendait la justice à ses hommes de fief (2).

Après la conquête du midi sur les Albigeois, Simon de Montfort transporta dans ce pays la législation des provinces du nord sur ce point ; il régla les rapports des seigneurs et des vassaux et il organisa très-fortement le régime féodal, afin d'assurer le succès de sa conquête. Ses lois sont l'expression complète de la féodalité française transportée dans les pays de régime municipal et de droit écrit (3).

Si l'on jette un coup-d'œil au-delà des Pyrénées, on voit que le droit féodal de l'Espagne, consacré dans les *Fueros juzgos*, comme celui des contrées dont nous venons de parler, imposait au vassal le double service de guerre et de cour (4). D'après les Usages de Barcelone, pour être traité comme chevalier et avoir droit au wergheld fixé pour le meurtre du chevalier, il faut nécessairement porter les armes et assister au plaid. Celui qui n'a ni armes, ni cheval, ni fief militaire, qui ne va ni à l'ost, ni à la chevauchée, ni à la cour, ni au plaid, à moins qu'il ne soit retenu par l'âge, est déchu du rang de chevalier (5). Le nombre de guerriers qu'entretient un vassal détermine le rang qu'il doit occuper et sert à fixer le taux du wergheld auquel sa famille a droit en cas de meurtre. Pour que le bailli ait droit à une composition égale à celle du chevalier, il faut qu'il soit noble, qu'il monte à cheval, « et qu'il mange tous les jours du pain de froment, » ajoute le texte /6/.

Outre le service de guerre et de cour, on trouve aussi, dans certaines localités, différentes charges imposées aux hommes de fief et qui, par leur nature, se rapprochent beaucoup plus des rede-

---

(1) *Petri exceptiones*, lib. V, c. 46.

(2) *Debent assistere priori in judiciis pro feodo quem tenent infra regulam.* (Consuet. S. Regulæ, c. 38.)

(3) Lois de Simon de Montfort, en 1212. Galland.

(4) E si aquel que ayuda a son senor en oste o en lid...... (*Fueros juzgos*, lib. V, t. 3, c. 1.)

(5) *Usatici Barchinonæ*, en 1068, c. 9.

(6) *Id.*, c. 12.

vances serviles que des devoirs féodaux. D'après les Coutumes de La Réole, les vassaux de l'abbaye, outre l'hommage (*hominium*), étaient soumis à un assez grand nombre de prestations, telles que des transports, l'obligation de défrayer le prieur et ses envoyés, etc. (1). Il ne faudrait pas, toutefois, en conclure que ces hommes fussent des vilains ou des colons, le texte les distingue les uns des autres et nomme *milites*, *ballivi*, *præpositi*, ces vassaux soumis à des redevances d'un caractère presque servile, tandis qu'il qualifie de *vilani* les simples cultivateurs.

On trouve aussi, dans certains actes rédigés au centre de la France, des termes qui paraissent identifier la tenure militaire ou féodale et la tenure servile. Une charte bourguignonne de 1415 parle d'un chevalier tenant fief et qui se reconnaît *homme de corps*, vassal fidèle et *servile*, suivant le texte, du seigneur de Belvoir; une autre charte de 1416 renferme des expressions analogues (2).

Les obligations du vassal envers son seigneur avaient pour corrélatif celles du seigneur envers son vassal. Nous avons déjà vu que cette réciprocité de devoirs existait dès l'époque carlovingienne. Sous la féodalité absolue, il en fut toujours de même. L'ancien droit féodal allemand permet au vassal auquel son seigneur refuse justice, de renoncer à son service (3). D'après les Assises de Jérusalem, si le seigneur renvoie ou incarcère son vassal sans motif, les pairs doivent intervenir et faire rendre justice à ce dernier (4). Le déni de justice et le crime de rapt étaient, comme à une époque plus ancienne, les délits les plus graves que le seigneur pût commettre envers son vassal. Ils entraînaient, d'après le droit féodal français, l'annulation de l'hommage et la résolution du contrat féodal. Si le seigneur refusait de rendre la justice à son homme, ou séduisait la femme ou la fille de celui-ci, il perdait

---

(1) *Constit. S. Regulæ*, c. 30. *et seq.*

(2) Archives de la baronnie de Belvoir. Perreciot, tom. III, dipl. 139, 141.

(3) *Ant. lib. de benef.*, c. 18.

(4) *Jean d'Ibelin*, ch. 200, 201, 202, 206, 208,

tout droit sur ce vassal qui, dès lors, était complètement dégagé de ses obligations (1).

§ VI.

DU RELIEF, DU DROIT DE QUINT, DES AIDES FÉODALES.

Le vassal devait payer à son seigneur, sans préjudice du service personnel, certains droits utiles tels que le *relief* ou *rachat*, les *aides féodales*, etc.

Le relief était dû au seigneur lorsque le vassal venait à mourir et que son héritier prenait sa place. La mort du vassal, d'après une fiction légale, faisait tomber le fief ; le successeur devait payer pour *le relever*. Il achetait ainsi le droit de succéder qui, dans l'origine, n'existait pas partout ; il conservait le fief qui aurait dû, d'après la rigueur primitive du droit féodal, retourner au seigneur concédant ; aussi le relief est-il appelé par d'anciens titres *racatum* (rachat). On ne sait pas précisément à quelle époque on commença de payer le relief ; il est probable cependant que cet usage fut la conséquence de l'établissement définitif de l'hérédité des fiefs. Au XIe siècle, le relief était dû par le fils qui succédait à son père, ainsi que le montre le passage suivant du roman de Wace :

« Et vient illeuc un damoisel
» Une juste sous son mantel,
» Mort est son père nouvellement
» Relever voût son tenement » (2).

Au XIIe et au XIIIe siècle, il en était encore de même en Normandie et en Angleterre. Lorsqu'un comte, un baron ou tout autre vassal venait à mourir, son héritier devait payer le relief en pre-

---

(1) *Établiss. de Saint-Louis*, L. I, ch. 52. — Jean d'Ibelin, loc. cit. — Il en était de même dans l'ancien droit féodal normand. Une loi de Roger enlève l'hommage du vassal au seigneur, s'il lui a refusé protection, s'il l'a frappé injustement, s'il a déshonoré sa femme ou sa fille. (*Constit. regni siculi*, lib. III, t. 17, c. 1.)

(2) Roman de Wace. *Règne de Robert*. XIe siècle.

nant le fief; mais il ne devait pas ce droit lorsque le suzerain avait eu la garde noble de ce domaine (1).

La même obligation existait aussi dans la France centrale. Du temps de Saint-Louis, le relief était encore dû en ligne directe. Si le fils, lorsqu'il succédait à son père, ne pouvait pas payer le relief, le seigneur prenait, d'après une ordonnance de ce prince, une année du revenu des terres, une demi-année de celui des vignes et la moyenne d'un septième du revenu des bois pendant sept ans (2).

Au commencement du XIIIe siècle, le relief était encore arbitraire en Poitou, *à merci*, dit le texte d'une ancienne charte poitevine; mais en 1269, Alphonse, comte de Poitiers, accorda aux barons, vassaux et arrière-vassaux de sa province, qu'à l'avenir le seigneur, pour tout droit de relief, pourrait tenir le fief dans sa main un an et un jour, et jouir pendant ce temps des profits de la tenure (3). Quelques années plus tôt, les Bretons avaient prétendu qu'ils n'étaient pas soumis envers leurs comtes au droit de relief (4). Dans plusieurs provinces, on cessa de percevoir le rachat en ligne directe. D'après Beaumanoir, il n'est pas dû rachat pour le fief qui passe du père ou de l'aïeul au fils ou au petit-fils (5). Les Usages de Romanie décident que le relief n'est pas dû quand le fief passe du père au fils, mais qu'il doit être payé quand le fils hérite du fief de sa mère, et pour toutes les autres mutations (6). D'après les Anciens Usages d'Anjou, on ne payait pas non plus le rachat pour la succession directe (7). Les anciennes coutumes de Paris, d'Étampes, de Mantes et de Meulan, de Champagne, de Sens, d'Orléans, de Berry, du Maine, d'Anjou, de Touraine, etc., ne conservèrent le relief que pour les mutations

---

(1) Charte d'Henri II, pour les Normands, en 1155, c. 3, 4. — Voir aussi la *Grande Charte* du roi Jean.

(2) Louis IX. Ord. de 1235, c. 12. *Ord.*, tom. I, p. 55.

(3) Charte de 1269. Gallan I, p. 67.

(4) *Communes petitiones Britonum*, en 1235. D. Morice, tom. I, col. 884.

(5) Beaumanoir, ch. 27, n° 4; ch. 14, n° 8; ch. 15, n° 10.

(6) « Tutti li altri si paga ogni fiuda chel feo si fu mudado. » (*Le Uxanze*, c. 34.)

(7) *Anc. Usages d'Anjou*, art. 116.

en ligne collatérale, mais le repoussèrent pour les mutations en ligne directe ; quelques-unes même ne l'admettaient pas pour la succession du frère (1).

On ne payait pas seulement le relief pour les successions ; il était dû aussi au seigneur pour les mutations entre vifs à titre gratuit ou onéreux. Voici l'origine de cet usage : sous le régime féodal primitif, le vassal ne pouvait aliéner son fief sans le consentement de son seigneur. Celui-ci accordait quelquefois gratuitement cette autorisation, mais souvent aussi il exigeait qu'on lui payât un droit pour autoriser l'acquéreur à relever le fief, que l'aliénation faisait tomber de plein droit, comme l'eût fait le décès du testateur. On trouve au XIe siècle des autorisations accordées tantôt gratuitement et tantôt moyennant un prix imposé par le seigneur. Ce dernier système fut consacré par l'usage ; des chartes du XIIe siècle mentionnent le relief payé aux seigneurs pour les ventes de fiefs mouvant d'eux (2). Les vieux coutumiers parlent tous du droit de rachat en cas de mutation entre vifs. D'après les Établissements de Saint-Louis, le vassal qui rend hommage à son seigneur, doit lui faire connaître à quel titre il se présente, si c'est comme héritier ou comme acquéreur, et s'engager à lui payer le rachat (3). D'après Beaumanoir, le rachat est dû pour le fief donné mais non pour le fief échangé, et pour les ventes de fiefs, le seigneur a droit au cinquième du prix de vente : « Li sires a le quint denier de la vente » (4). La Coutume de Paris obligeait aussi l'acquéreur à payer le droit de quint ; en Normandie, il devait payer le treizième du prix du fief (5). Les coutumes va-

---

(1) Paris, A. C., art. 22. — C. d'Étampes, art. 2 et 25 ; — de Mantes et de Meulan, art. 6, 12. — *Li Droit et lis Coustumes de Champaigne*, art. 10, 18. — Sens, A. C., art. 182. — Orléans, A. C., ch. 1, art. 36. — C. de Berry, t. 5, art. 12 ; — du Maine, art. 97 ; — d'Anjou, art. 84 ; — de Touraine, art. 133.

(2) Chartes de 1126. Galland, p. 56 et suiv.

(3) « Et doit dire de quoy de bail ou d'eschéoite ou d'héritage ou d'achat. » (*Établiss. de Saint-Louis*, L. II, ch. 18.)

(4) *Coust. de Beauvoisis*, ch. 27, n°s 5, 6, 7.

(5) C. de Paris, art. 23 ; — de Normandie, art. 171.

rièrent sur la quotité du droit à payer pour les mutations à titre onéreux ; mais en général, et sauf quelques rares exceptions, elles imposèrent aux acquéreurs l'obligation de payer au seigneur direct un droit fixé ordinairement au cinquième du prix du fief. Les droits de mutation s'appliquaient donc à tout changement de vassal ; la succession en ligne directe, par un adoucissement apporté à la rigueur du droit primitif, fut seule exceptée.

Les aides féodales, que les textes mentionnent à côté du relief, paraissent être d'une origine moins ancienne. Les aides étaient des contributions que le seigneur pouvait imposer à ses feudataires dans certaines circonstances exceptionnelles où le besoin d'argent se faisait plus impérieusement sentir pour lui. C'était en quelque sorte une taille levée sur les vassaux militaires, tandis que la taille ordinaire ne frappait que les vassaux roturiers. La plupart des textes anciens fixaient trois cas dans lesquels la taille féodale était due ; mais les cas prévus n'étaient pas les mêmes partout. D'après la *Grande Charte* du roi Jean, le vassal devait la taille pour racheter son seigneur captif, pour marier la fille aînée de son seigneur et pour armer chevalier le fils de celui-ci (1). Les Coutumes de Martel imposaient aussi la taille féodale au vassal dans les deux premiers cas déjà cités et lorsque le seigneur partait pour la croisade (2). D'après les Statuts de Raymond Bérenger, comte de Provence, elle devait être payée quand le seigneur mariait sa fille, quand il partait pour la croisade et quand il se rendait près de l'empereur (3). On trouve du reste des dispositions semblables dans une foule de chartes des XIe et XIIe siècles.

§ VII.

DE LA FACULTÉ D'ALIÉNER LES FIEFS. — DU JEU DE FIEF.

Malgré les dispositions de l'ancien droit, qui défendaient au vassal de disposer de sa tenure sans le consentement du seigneur,

---

(1) *Leges in Anglia Conditæ.* Canciani, tom. IV.
(2) *Cout. de Martel*, en 1219, c. 8.
(3) *Statuta Raymondi.* Rubrica *de tallits.*

un grand nombre d'hommes de guerre dissipaient et vendaient leurs fiefs, et le service militaire se trouvait par suite gravement compromis. Pour remédier à cet abus, l'empereur Lothaire II, en 1136, défendit d'aliéner le fief sans l'autorisation du seigneur, sous peine d'en perdre le prix ; sa Constitution prononce la peine d'infamie contre le notaire qui a souscrit l'acte (1). Une Constitution de l'empereur Frédéric renouvela cette prohibition et déclara nulle toute aliénation faite contrairement à ces dispositions. Le Livre des Fiefs reproduisit la même défense dans plusieurs passages (2). Cependant, il paraît que pour les fiefs de l'empire, on se relâcha promptement de cette sévérité, car un autre texte du *Liber Feudorum* permet d'aliéner la moitié du fief sans le consentement du seigneur (3). Dans le royaume de Sicile, Frédéric défendit d'aliéner ou d'échanger les fiefs, ou même de transiger en matière féodale sans la permission de l'empereur (4).

La législation des croisades nous apprend aussi que le seigneur devait intervenir dans les actes d'aliénation faits par son vassal. La Cour des Barons décide que celui qui tient un fief du roi ou d'un vassal du roi ne peut l'aliéner, le donner, le démembrer ou l'échanger, qu'après avoir obtenu le consentement du seigneur et en observant les formalités prescrites par l'Assise. Dans le cas contraire, la vente est nulle et le seigneur peut reprendre le fief (5). Le vassal qui ne peut payer ses dettes qu'avec son fief, le remet à son seigneur qui le fait vendre à l'encan (6). Le *Plédéant* défend aussi aux chevaliers de vendre leurs biens autrement qu'avec l'autorisation du seigneur (7). D'après les Usages de Romanie, le vassal ne peut ni diminuer, ni augmenter son fief ; il ne peut même unir deux fiefs. Le prince seul a le droit de le faire quand

---

(1) *Const. Lotharii II*, en 1136. Canciani. *Lex Lang.*
(2) *Liber feudorum*, lib. II, t. 39, 52, 54.
(3) *Id.*, lib. I, t. 13.
(4) *Const. regni siculi*, lib. III, t. 5, c. 1.
(5) *Jean d'Ibelin*, ch. 142, 143, 183. — *Clef des assises de la haute cour*, n° 187.
(6) *Jean d'Ibelin*, ch. 115.
(7) *El Pladeante*, c. 17.

il a le fief dans sa main ; l'homme lige peut donner le tiers de son fief à sa volonté et ne peut rien vendre sans le concours du seigneur ; mais l'homme de plein hommage ne peut rien donner ni vendre avant de l'avoir obtenu (1).

En Normandie, au XIe siècle, les vassaux ne jouissaient pas encore du droit d'aliéner leurs fiefs. En 1047, Richard II, duc de Normandie, enleva au vassal Gozlin un fief que celui-ci tenait de l'abbaye de Fécamp, sous condition de ne pas l'aliéner, et qu'il avait cependant diminué en le sous-inféodant à ses hommes (2). Plus tard, la rigueur de la législation fut modifiée.

Dans les provinces du centre de la France, nous trouvons aussi la défense imposée aux vassaux de disposer de leurs fiefs sans l'autorisation du seigneur. Une charte de Vendôme de l'an 1077 et plusieurs autres documents nous montrent le seigneur confisquant à son profit le fief aliéné par son vassal sans sa permission (3). En Champagne, le vassal ne pouvait vendre, aliéner ou engager son fief que pour trois ans. Il ne pouvait non plus en diminuer l'importance, soit en abonnant la taille, soit en abolissant la main-morte, qu'avec le consentement du seigneur dont relevait le fief (4). Mais d'après l'Ancienne Coutume de Reims, les terres tenues en fief pouvaient être vendues, données, hypothéquées ou aliénées de toutes manières (5).

En Bourgogne, nous trouvons aussi la défense d'aliéner le fief sans l'assentiment du seigneur. Une sentence rendue par Jean, comte de Bourgogne, en sa cour, l'an 1233, entre l'archevêque de Besançon et son prévôt, décide que le vassal qui tient en fief ne peut aliéner sa tenure sans l'assentiment du seigneur (6). Le prévôt du baron de Belvoir, en rendant hommage à son seigneur, se reconnaît son homme lige et déclare qu'il ne peut aliéner ses

---

(1) *Uxanze de lo imp. di Romag.*, c. 10, 30.
(2) *Charte de 1047.* Brussel, L. I, ch. 6.
(3) *Cartul. de Vendôme.* Galland, p. 55, 56.
(4) *Li Droict et lis Coust. de Champaigne*, art. 4, 17.
(5) *Anc. Cout. de Reims*, art. 351 (XVe siècle).
(6) *Cartul. de l'archevêché de Besançon.* Perreciot, tom. III, dipl. 35.

terres qu'avec l'autorisation de celui-ci (1). Conformément à cet usage, l'Ancienne Coutume de Bourgogne décide qu'un vassal ne peut, sous peine de commise, vendre son fief sans le consentement du seigneur (2).

Dans le midi, pendant les premiers siècles de l'époque féodale, on voit les principaux seigneurs disposer de leurs seigneuries d'une manière absolue : ils les vendent ou les engagent comme des domaines privés et régis par le droit commun (3) ; mais il n'en était pas de même pour les vassaux ; plusieurs coutumes méridionales défendent à ces derniers de disposer librement de leurs fiefs.

A La Réole, le vassal tenant un fief ne pouvait l'aliéner qu'avec l'autorisation du prieur (4). Dans le Béarn, d'après les anciens *Fors*, la vente d'un bien noble (*domenjadure*) ne pouvait avoir lieu qu'en présence du seigneur et avec son approbation (5). D'après la Coutume de Toulouse, l'autorisation du seigneur était nécessaire pour rendre incommutables les actes de donation, de vente ou d'aliénation relatifs à des fiefs. De deux acquéreurs, dont l'un avait été mis en possession sans le consentement du seigneur et l'autre avec ce consentement, le second était préféré, quoique son titre fût postérieur à celui du premier (6).

On peut donc considérer comme une règle à peu près universelle, au moyen-âge, celle qui obligeait le vassal à obtenir le consentement du seigneur pour aliéner son fief. Mais l'usage éluda la rigueur du principe et donna naissance au *jeu de fief*. Les vassaux cédèrent, sans remplir les formalités voulues (*sans mettre la main au bâton*) et sans obtenir l'autorisation de leurs suzerains, une portion de leurs fiefs, soit en la donnant à cens ou à rente, soit en

---

(1) Charte de 1285. *Cartul. de la baronnie de Belvoir.* Perreciot, tom. III, dipl. 74.

(2) *Anc. Cout. de Bourgogne*, art. 33. M. Giraud.

(3) Voir diverses chartes de l'an 1067. D. Vaissette, tom. II, *Preuves*, dipl. 233, 235, 238.

(4) *Consuet. S. Regulæ*, c. 3.

(5) *Fors du Béarn.* Rubrica 59.

(6) *Consuet. Tholosæ.* Rubr. *de feudis*, c. 3.

l'aliénant à d'autres titres, mais en se réservant sur cette portion démembrée l'exercice d'un droit quelconque. De cette façon le vassal conservait toujours le domaine direct de la terre aliénée ; elle ne sortait pas du fief ; et, pour le suzerain, le vassal concédant restait toujours seul propriétaire et chargé du service féodal de toute la tenure. On permit de démembrer ainsi le tiers du fief, sans l'assentiment du seigneur, par l'effet de cette fiction dite *jeu de fief* (1). Les Établissements de Normandie, rédigés au XIIIe siècle, permettent aux héritiers d'un fief d'en aliéner le tiers sans le concours du seigneur (2). Nous voyons aussi dans les Assises de Jérusalem que, s'il était défendu au vassal d'une manière absolue de démembrer le fief d'un seul bouclier, il pouvait donner une partie du fief de plusieurs boucliers, en se réservant la plus grande part et en obligeant le donataire à faire le service féodal pour la portion aliénée. Mais il était interdit de vendre une portion du fief (3).

§ VIII.

DU DEVEST ET DE LA TRADITION SYMBOLIQUE.

A l'époque féodale, le vassal ne pouvait transmettre son fief à un tiers, acquéreur ou donataire, qu'en accomplissant certaines formalités symboliques prescrites par la loi. Les plus anciens coutumiers en font foi. D'après la Cour des Barons, la tradition doit s'opérer « en la cour du seigneur, et suivant l'usage et l'Assise » ; d'après le Plédéant, le vendeur se *devestit* aux mains du vicomte, avec la baguette symbolique, en prononçant une formule solennelle, et le vicomte investit de la même manière l'acquéreur qui paie ensuite le prix convenu (4).

Ce symbolisme rappelait d'une manière frappante le domaine éminent du seigneur. Par la cérémonie du *devest*, le vassal perdait

---

(1) De Laurière *sur Loisel*, L. IV, t. 3, règle 90.
(2) *Établissements de Normandie*, p. 40.
(3) *Clef des assises de la haute cour*, n°s 238, 239 et 245.
(4) *Jean d'Ibelin*, ch. 144, 185, 186. — *El Pladeante*, c. 15.

son fief, qui retournait pour un moment aux mains du seigneur; par celle du *vest* ou investiture, le seigneur en transmettait lui-même la propriété à l'acquéreur.

Les Coutumes du nord de la France conservèrent longtemps cette institution créée par la féodalité primitive; elles gardèrent aussi l'emploi de la baguette symbolique, signe de la propriété emprunté au vieux droit barbare.

Voici comment s'exprime l'Ancienne Coutume d'Artois :

« Et convient le vendeur rapporter tout l'hiritaige par raim et par baston, en le main dou seigneur, pour adhériter l'achateur... Li sire le doist tantôt adhireter.......... puis saisir l'achateur en disant : Je vous en saisi, sauf tous droits, en lui mettant le bâton en mains » (1).

La Nouvelle Coutume d'Artois conserva l'usage de *mettre la main au bâton* (2). L'Ancienne Coutume de Péronne et celle de Senlis exigent aussi la cérémonie du *vest* et du *devest*, l'emploi du bâton symbolique et l'intervention du seigneur duquel relève le fief aliéné (3).

Au contraire, la Coutume de Châlons et celle de Sédan n'exigent pas le vest et le devest, ni le consentement du seigneur, et permettent à l'acquéreur de prendre possession et de se *vestir* du seul consentement du vendeur (4).

En Normandie, comme dans le nord, nous trouvons, à l'époque féodale, le *vest* et le *devest :*

« Pur ceo que quant ils voylent surrender lour tenemens en le main lour seignior al use d'un auter, ils averont un petite verge (per le custome en lour main......) » (5).

D'après Beaumanoir, celui qui achète un fief ne peut en prendre

---

(1) *Anc. Cout. d'Artois,* art. 6, 9. M. Laboulaye. *Hist. de la propriété foncière,* p. 138.

(2) C. d'Artois, art. 136.

(3) *Anc. Cout. de Péronne.* Richebourg, tom. II, p. 609. — C. de Senlis, art. 235.

(4) La Coutume de Châlons l'exige pour les héritages chargés de cens et non pour les autres (art. 123); — celle de Sedan ne l'exige pas du tout (art. 258).

(5) Littleton, sect. 78.

possession sans recevoir la saisine du seigneur, à peine de soixante livres d'amende (1).

Le *Grand Coutumier de France*, au titre de la *saisine en fief*, reproduit encore les anciennes formules pour la tradition du fief vendu :

« Sire, disait le vendeur, j'ai vendu tel héritage mouvant en fief de vous, à tel, pour tel prix. »

« Monseigneur, reprenait l'acquéreur, je deviens votre homme de tel héritage mouvant en fief de vous, assis en tel lieu, lequel j'ai acheté de tel, pour tel prix et vous promets foi et loyauté. »

« Je vous reçois, etc., disait le seigneur » (2).

Pendant l'époque féodale proprement dite, la cérémonie du *devest* fut donc presque partout en vigueur; d'après cet ancien symbolisme, le vassal en vendant son fief ne le transmettait pas directement à l'acquéreur, mais c'était le seigneur lui-même qui opérait la transmission.

§ IX.

DU RETRAIT FÉODAL.

Le seigneur auquel le vassal remettait son fief pouvait le garder en vertu de la dessaisine, refuser l'hommage du vendeur et ne pas lui donner l'investiture. D'après l'ancien droit germanique, le vassal devait offrir sa terre à son seigneur avant de la vendre, et ne pouvait en disposer que si celui-ci refusait de l'acheter (3). De là le retrait féodal qui succéda probablement à l'intervention directe du seigneur. On le trouve dans les Assises de la haute cour de Jérusalem. Lorsqu'un fief avait été vendu à un couvent, à une commune, ou à un homme incapable d'en faire le service, le seigneur pouvait le racheter dans l'an et jour de la vente, soit en payant le prix d'achat, soit au moyen d'un échange. L'acquéreur

---

(1) *Coust. de Beauvoisis*, ch. 44, n° 38.
(2) *Grand Coustumier*, f° 177.
(3) *Lex Saxonum*, t. 17.

ne devenait propriétaire définitif qu'à l'expiration du délai (1).
D'après le *Livre au Roi* : « Se le seignor ou la dame à cui deit servise celuy dit fié le veut aver por autant com un autre l'a acheté, la raison juge que il le peut recouvrer et aver dedens la quinsaine qu'il sera a autre livré, paiant ce que celuy ou cele y aura paié » (2).

Tous les coutumiers anciens admettent le retrait féodal ; mais, contrairement au droit primitif des fiefs, ils accordent en général à la famille la préférence sur le seigneur. Les Établissements de Saint-Louis décident qu'en matière de rachat, le parent lignager doit être préféré au seigneur et le seigneur à l'étranger (3). Les *Décisions* de Jean Desmares accordent au seigneur le droit d'exercer le retrait pour la vente des fiefs et le lui refusent pour celle des censives (4).

Le Grand Coutumier de Normandie fait aussi passer le seigneur après les parents lignagers :

« E se tous ceulx du lignage se taisent, le seigneur du fief qui a l'hommage du vendeur pourra rappeler la vente » (5).

En Bretagne, la Constitution du duc Jean III et les Anciennes Coutumes consacrent aussi le retrait seigneurial et donnent au seigneur de fief le droit de l'exercer quand les lignagers ne le veulent pas faire (6).

A Reims, il en était de même ; on préférait la partie la plus diligente, soit le lignager, soit le seigneur ; à diligences égales, le lignager passait avant le seigneur (7).

A Issoudun, où le retrait lignager était repoussé par la coutume locale, le retrait seigneurial était admis (8). A Limoges, au

---

(1) *Jean d'Ibelin*, ch. 249.
(2) *Le Livre au roi*, ch. 45.
(3) *Établissements de Saint-Louis*, L. I, ch. 157.
(4) Jean Desmares, décision 204.
(5) *Grand Coust. de Normandie*, ch. 116.
(6) *Constitution de Jehan III*, art. 14, en 1315. D. Morice, *Preuves*, tom. I, col. 1252. — A. C. de Bretagne, art. 294.
(7) *Anc. Cout. de Reims*, art. 442.
(8) *Cout. loc. d'Issoudun*, t. 5.

contraire, le seigneur féodal était tenu de donner l'investiture à l'acquéreur du fief relevant de lui, à la première sommation, et ne pouvait exercer le retrait (1).

Dans le midi, on voit le retrait seigneurial en vigueur dans certaines localités dès le X⁰ siècle. Le prieur de La Réole, quand il refusait à un vassal du monastère l'autorisation de vendre son fief, pouvait le racheter. Le vassal devenait libre de vendre à qui bon lui semblait, quand le prieur n'avait pas voulu exercer son droit (2).

§ X.

DE LA COMMISE OU PERTE DU FIEF.

Le vassal, lorsqu'il manquait aux obligations imposées par la tenure du fief, était puni par la perte de la concession, qui retournait alors au seigneur. Dans l'origine, les seigneurs s'efforçaient souvent de reprendre les concessions qu'ils avaient faites et qu'ils voulaient toujours considérer comme précaires. Cependant les droits des vassaux s'affermirent peu à peu, et l'inamissibilité du fief devint un principe fondamental du droit féodal. D'après la Constitution de Conrad, le vassal ne peut être privé de son fief que par le jugement de ses pairs et pour un juste motif, soit qu'il le tienne directement de l'empereur, soit qu'il le tienne d'un grand vassal de l'empire, ecclésiastique ou laïque. Le seigneur ne peut disposer du bénéfice de son vassal, ni par don, ni par échange, ni par contrat de précaire (3). Le Livre des Fiefs admet toutefois une exception à ce principe, car il permet aux arrière-vassaux de l'empereur (*minoribus valvassoribus*) d'enlever arbitrairement à leurs propres vassaux (*minimis valvassoribus*) les bénéfices qu'ils leur ont concédés (4).

---

(1) *Consuet. lemovicenses*, c. 41.
(2) *Consuet. S. Regulæ*, c. 3.
(3) Conrad. *Constit. de feudis*, c. 1, 2, 10.
(4) *Liber feudorum*, lib. I, t. 16.

L'usage fixa les cas dans lesquels le vassal devait perdre son fief. D'après *Gerardus Niger*, cette peine était prononcée contre lui s'il avait abandonné son seigneur à la guerre, séduit la femme, assiégé le château de celui-ci, donné ou engagé plus de la moitié du fief sans son consentement. Dans ces différents cas, le seigneur reprenait le fief (1). Le fils ne pouvait pas succéder au bénéfice dont son père avait été ainsi privé, à moins d'une grâce spéciale du seigneur (2). Le fief ne passait pas non plus aux héritiers, lorsque le vassal se faisait clerc; le bénéfice était perdu pour eux, suivant l'ancien droit féodal de l'Allemagne, et retournait au seigneur (3).

Tous les anciens coutumiers français renferment sur ce sujet des dispositions analogues à celles que nous venons de voir. Le vassal devait perdre son fief toutes les fois qu'il trahissait la fidélité due au seigneur; mais l'énumération des causes légales de commise n'est pas identiquement la même dans tous les monuments de notre ancien droit féodal. Les Assises de Jérusalem prononcent la perte du fief contre le vassal pour défaut de service militaire ou judiciaire, pour manque d'avoir fait hommage dans l'an et jour, et enfin pour certains crimes graves, tels que l'hérésie, l'apostasie, l'assassinat, la trahison envers le seigneur. Dans le cas où le fief était enlevé au vassal pour cause de crime ou de trahison, il ne passait pas à ses héritiers. Le seigneur reprenait, comme chose sienne, le fief de son vassal quand celui-ci l'avait aliéné tout entier ou donné sans son autorisation et sans se conformer aux prescriptions de l'Assise (4). Les Établissements de Saint-Louis décident aussi que le défaut d'hommage entraîne la perte du fief (5). Ils prononcent en outre la commise contre le vassal coupable d'avoir fait la guerre à son seigneur avec des gens

(1) *Liber feudorum*, lib. I, t. 5.
(2) *Id.*, lib. II, t. 31.
(3) *Ant. lib. de benef.*, c. 88.
(4) *Jean d'Ibelin*, ch. 190, 191, 192.
(5) Et se il ne vient au terme, li sires li puet bien esgarder par jugement que il a le fié perdu par droit. (*Établissements de Saint-Louis*, L. I, ch. 67.)

qui n'étaient pas de la parenté du vassal, d'avoir démenti son seigneur, séduit sa femme ou sa fille, falsifié les mesures dans sa terre, et même pêché dans ses étangs sans son aveu (1). Les Anciens Usages d'Anjou décident aussi que le fief sera perdu pour le vassal en cas de *meffet* (2). On voit enfin par certaines chartes, que le vassal, en rendant hommage à son seigneur, consentait d'avance à la perte de son fief, s'il venait à trahir ses obligations (3).

Dès que le fief tombait en commise, il retournait au seigneur duquel il était tenu directement. Il en était ainsi dans le cas même où la condamnation avait été prononcée contre le vassal par un seigneur supérieur, tel que le roi, et quoique le vassal privé de son bénéfice n'eût commis aucun délit envers son seigneur immédiat; c'est du moins ce qui fut jugé par la Cour du roi, en 1281 (4).

Au midi comme au nord de la France, le vassal perdait son fief lorsqu'il se rendait coupable de quelque grave délit envers son seigneur. On voit, dans une charte du XIe siècle, Godefroy, évêque de Maguelonne, rendre au vassal Guillaume un fief de l'église, que les ancêtres de ce feudataire avaient possédé, et qu'il avait perdu pour faute commise envers l'évêque (5). Une charte du siècle suivant rapporte que Bernard Aton distribua à plusieurs seigneurs des fiefs et des alleux qu'il avait confisqués sur ses vassaux rebelles de Carcassonne (6).

Les lois féodales espagnoles et les Coutumes de Barcelone montrent qu'au-delà des Pyrénées, le vassal perdait son fief lorsqu'il avait trahi son seigneur ou manqué à ses obligations envers

---

(1) *Etablissements de Saint Louis*, L. I, ch. 48 et 50.

(2) *Anc. Usages d'Anjou*, art. 26.

(3) *Cartulaire de la baronnie de Belvoir*. Charte de 1285. Perreciot, tom. III, dipl. 74.

(4) *Olim*, tom. II, p. 187, n° 49.

(5) D. Vaissette, tom. II, *Preuves*, dipl. 303, de l'an 1090.

(6) *Id.*, tom. II, *Preuves*, dipl. 398, de l'an 1125.

lui (1). Enfin le droit féodal normand, porté en Italie par les chevaliers de la suite de Roger, vient aussi attester l'universalité de cette disposition. D'après une loi de ce prince, insérée dans les Constitutions de Sicile, le vassal qui, après trois admonitions, ne rend pas au seigneur le service qu'il lui doit, est puni par la perte de son fief (2).

(1) *Usatici Barchinonœ*, c. 37, 38, 39, 40. — E si aquel a quien las diere el rey las perdiere per algun mal fecho, assi que tornen otra vez en poder del rey, el rey las deve dar a otre, e non aquel cuyas fueron primeramentre que fuyo de la oste, o no quiso yr en la oste, e poys que las perdio non deven mas ser suyas. (*Fueros Juzgos. Lex Wisig.*, lib. IX, t. 2, c. 9.)

(2) *Constit. reg. siculi*, lib. III, t. 17, c. 1.

CHAPITRE V.

Des tenures roturières.

§ Ier.

DES CENSIVES, SOCCAGES, BOURGAGES, EMPHYTÉOSES ET TENURES CONGÉABLES.

Au Xe et au XIe siècle, comme pendant l'époque précédente, les domaines des abbayes et des seigneurs étaient cultivés par des tenanciers de diverses conditions, qui payaient un cens à raison des terres dont ils jouissaient. Dans une charte de 980, on voit une terre concédée à un tenancier pour lui et pour ses descendants à perpétuité, par le monastère de Saint-Gall, moyennant un cens annuel, en nature (1). Les cartulaires sont remplis d'actes semblables. Les Statuts de Burchard mentionnent aussi, au XIe siècle, des tenures soumises à des services déterminés, auxquelles les héritiers du tenancier succédaient de plein droit (2). Diverses chartes parlent de terres tenues à cens par des hommes non-taillables, ou que les tenanciers pouvaient garder tout en quittant leurs seigneurs (3). Les Lettres de Philippe IV, qui abolirent, en 1298, la servitude de corps et d'héritage dans les sénéchaussées de Toulouse et d'Alby, autorisent les habitants à disposer librement de leurs biens, mais en payant les cens qu'ils doivent (4).

Nos vieux coutumiers mentionnent des tenures à cens, les unes rurales, les autres urbaines. On avait, au moyen-âge, l'usage de

---

(1) Goldast, f. 79.
(2) *Burchardi leges*, c. 3.
(3) Charte de Roye, en 1183, c. 19. *Rec. des Ordon.*, tom. XI, p. 228. — Charte de Maltay, art. 31, en 1306. *Archives de Neuchâtel*; Charte d'Alix de Bourgogne, en 1274, c. 12. *Archives de Dôle*. (Perreciot, tom. III.)
(4) Lettres de Philippe IV, c. 1, 4, en 1298. *Ord.*, tom. XII, p. 335.

céder à cens des maisons et des jardins. Pierre Desfontaines parle de maisons tenues à cens par un franc-homme, hors de la communauté des vilains dépendant du seigneur dont ces immeubles relèvent (1). D'après les Assises de Jérusalem, le cédant pouvait demander la résolution du contrat faute de paiement du cens convenu; mais s'il laissait passer l'an et jour avant d'avoir fait sa réclamation, il perdait son droit (2). Une ordonnance de Philippe IV, de 1303, sur le même sujet, assura l'exercice des droits des cédants; elle décide que si le cessionnaire ne paie pas, il pourra être expulsé au bout de l'année (3).

La cession à cens des biens ruraux était destinée à en assurer la culture. Il y avait lieu à commise si le censitaire ne remplissait pas cette obligation. D'après les Établissements de Saint-Louis, le seigneur concédant pouvait reprendre la censive si elle était restée sept ans en friche. Il pouvait aussi saisir la censive faute de paiement du cens; mais, dans ce cas, il ne pouvait l'enlever au censitaire pour la donner à un autre (4).

Au moyen-âge, un nombre très-considérable d'héritages roturiers étaient tenus à ce titre. Certains alleux eux-mêmes étaient soumis au paiement d'un cens envers le seigneur du lieu et différaient peu des censives. On ne peut pas admettre que toutes ces charges aient la même origine. Elles ne proviennent pas toutes de concessions terriennes faites par les seigneurs, ni même de transformations d'anciens alleux en censives, au moyen de la recommandation. Il est fort probable que beaucoup de ces redevances et de ces cens avaient été imposés par les seigneurs à leurs sujets, à titre d'impôts et en vertu de leur droit de souveraineté. L'ancien *census regalis*, tombé dans le domaine seigneurial des comtes et de leurs feudataires, a dû persister, sous le règne de la féodalité absolue, dans un grand nombre de localités, mais en se transformant d'une foule de manières différentes. Des chartes du XIe et du XIIe siècle mentionnent fréquemment les corvées, les droits

---

(1) Pierre Desfontaines, ch. 3, n° 6.
(2) *Cour des Bourgeois*, ch. 94.
(3) Ord., tom. I, p. 387.
(4) *Etablissements de Saint-Louis*, L. I, ch. 162, 163.

de cens, de terrage (*terragium*), de vinage (*vinagium*), etc., dus aux comtes et aux seigneurs justiciers (1). Les statuts des villes parlent de redevances en nature et de cens en argent dus par tous les bourgeois aux seigneurs (2). Les Établissements de Saint-Louis nous montrent aussi des droits censiers dus aux seigneurs justiciers (3). La généralité de ces droits qui frappaient sur tous les domaines situés dans le ressort d'une même seigneurie, montre que c'étaient des impôts seigneuriaux et non des fermages héréditaires. Mais avec le temps cette distinction s'effaça et l'on finit par considérer toutes les censives comme des concessions terriennes. Toutes les institutions avaient revêtu la forme féodale et emprunté leur nom à la langue du droit des fiefs.

D'un autre côté, les précaires, les main-fermes, les anciens bénéfices non militaires perdirent leur caractère primitif, et au lieu d'être, ainsi qu'à l'origine, de simples usufruits, ils devinrent comme les fiefs la propriété des détenteurs. Ces tenures finirent par se confondre dans la condition commune des censives.

On distinguait le *chef cens* ou *menu cens* (*capitalis census*) des autres espèces de redevances foncières (4). On pouvait ajouter au chef cens un *surcens,* mais cette dernière redevance n'avait pas le caractère seigneurial de la première; elle était prescriptible comme les simples rentes foncières, tandis que le cens était imprescriptible. D'après la maxime « *Cens sur cens n'a point de lieu,* » le censitaire ne pouvait céder lui-même la terre grevée à titre de cens, en se réservant le domaine direct, parce qu'il n'était pas seigneur de fief. La censive était en effet tenue noblement par le seigneur direct, et roturièrement par le censitaire. Celui-ci pou-

---

(1) Charte de 1140. Guérard. *Polypt. Irmin.*, tom. II, p. 380. — *Cartulaires angevins. Passim.*

(2) Statuts de Soest, en 1120, c. 35. M. Giraud. — Charte de Strasbourg, de 980, etc.

(3) *Etablissements de Saint-Louis,* L. I, ch. 99, 163. *Ord.*, tom. I, p. 240, notes A, B.

(4) Des chartes de 1224 et de 1251 mentionnent *le census capitalis.* (Ducange. V° *census.*) — « Mes il y a une autre maniere de rentes de deniers que on apele menus chens. » (Beaumanoir, XXVII, 17.)

vait céder sa terre à *croix de cens* ou à rente foncière, mais la directe appartenait toujours au seigneur duquel il tenait et que l'on appelait seigneur tréfoncier; c'était à ce dernier que les lods et ventes étaient payés en cas de mutation.

Pour bailler à cens, il fallait posséder noblement, en franc-alleu noble ou en fief; pour donner à titre emphythéotique, il fallait posséder librement, c'est-à-dire en franc-alleu, noble ou roturier; mais pour concéder à louage perpétuel, il suffisait d'avoir le domaine utile, soit noble, soit roturier. Tout seigneur direct n'était pas domanial; le seigneur qui baillait à cens était à la fois seigneur direct et domanial, tandis que le locateur à titre perpétuel, lors même qu'il possédait librement et retenait la directe, n'était pas pour cela seigneur domanial (1).

Le chef cens était plutôt un signe de la supériorité du seigneur (*in recognitionem dominii*) qu'un profit pour lui; mais les autres redevances foncières étaient de véritables produits lucratifs. Malgré la confusion que le régime féodal introduisit sur ce sujet, la distinction qui persista toujours entre le cens seigneurial et les louages perpétuels, surcens, croix de cens, rentes foncières, atteste la double origine de ces diverses charges. Les redevances en nature, champarts, agriers, etc., que l'on payait dans divers lieux à la place du cens en argent, pouvaient aussi provenir, soit d'impôts seigneuriaux, soit de concessions terriennes.

Les coutumes normandes admettaient deux espèces de tenures analogues à la censive, l'une rurale, l'autre urbaine, sous les noms de *soccage* et de *bourgage*. Nous avons déjà parlé du soccage, tenure d'origine roturière dont l'usage avait fait une sorte de fief. Quant au bourgage, c'était une espèce particulière de soccage; on appelait ainsi un fonds situé dans un bourg royal ou seigneurial, et pour lequel le possesseur payait au roi ou au seigneur une rente annuelle (2).

---

(1) Dumoulin. *Traité des censives*, Proem., n. 4. — Loisel, L. IV, t. 1. reg. 1, 2, 3, 4 et notes de De Laurière. — Boutaric. *Traité des droits seigneuriaux*, L. III, ch. 13, 14. — Pothier. *Traité des cens*, sect. 1, art. 2.

(2) Littleton, sect. 162, 163.

On trouve au moyen-âge, dans les Coutumes du midi, l'usage fréquent de l'emphytéose, tenure qui venait du droit romain et non de la féodalité, mais qui offre certains rapports avec la censive. Ces coutumes s'accordent en général à décider que le défaut de paiement de la redevance ou cens (*pensio*) ne fait pas tomber l'emphytéose en commise, mais que le concédant peut seulement faire une saisie pour assurer le paiement de ce qu'on lui doit (1). Les *Statuts de Salon* obligent, dans ce cas, l'emphytéote à payer au triple le prix du canon (2).

A côté des censives et des emphytéoses, nous devons mentionner les tenures congéables de Bretagne, sorte de censives spéciales à ce pays. On pense généralement qu'elles furent établies lors de l'émigration des Bretons d'Outre-Manche auxquels les anciens habitants auraient donné des terres sous cette condition. Le domaine congéable se maintint pendant toute la durée du moyen-âge; les *Usances locales* de Bretagne nous font connaître en quoi il consistait; c'était une sorte de droit de superficie. Le seigneur concédant restait propriétaire du tréfonds, tandis que la superficie et les édifices appartenaient au tenancier, mais le seigneur pouvait le congédier en lui remboursant la valeur de la superficie, des édifices et des droits convenanciers. A Rohan, les tenures non nobles étaient réputées congéables; le seigneur avait droit de justice sur ses tenanciers congéables, comme sur les autres hommes de son fief; le tenancier devait en outre fournir aveu, moudre au moulin seigneurial et faire différentes corvées (3).

L'Usance de Cornouailles impose aux domaniers les mêmes obligations; elle nous apprend que cette tenure était universelle dans le comté de ce nom (4). Celle de Rellec, de Bégare et de Pallacret renferme des dispositions analogues et impose aux tenanciers les mêmes obligations. Celle de Broverec fait exception

---

(1) Lois municipales d'Arles, c. 88. M. Giraud. — *Consuet lemovicenses* c. 69.

(2) Statuts de Salon. M. Giraud.

(3) *Usance de Rohan.* Richebourg, tom. IV.

(4) *Usance de Cornouailles*, art. 1, 11, 16, 17.

sur un point, et refuse au seigneur tréfoncier la justice sur les tenanciers à titre congéable de ses domaines (1).

§ II.

DES DROITS D'ENSAISINEMENT ET DE LODS ET VENTES.

Les héritages tenus en roture étaient soumis envers le seigneur à des devoirs analogues à ceux qui pesaient sur les fiefs. L'affranchissement des mainmortables et des serfs, en enlevant aux seigneurs le droit dont ils jouissaient auparavant de prendre la terre et même les meubles de leurs tenanciers, n'abolit pas les charges qui frappaient les héritages tenus en censive. Outre le cens, qui était fixe et annuel, on payait pour ces terres des droits particuliers lorsqu'elles changeaient de mains ; tels étaient ceux de saisine et de lods et ventes qui correspondaient à nos droits de mutation.

Beaumanoir nous apprend que, dans le Beauvoisis, l'acheteur d'un vilenage ne pouvait se mettre en possession sans la saisine du seigneur, sous peine d'une amende de soixante sous. Le donataire d'une terre tenue en vilenage ne devait pas le rachat, mais il payait, pour entrer en possession de ce bien, un droit d'ensaisinement. Ce droit variait suivant les localités ; ici il était de deux deniers, là de trois, ailleurs de douze, tantôt plus, tantôt moins, d'après la coutume de chaque ville (2). Les pays dits *de nantissement* restèrent fidèles à cet ancien système. Dans la province d'Artois, la terre tenue en censive ne pouvait être transmise, comme le fief, qu'en observant la cérémonie de l'investiture et en mettant la main au bâton : « Et en ceste manière convient-il faire de terre censive par les rentiers qui a jugier l'ont » (3).

La coutume du baillage de Laon veut aussi que le vendeur se

---

(1) *Usance de Broverec.*
(2) Beaumanoir, ch. 27, n° 6 ; — ch. 44, n° 38.
(3) *Anc. Cout. d'Artois*, art. 12. M. Laboulaye. *Hist. de la propriété*, p. 139.

deveste aux mains du seigneur qui possède la justice foncière dont relève l'héritage, et que l'acquéreur soit *vestu* par ce seigneur au moyen de la baguette ou du bâton symbolique (1).

Dans le ressort de Paris, en 1372, on exigeait encore le *vest* et le *devest* pour la transmission de la propriété par vente (2).

A l'égard des alleux, le droit de saisine n'avait au contraire aucunement lieu, parce que ces domaines ne relevaient féodalement ni censivement d'aucun seigneur et n'étaient soumis qu'à la juridiction justicière. Aussi, d'après la Coutume de Paris, l'acquéreur d'un alleu n'était tenu qu'à faire insinuer et publier son acte d'acquisition ou baillage royal (3).

Le droit de lods et ventes était payé par l'acquéreur d'une terre tenue en censive au seigneur duquel elle relevait. Il existait au moyen-âge dans toutes les provinces de France. Par le paiement des lods et ventes, l'acquéreur d'une censive achetait du seigneur dominant le droit de posséder un bien dont celui-ci gardait toujours le domaine direct. L'acheteur devait avertir le seigneur, lui présenter son contrat, et lui offrir les lods et ventes; celui-ci, ainsi mis en demeure, pouvait à son choix, dans un délai déterminé par l'usage, repousser les offres de l'acheteur et exercer le retrait seigneurial, ou les accepter en renonçant à racheter la terre vendue (4). Les lods et ventes étaient, comme le relief, une sorte d'indemnité pour le seigneur qui ne voulait pas reprendre le domaine utile de la terre qu'il avait primitivement concédée.

Le droit de lods et ventes est mentionné dans tous les anciens coutumiers. Les Établissements de Saint-Louis décident qu'il doit être payé pour les échanges de terres, lorsque ces terres sont situées dans deux seigneuries différentes (5). Les Usages d'Anjou mentionnent aussi les lods et ventes et établissent qu'ils ne sont

---

(1) Cout. du baillage de Laon, art. 226.

(2) *Coust. notoires du Chastelet*, art. 124. L'art. 72 paraît toutefois dire le contraire à l'égard du cens.

(3) Cout. de Paris, art. 132. — Voir le savant travail de Klimrath sur la saisine.

(4) Cout. d'Angoumois, art. 13.

(5) *Etablissements de Saint-Louis*, L. I, ch. 152.

pas dûs pour les échanges entre parents (1). Beaumanoir nous apprend que l'acquéreur devait payer au seigneur pour les ventes d'héritages tenus en vilenage, pour droit de douzième denier, cent sous, et, en cas de revente, cent deniers, c'est-à-dire la douzième partie de cent sous (2). D'après la Coutume de Paris, le droit de vente était de la douzième partie du prix de l'héritage censif et il se payait, ainsi que le droit de quint pour les fiefs, dans les cas suivants : 1° pour les mutations par ventes ou baux à rentes rachetables ; 2° pour les mutations par échange soit d'héritage contre héritage, soit d'héritage contre rente ; 3° pour les adjudications faites par décret forcé soit moyennant une somme, soit à la charge d'une rente rachetable (3).

Toutes les coutumes de France admirent le droit de lods et ventes pour les mutations de terres tenues en censives ; telles sont notamment celles du Maine, d'Anjou, de Berry, de Bretagne, du baillage de Touraine, de Poitou, d'Angoumois, de Saintonge, de la Marche, d'Auvergne (4) ; en Normandie, il était fixé, comme le relief pour les fiefs, au treizième du prix de vente (5) ; en Bourgogne, d'anciennes chartes nous montrent les *albergeurs* ou censitaires payant les lods et ventes au prieur de Mouthe (6). Les Coutumes des deux Bourgognes, comme celles des autres provinces de France, conservèrent cet usage (7).

Le *laudemium* a existé au moyen-âge dans les villes municipales

---

(1) *Anc. Usages d'Anjou*, art. 38.

(2) Beaumanoir, ch. 52, n° 26.

(3) Cout. de Paris, art. 76, 78, 83.

(4) Cout. d'Anjou, art. 156. — Bretagne, A. C., art. 61 et suivants. — C. du Maine, art. 137 ; — de Berry, t. 6, art. 7, 8 ; — du baillage de Touraine, ch. 14, art. 15. — Poitou, A. C., art. 14. — C. d'Angoumois, art. 13 ; — de Saintonge, art. 12 ; — de la Marche, art. 115 ; — d'Auvergne, ch. 16, art. 1.

(5) Cout. de Normandie, art. 173.

(6) Charte de 1296. *Archives du prieuré de Mouthe*. Perreciot, tom. III, dipl. 102.

(7) Cout. du duché de Bourgongne, ch. 11, art. 1 ; — du comté de Bourgongne, art. 62. (Richebourg, tom. II.)

du midi. D'après la Coutume de Montpellier, les bourgeois pouvaient vendre leurs héritages et aller s'établir où bon leur semblait, mais en payant ce droit au seigneur (1). Les Anciennes Coutumes de Limoges mentionnent aussi le *laudemium* (2).

La généralité de ce droit fait penser qu'il avait très-souvent le caractère d'impôt seigneurial, et qu'il n'était pas toujours d'origine emphytéotique. En tout cas, il n'établissait pas l'existence de la directe, car en Anjou les alleux eux-mêmes y étaient soumis (3).

§ III.

DU RETRAIT CENSIER.

Le seigneur pouvait racheter non-seulement le fief tenu de lui, mais encore la terre soumise au cens ou à d'autres redevances. Son droit de rachat avait pour source le domaine éminent et la fiction d'après laquelle tout héritage relevant d'un autre, soit en fief, soit en roture, était présumé n'être qu'un démembrement de ce dernier.

Nous avons vu déjà que, pendant la période précédente, les colons et les tenanciers ne pouvaient disposer de leurs tenures sans le consentement de leurs seigneurs. Cet état de choses persista longtemps.

Beaucoup de documents anciens nous montrent que la législation féodale s'opposait à ce que les terres fussent aliénées en faveur d'individus étrangers à la seigneurie où elles étaient situées. D'après les Statuts de Burchard, le tenancier de Saint-Pierre ne peut donner ou vendre ses acquêts qu'à un tenancier de l'évêché de Worms (4). Les Constitutions de Leduin défendent aux hommes de Saint-Waast de vendre ou d'aliéner leurs tenures sans l'autorisation

---

(1) Cout. de Montpellier, ch. 11. M. Giraud.
(2) *Consuet. lemovic.*, c. 67.
(3) Cout. d'Anjou, art. 140.
(4) *Burchardi leges*, c. 21.

de l'abbé ; le vendeur doit d'abord offrir sa terre à ce seigneur, et, à son refus, à un parent ou à quelque autre tenancier de la même seigneurie. Quand la vente a été faite au mépris de ces dispositions, elle est nulle et le monastère peut revendiquer l'objet vendu (1). Ici le droit du seigneur passe avant celui des héritiers.

En Flandre, au commencement du XIIIe siècle, le serf ne pouvait ni aliéner sa terre, ni changer sa tenure en fief sans l'autorisation de son seigneur (2). Dans les pays de nantissement, on exigeait aussi le consentement du seigneur pour la transmission des censives comme pour celle des fiefs (3).

D'anciennes chartes bourguignonnes du XIIe et du XIIIe siècle parlent du droit de *premesse* exercé par le seigneur sur les terres vendues par ses tenanciers. L'homme du prieuré de Marteau qui veut vendre sa terre doit d'abord l'offrir au prieur ; s'il néglige de le faire, le prieur peut reprendre sa tenure (4). A Besançon, le *casatus*, comme le *feodarius*, ne peut aliéner sa terre sans le consentement du seigneur (5). Dans les terres du prieuré de Mouthe, l'albergeur qui veut vendre son *meix* doit d'abord *semondre* son seigneur (6).

Les mêmes entraves à la liberté de disposer des tenures roturières, sans le consentement du seigneur, se retrouvent dans le midi. Les *Lois de Simon de Montfort* défendent de donner ou de vendre les possessions tenues à cens au préjudice du seigneur supérieur (7). Certaines coutumes locales exemptèrent de cette obligation les habitants de la ville à laquelle elles étaient octroyées. La charte d'Eryeu permet aux bourgeois de disposer de leurs biens im-

---

(1) *Const. Leduini*, c. 8.
(2) *Leges Balduini*, c. 17.
(3) *Anc. Cout. d'Artois*, art. 12.
(4) Charte de 1188. *Archives de Marteau*. Perreciot, tom. III, dipl. 28.
(5) Charte de 1233. *Cartul. de l'archev. de Besançon*. Perreciot, tom. III, dipl. 35.
(6) Charte de 1296. *Archives du prieuré de Mouthe*. Perreciot, tom. III, dipl. 102.
(7) *Possessiones censuales non dentur, vel vendantur cum diminutione domini superioris.* (Galland, p. 361.)

meubles sans l'autorisation du seigneur ; celui-ci ne peut les retenir en payant même une somme d'argent (1).

Il est donc incontestable qu'au moyen-âge, dans les provinces de France, le tenancier et quelquefois même le bourgeois ne pouvaient disposer de leurs biens sans le consentement du seigneur, ou sans le lui offrir préalablement. De là est venu pour ce dernier le droit de racheter la terre aliénée par son vassal, droit qui n'était du reste qu'une modification du précédent. Il a été consacré par plusieurs coutumes pour les rotures comme pour les fiefs ; telles sont celles de Bretagne, d'Angoumois, d'Auvergne, de Berry, de Bourbonnais, de Bourgogne (2) et celles des pays basques (3). Quelques-unes restent muettes sur ce point. D'autres enfin refusent formellement au seigneur censier le droit d'exercer le retrait (4).

L'usage avait établi peu à peu entre le fief et la censive une grande analogie. La censive était devenue en quelque sorte un fief roturier (5). Le vassal tenant fief était obligé à la fidélité, au service militaire, au service de cour ; le vassal censitaire payait seulement le cens fixé, qui lui tenait lieu de tout autre service. Le feudataire recevait l'investiture de son suzerain ; le seigneur donnait au censitaire la saisine de sa tenure ; en cas de mutation, le premier payait le relief et quelquefois le quint ; le second devait le droit de saisine et les lods et ventes. Le seigneur direct pouvait

(1) Priviléges d'Eryeu, en 1389, c. 6. *Ord.*, VII, 306.

(2) Ordonnances de Jehan II, en 1301, art. 4. — N. C. de Bretagne, art. 306. — C. d'Angoumois, art. 69 ; — d'Auvergne, ch. 23, art. 15 ; — de Berry, t. 13, art. 1 ; — de Bourbonnais, art. 424 ; — de Bourgogne, ch. 10, art. 10.

(3) Et per la costume lo linadger et parent deu venedor venent au recrubi es prefferit au senhor du fiu ou deu cens et deber volent venir audict recrubi. (Cout. de Sole, t. 19, c. 5.)

(4) Cout. du Grand-Perche, art. 204.

(5) Le droit féodal primitif de l'Allemagne, loin d'assimiler le fief et la censive, déclarait que le fief soumis au paiement d'un cens n'était pas un vrai fief (Schilter. *Cod. jur. allem. feud.*, c. 29, § 1) ; mais cette règle ne paraît pas avoir été observée en France, car on voit souvent dans les chartes des XIe et XIIe siècles des fiefs soumis au paiement d'un cens ou de diverses prestations.

racheter la censive comme le fief, en remboursant l'acquéreur. Le retrait féodal et le retrait censier étaient un même droit appliqué à deux tenures différentes. Le feudataire et le censitaire devaient l'un comme l'autre, en prenant possession de leurs tenures, fournir au seigneur le dénombrement des biens qu'ils reconnaissaient tenir de lui; cette déclaration s'appelait aveu et dénombrement pour les fiefs, déclaration du cens pour les censives. Enfin, en cas de violation du contrat féodal, lorsque le vassal devenait infidèle, ou manquait au service du fief, le seigneur reprenait son ancien domaine et le fief tombait en commise ; de même, pour défaut de paiement du cens et des autres droits dus au seigneur censier, le possesseur de la censive était puni par diverses amendes, quelquefois même par la perte de sa tenure. La ressemblance du fief et de la censive était donc devenue aussi parfaite que possible.

CHAPITRE VI.

Des tenures serviles.

§ Ier.

DES VILAINS ET DES SERFS.

Sous la domination de la féodalité, un grand nombre de sujets se groupaient autour du seigneur et au-dessous de ses vassaux militaires. Ils pouvaient dépendre de lui à bien des titres différents. Les uns étaient des serfs qui lui appartenaient corps et biens, en vertu du droit de propriété ; les autres étaient des hommes plus ou moins libres de leurs personnes, mais qui détenaient des terres démembrées réellement ou fictivement de ses domaines ; ils dépendaient de lui en qualité de vilains ou censitaires ; d'autres enfin n'étaient soumis qu'à la juridiction justicière du seigneur et aux charges qu'elle imposait ; ces derniers étaient des sujets et non des tenanciers. Mais ces différentes classes de personnes étaient également soumises à l'autorité arbitraire des petits souverains féodaux.

L'esclavage antique avait disparu peu à peu sur le sol du continent chez les nations chrétiennes ; cependant l'état des personnes varia peu jusqu'au XIIe siècle ; on trouve encore, sous le régime féodal, des individus dont l'état se rapproche beaucoup de celui des anciens esclaves et qui paraissent être, comme l'étaient ceux-ci, la propriété de leurs maîtres. Les chartes en fournissent des exemples. Ces documents nous montrent en effet des serfs cédés avec leurs femmes et leurs enfants (1), quelquefois avec leurs manses (2) ;

---

(1) Cession faite par le portier de Saint-Pierre de Poitiers, d'une femme serve et de ses enfants. (Charte de 925. Balluze. *App. act. vet.*, dipl. 135.)

(2) Donation d'un *rusticus cum uxore, filiis et omni alodio suo.* (Charte de 1078. P. *de Marca*, p. 324. Laferrière, *Mémoire sur les anciens Fors du Béarn.*

des colons qui cultivent un bien à l'aide d'esclaves (1); certains actes d'affranchissement donnent à l'affranchi la qualité d'esclave (2). Au XIe siècle, l'esclavage personnel n'était point encore aboli en Angleterre, ainsi que le prouvent la Charte de Guillaume-le-Conquérant, qui défend de vendre les hommes hors du royaume (3), et un canon du concile de Westminster qui prohiba, en 1102, cette coutume d'une manière plus générale (4).

Nous voyons enfin en France, jusqu'au XIIIe siècle, des seigneurs disposer de leurs serfs et les échanger contre d'autres serfs, comme des objets mobiliers (5).

Les dénominations données aux différentes classes de personnes n'avaient pas alors une précision rigoureuse. Il est impossible d'établir une classification parfaitement déterminée; autant de seigneuries, autant de coutumes différentes. Ici l'on qualifie serfs des hommes plus libres que tels autres qui, ailleurs, sont qualifiés vilains (6); là on distingue les serfs des mainmortables, tandis qu'ailleurs on les confond. Mais sans chercher une précision qui n'existait alors ni dans les noms, ni dans les choses, et en tenant compte des mille différences qui se trouvaient dans l'état des per-

---

(1) ...... *et hic habet unum servum nomine Rotbertus cum uxore sua et mancipiis suis......* (*Charta Ricalsendis,* en 975. *Append. Polypt. Irmin.* dipl. 16.)

(2) Béatrix d'Arborea, vicomtesse de Narbonne, affranchit par son testament une femme qu'elle qualifie *serva seu sclava.* (Ducange. V° *quittius.*)

(3) Charte de Guillaume, c. 65.

(4) *Ne quis illud nefarium negocium quo hactenus homines in Anglia solebant velut bruta animalia venunderi, deinceps ullatenus facere præsumat.* (Concile de Westminster, en 1102, c. 2. Hoüard, tom. II, p. 222.)

(5) Echange de deux serves et de leurs enfants contre deux autres serves et leurs enfants, entre Thibault, comte de Bar, et Blanche, comtesse de Champagne. (Charte de 1206. *Cartul. de Champagne.* Chantereau-Lefèbvre, *Preuves,* p. 30.) — L'esclavage personnel resta longtemps en vigueur pour les Sarrasins captifs en Orient et en Espagne; on leur appliquait en général les principes du droit romain. (*Cour des Bourgeois,* ch. 16, 34, 35, 92, 203, 205, 207, 209, 210, 236, 270. — *Usatici Barchinonæ,* c. 116. — *Constit. regni siculi,* lib. III, t. 54, c. 1. — *Petri except.,* I, 21; IV, 52.)

(6) *Villanus de villa,* domaine ou village.

sonnes suivant les localités, on peut les réduire à deux divisions principales : les vilains et les serfs ; les premiers soumis à la servitude d'héritage seulement, les seconds à celle de corps et d'héritage. Parcourons les textes :

Les Statuts de Burchard distinguent l'homme fiscalin et le serf de condition inférieure ; l'évêque de Worms ne peut prendre le premier pour son service personnel sans le consentement de celui-ci, et ne peut l'employer qu'en qualité de *ministerialis* et à certains emplois déterminés (1). Plusieurs chartes admettent dans les communes dont elles sanctionnent la formation, les paysans non serfs, mais elles exceptent les serfs des églises, des seigneurs, des guerriers ; elles obligent les *capite censiti* à obtenir l'assentiment de leurs seigneurs pour se faire admettre parmi les membres de la commune, tandis que les *liberi rustici* peuvent y venir en abandonnant seulement l'héritage tenu du seigneur ; elles permettent aux *hommes de la paix* de se marier librement, pourvu qu'ils n'épousent pas des femmes serves des églises ou des seigneurs (2). Quelquefois les seigneurs réclamaient comme serfs fugitifs les hommes qui se réfugiaient dans les villes communales (3).

Dans le midi, même distinction entre la servitude de corps et celle d'héritage. Les Lois de Simon de Montfort distinguent les *liberi homines* et les *proprii homines* (4); les premiers, serfs d'héritages ; les autres, serfs de meubles et d'héritages. Les Lettres de Philippe IV (en 1298) pour l'abolition de la servitude dans les sénéchaussées de Toulouse et d'Alby, mentionnent la servitude de corps et celle d'héritage comme deux états distincts (5). Les *Statuts de*

---

(1) *Burchardi leges*, c. 16, 29.

(2) Voir Charte de Saint-Riquier, en 1126. *Ord.* XI, p. 184. — Charte de Laon, c. 10, 14. *Id.*, p. 185 ; — de Cerny, en 1184, c. 20, 23. *Id.*, p. 231.

(3) On voit dans un arrêt de la cour du roi, rendu en 1258, qu'un homme taillable du vicomte de Combourg avait quitté la seigneurie et était devenu bourgeois de Limoges ; le seigneur réclamait ses biens meubles et immeubles ; mais il fut débouté, parce qu'il ne put prouver que cet homme était serf. (*Olim.*, tom. I, p. 33, n° 2.)

(4) Lois de Simon de Montfort.

(5) Lettres de Philippe IV, c. 1, 4. *Ord.* XII, p. 335.

Pierre de Ferrare, archevêque d'Arles (en 1304) distinguent aussi les serfs de corps (*adscripticii* ou *angarii*) et les serfs d'héritage (*homines de casalatgio*) (1).

Nos vieux coutumiers font tous la distinction dont nous parlons ici entre le serf et le vilain, entre la servitude de corps et celle d'héritage. D'après Pierre Desfontaines, le seigneur ne peut exiger de son vilain que des redevances fixes; ce qu'il lui prend au-delà est *roberie;* les choses du vilain n'appartiennent pas au seigneur, tandis que celles du serf sont la propriété de son maître (2). Beaumanoir distingue aussi deux classes de serfs : les uns que le seigneur peut emprisonner comme bon lui semble et dont il peut prendre tous les biens *à mort et à vie;* les autres qui ne doivent, à moins qu'ils ne méfassent, que des redevances et des cens fixes, et sont soumis seulement au formariage et à la mainmorte (3). D'après le *Livre de justice et de plet*, les biens du serf sont à son seigneur (4).

Littleton distingue le vilain qui est attaché à une glèbe et qu'il appelle *vilain regardant*, et celui qui n'est attaché qu'au seigneur et acheté d'une autre seigneurie, et qu'il nomme *vilain en gros*. Le vilain n'acquiert et ne possède que pour son maître; celui-ci peut, à son gré, s'emparer de sa terre; si son seigneur lui fait une concession, elle reste soumise à la volonté de ce dernier qui peut la révoquer arbitrairement. Mais au-dessus de ces vilains, qui sont de véritables serfs, Littleton place le tenancier libre qui tient une terre soit en soccage, soit en bourgage (5).

Les Anciennes Coutumes de Reims distinguent également l'individu tenu au chevage et au formariage, et le serf soumis à la main-

---

(1) *Statuta Petri de Ferrariis*. M. Giraud, tom. II.

(2) Pierre Desfontaines, ch. 21, n° 8.

(3) Beaumanoir, ch. 45, n°s 30, 31.

(4) « Quanquez li serf conquiert, il est au seignor; mais ore...... cil qui aucit son serf sanz cause ne doit pas meins estre puniz que s'il avoit ocis autrui serf. » (*Li liures de jostice et de plet*, L. I, ch. 19. § 1.) — Voir aussi *Uxanze de lo imp. di Romagnia*, c. 197.

(5) Littleton, sect. 172, 177, 181, 208.

morte (1). Celles de Châtillon (en 1371) mentionne aussi les mainmortables et les non mainmortables, les gens justiciables et taillables à merci, et les simples justiciables qui ne doivent qu'un cens fixe (2). Les coutumes rédigées officiellement ont conservé les mêmes distinctions jusqu'à une époque très-récente.

§ II.

DES SOURCES DU VILENAGE ET DU SERVAGE.

Le seigneur pouvait prouver son droit, lorsqu'il était contesté par le vilain, soit par l'acte d'acquisition, soit par la possession immémoriale (3). On avait recours à une enquête pour établir la qualité de la personne (4). Le vilain était tel, soit par l'effet de la naissance, si ses parents étaient de cette condition, soit par l'effet de sa volonté, s'il s'était asservi lui-même au vilenage par acte judiciaire (5). Les chartes de l'époque féodale nous montrent souvent en effet des hommes qui abdiquent leur liberté et se font serfs de quelque abbaye. Mais il ne suffisait pas de tenir un vilenage pour devenir vilain. D'après Littleton, « Ce n'est pas la tenure qui fait le vilain »; l'homme libre qui possède un vilenage reste libre, et le vilain qui tient un fief n'en reste pas moins vilain (6).

Ce qui le plus ordinairement donnait la qualité de vilain, c'était la naissance : fils de vilain naissait vilain, comme fils de serf naissait serf, comme fils de noble naissait noble. Les dispositions

---

(1) *Liber practicus de consuet. remensi*, c. 35. XIIIe siècle. *Archives de Reims.*

(2) Cout. de Châtillon, art. 1, 9. M. Giraud.

(3) Littleton, sect. 182, 183. — D'après les Usages de Romanie, le seigneur acquérait, par la seule prescription trentenaire, le vilain qui était resté sur sa terre pendant ce délai. (*Uxanze*, c. 182.)

(4) *Olim*, tom. I, p. 33, n° 2.

(5) Littleton, sect. 175.

(6) *Id.*, sect. 172. — Cette règle rappelle celle de Loisel : *L'habit ne fait pas le moine, mais la profession.*

du droit romain relatives aux enfants nés de deux colons appartenant à différents maîtres, et à la durée du temps nécessaire pour acquérir un colon par prescription étaient encore invoquées, au Xe siècle, par les canonistes (1). Cependant, des principes contraires prévalurent dans beaucoup de localités. Lorsque l'enfant appartenait à des parents de conditions différentes, il suivait la pire condition ; il en était ainsi sous l'empire du droit germanique ; cet état de choses persista sous le régime féodal, et la règle : « *En formariage, le pire emporte le bon* » fut admise par presque toutes les coutumes du moyen-âge. On en voit des exemples dans les chartes anciennes (2); d'après les Statuts de Burchard, si un fiscalin épouse une serve de condition inférieure à la sienne (*dagwardam*), les enfants suivent la pire condition (3). Les Usages de l'empire de Romanie veulent que la femme libre devienne serve en épousant un serf (4).

Les Coutumes de France décidaient aussi que l'enfant du serf devait suivre la pire condition. D'après Beaumanoir, le fils d'un chevalier et d'une femme serve naissait serf. Il n'en était pas de même de l'enfant né de deux parents libres, il suivait la meilleure condition ; car le fils d'un chevalier et d'une femme franche naissait noble (5). L'Ancienne Coutume de Champagne décidait également que les enfants d'une femme noble et d'un vilain sont vilains « li enfans suyent la pieur condition » (6). Beaumanoir admettait toutefois une règle empruntée au droit romain, et d'après laquelle l'enfant d'un affranchi naissait libre, si la naissance était postérieure à

---

(1) Regino. *De disciplina ecclesiast.*, I, 22.

(2) En voici un exemple, de l'an 1070 : Un seigneur réclamait la moitié des enfants nés de son affranchie et d'un serf de Saint-Martin ; il fut décidé que tous les enfants devaient suivre la condition du serf et ne pas être partagés. (*Polypt. Irmin.*, *App.*, dipl. 24.)

(3) *Burchardi leges*, c. 16.

(4) *Le Uxanze*, c. 78. — D'après les Constitutions de Leduin, abbé de Saint-Waast d'Arras, au XIe siècle, la femme libre qui épouse un homme de Saint-Waast suit la condition de son mari. (*Const. Leduini*, c. 6.)

(5) Beaumanoir, ch. 45, n° 29.

(6) *Li Droict et lis Coust. de Champ.*, art. 6.

l'affranchissement, et même si la mère avait été libre pendant un moment quelconque de sa grossesse (1).

Une décision du parlement, rapportée dans les *Olim*, a formulé d'une manière précise le principe sur lequel reposent les dispositions coutumières. En 1315, il fut jugé que les enfants, dont le père ou la mère étaient de condition servile, soumis à la taille haute et basse et à la mainmorte, naissaient serfs, bien que l'autre époux ne dût que des droits fixes, parce que, suivant la coutume générale du royaume, le serf attire le franc (2).

Certains coutumiers toutefois n'admirent pas ce principe, car, d'après Littleton, les enfants nés en formariage suivent la condition du père, libre ou vilain (3).

La Coutume de Toulouse suivait la règle ordinaire et décidait que le fils d'un homme de corps et d'une femme libre naissait homme de corps comme son père (4).

On peut donc poser en principe général que l'enfant né de père et mère vilains suivait la condition du père et appartenait au seigneur de celui-ci et que l'enfant né de parents de condition inégale suivait la pire condition.

§ III.

DES AFFRANCHISSEMENTS.

Sous la féodalité absolue, on continua d'affranchir les serfs et les colons individuellement, comme cela s'était pratiqué de tout temps.

Nous voyons par les chartes, que l'on affranchissait quelquefois des serfs ou des esclaves en leur imposant un cens fixe qu'ils devaient payer chaque année (5), et que l'on pouvait leur

---

(1) Beaumanoir, ch. 45, nos 22, 23.
(2) *Servus trahit ad se francum.* (*Olim*, tom. III, p. 1005, n° 63.)
(3) Littleton, sect. 187.
(4) *Consuet. Tholosæ.* Rubr. *de homagiis*, c. 2.
(5) Goldast, f. 5. Charte de 857.

conférer ainsi la qualité d'ingénus (1). Sous Guillaume-le-Conquérant, les lois anglo-normandes conservaient encore les anciennes solennités symboliques. D'après une loi de ce prince, celui qui voulait affranchir son serf devait se rendre en présence du comte, montrer à son homme la porte et le chemin et lui remettre une lance et une épée (2). Les lois d'Henri Ier, fils du Conquérant, montrent que l'on suivit longtemps en Angleterre l'usage d'affranchir dans les églises ; on pouvait le faire aussi, soit au marché, soit devant le comte, ou au *hundred* (3).

D'après Littleton, le seigneur peut encore affranchir son vilain, soit par acte formel, soit en lui faisant une concession de terre en fief ou en censive ; mais une concession de terre à volonté n'enlève pas au concessionnaire la qualité de vilain (4).

Comme tout affranchissement d'un serf attaché à la glèbe d'un fief était une diminution de ce domaine et portait par conséquent préjudice au seigneur supérieur dont il relevait, la législation féodale fit défense à tout gentilhomme possédant un fief d'affranchir son homme de corps sans le consentement du baron ou du seigneur dominant (5).

§ IV.

DE LA MAINMORTE. — DU FORMARIAGE. — DU DROIT DE POURSUITE.

Les seigneurs conservèrent longtemps la propriété des tenures exploitées par leurs serfs ; ceux-ci ne pouvaient céder les man-

---

(1) Alfred, duc d'Aquitaine, autorise, par son testament, ses exécuteurs testamentaires à rendre ses serfs ingénus. (Charte de 928. Balluze, *App. act. vet.*, dipl. 136.)

(2) Charte de Guillaume, c. 65.

(3) Lois d'Henri Ier, c. 78. — Les lois anglo-saxonnes consacraient aussi ce mode d'affranchissement. (*Lois de Withred*, c. 9.)

(4) Littleton, sect. 204, 205, 206, 207.

(5) *Etablissements de Saint-Louis*, L. II, ch. 34. — *Li Droict et lis Coust. de Champaigne*, art. 17.

ses dont ils jouissaient, ni à titre gratuit, ni à titre onéreux, ni entre vifs, ni par testament. Ils ne les laissaient même à leurs enfants, qu'en achetant du seigneur, la faculté de le faire, ainsi que nous l'apprennent les chartes du XIe et du XIIe siècle et les coutumiers du XIIIe (1). La main du serf était impuissante pour transmettre sa tenure ; de là sans doute le nom de *mainmortes* (*manus mortuæ*) donné dès une époque fort ancienne aux possessions de cette nature (2). Le véritable héritier était toujours le seigneur.

La faculté de transmettre les tenures serviles n'était pour les mainmortables qu'une concession sanctionnée par l'usage ; elle n'appartenait du reste qu'aux enfants ou descendants. La succession en ligne directe descendante est tellement naturelle, que la force même des choses devait l'amener nécessairement. Toutes les chartes nous montrent que dans les tenures mainmortables l'enfant succédait à ses parents. Nos anciennes coutumes prouvent aussi que le fils du tenancier succédait au père, lorsqu'ils vivaient ensemble, mais que la succession retournait au seigneur si le mainmortable venait à mourir sans enfants demeurant avec lui ; le seigneur passait avant les proches, et même avant les enfants qui avaient quitté la demeure paternelle.

Telles sont les dispositions du droit féodal de l'Orient, d'après lequel le seigneur succède tant aux meubles qu'à la terre de l'homme

(1) « Et s'il muert, il n'a nul oir fors que son segneur, ne li enfant du serf n'i ont riens, s'il ne le racatent au segneur aussi comme feroient estrange. » (Beaumanoir, ch. 45, n° 31.) — Les serfs de l'abbaye de Saint-Waast payaient cinq sols pour droit de mainmorte. (*Const. Leduini*, en 1020, c. 6, 7.) — *De morientium presbyterorum substantia partes sibi vindicant sicut de servis propriis.* (*Regino, de discipl. eccles.*, II, 39.)

(2) *Et in tantum numerum eorum (servorum) tumultum popularem valuisse ut omnino commeatum uxorum ducendarum et partem suarum pecuniarum quam vulgo mortuam manum dicimus, se daturos denegarent.* (*Vetus charta*, ann. 1102, *ex Tabulario S. Arnulphi crespiacensis.* Ducange. V° *manus mortua.*) — D'après certains auteurs, lorsqu'un serf venait à mourir, on apportait sa main droite à son seigneur, *in signum quod ei amplius non serviret.* De là, on aurait appelé mainmortes les tenures serviles. (Ducange. *Loc. cit.*)

mainmortable mort sans enfants partageant sa demeure (1). L'Ancienne Coutume de Champagne donnait au seigneur la part de l'enfant prédécédé, qu'il y eut eu ou non partage entre les autres enfants du mainmortable défunt (2).

D'après une charte des archives du prieuré de Marteau, il suffisait au contraire que le tenancier laissât un héritier, vivant de son pain et demeurant dans sa ferme, pour exclure le seigneur (3).

D'après la Coutume de Bourgogne, le seigneur succédait à ses mainmortables morts sans enfants, dans le cas même où ils vivaient sur un domaine qui ne dépendait pas de sa justice (4). Les chartes et la Coutume du comté de Bourgogne n'accordent aux gens de mainmorte la succession de leurs parents que s'ils demeurent ensemble (5).

Toutes les coutumes locales du Berry donnent au seigneur le droit de succéder à ses hommes de mainmorte lorsqu'ils ne laissent pas d'enfants vivants avec le *de cujus* et *au même chanteau* (6). Celle de Mehung permet au seigneur de prendre le tiers des biens du mainmortable, lorsque celui-ci laisse des hoirs (7); celle de Lury donne au seigneur la part de meubles de l'enfant qui a quitté le toit paternel (8). L'enfant, d'après celle de Chastelet, perd tout droit à la succession après un an et un jour d'absence (9).

Quelques coutumes voulaient que les collatéraux vivant avec

---

(1) *Le Uzanze de lo imp. di Romagnia*, c. 185.
(2) *Li Droict et lis Coust. de Champaigne*, art. 29, 60.
(3) Charte de 1188. *Archives du prieuré de Marteau.* Perreciot, tom. III, dipl. 28.
(4) *A. C. de Bourgogne*, art. 42, 43.
(5) Cout. du comté de Bourgogne, art. 98. — Charte de 1260, *Cartul. de l'archev. de Besançon.* Perreciot, tom. III, dipl. 44.
(6) Cout. loc. de Chastelet en Berry, art. 14. — C. loc. d'Issoudun, t. 10, art. 6.
(7) C. loc. de Mehung. Rubr. 11, art. 5.
(8) Priviléges de Lury, en 1213. Richebourg, tom. III.
(9) C. loc. de Chastelet, art. 18.

le défunt fussent préférés au seigneur. Telles étaient, en Berry, les coutumes locales de Lury, de Châteauneuf et celle de la châtellenie de Nançay (1); en Franche-Comté, celle du prieuré de Mouthe appelait le seigneur avant les frères et sœurs du défunt demeurant dans le même domaine que lui ; celle de Marteau préférait au seigneur les autres parents collatéraux qui se trouvaient dans le même cas (2).

Dans le midi, les constitutions de La Réole donnent au prieur le droit de prendre la succession de l'incolat qui est décédé sans enfants légitimes, et la moitié seulement lorsque le défunt laisse une veuve (3). A Toulouse, le seigneur pouvait s'emparer des meubles de ses hommes de corps défunts, au préjudice de leurs créanciers, à moins que les obligations n'eussent été contractées de son consentement (4). Le droit de mainmorte en effet existait dans beaucoup de localités du midi comme dans celles du nord et du centre. Il serait inutile de pousser plus loin cet examen.

Il résulte de ces documents que le mainmortable n'avait pas un véritable droit de propriété, mais plutôt une simple jouissance de la terre concédée par le seigneur; son successeur ne faisait que continuer cette jouissance commune. Il tirait son droit de la co-possession plutôt que de la qualité d'héritier. La succession en mainmorte n'était donc qu'une hérédité imparfaite et précaire.

Il importait au seigneur que le tenancier ne quittât pas sa tenure et que la serve, en se mariant, n'introduisît pas dans la seigneurie un serf ou un mainmortable incapable de faire le service de la terre. De là l'obligation imposée aux tenanciers d'obtenir l'autorisation de leur seigneur pour se marier, et celle de l'indemniser s'ils quittaient sa seigneurie. Le droit de formariage est mentionné dans un grand nombre de documents; les Statuts de Burchard, les Constitutions de Leduin, les chartes communales,

(1) Priviléges de Lury. — C. loc. de Châteauneuf, t. 11, art. 23. — C. loc. de la châtellenie de Nançay, t. 1, art. 6.

(2) Charte de 1188, *Archives de Marteau;* — charte de 1296. *Arch. de Mouthe.* (Perreciot, tom. III, Dipl. 28, 102).

(3) *Const. S. Regulæ*, c. 31.

(4) *Consuet. Tholosæ, de homagiis*, c. 4.

les chartes bourguignonnes, les Assises de Jérusalem, les Coutumes de Beauvoisis, etc., prouvent qu'aux XIe, XIIe et XIIIe siècles il était en pleine vigueur (1). D'après l'Assise des Barons, si une serve quitte pour se marier la seigneurie d'où elle est originaire, son nouveau seigneur doit fournir au premier une autre serve en échange ; elle appartient, ainsi que ses enfants, au seigneur duquel dépend le mari (2). Presque tous les documents de cette époque mentionnent le formariage.

Parmi les mainmortables, les uns étaient attachés à la glèbe et ne devaient pas la quitter ; s'ils le faisaient, le seigneur avait droit de les contraindre à y revenir (3) ; tels étaient les serfs mentionnés par les chartes de Laon et de Saint-Riquier, dont nous avons déjà parlé. Les autres pouvaient, il est vrai, quitter la glèbe, mais le seigneur reprenait alors la terre qu'ils avaient abandonnée, et dont ces tenanciers ne disposaient pas librement.

D'anciens diplômes nous fournissent des exemples de ces tenures possédées par des hommes qui ne sont pas serfs de la glèbe, mais qui ne peuvent cependant la quitter qu'en abandonnant la terre qu'ils tiennent de leur seigneur. Une sentence de l'abbé de Saint-Paul de Besançon, de 1261, renferme l'aveu fait par les hommes de Saint-Aubin que s'ils quittent la seigneurie, l'abbé de Saint-Aubin pourra prendre leurs terres (4). Même aveu fait, en 1296, par les hommes du prieuré de Mouthe, à leur seigneur ; ils peuvent quitter la seigneurie, mais en perdant leurs tenures (5). Les paysans libres de Saint-Riquier peuvent entrer dans la commune, mais le seigneur reprend leurs terres (6). Même obligation

---

(1) *Burchardi leges*, c. 14, 15. — *Constit. Leduini*, c. 6. — Charte de 1188. *Archives de Marteau*, Perreciot, tom III, dipl. 28. — Beaumanoir, ch. 45, n° 31.

(2) *Jean d'Ibelin*, ch 254. — *Le Uxanze de lo imp. di Romagnia*, c. 174.

(3) Une loi de Guillaume-le-Conquérant ordonne de ramener à la glèbe le colon qui la quitte et défend de donner asile au colon fugitif. (*Lois de Guillaume*, c. 33.)

(4) *Cartul. de Bourgogne*. Perreciot, tom. III, dipl. 47.

(5) *Archives du prieuré de Mouthe*. Perreciot, tom. III, dipl. 102.

(6) Charte de Saint-Riquier, en 1126. *Ord.*, tom. XI, p. 184.

imposée par les lois de Simon de Montfort aux *proprii homines* et même aux *liberi* qui quittent leurs seigneurs. Ils diffèrent toutefois en ce que les premiers perdent leurs meubles et que les autres les gardent (1).

En Bretagne, il y avait une espèce de serfs que les coutumes de cette province appellent *motoyers* et qu'elles assimilent aux *adscripticii glebæ* du droit romain ; leurs tenures étaient aussi soumises au droit de mainmorte ; nous devons donc les ranger dans la même catégorie. Voici quelles étaient les obligations imposées à la terre tenue à titre de *mote* et au tenancier : le motoyer doit payer au seigneur des redevances en nature ; il ne peut quitter sa tenure ; s'il la délaisse pendant un an et un jour, il la perd, et le seigneur en peut disposer à son gré ; le seigneur succède au motoyer, à défaut d'enfants mâles, et exclut les filles et les collatéraux ; le motoyer ne peut devenir clerc sans le consentement de son seigneur (2). Lors de la rédaction des Coutumes de Bretagne, les motoyers étaient en grande partie passés dans la classe des tenanciers libres, par suite d'affranchissements, et leurs tenures dans celle des domaines congéables (3). En 1484, le duc François avait affranchi les motoyers et les tenures à titre de mote de ses domaines ; mais d'autres seigneurs bretons maintinrent plus longtemps sur leurs terres le servage de la glèbe (4).

Pendant les premiers siècles du moyen-âge, la mainmorte fut l'état le plus commun des cultivateurs ; c'est vers le XIIe siècle que commença leur affranchissement. On a souvent confondu, mais à tort, ce mouvement avec l'émancipation communale. L'affranchissement des communes eut pour objet de donner la liberté politique aux bourgeois des villes, aux artisans et aux commer-

---

(1) Lois de Simon de Montfort.

(2) Les obligations des motoyers sont décrites dans les lettres du duc François, de l'an 1484. (Richebourg, tom. IV, p. 411 et 412.)

(3) *Usance de Cornouailles*, art. 35.

(4) En 1580, le seigneur de Rohan fait ses réserves pour les tenures à mote de ses domaines. (Richebourg, tom. IV. Procès-verbal de rédaction de la Coutume de Bretagne.)

çants qui avaient toujours joui de la liberté civile, de leur permettre de se gouverner par eux-mêmes et d'élire leurs magistrats. L'affranchissement des mainmortables eut au contraire pour but de donner la liberté civile dans des limites plus ou moins étendues à des hommes qui avaient toujours été serfs ou dans un état voisin du servage. Les chartes d'affranchissement abolirent dans beaucoup de localités les droits de mainmorte et de formariage ; elles substituèrent un droit fixe à la taille que les seigneurs levaient arbitrairement sur leurs anciens serfs (1). Par là ils devenaient libres de disposer à la fois de leurs personnes et de leurs terres ; ils échappaient à l'arbitraire, pour n'être plus soumis qu'à une loi précise. Les rois de France favorisèrent cette émancipation et Louis X déclara que « toutes servitudes doivent être ramenées à franchise et que par droit de nature chacun doit naître franc » (2).

Le séjour dans une ville libre donnait souvent à celui qui était venu s'y fixer la qualité d'homme libre ; et il ne pouvait plus être réclamé par personne après un certain délai, celui d'un an ordinairement, ainsi que le décidèrent plusieurs chartes communales (3) ; quelquefois après celui de trois ans (4). La Coutume

(1) Voir les chartes de Laon, c. 10, 12 ; — de Cerny, c. 17, 19 ; — de Rouvray, c. 12 ; — de Sens, c. 5. — Lettres de Philippe IV, pour la sénéchaussée de Toulouse et d'Alby, c. 1, 4. *Ord.* XII. — Affranchissement des serfs d'Orléans par Louis VII. *Ord.* XI, p. 214. — Priviléges de Bourges, en 1181, c. 8, *Ord.* XI, p. 222. — Lettres d'Aliénor, confirmées par Philippe II, en 1204. *Ord.* XI, p. 290. — Priviléges de Grenade, c. 3 ; — de Marsiac, c. 3 ; — de Peyrouse, c. 3. — Cout. de Montpellier, c. 84, 85. — Lettres de Charles VII, pour les habitants d'Issoudun. — Priviléges d'Andelot. — Charte d'Ecau, c. 1 ; — de Beaumont-en-Périgord ; — de Villeneuve-le-Roy ; — d'Alby ; — de Sainte-Croix ; — d'Etampes, etc., etc. *Recueil des Ord. Passim.* — Voir aussi chartes de Gy, en 1347 ; de Gray, en 1324 ; de Quingey, en 1300. (Perreciot, tom. III, dipl. 104, 119, 126).

(2) Ord. du 3 juillet 1315. — Ord. de Philippe V, en 1318, *Ord.* I, p. 583, 653.

(3) Ancienne Kora de Nieuport, c. 10. M. Giraud. — Cout. de Fribourg, c. 37, *Id.* — Charte d'Auxerre, c. 26. *Ord.* VI, 416, conf. en 1379.

(4) Cout. de Chatelblanc, c. 2, en 1303. M. Giraud.

d'Alby veut que la commune défende l'homme qui est venu s'établir dans ses murs contre le seigneur qui le réclame (1). A Toulouse, ni le chevalier ni le bourgeois ne pouvait, dans l'intérieur des murs, prendre, donner en gage, mettre à la question son homme de corps, ni exercer quelque contrainte sur lui (2).

Ceux qui s'avouaient bourgeois du roi obtenaient sa puissante protection contre les réclamations de leurs seigneurs. Ces aveux de bourgeoisie étaient favorables à l'extension de la puissance royale. Toutefois, lorsqu'un homme s'avouait bourgeois du roi, la preuve contraire était admise contre sa déclaration :

« Se aucuns s'avoë hons le roy, le roy le tient en sa garde jusques à tant que contrères soit prouvés » (3).

Une ordonnance de Louis X déclara même que le roi ne recevrait pas dans sa juridiction les hommes soumis à la mainmorte ou au formariage et à la juridiction des seigneurs, à moins qu'ils n'eussent formellement désavoué leur seigneur, *par sergent suffisant*, et que le seigneur n'eut laissé passer un an et un jour sans réclamer (4).

---

(1) Cout. d'Alby, c. 4, en 1220. M. Giraud.
(2) *Consuet. Tholosæ, de homagiis*, c. 5.
(3) *Etablissements de Saint-Louis*, L. II, ch. 31. — Certaines coutumes n'accordent pas au roi le droit de recevoir aveu de franchise et de bourgeoisie. Celle de Château-Meillan le réserve exclusivement au seigneur de cette ville (t. 7, art. 34. Richebourg, tom. III).
(4) Ord. de Louis X, art. 9, en 1315. Brussel, tom. II, *Preuves*, p. 62 et suiv.

CHAPITRE VII.

Du mariage féodal.

§ Ier.

DU DROIT DE MARIAGE.

L'organisation de la famille reçut, pendant la domination du régime féodal, diverses modifications que nous devons étudier ici. D'un côté, le développement des principes chrétiens et l'influence exercée par l'Eglise firent disparaître peu à peu ce qu'il y avait encore de rude et de barbare dans la constitution domestique des peuples de l'Europe occidentale ; d'un autre côté, la féodalité marqua de son empreinte toutes les institutions de l'époque, et l'organisation de la famille en éprouva les effets.

L'une des conséquences les plus remarquables de l'influence féodale fut le *droit de mariage.* Il importait au seigneur que la femme tenant fief de lui ne le privât pas du service attaché à cette tenure. De là, pour la veuve qui possédait un fief, l'obligation d'épouser un vassal fidèle et capable d'assurer le service dû au suzerain. Les Assises de Jérusalem l'imposaient formellement à la femme. Quand la fille, héritière d'un fief soumis au service de corps, avait atteint l'âge de douze ans, le seigneur pouvait *la semondre de prendre baron* en lui offrant trois maris à choisir. La femme qui tenait son fief à titre de douaire n'était pas tenue au mariage. Mais la femme feudataire, qu'elle tînt son fief à titre de douaire, de bail ou de succession, ne pouvait se marier, sous peine de commise, sans le consentement du seigneur (1) ; il importait en effet beaucoup que le service féodal ne fût pas fait par un vassal infidèle. Les Coutumes de l'empire de Romanie sont à cet égard moins sévères que la Cour des Barons. Elles permettent à la femme-lige de se marier à qui elle

---

(1) *Jean d'Ibelin,* ch. 171, 177, 227 et suivants,

veut, pourvu que ce ne soit pas à un ennemi du seigneur ; elles l'obligent seulement à payer à celui-ci le tiers d'une année du revenu du fief.(1).

Les coutumes anglo-normandes parlent aussi du droit de mariage. D'après les lois d'Henri I*er*, roi d'Angleterre, le roi marie la fille de son vassal devenue héritière d'un fief, mais il ne peut l'y contraindre (2). La charte concédée par Henri II aux Normands établit que l'on n'obligera pas la veuve à se marier, mais qu'elle promettra de ne pas le faire sans l'assentiment du seigneur duquel elle tient son fief (3). Même disposition dans les Etablissements de Normandie, qui défendent à l'héritier orphelin et à la fille héritière d'un fief de se marier sans le consentement du seigneur (4).

Les provinces françaises admettaient aussi le droit de mariage. Nous voyons, en effet, en 1200, Blanche, comtesse de Champagne, remettre sa fille en garde à Philippe II ; il fut convenu entre la comtesse et le roi, que celui-ci marierait la fille quand elle aurait plus de douze ans, de son consentement et de celui de la mère et des barons. A une époque assez rapprochée de là, Hervé, comte de Nevers, s'engageait à ne pas marier sa fille, sans le consentement du même roi Philippe, son seigneur (5). Une ordonnance de Saint-Louis, applicable aux provinces d'Anjou et du Maine, veut que les parents chargés de la garde d'une fille mineure, et héritière d'un fief, donnent sûreté au seigneur qu'elle ne sera pas mariée sans son consentement (6). Les Éta-

---

(1) *Le Uxanze de lo imp. di Romagnia*, c. 31. — Les Constitutions napolitaines imposaient aussi le droit de mariage aux feudataires. D'après une loi de Frédéric, nul comte, baron ou chevalier possédant fief ne pouvait marier son fils ou son petit-fils, sa fille, sa petite-fille ou sa sœur, sans l'autorisation de l'empereur. (*Const. regni siculi*, lib. III, t. 21, c. 1.)

(2) Lois d'Henri I*er*, c. 1.

(3) Charte d'Henri II, c. 8.

(4) *Etablissements de Normandie*, p. 11. — *Grand Coustumier de Normandie*, ch. 33.

(5) *Miscellanea*, p. 1030 et 1121.

(6) Ordonn. de Louis IX, de 1246, c. 2. *Ord.*, tom. I, p. 58.

blissements du même prince ne permettent pas non plus à la veuve du vassal de marier sa fille sans le consentement du seigneur et sans celui des parents de la fille. Le seigneur devait signifier ainsi cette défense à la mère :

« Dame, je veul que vous me donnés seureté, que vous ne mariez vostre fille, sans mon conseil et sans le conseil au lignage son père; car ele est fille de mon hons lige, pour ce ne veul pas que ele soit fors conseillée » (1).

L'obligation imposée au chef de famille d'obtenir avant de marier sa fille le consentement du lignage n'est pas une création du régime féodal, elle se perd dans la nuit des origines barbares; c'est un reste de l'antique unité de la famille, qui jadis agissait toujours en commun dans toutes les circonstances importantes. Cette coutume s'est maintenue dans certaines provinces jusqu'à une époque fort rapprochée des temps modernes. Dans une charte du XVe siècle, on voit en effet les héritiers de Gilles de Raiz articuler contre lui, entr'autres griefs, qu'il avait marié sa fille sans l'avis de la famille :

« Tandis qu'on n'a coutume de marier les filles issues de si
» haute noblesse qu'avec l'assentiment de leurs parents » (2). Cet usage finit par tomber en désuétude, comme celui de demander le consentement du seigneur.

§ II.

DE LA PUISSANCE MARITALE.

Le droit barbare admettait la puissance maritale rejetée par le droit romain de l'époque impériale (3). Ce pouvoir du reste

(1) *Etablissements de Saint-Louis*, L. I, ch. 63.

(2) Mémoire produit, en 1440, par les héritiers de Gilles de Raiz, pour le faire déclarer prodigue. (D. Morice, *Preuves*, tom. II, col. 1336).

(3) *Lex Burgund.*, add. I, t. 13. — Chartes de 631, 734, 744. Pardessus. *Diplom., Chartæ*, tom. II, p. 9, 365, 391. — *Form. Langobardicæ*, f. 20, 21.—*Lex Langob. Rotharis*, c. 200, 201.— 3e capitulaire de Worms, en 829, c. 3. — Annales de Metz, ann. 883. — *Const. regni siculi*, lib. III, t. 49, c. 1,

n'avait rien de commun avec l'ancienne *manus* du droit quiritaire qui soumettait la femme à la puissance absolue du chef de famille et absorbait complètement sa personne et ses biens. Le *mundium* germanique n'était au contraire qu'un simple droit de tutelle et de protection; le mari, d'après tous les anciens auteurs, était *bail de sa femme*. Celle-ci était en l'*avouerie* et *mainbournie* de son mari (1). L'établissement du régime féodal ne changea rien à cette institution. La femme noble y fut soumise comme la femme roturière; ni l'une ni l'autre ne pouvait faire aucun acte de la vie civile sans le consentement de son mari, *sanz l'octrei de son baron*, disent les vieux légistes. Les biens de la femme étaient soumis, ainsi que sa personne elle-même, à la tutelle maritale; il n'y avait à cet égard aucune distinction entre les différentes espèces de tenures; elle s'étendait à la fois aux meubles et aux immeubles, aux alleux, aux fiefs et aux censives. Les Assises de Jérusalem et toutes les anciennes coutumes sont d'accord à cet égard (2).

§ III.

DU DOUAIRE.

Le douaire n'est pas une institution d'origine féodale; mais il a subi l'influence du régime des fiefs. La législation de l'époque gallo-franque avait conservé quelques traces de l'ancien usage, en vertu duquel le mari achetait symboliquement le *mundium* de sa femme (3); cependant le prix payé par lui avait changé de nature

---

(1) *Loisel*, L. I, t. 4, règle 3. — Le mari ne pouvait toutefois disposer des propres de sa femme sans le consentement de celle-ci; mais quelques coutumes du Nord le lui permettaient. (Cout. de Liége, ch. 1, art. 1. — Cout. locale de Neuville, art. 2.)

(2) *Jean d'Ibelin*, ch. 105. — *Cour des Bourgeois*, ch. 131, 132. — Glanville, VI, 3. — Beaumanoir, ch. 20, n° 2; ch. 30, n°s 103, 104; ch. 57. — A. C. de Bourgogne, art. 16, 79. — Bretagne, T.-A. C., ch. 82, etc.

(3) *Per solidum et denarium*. Lindenbrog, form. 75. — *Chronique de Frédégaire*. Récit du mariage de Clovis. — *Lex salica*, t. 46, *de reipus*.

et était devenu un avantage matrimonial pour la femme; le mari lui faisait au moment des fiançailles, en vue du mariage projeté, une donation qu'on appelait *dos* ou *dotalitium* (1). Le lendemain des noces, il lui faisait une seconde donation appelée en langue tudesque *morgengab* (don du matin) (2). L'usage s'introduisit de promettre le *morgengab* en même temps que le *dotalitium* (3); ces deux avantages matrimoniaux finirent ainsi par se confondre sous le nom de douaire. Ces donations étaient faites, soit en toute propriété, soit en usufruit, suivant les conventions établies par la charte matrimoniale (4).

Le douaire se constituait, soit à la porte de l'église (*ad ostium ecclesiæ*) *à porte de moustier,* soit au moment du baiser des fiançailles. De là vint le nom d'*oscle* (*osculum*), que lui donnent d'anciennes coutumes (5). Il fut exigé par beaucoup de dispositions du droit canonique et du droit civil pour la validité du mariage.

Le douaire était dans l'origine purement conventionnel; mais, avec le temps, l'usage s'introduisit de donner de plein droit cet avantage à la femme, à la mort du mari, à défaut de convention spéciale faite au moment des fiançailles. Il y eut alors deux espèces de douaires, l'un conventionnel ou préfix et l'autre coutumier. On attribue l'institution du douaire coutumier, dans les provinces du centre, à Philippe II, et dans celles de l'ouest, à Jean-Sans-Terre; mais il est probable que les ordonnances de ces princes sur ce sujet, si elles sont authentiques, n'ont fait que sanctionner un fait introduit déjà par l'usage (6). Les coutumes saliques, en effet, accordaient à la veuve le tiers des biens du mari, à titre de douaire (7).

---

(1) *Formulæ veteres. Passim.*

(2) *Lex rip.*, t. 37, § 2. — Traité d'Andelot. — *Lex Alamann.*, t. 56, c. 2.

(3) Charte de 1044. Balluze, tom. II, col. 992, dipl. 147.

(4) *Formulæ andeg.*, f. 1, § 3; f. 39, 53. — Marculf, II, 15.

(5) Cout. de Charroux, art. 17, en 1247. M. Giraud.

(6) Pothier. *Traité du douaire*, n° 14.

(7) *Form. langobard.*, f. 8.

Dans les premiers temps de l'époque féodale, le douaire ne devait pas comprendre de bénéfices militaires, ou du moins le mari ne pouvait assigner sur son fief le douaire de sa femme, sans le consentement du seigneur dominant (1). Au XIII° siècle, le *Miroir de Saxe* défendait encore de donner en douaire des fiefs aux femmes (2). Le Code féodal, rédigé à Nuremberg, ne permet de donner un fief en *dotalitium* à une femme, qu'avec le consentement du seigneur et des héritiers présomptifs (3). Mais en France, l'usage contraire prévalut dès une époque ancienne ; les femmes étant devenues habiles à succéder aux fiefs, furent capables aussi de recevoir des fiefs en douaire. Une charte de 1086 du cartulaire de Saint-Vincent du Mans mentionne un *dotalitium* composé de fiefs de cinq et de dix lances (4).

Nous voyons, au XII° siècle, Philippe, comte de Flandre, donner en douaire à sa femme Elisabeth, le château de Courtray et plusieurs autres fiefs (5). Le douaire de Berengère, femme de Richard-Cœur-de-Lion, comprenait aussi plusieurs villes et plusieurs châteaux (6). D'autres chartes de la même époque ou à peu près, rédigées dans diverses provinces, tant au nord qu'au midi de la France, attestent que les femmes pouvaient alors posséder des fiefs en douaire (7).

Tous les anciens coutumiers français reconnaissent ce même droit aux femmes. Les Assises de Jérusalem accordaient pour douaire, à la femme du chevalier, la moitié de ce que le mari possédait au moment de sa mort. Elles exceptaient toutefois la reine et les femmes des quatre grands barons du royaume, qui n'avaient point droit au douaire, le royaume et les baronies étant indivisibles. Les Assises de Jacques d'Ibelin et celles de Geoffroy

---

(1) *Decretalium* lib. IV, t. 20, c. 6.
(2) M. Laboulaye. *De la condition civile et politique des femmes*, p. 262.
(3) Schiller. *Cod. jur. allem. feud.*, c. 64, § 1.
(4) *Miscellanea*, p. 519.
(5) *Id.*, p. 851, charte de 1159.
(6) *Id.*, p. 995, charte de 1191.
(7) *Id.*, charte de 1176, p. 896 ; — de 1189, p. 986 ; — de 1257, p. 1340 ; — de 1268, p. 1371.

Letort permettaient même de partager le fief d'un bouclier et de donner en douaire à la femme la moitié de cette tenure ordinairement impartageable; mais la veuve ne pouvait aliéner le fief ou l'héritage sur lequel portait son douaire; elle devait le conserver et le transmettre aux héritiers (1). Le douaire était en quelque sorte grevé d'une substitution au profit des enfants à naître du mariage, et, à défaut d'enfants, au profit des héritiers plus éloignés du mari (2). Nous retrouvons à peu près les mêmes dispositions dans les Coutumes de Romanie; le douaire de la femme comprenait la moitié du fief ou des fiefs possédés par le mari, non au moment du décès, mais lors de la célébration du mariage; la femme pouvait disposer de son douaire féodal pour le temps de sa vie seulement (3).

Les coutumes du nord de la France furent celles qui restèrent le plus longtemps fidèles aux traditions du droit féodal primitif. D'après les lois de Baudouin, comte de Flandre et de Hainault, le douaire pouvait comprendre, soit des fiefs, soit des alleux; il devait être constitué de l'avis des hommes du seigneur; la femme entrait en jouissance au moment du décès du mari (4).

Le régime matrimonial conserva longtemps aussi en Normandie son caractère primitif. D'après les lois de Henri Ier, roi d'Angleterre, la fille d'un vassal, restée veuve avec ou sans enfants, reprenait son douaire (*dotalitium*) et son apport (*maritagium*) (5). La charte normande d'Henri II lui reconnaît aussi le droit de garder ses biens de succession, son *maritagium* et son douaire; et, dans le cas où le mari n'avait pas fixé la quotité du douaire,

---

(1) *Jean d'Ibelin*, ch. 177. — *Assises de Jacques d'Ibelin*, n°s 71 et 91. — Geoffroy Letort, ch. 16.

(2) On voit dans d'anciens actes que la femme qui voulait donner son douaire devait le faire avec l'assistance de son fils. En 950, la comtesse Ève donne, du consentement de son fils Uldric, à l'abbaye de Saint-Arnulph, un domaine qu'elle avait reçu du comte Hugues, son époux, *dotis nomine*. (D. Calmet, tom. I, *Preuves*, col. 356.)

(3) *Le Uxanze de lo imperio di Romagnia*, c. 35, 76.

(4) *Leges Balduini comitis*, c. 6, 7.

(5) Lois d'Henri Ier, c. 1.

lors de la célébration du mariage, la femme devait avoir à ce titre le tiers des biens du mari (1). La Grande Charte anglaise donnait aussi pour douaire à la femme le tiers des biens du mari, à moins qu'elle n'eût été dotée d'une moindre part *ad ostium ecclesiæ*. Elle avait droit en outre à quarante jours d'hébergement dans le manoir marital (2).

D'après le Grand Coutumier de Normandie, le douaire resta fixé à la même quotité : il ne comprenait que les fiefs possédés par le mari lors du mariage (3).

En Bretagne, l'institution du douaire a aussi existé de tout temps, ainsi que l'attestent d'anciennes chartes (4). La Très-Ancienne Coutume fixe le douaire au tiers des biens que le mari avait possédés pendant le mariage (5). A Paris, à Orléans, en Anjou, le douaire de la femme noble était aussi du tiers des biens du mari ; il s'appliquait aux biens venus à celui-ci depuis son mariage et provenant de la succession, soit de ses ascendants, soit de ses frères et sœurs (6), mais non aux dons qu'il avait reçus du roi, de quelque seigneur ou de tout autre (7). « Le chevalier, d'après les Anciens Usages d'Anjou, peut douer sa femme, à porte de moustier, du tiers de sa terre » (8).

Ces coutumes admettaient, ainsi que les lois anglo-normandes et que les Coutumes de Normandie, un douaire au profit du mari survivant. Le gentilhomme qui épousait une jeune fille gardait en

---

(1) Charte d'Henri II, pour les Normands, c. 7.

(2) Grande Charte du roi Jean.

(3) *Grand Coustumier de Normandie*, ch. 101. — Plusieurs arrêts de l'Echiquier avaient décidé que le douaire devait porter sur les biens possédés par le mari au moment du mariage. (Arrêts de l'Echiquier, de 1213 et de 1241. Marnier, p. 124, 191.)

(4) Charte de l'an 1000, *Cartulaire de Redon*. D. Morice, tom. I, col. 355. — Voir tous les cartulaires *passim* ; ils renferment de nombreuses constitutions de douaires des Xe, XIe et XIIe siècles.

(5) Bretagne, T.-A. C., ch. 31, 33.

(6) *Établissements de Saint-Louis*, L. I, ch. 13 et 20.

(7) *Id.*, L. I, ch. 113.

(8) *Anc. Usages d'Anjou*, art. 42.

usufruit l'apport de la femme, pourvu qu'elle eût eu un enfant né viable :

« Il est usage en Enjou que homes tient les héritages sa fame, puis que il a eu heir qui oit crié et brait » (1).

Les coutumes de l'est donnaient aux veuves des droits plus étendus que celles de l'ouest. En Champagne, au XIIIe siècle, la femme noble, en l'absence d'autres conventions, prenait pour son douaire la moitié de l'héritage du mari ; la femme bourgeoise qui épousait un noble avait les mêmes droits que la femme noble. En Vermandois, le gentilhomme pouvait donner à sa femme la moitié de sa terre en douaire (2).

Les Coutumes de Beauvoisis accordent à la femme le droit de comprendre dans son douaire le chef-manoir, dans le cas même où ce serait une forteresse ; en Champagne, la veuve noble pouvait choisir quelle maison elle voulait. En Bretagne, au contraire, le douaire ne pouvait comprendre le principal manoir du fief. En Normandie, la veuve ne devait pas avoir le chef-manoir, quand les autres tènements étaient suffisants. Lorsque la succession du mari comprenait des fiefs et des rotures à la fois, le seigneur pouvait exiger que la veuve prît pour douaire les plus beaux tènements roturiers, ce que l'on appelait *douaire de la plus belle* (3).

Dans le cas où la femme venait à prédécéder, le douaire féodal restait au mari veuf qui le gardait jusqu'à sa mort ; *il ne s'hérite pas*, c'est-à-dire il ne passe pas immédiatement, au décès de la mère, aux mains de ses enfants ; il ne leur retourne qu'à la mort du père.

---

(1) *Etablissements de Saint-Louis*, L. I, ch. 11. — *Anc. Usages d'Anjou*, art. 34. — Arrêt de l'Echiquier, de 1210. Marnier, p. 121. — Littleton, sect. 35. — Le douaire du mari existe encore en Angleterre sous le nom de *curtesy*, courtoisie d'Angleterre. (*Blackstone's commentaries*, book II, ch. 29, n° 6.)

(2) *Li Droict et lis Coustumes de Champaigne*, art. 7, 12. — Pierre Desfontaines, chap. 15, n° 8.

(3) *Li Droict et lis Coust. de Champaigne*, art. 12. — Beaumanoir, ch. 13, n° 8. — Bretagne, T.-A. C., ch. 31, 33. — *Etablissements de Normandie*, p. 62. — Littleton, sect. 48.

Le douaire n'était acquis à la femme, d'après la Coutume de Beauvoisis, que si la consommation du mariage avait eu lieu : « Après loïal mariage et compagnie charnelle, autrement non » (1). Il en était de même en Normandie : « Au coucher gaigne la femme son douaire », disait l'Ancien Coutumier ; en Bretagne, il suffisait « qu'elle eut mis le pié au lict du mari » (2). Ces dispositions rappellent le morgengab de l'ancien droit germanique.

Telles étaient dans les pays coutumiers les principales dispositions relatives au douaire des femmes nobles ou veuves de possesseurs de fiefs.

La veuve roturière avait un douaire comme la veuve noble ; il portait sur les vilenages comme sur les fiefs. Les Statuts de Burchard nous apprennent que les tenanciers de l'église de Worms pouvaient doter leurs femmes. Les chartes communales parlent aussi de la faculté dont jouissaient les bourgeois des villes du nord de constituer un douaire à leurs épouses (3). La quotité du douaire roturier fut même plus élevée généralement que celle du douaire noble.

Les Établissements de Saint-Louis donnent en douaire à la femme coutumière la moitié de l'héritage du mari (4) ; Beaumanoir, la moitié de l'héritage tenu en vilenage. En cas de prédécès de la femme, ses enfants ont un droit acquis au douaire qu'elle aurait dû avoir, et si le père a été marié plusieurs fois, les enfants de chaque lit prennent, dans sa succession, une part représentant celle qui devait revenir à leur mère ; ainsi les enfants du premier lit prennent la moitié du douaire vilain, ceux du second le quart, ceux du troisième le huitième (5).

Le douaire était aussi de la moitié des héritages du mari, d'après les Coutumes de l'échevinage de Reims, à moins que

---

(1) Beaumanoir, ch. 13, nos 4, 18, 25.

(2) *Grand Coust. de Normandie*, ch. 101. — Bretagne, T.-A. C., ch. 33.

(3) *Burchardi leges*, c. 1. — Charte de Laon, c. 13. — Charte d'Amiens, c. 21. — *Anc. Cout. de Reims*, de 1250, c. 4. M. Giraud.

(4) *Etablissements de Saint-Louis*, L. I, ch. 133.

(5) Beaumanoir, ch. 13, nos 2 et 18.

le mari n'eût constitué un douaire plus ou moins élevé que cette part (1).

Le mari pouvait, en effet, donner à sa femme un douaire différent de celui qui était fixé par la coutume, du moins dans beaucoup de provinces qui conservèrent le douaire préfix ou conventionnel après l'introduction du douaire coutumier, et concurremment avec lui.

Les usages locaux de Bretagne nous offrent des dispositions diverses sur cette matière. Certaines usances admettent le douaire pour les tenures à titre de domaine congéable; d'autres le repoussent. A Cornouailles, les veuves avaient douaire sur les tenures congéables de leurs maris défunts; mais à Rellec, à Bégare et à Pallacret, il n'en était pas de même et la veuve n'avait aucun droit sur ces possessions (2). A Rohan, la veuve du convenancier n'avait droit qu'à un logis, à un champ et à la nourriture de quelques bestiaux; un second mariage lui faisait perdre ce modique douaire (3).

Au milieu de la variété des coutumes et malgré les exceptions et les divergences locales, l'étude de nos plus anciens documents législatifs montre donc que le douaire fut en usage en France pendant toute la durée du moyen-âge chez les roturiers, bourgeois et vilains comme chez les nobles.

Lors de la rédaction officielle, plusieurs coutumes conservèrent, en matière de douaire, certaines distinctions dues à l'influence de la féodalité. Dans l'Artois et la Picardie, le douaire coutumier comprenait la moitié des fiefs et le tiers seulement des héritages cottiers ou roturiers; dans le comté de Bourgogne, entre nobles, il était de la moitié des héritages anciens du mari, et entre roturiers, du tiers du mariage de la femme; en Touraine et dans le Lodunois, il était entre nobles du tiers des immeubles, entre roturiers de la moitié des rotures et du tiers des biens nobles échus en tierce foi. Il en était de même en Anjou avant la rédaction officielle. Dans

(1) Cout. de l'échevinage, c. 40. *Archives de Reims.*
(2) Usance de Cornouailles, art. 2; — de Rellec, de Bégare et de Pallacret. Richebourg, tom. IV, p. 412.
(3) Usance de Rohan, art. 25.

l'Angoumois et la Saintonge, le douaire était du tiers entre nobles, mais entre roturiers il n'avait point lieu, à moins d'une stipulation expresse (1). Les coutumes de Normandie, du Maine, d'Anjou (après 1508), de Poitou, de Bretagne, de Chartres, de Grand-Perche ne faisaient point de distinction sur ce point entre les nobles et les roturiers, entre les fiefs et les autres immeubles.

Le douaire n'était généralement pour la veuve qu'un simple usufruit; cependant, d'après les coutumes de Clermont en Beauvoisis, il était viager quant aux fiefs et propre quant aux rotures; d'après celles de Chartres, de Dreux, de Châteauneuf, au contraire, il était propre entre nobles et viager entre roturiers. A Etampes, il était viager entre roturiers, propre entre nobles; en totalit s'il y avait des fils; pour moitié s'il n'y avait que des filles (2).

Le douaire féodal se partageait entre les enfants renonçant à la succession de leur père, avec droit d'aînesse sous les coutumes de Valois, de Melun et de Normandie; mais la coutume de Paris, celle de Mantes, celle de Calais rejetaient le droit d'aînesse pour le partage du douaire féodal ou roturier (3).

Les dispositions relatives au douaire appartenaient donc au droit commun de la France coutumière, et s'appliquaient à toutes les

---

(1) Artois, art. 173. — Comté de Bourgogne, 26. — Amiens, 49. — Ponthieu, 32. — Boulenois, 98. — Calais, 49. — La Coutume de Péronne (art. 140) faisait exception. — Touraine, 326, 338. — Lodunois, XXXI, 1; XXXII, 2. — Angoumois, 82. — Saintonge, 75, 76. — *Anc. Cout. d'Anjou*, imprimée en 1486 (10ᵉ partie). — Sous les Coutumes d'Auvergne (XIV, 11), de la Haute-Marche (288) et de La Rochelle (45), le douaire n'avait lieu, tant entre nobles qu'entre roturiers, que s'il avait été stipulé. Les Coutumes de Cambrai, d'Issoudun, de Vatan repoussaient aussi le douaire coutumier. La plupart des coutumes qui admettaient à la fois les deux espèces de douaires décidaient qu'il n'y avait lieu d'accorder à la femme l'avantage légal, qu'à défaut de convention. (Pothier, *Traité du douaire*, nᵒˢ 2, 3.) Mais ces dispositions sont des restes du droit barbare; elles rappellent l'origine conventionnelle du douaire; ce ne sont pas les résultats de la féodalité.

(2) Clermont en Beauvoisis, art. 160. — Chartres, 56. — Dreux, 47. — Châteauneuf, 58, 59. — Etampes, 130, 135.

(3) Normandie, 402. — Valois, 113. — Melun, 98. — Paris, 250. — Mantes, 142. — Calais, 51.

tenures nobles ou roturières, quoique le régime féodal eût introduit quelques distinctions spéciales sur ce sujet.

§. IV.

DE LA COMMUNAUTÉ.

Le régime de la communauté est une création de la société du moyen-âge. Rien de semblable n'existait dans l'antiquité; le droit romain est resté étranger à la formation de ce mode d'association conjugale. Il fut toujours repoussé par les pays de droit écrit et il est devenu pour ainsi dire l'institution la plus caractéristique de la législation coutumière. Les mots *pays de communauté* et *pays coutumier* sont presque synonymes, tandis que les termes *pays de régime dotal* équivalent à peu près à ceux-ci : *pays de droit écrit*.

L'origine de la communauté coutumière a été l'objet de bien des systèmes différents. Quelques anciens légistes ont cru trouver sa source dans le droit romain (1); mais cette opinion, qui ne repose sur aucun fondement et que dément toute l'histoire, a été bientôt abandonnée. A une époque plus récente, on a cherché l'origine de la communauté dans le droit celtique, d'après un passage de Jules César; mais le système de la communauté gauloise diffère beaucoup de notre communauté coutumière (2). Suivant une autre opinion, assez répandue aujourd'hui et que Pothier avait émise dès le siècle dernier, on a cru voir dans la communauté coutumière une institution toute féodale et on l'a fait venir des sociétés taisibles qui existaient entre les mainmortables et les serfs du moyen-âge (3). On cite à l'appui de ce système un passage de Beauma-

(1) *Dig.*, XVII, 2, pro socio.; — XXXIV, 1, 16, § 3.

(2) *Cæsar de bell. gall.*, lib. VI, c. 19. — D'après ce texte, les époux mettaient en commun la dot de la femme et une part égale des biens du mari, après inventaire; les fruits étaient réservés, et à la mort de l'un des époux, le survivant prenait ce double apport, accru par les économies. (Voir un article de M. Humbert. *Revue historique*, tom. IV.)

(3) M. Troplong. *Contrat de mariage*, préface. — M. Laboulaye. *Histoire de la cond. civ. et polit. des femmes*, p. 333. — Pothier. *Traité de la communauté*, art. prélim., n° 2.

noir, d'où il résulte que, d'après les coutumes de Beauvoisis, les individus qui avaient vécu ensemble pendant un an et un jour devenaient communs en meubles :

« Compaignie se fet par nostre coustume, per solement manoir ensanlle à un pain et à un pot, un an et un jor ».

Sous la même rubrique, Beaumanoir parle également de la communauté conjugale, et de là on conclut à l'identité d'origine entre la société taisible et la communauté conjugale. Mais cette assimilation manque d'exactitude, car il résulte des textes même de Beaumanoir que la société taisible ne s'établissait que par l'habitation commune d'an et jour, tandis que la communauté conjugale s'établissait de suite par la célébration du mariage : « çascun set que compaignie se fait par mariage, car si tost comme mariages est fes, li bien de l'un et de l'autre sont commun par le vertu du mariage » (1).

Certains auteurs repoussant ces diverses théories ont rattaché la communauté conjugale au droit germanique, suivant l'opinion de Loisel et de Lebrun (2).

Il y aurait sans doute une grande exagération à assimiler complètement la communauté coutumière au système matrimonial des lois barbares ; cependant ces lois renfermaient incontestablement un germe de communauté qui s'est développé par la suite du temps au milieu de la multitude des diverses coutumes. C'est ce qui explique comment les bourgeois et les roturiers libres, pour lesquels il n'existait pas de société taisible, ont suivi ce régime dès une époque très-reculée. Il y avait même des coutumes qui repoussaient la société taisible, tout en admettant la communauté conjugale. Il est évident que dans les provinces qu'elles régissaient, la communauté conjugale n'a pu avoir cette origine. Telle était l'ancienne coutume de Bourges (3).

L'étude des textes nous permettra de voir à peu près comment s'est formé le régime de l'association conjugale au moyen-âge. Une

---

(1) Beaumanoir, ch. 21. Comparez, n° 2 et n° 5.
(2) Lebrun. *Traité de la communauté*, L. I, ch. 1, n° 4. — Loisel. *Institutes cout.*, L. III, t. 3, règle 8.
(3) Cout. de Bourges, rubr. 8, art. 2. Comparez rubr. 1, art. 1.

foule de chartes des X⁰ et XI⁰ siècles, sans mentionner expressément la communauté, nous montrent toujours la femme participant aux actes passés par le mari, agissant de concert avec lui pour toutes les acquisitions ou aliénations intéressant les biens des époux ; la femme était devenue, sous l'empire du christianisme, l'associée de son mari. Cette communauté d'intérêts existait dans toutes les classes, en dehors des sociétés taisibles des serfs mainmortables.

Dans l'ancien droit germanique, le mari pendant la durée du mariage régissait les biens de sa femme, en vertu du *mundium* marital ; il pouvait disposer de tous les meubles, de tous les revenus et de tous les acquêts ; il était, suivant l'expression usitée au moyen-âge, *seigneur et maître* des biens communs. A la mort du mari, la veuve reprenait ses biens propres dans l'état où ils se trouvaient, son douaire et son morgengab et probablement aussi sa *gerade* ou objets à son usage personnel. Elle avait en outre une part dans les acquêts faits pendant la durée du mariage ; chez les Francs cette part était du tiers (1) ; d'après un capitulaire de Louis-le-Pieux, la veuve devait même, sans préjudice de son tiers des acquêts communs, partager avec ses enfants les autres biens du mari défunt (2). Il est probable toutefois que ces différents avantages n'appartenaient qu'à la femme survivante, et à titre d'héritière. Toutes les lois barbares accordaient aux veuves certains avantages qui variaient suivant les pays (3). Plus tard, les coutumes suivies par les roturiers égalisèrent les chances entre la femme et le mari. D'après les Sta-

---

(1) Marculf, II, 7, 17. — *Lex Rip.*, t. 37, c. 2. — Frédégaire (c. 84, 85) nous apprend que la reine Nanthilde eut le tiers des acquêts. — Frodoard (ann. 924) rapporte que le roi Raoul, par son testament, réserva la part de son épouse.

(2) Cap. IV, 9 ; V, 295.

(3) *Lex Burgund.*, t. 42, c. 1. — *Lex Bajuv.*, t. 14, c. 6, 7, § 1, 2 ; c. 9. — *Lex Sax.*, t. 9. — *Leges Inœ*, c. 38. — D'après les Coutumes de Wessex, rédigées sous Henri I⁰ʳ, roi d'Angleterre, la femme survivante reprend son douaire (*dos*), son *maritagium*, sa *morgengeva*, le tiers des produits de la collaboration, ses vêtements et son lit, dans l'état où ces objets se trouvent au moment du décès du mari. Si la femme prédécède sans enfants, ses parents partagent avec le mari la part qu'elle aurait dû avoir. (*Leges Henrici*, c. 70.)

tuts de Burchard, le survivant des deux époux prenait tous les acquêts et pouvait en disposer à son gré (1).

Les villes communales de France n'admirent pas le système de la communauté absolue, comme certaines villes libres de l'Allemagne (2). D'après la charte de Laon, rédigée au commencement du XIIe siècle, les apports de chaque époux lui restaient propres. S'il y avait des gains faits dans le commerce et pas d'enfants issus du mariage, le survivant des époux prenait tous ces gains qui lui demeuraient propres et passaient à son décès à ses proches (3). Ce document ne dit pas comment se partageaient les gains lorsqu'il y avait des enfants. La charte d'Amiens, postérieure d'un demi-siècle à celle de Laon, est plus explicite. Si l'un des époux, suivant cette charte, vient à mourir et laisse des enfants, ils doivent partager les acquêts par moitié avec l'époux survivant (4). Mais en cas de prédécès des enfants, elle ne donne à l'époux survivant que l'usufruit des acquêts et non pas la propriété comme à Laon. Cet usufruit n'avait pas lieu si les acquêts avaient été donnés ou légués pendant le mariage (5).

Les Assises des Bourgeois de Jérusalem consacraient le même système ; elles partageaient aussi les acquêts entre l'époux survivant et les enfants ; à défaut d'enfants, elles préfèrent le survivant aux

---

(1) *Burchardi leges*, c. 1.

(2) Voir le savant mémoire de M. Ginouilhac sur le régime de la communauté.

(3) .... *Si verò nec vir nec mulier hereditates habuerint, sed de mercimoniis questum facientes, substantia fuerint ampliati, et hæredes non habuerint, altero eorum mortuo, alteri tota substantia remanebit.* (Charte de Laon, en 1128, c. 13. — Voir aussi celles de Cerny, Crespy, Mondidier, etc.)

(4) *Si vir et uxor aliquam possessionem in vita sua acquisierint et eorum quipiam mortuus fuerit, qui superstes fuerit medietatem solus habebit, et infantes aliam.* (Charte d'Amiens, c. 35, en 1190. Ord., tom. XI, p. 264.)

(5) *Si quis vir et uxor ejus infantes habeant et contingat mori infantes, quis eorum supervixerit, sive vir sive mulier, quidquid similiter possiderunt de conquisitis, qui supertes erit, quamdiu vixerit, in pace remanebit et tenebit, nisi in vita præmorientis donum vel legatum inde factum fuerit.* (Charte d'Amiens, c. 22.)

héritiers du prédécédé. Elles donnent au père survivant l'usufruit de la part échue aux enfants (1).

Le premier système usité dans nos chartes de bourgeoisie n'est donc pas encore la communauté complète ; mais pour y arriver, il n'y avait qu'un pas à franchir. Il suffisait d'accorder la part de l'époux prédécédé à ses héritiers, dans le cas même où il n'y avait pas d'enfants. Ce dernier système prévalut bientôt.

Le régime de la communauté passa peu à peu dans les villes qui ne l'avaient pas d'abord admis. Nous lisons en effet dans la charte de Rouvray : « De rechief *nous avons octroyé et accordons* à nos diz bourgeois, bourgeoises, habitants et ceulx que dit est que *doresenavant* se aucun d'eulx se marient ensemble, les meubles, acquestz et debtes seront communs entre les diz mariez à une chacune partie, par moitié.......... » Quand l'un des époux viendra à mourir, les meubles et acquêts appartiendront pour moitié au survivant et pour moitié aux héritiers du prédécédé (2).

Nous voyons aussi dans la charte de Joinville que l'introduction du régime de la communauté était, au XIVe siècle, chose nouvelle dans cette localité. La charte déclare que le seigneur accorde « pour le proffit desdiz habitants et à *lour requeste,* » que les femmes prendront au décès du mari la moitié des meubles et acquêts faits pendant le mariage en toute propriété pour elles et leurs héritiers, « *nonobstant us ou coustume que par le temps passé ait esté au contraire* » (3).

Ces termes nous montrent clairement que le système de la communauté s'introduisait successivement dans les différentes villes de France et qu'il passa pour ainsi dire de l'une à l'autre. C'était un privilége auquel les bourgeois de toutes les cités voulaient par-

---

(1) « Deivent tous homes saver que par la sainte Assise de Jérusalem ait la feme la mité de tous les biens que son baron guaigne à luy despuis que il la prend. Car ce est droit et raison par l'Assise : *quia ex quo vir et mulier fiunt una caro, merito quicquid vir acquirit uxore vivente, jure cedit uxori pro medietate.* » (*Assises de la Cour des Bourgeois*, ch. 180.) — Voir aussi : ch. 183, 187, 191.

(2) Charte de Rouvray et de Cumoigne, c. 11, en 1367. *Ord.* VII, p. 341.

(3) Charte de Joinville, c. 40, en 1354. *Ord.* IV, p. 292.

ticiper. Au XIIIe siècle, ce régime matrimonial était devenu d'un usage général : il est mentionné dans tous les coutumiers de cette époque ; il s'appliquait aux nobles comme aux roturiers (1).

La loi féodale introduisit cependant certaines distinctions importantes. Le Coutumier de Champagne accordait tous les meubles au survivant des époux nobles (2). Les Coutumes de Paris, d'Étampes, de Troyes, de Sens, de Chaumont, de Touraine, de Bourges, de Berry, etc., consacrèrent ce système, mais dans le cas seulement où il n'y avait pas d'enfants (3). Celles de Senlis, de Clermont en Beauvoisis, de Péronne, de Laon, de Reims, de Chartres, de Dreux, de Lodunois, et plusieurs autres l'admirent, dans le cas même où il y avait des enfants (4). Dans le comté de Bourgogne, ce privilége n'appartenait qu'au mari noble survivant (5). Il avait lieu du reste *quasi partout*, dit Loisel (6).

Les Établissements de Saint-Louis et les Anciens Usages d'Anjou accordent à l'époux survivant l'usufruit de la moitié des acquêts dont il n'a pas la propriété (7). Les Coutumes de Valois et de Clermont en Argonne donnent aussi l'usufruit de la moitié des conquêts dont il n'a pas la propriété au survivant noble des époux (8).

Mais dans certains pays, la femme, par un reste de l'ancienne

---

(1) *Établissements de Saint-Louis*. L. I, ch. 135, 136, 139. — Anc. *Usages d'Anjou*, art. 75. — Beaumanoir, ch. 14, n° 29 ; ch. 21, n°s 2, 8, 9. — A. C. de Bourgogne, art. 8. M. Giraud.

(2) *Li Droict et lis Coustumes de Champaigne*, art. 5 et 12.

(3) Paris, art. 238. — Etampes, 98. — Troyes, 11, 12. — Vitry, 74. — Sens, 83. — Chaumont, 6, 7. — Touraine, 247, 268, 270, 319. — Bourges, rubr. 8, art. 5. — Berry, VIII, 13.

(4) Senlis, 146. — Clermont en Beauvoisis, 189. — Péronne, 126. — Reims, 279, 280, 281. — Chartres, 57. — Lodunois, XXVII, 14.

(5) Cout. du comté de Bourgogne, art. 25.

(6) Loisel, L. II, t. 5, règle 23.

(7) *Établissements de Saint-Louis*, L. I, ch. 136. — Anc. *Usages d'Anjou*, art. 28.

(8) Valois, art. 62. — Clermont en Argonne, V, 8.

rigueur du droit féodal, était exclue des fiefs acquis. D'après les Assises de Jérusalem, la veuve du chevalier prenait la moitié des meubles en toute propriété et la moitié des immeubles du mari en usufruit seulement, sans distinction entre les propres et les conquêts, ce qui réduisait son droit à un simple douaire (1). Les Usages de Romanie lui donnent la moitié des acquêts féodaux faits pendant le mariage, mais en cas de survie seulement (2). D'après les lois de Baudouin, comte de Flandre, la veuve avait l'usufruit de tous les alleux acquis et de la moitié des fiefs acquis, mais elle les rendait à son décès; le mari survivant gardait au contraire tous les acquêts féodaux. L'époux survivant avait en outre les revenus de l'année courante au moment de la dissolution du mariage (3); ce gain de survie portait, dans les coutumes flamandes, le nom de *vanguenaule* ou *gaignage* (4).

Quelques coutumes conservèrent sur ce sujet le système du droit féodal primitif. Dans le baillage de Lille, les conquêts féodaux devaient appartenir au mari ou à la ligne du mari; la femme et la ligne féminine ne pouvaient rien y prétendre. Il n'en était pas de même pour les biens roturiers; la veuve, d'après les Coutumes de l'échevinage, pouvait prendre la moitié des meubles et des héritages urbains que la coutume réputait meubles, ou s'en tenir à son douaire. A Cambrai, la femme n'avait que l'usufruit des fiefs acquis, tandis que le survivant des époux, mari ou femme, prenait la moitié des héritages de main-ferme en toute propriété et l'autre moitié en usufruit; la coutume d'Artois et celle de Tournay excluaient aussi les fiefs de la communauté (5).

Cette restriction fut rejetée du reste par le droit commun. Beaumanoir, les Établissements de Saint-Louis et la plupart des coutumes officielles ne font pas de distinction entre les fiefs et les

---

(1) *Assises de Jacques d'Ibelin* ; n°s 71, 91. — Geoffroy Letort, ch. 16.

(2) *Uxanze di Romagnia*, c. 35.

(3) *Leges Balduini comitis*, c. 8, 9, 10, 12, 13.

(4) Ducange. Glossaire. V° *gaignagium*.

(5) Cout. du baillage de Lille, ch. 2, art. 20; — de l'échevinage de Lille, ch. 1, art. 6; ch. 17, art. 9, 10. — Cout. de Cambrai, t. 1, art. 1; t. 2, art. 3. — C. de Tournay, ch. 15, art. 1. — C. d'Artois, art. 135.

autres biens, et mettent dans la communauté les acquêts féodaux comme les acquêts roturiers.

Les anciennes coutumes admettaient, relativement au droit de renoncer à la communauté, une grande différence entre la femme noble et la femme roturière. On croit que ce droit fut introduit à l'époque des croisades, en faveur des veuves des chevaliers ruinés par les dépenses que nécessitaient ces lointaines expéditions. La Coutume de Bourgogne est une des plus anciennes qui ait fait mention de ce droit ; d'après elle, la femme qui se *desceint* sur la tombe de son mari, renonce aux meubles et aux acquêts de la communauté, et s'affranchit des dettes ; elle n'a plus droit qu'à son douaire (1). Nous trouvons le même droit consacré pour la veuve noble par la Très-Ancienne Coutume de Bretagne ; la femme renonçante ne prenait, dans ce cas, que les meubles et les vêtements à son usage personnel (2). Les Coutumes de Senlis, Clermont en Beauvoisis, Valois, Troyes et Chaumont consacrèrent aussi le droit de renoncer à la communauté, mais comme un privilége pour la veuve noble seulement (3). L'Ancienne Coutume de Paris réservait également cette faculté à la veuve noble (4).

A défaut d'inventaire ou partage régulier, lors du décès du mari, il y avait continuation de communauté entre l'époux survivant et ses enfants ; mais cette disposition coutumière ne s'appliquait point aux nobles ; il en était ainsi dès le temps de Beaumanoir, d'après lequel *il n'y a point compagnie* après la mort de l'un des époux nobles (5). Les Coutumes d'Orléans, de Poitou et d'Angoumois décident aussi que la communauté continuée ne peut exister qu'entre roturiers (6).

C'est encore à l'influence du régime féodal qu'il faut attribuer les clauses restrictives de la communauté conjugale qu'on trouve

---

(1) *A. C. de Bourgogne*, art. 3. M. Giraud.

(2) Bretagne, T.-A. C., ch. 36.

(3) Senlis, art. 147. — Clermont en Beauvoisis, 188. — Valois, 97. — Troyes, 12. — Chaumont, 7.

(4) Paris, A. C., art. 115.

(5) Beaumanoir, ch. 21, nos 8, 9.

(6) Orléans, art. 216. — Poitou, 234 et suiv. — Angoumois, 42.

dans les anciens contrats de mariage. La haute noblesse modifiait le droit commun par une foule de dispositions spéciales destinées à maintenir les biens dans les familles et à assurer la conservation de la fortune des grandes maisons. Ces clauses devaient être observées, suivant les termes de certains contrats de mariage, *nonobstant toutes lois ou coutumes contraires* (1). L'usage laissait à cet égard une grande liberté pour les conventions matrimoniales, surtout lorsqu'il s'agissait des principales familles nobles. De nos jours, bien que la loi ne permette plus ainsi de se soustraire au droit commun, les époux jouissent encore d'une grande liberté pour leurs conventions de mariage. Malgré toutes ces clauses restrictives, le régime de la communauté, plus ou moins modifié, était la base de toute association conjugale dans les pays coutumiers, tant entre nobles qu'entre roturiers.

La Coutume de Normandie, au contraire, a toujours repoussé la communauté. D'après l'ancien droit normand, la femme du noble n'avait aucun droit aux meubles ni aux acquêts faits pendant la durée du mariage (2). Mais la coutume rédigée en 1583 lui accorda le droit de prendre en usufruit, après la mort du mari, le tiers des acquêts faits hors bourgage dans la plupart des baillages; dans le baillage de Caux, elle en avait la moitié également en usufruit; dans celui de Gisors, la moitié mais en toute pro-

---

(1) Contrat de mariage de René de Lorraine avec Philippine de Gueldres, en 1493; — d'Antoine de Lorraine avec Renée de Bourbon, en 1514; — de Nicolas de Lorraine avec D^{lle} d'Egmont, en 1548. (D. Calmet. *Hist. de Lorraine*, tom. III, *Preuves*, col. 305, 362, 416.) — Contrat de mariage de Charles de Rohan et de Catherine Du Guesclin, en 1405. (D. Morice, *Preuves*, tom. II, col. 762.)

(2) « La fame au chevalier mort n'a pas partie ne doerre ès conqest ne ès muebles. » (*Assises de Normandie*, p. 96). — Arrêt de l'Echiquier, de l'an 1241. Marnier, p. 191. — *Grand Coustumier de Normandie*, ch. 101. — Les anciennes lois anglaises accordaient au contraire à la veuve une portion des meubles cataux : *Et uxor defuncti habeat dotem suam et partem de catallis ejus qui eam contingit.* (*Assises de Clarendon*, c. 8. Spelmann., Houard. *Anc. lois des Français.*) Elle avait en outre le tiers des acquêts faits pendant le mariage. (Littleton, sect. 36.)

priété. Quant aux acquêts faits en bourgage, elle en avait la moitié en propriété dans toute la province (1).

Les meubles échus à la femme pendant le mariage devenaient la propriété du mari; la femme, à la mort de celui-ci, prenait, suivant les cas, tantôt la moitié et tantôt le tiers des meubles (2); mais la part des meubles et des acquêts accordée à la femme lui appartenait comme héritière du mari et non comme commune; elle ne passait point aux héritiers de la femme prédécédée. Ce système se rattache probablement aux origines germaniques et scandinaves de la coutume de Normandie. L'esprit militaire et aristocratique des Anglo-Normands l'a conservé, parce qu'il favorisait l'indivision des terres hommagées et leur conservation dans les mêmes familles. Quant aux bourgages, la coutume avait adopté un système moins exclusif et plus favorable aux droits des femmes, parce qu'il n'y avait pas le même intérêt à assurer la conservation de ces tenures non féodales.

Quelques autres coutumes n'accordaient pas à la femme des droits égaux à ceux du mari pour le partage des acquêts et des meubles. Dans plusieurs localités du ressort de Chaumont, elle ne prenait qu'un tiers des acquêts et le mari les deux tiers. A Orchies, à Neuville, à Commines, le survivant des époux prenait toute la succession du prédécédé ou tout au moins les biens réputés meubles, et ne partageait qu'en cas de second mariage; à Liége, le survivant des époux, quand il y avait des enfants, jouissait de l'usufruit de tous les biens et prenait les meubles en toute propriété; à Gorze en Lorraine la femme n'avait aucune part aux

---

(1) Arrêt de 1241. Marnier, p. 191. — *Grand Coustumier de Normandie*, ch. 101. — C. de Normandie, art. 329.

(2) C. de Normandie, art 390, 392, 393. — Dans le droit anglais moderne, le mari est encore, pendant la durée du mariage, censé propriétaire de tous les biens de sa femme, meubles et immeubles : « a sixth method of acquiring property in goods and chattels is by marriage; whereby those chattels, which belonged formerly to the wife, are by act of law vested in the husband, with the same degree of property and with the same powers, as the wife, when sole, had over them. » (*Backstone's commentaries*, book II, ch. 29, n° 6.)

acquêts, à moins que le mari ne les lui eût donnés (1). D'après l'Ancienne Coutume de Charroux, la veuve n'avait que *son ocle et son mariage et lo lict à son senhor;* le mari survivant sans enfants gagnait tous les meubles et ne laissait aux héritiers de la femme que les propres de celle-ci (2). A Reims, la veuve pouvait ou s'en tenir à son douaire, ou prendre la moitié des meubles et des acquêts ; la coutume décidait cependant que les époux ne sont communs en biens meubles et acquêts, et que le mari seul en est propriétaire (3). Mais ces dispositions spéciales et contraires au droit commun des pays coutumiers ne sont pas le résultat de l'influence féodale : ce sont plutôt des restes de l'ancien droit barbare.

A côté des dispositions introduites dans le régime conjugal par l'influence féodale, il faut signaler aussi celles d'origine roturière. D'après la plupart des coutumes, la communauté commençait lors de la bénédiction nuptiale ; mais d'après celles de Grand-Perche, de Lodunois, du Maine, d'Anjou et de Bretagne, les époux n'étaient communs en meubles et acquêts qu'après avoir demeuré ensemble pendant l'an et jour ; sous les coutumes de Dreux, de Chartres et de Châteauneuf, il en était de même, pour les premiers mariages seulement (4). Il y a eu sur ce point assimilation entre la communauté conjugale et la société taisible, qui dans certaines coutumes s'établissait aussi par l'habitation commune pendant un an et un jour; la continuation de communauté entre roturiers paraît aussi se rattacher à la même origine. Toutefois nous ne pensons pas que la société taisible soit la source première de la communauté conjugale.

---

(1) Ancien procès-verbal des coutumes de Chaumont, en 1494. *Des droits appartenant à gens mariés.* Richebourg, tom. IV, p. 371 et suiv. — Cout. de l'échevinage d'Orchies, ch. 1, art. 2. — C. de Liége, ch. 11, art. 13, 15. — Cout. locale de Neuville, art. 6. — C. de Commines, art. 18. — C. de Gorze, t. 5, art. 5.

(2) Cout. de Charroux, art. 14, 15, 16, 17. M. Giraud.

(3) Cout. de Reims, art. 239. — Cette coutume admet par le fait la communauté, mais elle ne la fait commencer qu'au décès du prémourant des époux.

(4) Grand-Perche, 102, 103. — Lodunois, XXIV. — Maine, 508. — Anjou, 511. — Bretagne, 424, 469. — Chartres, 57, 59. — Dreux, 48, 50. — Châteauneuf, 66, 68.

Elle a pu exercer par assimilation quelqu'influence sur le régime matrimonial des roturiers, et contribuer à rendre leur communauté plus complète que celle des nobles, soumise aux restrictions féodales; mais il existe entre la société taisible et l'association conjugale des différences trop profondes pour qu'il soit permis de les identifier. Il ne faut pas oublier que tout le régime conjugal des pays coutumiers a pour base la puissance maritale; le mari est tuteur de sa femme, chef et seigneur de la communauté, et il peut en disposer librement pendant le mariage; le droit de la femme n'est ouvert qu'à la dissolution de la communauté; rien de semblable dans la société taisible où tous les co-associés sont co-propriétaires au même titre et de la même manière.

Dans toutes les coutumes, les époux reprenaient à la dissolution du mariage les biens qu'ils avaient apportés en se mariant. L'apport matrimonial pouvait comprendre des tenures de toute espèce; la loi féodale n'imposait à cet égard aucune distinction. D'anciennes chartes nous montrent que dès le XIe siècle le *maritagium* de la femme consistait quelquefois en fiefs, comme son *dotalicium* (1). On voit aussi à chaque instant, dans les cartulaires, les femmes apporter en mariage des alleux ou des tenures roturières. La législation des croisés latins mentionne la dot de la femme de condition vilaine (2). La même loi régissait sur ce point les nobles et les roturiers. L'influence de la féodalité introduisit cependant certaines règles spéciales dans quelques localités. Les anciennes coutumes normandes, dans le but de maintenir les biens dans la descendance masculine, veulent que la part donnée en mariage aux filles n'excède pas le tiers des biens du donateur (3). Cette disposition, qui appartient peut-être aux origines scandinaves de la coutume de Normandie, a été sanctionnée par la féodalité (4).

Toutefois, malgré ces dispositions exceptionnelles et spéciales

---

(1) Charte de 1039, *Cartulaire de Vendôme*. Galland, p. 23, 24.

(2) *Uzanze di Romagnia*, c. 174.

(3) *Établissements de Normandie*, p. 64.

(4) Les anciennes lois suédoises ont plusieurs points de ressemblance avec les Coutumes normandes, et se montrent aussi peu favorables aux droits des femmes. (*Leges regni Sueciæ*.)

à certaines localités, on doit considérer la communauté composée des meubles, des acquêts et des fruits et laissant aux époux leurs héritages en propre, comme le droit commun de la France coutumière. Ce ne fut point une création du régime féodal, mais un développement du système des lois barbares; il en est de ce régime matrimonial comme du douaire; il s'appliqua aussi tant aux censives qu'aux fiefs, et devint, sauf certaines distinctions introduites par la féodalité, la loi générale des nobles comme celle des roturiers.

§ V.

DU RÉGIME DOTAL.

Dans les pays de droit écrit, le régime matrimonial ne fut pas profondément altéré par le système féodal; on appliqua le régime dotal aux fiefs et les rapports des époux furent toujours régis par la loi romaine. On le voit par les contrats de mariage des principaux seigneurs des provinces méridionales. Au XIe et au XIIe siècle, les seigneurs donnaient en dot à leurs filles des alleux et des fiefs (1). Le mari donnait aussi à sa fiancée, à titre de *dotalitium* ou de *sponsalitium*, des villes, des châteaux ou des fiefs pour elle et pour les enfants à naître du mariage (2).

Au XIIIe et au XIVe siècle, après la conquête des provinces du midi par les Français, le droit romain et le régime dotal n'en subsistèrent pas moins; la haute noblesse conquérante adopta l'un et

---

(1) Contrat de mariage de Pierre, vicomte de Bruniquel, et de Guillemette, fille de Raymond, vicomte de Béziers, en 1069. (D. Vaissette, tom. II, *Preuves*, dipl. 244.) — Contrat de mariage d'Aymor de Murviel avec Tiburge, fille de Guillaume d'Omelas, en 1150. (*Id.*, tom. II, *Preuves*, dipl. 480.) — Le *Spicilége* de d'Achéry renferme aussi de nombreuses chartes matrimoniales, sous le régime dotal.

(2) Contrat de mariage de Bertrand, fils de Raymond de Saint-Gilles, avec Hélène de Bourgogne, en 1095. (D. Vaissette, tom. II, *Preuves*, dipl. 311.) — Voir aussi dipl. 480, *loc. cit.* — Voir aussi le testament d'Hugues, comte de Rodez, en 1176. (D. Martène. *Miscell.*, p. 896.)

l'autre et se soumit sur ce point aux usages de la population vaincue (1). La coutume de Toulouse permit toujours de constituer en dot soit des fiefs de dignité, soit des fiefs de moindre importance, *honores seu feudos* (2).

Le *dotalitium* n'était pas nécessairement constitué sur des terres ou sur des châteaux, mais quelquefois le mari s'engageait à fournir à ce titre une rente fixe, assise sur une terre achetée ou à acheter. Telle fut la donation nuptiale constituée par Louis de Navarre en 1365 à Jehanne de Duras, sa fiancée, avec laquelle il avait également contracté sous le régime dotal (3).

Les pays méridionaux avaient à l'époque féodale conservé l'ancien régime dotal, tel que l'avait jadis organisé la loi *Julia* et n'admettaient pas encore le système byzantin de l'inaliénabilité absolue de la dot. Au XIe siècle, le mari pouvait encore aliéner le fonds dotal avec le consentement de sa femme (4). Plus tard, le système de Justinien fut généralement adopté dans le midi de la France.

Dans les autres pays méridionaux de l'Europe, le régime dotal resta aussi en vigueur et se mêla également avec le système féodal. D'après les constitutions napolitaines, le frère qui marie sa sœur peut lui donner en dot un fief sur trois. Le futur époux peut aussi donner en douaire à sa fiancée le tiers de ses fiefs, mais ni le comte ni le baron ne doit donner le château d'où sa seigneurie tire son nom. La douairière fournit caution aux héritiers du mari qu'elle ne diminuera pas le fief, à moins que ces héritiers ne soient ses fils (5).

---

(1) Contrat de mariage de Guy, fils de Simon de Montfort, avec Péronnelle, comtesse de Bigorre. (Galland, p. 150.)

(2) *Consuet. Tholosæ*. Rubr. *de emptione*, c. 11.

(3) *Miscellanea*, p. 1484, 1488.

(4) *Petri excep.*, lib. I, c. 34.

(5) *Const. regni siculi*, lib. III, t. 14, c. 1, 2; t. 15, c. 1. — Les Usages de Barcelone admettent aussi le régime dotal avec le *sponsalitium*. (*Usatici Barchinonæ*, c. 147.)

CHAPITRE VIII.

Du bail et de la garde.

§ 1ᵉʳ.

DU BAIL FÉODAL.

La féodalité introduisit dans le régime de la tutelle une institution toute spéciale qu'on appella le *bail féodal*. Lorsque le fief fut devenu patrimonial, il passa, au décès du possesseur, à l'enfant en bas âge que celui-ci laissait. Il ne fallait pas toutefois que le service de la tenure fût interrompu. De là l'introduction du bail seigneurial.

Les vieux usages féodaux de l'Allemagne donnaient au seigneur le droit de percevoir les revenus du bénéfice jusqu'à ce que le jeune vassal eût atteint douze ans accomplis. C'était une indemnité pour le seigneur, privé du service du fief par la jeunesse du feudataire. Si le seigneur, afin de prolonger la durée de sa jouissance, niait que l'enfant eût atteint l'âge légal, le *mainbour* du pupille l'affirmait par serment, et ce serment faisait foi. Dès lors le seigneur ne pouvait plus rien prendre des produits du fief (1). Le pupille devait, dès qu'il était entré dans sa treizième année, faire hommage au seigneur et recevoir l'investiture dans le délai de six semaines. Le terme du bail seigneurial ne mettait pas fin à la tutelle qui en était complètement distincte. Le jeune homme devait rester sous la surveillance de son tuteur pendant toute la durée de son adolescence, c'est-à-dire jusqu'à vingt-quatre ans (2).

En France, des chartes anciennes nous montrent que dans l'origine la garde et les revenus du fief appartenaient aussi au seigneur

---

(1) *Ant. lib. de benef.*, c. 67, 69.
(2) *Id.*, c. 64, 68.

dominant pendant la minorité de son vassal. Une charte inédite de l'an 1111 parle d'un seigneur qui tenait *in manu* le fief de son vassal mineur, bien que la mère de celui-ci fût vivante (1).

Mais l'institution du bail féodal se modifia par la suite du temps. La loi des fiefs se rapprocha peu à peu de la loi commune ; les droits des seigneurs s'affaiblirent, tandis que ceux des vassaux s'affermissaient. Au XIII⁰ siècle, on voit le bail féodal confié à la famille du pupille par presque tous les codes féodaux. Les lois de Baudouin, comte de Flandre, donnent au survivant des époux la garde de ses enfants mineurs, ainsi que celle des fiefs et des alleux (*bajulatio*); elle dure jusqu'à quinze ans pour les fils, jusqu'à douze ans pour les filles. En cas de mort du père et de la mère, le plus proche parent, héritier présomptif, doit avoir la garde des fiefs et des alleux ainsi que celle des enfants (2).

D'après les Assises de Jérusalem et tous les anciens coutumiers français, le seigneur ne prenait plus de plein droit, lors du décès de son vassal, la garde du fief. La mère du jeune feudataire avait, à la mort du père, le bail de ses fils (3). Le bail du fief et la garde du pupille ne se divisaient pas tant que vivait soit le père, soit la mère de l'enfant (4); ils duraient jusqu'à la majorité du pupille ou jusqu'à son mariage s'il s'agissait d'une fille.

Quand le père et la mère étaient morts, le bail féodal et la garde du pupille ne pouvaient au contraire être confiés à la même personne. L'héritier présomptif devait avoir le bail du fief ; il en faisait le service et en percevait les revenus après avoir rendu hommage au seigneur (5); mais comme il était à craindre que ce parent ne fît périr l'enfant pour s'emparer du bien dont il n'avait que le dépôt, la garde de la personne du pupille était confiée dans ce cas au plus proche parent, parmi ceux qui n'étaient pas héritiers pré-

---

(1) Charte originale inédite des archives de Maine-et-Loire.
(2) *Leges Balduini comitis*, c. 11, 14, 15, 16.
(3) *Jean d'Ibelin*, ch. 179.
(4) « Le baillage de pére ou de mère est enterin, car il a le fié et l'enfant en garde, porce que l'escheele dou fié ne peut venir à lui. » (*Jean d'Ibelin*, ch. 170. — Philippe de Navarre, ch. 22.)
(5) *Jean d'Ibelin*, ch. 170, 171. — Philippe de Navarre, ch. 22.

somptifs (1). L'héritier présomptif, chargé du bail du fief, était le plus proche parent de la ligne d'où ce bien provenait. Le seigneur ne prenait le bail du fief qu'à défaut d'héritier présomptif. Il rentrait alors dans l'exercice du droit dont il avait joui pendant les premiers temps de l'époque féodale d'une manière bien plus étendue. Il percevait dans ce cas les profits du fief de son vassal, comme faisait l'héritier présomptif lorsqu'il jouissait du bail (2). Le droit de la famille qui ne passait dans l'origine qu'après celui du seigneur avait fini par le précéder.

La veuve, en Anjou, ne devait pas le rachat pour le fief de son fils dont elle avait le bail (3). D'après les Établissements de Saint-Louis, elle était tenue d'entretenir en bon état les domaines qui composaient le fief. Si elle se remariait, son nouveau mari était soumis aux mêmes obligations. En cas d'abus, la mère et son second mari devaient être privés du bail qui passait alors au plus proche héritier collatéral du mineur du côté d'où venait le fief : « cil à qui le retort de la terre devroit avenir. » La mère n'avait du reste le bail de sa fille que lorsqu'il n'y avait pas d'héritier mâle ; car lorsqu'il y avait un héritier mâle, celui-ci ayant la saisine du fief et la fille n'héritant pas, le bail n'aurait plus eu d'objet (4).

Au XIII° siècle, presque toutes les anciennes coutumes du centre

---

(1) « Bail ne deit mie garder mermiau. » (*Jean d'Ibelin*, ch. 170.)

. . . .
Ne doit mie garder l'aignel,
Qui en deit aver la pel.
(*Vers cités par Philippe de Navarre*, ch. 20.)

(2) *Jean d'Ibelin*, ch. 170, 171. — *Établissements de Saint-Louis*, L. I, ch. 117. — Beaumanoir, XV, 2, 5, 7, 9, 10, 13. — *Li Droict et lis Coustumes de Champagne*, art. 5. — Jugement de la cour féodale de Champagne, en 1278. — *Anc. Usages d'Anjou*, art. 103. — Ordonn. de 1246, pour les nobles d'Anjou et du Maine, c. 6. Brussel, *Preuves*, p. 35. — *Anc. Cout. de Reims*, du XV° siècle, art. 337, 341.

(3) Ordonn. de 1246, c. 1, *loc. cit.*

(4) *Établissements de Saint-Louis*, L. I, ch. 17. — Voir aussi une note de De Laurière sur ce passage des Etablissements. (*Recueil des Ordonn.*, tom. I, p. 120, note D.)

de la France avaient donc adopté à peu près le même système. Partout le bail du mineur noble appartenait au père ou à la mère ; à leur défaut, le bail du fief passait au plus proche parent de la ligne d'où il provenait et la garde du pupille à un autre parent.

Il n'en fut pas de même en Normandie. Cette province resta fidèle sur ce point aux usages de la féodalité primitive destinés à assurer le service militaire du fief. La charte normande d'Henri II donnait au seigneur la garde du mineur. Il ne pouvait exercer ce droit qu'après avoir reçu l'hommage et ne devait pas prendre le fief même, mais seulement les revenus de la terre, à la charge d'entretenir le pupille (1). Les Établissements de Normandie donnaient le même pouvoir au seigneur en lui imposant les mêmes obligations (2). Lorsque le jeune vassal possédait plusieurs fiefs, le bail du pupille et de sa terre appartenait à son seigneur lige (3). De l'autre côté du détroit, les seigneurs anglo-normands tenaient aussi le fief en garde pendant la minorité de l'héritier et à partir du moment où il avait rendu hommage (4). Le duc de Normandie avait, comme les autres seigneurs, la garde des enfants des vassaux qui tenaient de lui, d'après les Établissements : « par droiture d'éritage, sergenteries, ou aluez ou fieuz » (5). Au XVe siècle, comme au XIIIe, il jouissait encore du même droit et pouvait, en qualité de gardien, marier la fille de son vassal décédé, lorsqu'elle avait atteint l'âge nubile, avec le consentement des parents et des amis de celle-ci (6).

La terre du pupille restait sous la garde du seigneur jusqu'à ce que le premier eût atteint l'âge de vingt-un ans. Il la reprenait alors, mais jamais plus tôt, même s'il était armé chevalier avant

---

(1) Charte d'Henri II, c. 4.
(2) *Établissements de Normandie*, p. 11.
(3) Glanville, VII, 10.
(4) *Assises de Clarendon*, c. 7. Houard. *Anciennes Lois des Français*.
(5) *Établissements de Normandie*, p. 48.
(6) *Grand Coustumier de Normandie*, ch. 33.

cet âge (1). Le gardien faisait siens les fruits de la terre tenue en escuage (fief de haubert) (2).

La Coutume de Normandie conserva toujours ce système et laissa la garde du fief du mineur au seigneur duquel il relevait (3).

En Bretagne, les Plantagenets ne firent pas prévaloir le système normand, car l'Assise de Geoffroy donne, à la mort du père, le bail de la terre et des juveigneurs au frère aîné, et à son défaut, au tuteur choisi par le défunt avec le consentement du seigneur (4). Les anciennes coutumes de Champagne donnent aussi à défaut de de père et de mère, l'avouerie des enfants mineurs à leur frère aîné (5). Les coutumes d'Anjou, avant 1508, accordaient encore le bail aux parents collatéraux du mineur noble (6).

Le bail finissait, d'après les Établissements de Saint-Louis et les Usages d'Anjou, à vingt-un ans pour le fils, parce qu'à cet âge il était réputé capable de faire le service du fief; pour la fille, il cessait à quinze ans, âge où elle pouvait prendre un mari qui fît le service féodal (7); en Champagne, les enfants recevaient l'investiture du seigneur, les mâles à treize ans, les filles à onze ans (8).

Les coutumes, lors de la rédaction officielle, consacrèrent, au sujet du bail féodal, une foule de systèmes différents, et le confondirent souvent avec la garde, pour les nobles, sous le nom de garde-noble. Les unes la donnèrent seulement au survivant des

(1) Grande Charte du roi Jean.

(2) Littleton, sect. 125. — Les constitutions napolitaines admettaient aussi le bail féodal; mais, d'après une loi de Frédéric, les droits du gardien étaient peu étendus. Il ne profitait pas des fruits et devait rendre compte des produits du fief, déduction faite des frais d'entretien du mineur et du service de la cour. (*Const. regni siculi*, lib. III, t. 27, c. 1.)

(3) Cout. de Normandie, art. 213.

(4) *Assise de Geoffroy*, c. 2, 3.

(5) *Li Droict et lis Coustumes de Champaigne*, art. 20.

(6) *Anc. Cout. d'Anjou*, du XV⁰ siècle (3ᵉ partie). — Procès-verbal de la rédaction sur l'art. 85, en 1508. Richebourg, tom. IV.

(7) *Établissements de Saint-Louis*, L. I, ch. 17. — *Usages d'Anjou*, art. 99.

(8) *Li Droict et lis Coust. de Champaigne*, art. 5.

père et mère du pupille (1) ; d'autres l'accordèrent aux ascendants plus éloignés (2) ; quelques-unes enfin, mais en petit nombre, ne l'enlevèrent pas aux collatéraux (3) ; plusieurs coutumes appellent bail la tutelle féodale des collatéraux et garde-noble celle des ascendants. Elles donnent généralement au gardien noble le droit de faire siens les fruits des immeubles dont il avait la garde ; d'après quelques-unes, il pouvait même prendre les meubles (4). Dans certaines provinces, la garde-noble n'avait lieu qu'entre nobles et pour les biens nobles (5) ; ailleurs, elle avait lieu pour tous les fiefs, tant entre nobles qu'entre roturiers (6).

§ II.

DE LA GARDE.

Le bail féodal avait pour objet d'assurer le service du fief ; il était plus réel que personnel (7). La garde avait au contraire pour but de donner un protecteur à la personne du pupille.

(1) Senlis, art. 152. — Valois, 67. — Troyes, 17. — Meaux, 147. — Clermont en Beauvoisis, 170. — Laon, 261. — Touraine, 339. — Lodunois, XXXIII, 1. — Maine, 98. — Anjou, 85. — Haute-Marche, 70, 71. — Bassigny, 72. — Bourgogne, VI, 4. — Chartres, 41, 105.

(2) Paris, 265. — Calais, 136. — Etampes, 89. — Dourdan, 124. — Montfort, 116. — Reims, 330. — Vitry, 63. — Chaumont, 11. — Sens, 156. — Bar, 66. — Clermont en Argonne, XII, 8. — Péronne, 220. — Chauny, 137, 140. — Châteauneuf, 43, 134. — Blois, 4. — Auxerre, 254.

(3) Mantes, 179. — Melun, 285. — Boulenois, 77, 86. — Artois, 155, 160. — Amiens, 125, 126. — Orléans, 23, 179. — Montargis, VII, 4. — Berry, I, 33, 34.

(4) Cout. de Reims, art. 331. — Sens, 156. — Bar, 68. — Chartres, 105. — Melun, 287. — Berry, I, 26. — Touraine, 340. — Bourgogne, VI, 4. — Senlis, 152. — Laon, 261. — *Li Droict et lis Coust. de Champaigne*, art. 5.

(5) Valois, 67. — Troyes, 17. — Meaux, 147. — Laon, 261. — Péronne, 220.

(6) Clermont en Beauvoisis, 170, 176. — Amiens, 125.

(7) *Verius prædiorum est prædiisque impositum quam personis.* (Chopin, *De Andium leg.*, lib. I, t. 1, c. 1.)

Le bail était une institution spéciale et qui ne s'appliquait qu'aux fiefs et non aux autres tenures. Aussi, lit-on dans les Établissements de Saint-Louis : « Bail si est de fiés, mes en vilenage si n'a point de bail » (1), et dans Beaumanoir : « En vilenage, n'a point de bail. » Mais aussi le bail s'appliquait aux fiefs possédés par des roturiers comme à ceux qui appartenaient aux nobles (2). Tout mineur au contraire, noble ou roturier, était soumis à la garde. L'origine de cette institution remonte à une époque beaucoup plus ancienne que le bail et ne dérive pas comme lui du régime féodal.

La puissance paternelle reconnue par les Assises de la Cour des Bourgeois, document qui reproduit si souvent les dispositions du droit romain, ne fut jamais admise par les coutumes du nord et du centre de la France. Loisel a formulé ainsi ce principe dans ses Institutes coutumières : *Droit de puissance paternelle n'a lieu* (3). L'autorité que le père exerçait sur ses enfants n'était, dans les provinces coutumières, qu'un droit de tutelle ou de protection dont l'origine germanique ne saurait être contestée. Les anciens jurisconsultes français l'appelaient encore *avouerie*, *mainbourde* ou *mainbournie*, expressions qui rappelaient le *mundium* des lois barbares (4). Il ne faut pas la confondre avec la *patria potestas* du droit romain, ni avec le bail féodal, bien qu'elle ait subi l'influence de la féodalité.

D'après le droit germanique, les enfants étaient soumis à la tutelle ou *mundium* de leurs pères ; elle s'étendait même, d'après la loi des Allamans, sur ceux dont la mère avait quitté son

---

(1) *Établissements de Saint-Louis*, L. II, ch. 18.

(2) Beaumanoir, XV, 7, 23. — Les bourgeois de Paris reçurent du roi Charles VI le privilége d'avoir, comme les nobles, la garde des fiefs de leurs enfants mineurs, avec l'exemption du droit de franc-fief. (Ordonn. du 5 août 1390. Bacquet. *Droit de franc-fief*, ch. 3.) — Charles V leur avait donné le droit d'avoir des brides d'or et de prendre des armoiries, comme les chevaliers et les nobles *de gente et origine*. (Ordonn. de 1371. Guenoys, L. X, t. 9, § 1er.)

(3) Loisel, L. I, t. 1, règle 37.

(4) *Id.*, L. I, t. 4, r. 2.

mari (1). Une composition élevée punissait l'homme qui ravissait une jeune fille sans le consentement de son *mundoald* (2). La tutelle donnait au père le droit de jouir des biens de ses enfants mineurs (*parvoli*) jusqu'à leur majorité (*œtas perfecta*). Mais il n'avait que l'usufruit de la donation nuptiale et ne pouvait pas en disposer au préjudice des enfants issus du mariage (3). Lorsque le père mourait le premier, la tutelle passait, suivant certaines lois barbares, au plus proche parent mâle, et non à la mère. Celle-ci n'avait alors que la garde de son enfant et le soin de l'élever, sans pouvoir gérer ses biens (4). D'après la loi des Wisigoths et celle des Burgondes, au contraire, la mère gérait la tutelle et jouissait de l'usufruit des biens de ses enfants (5). Dans la Gaule franque, la tutelle passait aussi à la mère (6).

Le *mundium* paternel ne se prolongeait pas indéfiniment comme la puissance paternelle du droit romain. Chez les Francs-Ripuaires et chez les Bourguignons, le fils était majeur à quinze ans et devenait alors capable de tous les actes de la vie civile (7). Les filles restaient perpétuellement en tutelle. En Lombardie, elles passaient, à la mort de leur père, sous celle de leurs frères ou de leurs parents (8). Chez tous les peuples germaniques, quand une fille se mariait, le père ou tuteur cédait le *mundium* au mari, et le prix que celui-ci lui payait était censé l'indemniser de la perte

(1) *Lex Alamann.*, t. 51.

(2) *Lex Sax.*, t. 6, c. 2. — *Lex Alamann.*, t. 54. — Lindenbrog, f. 82.

(3) Pardessus. *Capit. extravag.*, t. 8. — Voir aussi un capitulaire attribué à Clovis et retrouvé par Pertz (c. 8).

(4) *Leges Inæ*, c. 38. — *Lex Lang. Rotharis*, c. 181. — *Lex Sax.*, t. 7, c. 6, 7.

(5) *Lex Burg.*, t. 59; t. 74, c. 2; t. 85. La mère avait toutefois le droit de refuser la tutelle. — *Lex Wisig.*, lib. IV, t. 2, c. 13, 14.

(6) C'est ce que prouvent les régences de Frédégonde, de Brunehilde et de Nanthilde. Sous les Carlovingiens, cependant, la tutelle des rois mineurs fut confiée à leurs oncles. (*Charta divis. imp.*, c. 16, ann. 817.)

(7) *Lex Rip.*, t. 81. — *Lex Burg.*, t. 87.

(8) *Lex Lang. Rotharis*, c. 181, 205. — *Lex Sax.*, t. 7, c. 2. — Cap. de 808. Pertz.

de ce droit (1). La veuve se trouvait placée sous la tutelle des héritiers du défunt, et si elle contractait une nouvelle union, le second mari était obligé d'acheter le *mundium* aux parents du premier époux (2). Certaines chartes nous la montrent même soumise à la tutelle de ses fils (3). Mais ces dispositions sur la tutelle de la veuve tombèrent en désuétude ou furent abolies par les lois (4).

La tutelle paternelle cessait lors du mariage de l'enfant ; ceci vient de ce que, le droit français n'admettant pas la puissance paternelle, le fils, en se mariant, devient chef d'une nouvelle famille et sort par conséquent de l'avouerie de son père ; la femme, tombant sous la puissance de son mari, ne peut rester soumise en même temps à celle de son père et avoir deux mainbours à la fois ; le droit romain, au contraire, repoussait l'émancipation par mariage et maintenait sous la puissance paternelle le fils de famille marié, avec toute sa descendance.

La mainbournie de l'enfant mineur est mentionnée dans les chartes bourgeoises du moyen-âge, sous le nom de garde (*custodia*). Le père, la mère, ou, à leur défaut, un tuteur ou mainbour devait veiller aux intérêts du mineur, administrer ses biens et répondre pour lui en justice (5). L'enfant de condition servile était soumis à la mainbourde paternelle, pendant sa minorité, comme le fils de l'homme libre (6).

D'après nos vieux coutumiers du XIIIe siècle, le mineur roturier

---

(1) Le prix d'achat portait le nom de *meta* chez les Lombards, *wittemon* chez les Bourguignons. — *Lex Sax.*, t. 6, c. 1 ; t. 7, c. 3 ; t. 18. — *Lex Burg.*, t. 14, c. 3. — *Lex Lang. Rotharis*, c. 179, 183, 187.

(2) *Lex sal.*, t. 46, *de reipus*. — *Lex Burg.*, t. 66, 69.

(3) *Matrem quoad vixit nobiliter rexit.* (Charte de l'an 1000. D. Morice, *Preuves*, tom. I, col. 355, 356.)

(4) Un capitulaire abolit le *reipus*. (3e capitulaire de 819, c. 8, *de interpret. legis salicæ.*)

(5) Charte d'Amiens, c. 23, 35, 43. *Ordonnances*, tom. XI, p. 264. — Charte de Saint-Omer, c. 19, en 1229, *Ord.* IV, p. 246.

(6) Charte de 1280-81. Guérard, *Cartul. de Notre-Dame de Paris*, tom. II, p. 99 et suiv.

avait aussi pour gardien son père ou sa mère ; à défaut de père et de mère, l'héritier présomptif, *cil qui doit avoir le retor de la terre;* mais l'enfant pouvait toutefois choisir dans ce cas un autre tuteur, s'il le préférait : « li filz de l'ome cotumer n'a point de bail, anceis s'en put aler auquel que il voudra, » disent les Usages d'Anjou (1).

La garde n'était pas toujours une source de profit pour le gardien, comme le bail féodal, pour le baillistre (2). Le gardien du mineur noble, lorsqu'il n'avait pas le bail des fiefs, n'avait droit qu'à la portion des revenus du mineur, nécessaire pour l'entretien de celui-ci, mais il n'avait pas la jouissance de ses biens. Le gardien ne gagnait pas les meubles ; ce privilége n'appartenait qu'au baillistre.

Pour le mineur qui ne possédait pas de fiefs, la garde ne se divisait pas ; il n'y avait jamais qu'un seul gardien qui administrait à la fois la personne et les biens du pupille. Lorsque le gardien était un des ascendants du mineur, il gagnait, d'après les Coutumes notoires du Châtelet, les fruits des censives ; mais lorsque la garde appartenait à un parent plus éloigné ou à un ami, il ne jouissait pas de ce privilége (3). Il est difficile de savoir si l'usufruit accordé à l'ascendant gardien sur les biens roturiers du mineur était un reste de la loi salique ; il est plus probable que ce droit avait été établi pour les censives par imitation du bail des fiefs.

Les Établissements de Saint-Louis et les Usages d'Anjou fixent la majorité roturière à quinze ans ; à cet âge, l'homme coutumier peut faire hommage à son seigneur. D'après Pierre Desfontaines et Jean Desmares, le roturier mâle était majeur à quatorze ans, la fille à douze ans (4). Cette fixation, qui serait prématurée suivant nos idées actuelles, était conforme à celles que l'on avait alors sur ce sujet. La capacité de remplir le rôle auquel on était ap-

---

(1) *Etablissements de Saint-Louis*, L. I, ch. 137. — *Anciens Usages d'Anjou*, art. 3, 4.

(2) Beaumanoir, XXI, 18.

(3) *Coustumes notoires*, art. 157.

(4) Pierre Desfontaines, L. I, ch. 18. — *Anc. Usages d'Anjou*, art. 111. — *Etablissements de Saint-Louis*, L. I, ch. 142. — Jean Desmares, décis. 249.

pelé déterminait l'âge de la majorité. Le gentilhomme n'était majeur qu'à vingt ou vingt-un ans, parce qu'alors seulement il avait terminé son éducation militaire et acquis la force corporelle nécessaire pour manier les armes pesantes des chevaliers. Mais, d'après Jean Desmares, la majorité de vingt-un ans ne s'appliquait qu'aux choses nobles, et le gentilhomme était majeur dès quatorze ans, comme le roturier, pour les terres tenues en vilenage. Le bourgeois était majeur à quatorze ou quinze ans, parce qu'à cet âge on est capable *de faire un compte et d'auner du drap*, disent les vieux coutumiers anglais et écossais (1).

Les coutumes normandes admirent pour la tutelle des roturiers, comme pour celle des nobles, un système tout féodal; elles donnent la garde du mineur roturier au représentant du duc :

« Li fil au vavassor, et a borjois et a vilain, et al sergent ne seront en nule garde fors en celle au sergent qui sera en la sergenterie le duc » (2).

La Coutume rédigée ne donnait au père, à l'aïeul et au frère aîné majeur qu'une simple tutelle sans avantage pour eux, en maintenant, à leur défaut, la garde seigneuriale au profit du seigneur dont relevait chaque fief possédé par le mineur. C'était le système féodal dans toute sa pureté ; quant aux fruits des terres roturières exemptes de la garde d'un seigneur, ils appartenaient au roi pendant la minorité du pupille (3).

Littleton parle de la garde roturière; les effets n'en sont pas les mêmes que ceux de la garde féodale : tandis que le gardien en escuage fait les fruits siens, le gardien en soccage, au contraire, doit rendre compte au mineur (4).

Les coutumes officielles consacrèrent des systèmes très-différents sur cette matière. Celles de Paris, de Calais, d'Étampes, de Montfort, de Grand-Perche et de Blois accordaient au gardien roturier,

---

(1) *Cum discrete sciverit denarios numerare et pannos ulnare et alia negotia exercere paterna.* (*Regiam majestatem*, lib. II, c. 41. — Glanville, VII, 9.)
(2) *Etablissements de Normandie*, p. 13.
(3) Cout. de Normandie, art. 213 et suivants, art. 237.
(4) Littleton, sect. 125.

comme au gardien noble, le droit de faire siens les fruits des immeubles du mineur (1); les autres refusaient ce privilége au gardien roturier et sur les biens roturiers, tandis qu'elles le donnaient au gardien noble et pour les biens nobles (2). D'après les unes, et notamment d'après celle de Paris, la garde bourgeoise n'appartenait qu'aux père et mère seulement (3); suivant les autres, elle passait, à leur défaut, aux ascendants plus éloignés (4); quelques-unes l'accordaient même aux collatéraux (5); d'autres enfin la repoussaient et n'admettaient entre roturiers que la tutelle naturelle (6). La garde bourgeoise fut admise d'une manière moins générale par les coutumes que ne l'était la garde noble; mais l'extension de cette institution, d'origine féodale, aux roturiers et aux héritages vilains, dans certaines contrées, atteste d'une manière évidente l'influence du régime des fiefs.

§ III.

DE LA TUTELLE FÉODALE.

Il ne faut pas confondre le bail féodal avec la tutelle; ces deux institutions avaient une origine toute différente.

Suivant un usage constamment suivi en France, la reine-mère, veuve du roi, exerçait la tutelle de ses enfants mineurs et régissait le royaume en leur nom. Cet usage fut consacré par une ordonnance royale, en 1392. Charles VI décida qu'en cas de minorité du roi, la régence appartenait à la reine-mère, assistée des plus

---

(1) Paris, 266, 267. — Calais, 137, 138. — Etampes, 89. — Montfort, 116. — Grand-Perche, 166, 170. — Blois, 4, 5.
(2) Dourdan, 124, 125. — Clermont en Argonne, XII, 8. — Melun, 285. — Senlis, 152. — Meaux, 147.
(3) Paris, 265, 266. — Calais, 136, 137. — Chartres, 105. — Dreux, 95.
(4) Etampes, 89. — Dourdan, 124, 125. — Montfort, 116. — Reims, 330. — Blois, 4. — Grand-Perche, 166. — Orléans, 23, 178.
(5) Boulenois, 77, 86. — Artois, 155, 160.
(6) Mantes, 178, 179. — Touraine, 339, 346. — Maine, 101. — Anjou, 88.

proches parents du roi (1). L'âge de la majorité fut fixé pour les rois de France à quatorze ans, par une ordonnance de Charles V, en 1374 (2).

Dans les pays coutumiers, comme dans ceux de droit écrit, les veuves des souverains des grandes seigneuries exerçaient aussi la tutelle ou régence de leurs enfants au décès du père. La féodalité, en rendant les comtes héréditaires et propriétaires de leurs comtés, eut pour résultat de donner aux femmes tutrices de leurs enfants le gouvernement des provinces.

En 951, Garsinde, veuve de Raymond Pons, comte de Toulouse, prit, à la mort de son mari, la tutelle de ses fils, Guillaume Taillefer, héritier du comté de Toulouse, et Pons, de celui d'Alby. Arsinde, veuve d'Arnault, comte de Carcassonne, devint aussi au décès de son mari, en 956, tutrice de ses fils, héritiers des comtés de Carcassonne, de Conserans, de Comminges et de Rasez (3).

La tutelle testamentaire se maintint également dans les grandes seigneuries pendant toute la durée du moyen-âge.

En 1346, Raoul, duc de Lorraine, donna par son testament à sa femme, la mainbour de Jehan son fils et de tout le pays, jusqu'à la majorité du jeune homme (4).

En 1121, Guillaume V, seigneur de Montpellier, nommait par testament son fils aîné tuteur de ses filles, sœurs de celui-ci, et leur défendait de se marier sans le consentement de leur frère (5). Vers la fin du même siècle, Hugues, comte de Rodez, chargeait aussi par son testament, Richard, évêque de Rodez, de la tutelle de ses enfants (6). En cela les seigneurs des provinces méridionales ne faisaient que suivre le droit commun qui, conformément à la législation romaine, donnait à la mère la tutelle de ses enfants et admettait la tutelle testamentaire.

---

(1) *Ordonn.*, tom. VII, p. 530.
(2) *Id.*, tom. VI, p. 26.
(3) D. Vaissette, tom. II, p. 85, 89.
(4) Testament de Raoul, duc de Lorraine. D. Calmet, tom. II, *Preuves*, col. 612.
(5) D. Vaissette, tom. II, *Preuves*, dipl. 386.
(6) *Miscellanea*, p. 896. Charte de 1176.

Dans ces provinces, l'ancienne puissance paternelle du droit romain, qui donnait au père une si grande autorité sur la personne et sur les biens de ses enfants, resta en vigueur pendant tout le moyen-âge (1). Le chef de famille, d'après les chartes municipales des villes du midi, exerçait dans l'intérieur de sa demeure une juridiction domestique très-étendue sur tout son entourage, enfants ou serviteurs (2). Cette institution ne dérive point sans doute de la féodalité; mais elle se rattache au système aristocratique des pays de droit écrit.

(1) *Petri exceptiones*, lib. I, c. 7, 14, 20. — *Consuet. Tholosæ.* Rubr. *de acquir. rerum domin.*, c. 4. — *Consuet. lemovicens.*, c. 49.

(2) Cout. de Montpellier, c. 65. — *Statuta consulatus Arelatensis.* — Cout. de Bragerac, c. 82.

CHAPITRE IX.

Des successions féodales.

§ Ier.

DU CARACTÈRE DE LA SUCCESSION FÉODALE.

L'hérédité des fiefs s'était établie en France pendant le cours des IXe et Xe siècles. Dans l'empire d'Allemagne elle fut reconnue au XIe siècle par l'empereur Conrad. La Constitution de ce prince admit l'hérédité du fief d'une manière complète en ligne directe, mais dans des limites plus restreintes en ligne collattérale (1). En Angleterre, elle fut, au XIe siècle, également confirmée par Guillaume-le-Conquérant. La Charte de ce prince permet à ceux qui ont reçu quelques dons du roi de les transmettre à titre héréditaire (2).

L'hérédité du fief était donc universellement adoptée au XIe siècle dans l'Europe occidentale. Son origine explique son caractère; comme elle ne provenait pas primitivement d'une loi générale et universelle, mais de concessions successives, partielles et locales, elle admit les systèmes les plus opposés. La succession féodale n'eut pas d'autres lois, surtout dans les premiers siècles, que la charte de concession. Ce caractère se montre avec évidence dans le Livre des fiefs. D'après ce document, les filles et leurs descendants ne pouvaient succéder que si le fief avait été concédé avec cette clause : « *ut filii et filiæ succedant* » (3).

Au XVIe siècle on admettait encore les mêmes principes, ainsi

---

(1) Conrad. *Constit. de feudis*, c. 7, 8, 9.
(2) Charte de Guillaume-le-Conquérant, c. 55.
(3) *Lib. feud.*, lib. I, t. 6; t. 8, c. 2; — lib. II, t. 11, t. 30.

que nous l'apprend Dumoulin. D'après lui, la loi de l'investiture est la règle de la succession féodale ; elle passe avant la coutume et le droit écrit. C'est elle qui décide si le fief doit aller aux descendants des femmes ou à ceux des mâles exclusivement, si le vassal succède à l'aïeul maternel ou seulement à l'aïeul paternel(1).

Le caractère conventionnel de la succession féodale fut longtemps conservé par les coutumes anglo-normandes. D'après Littleton, le fief n'est héréditaire que si l'acte de concession porte ces mots : *pour ses hoirs;* il passe ou ne passe pas aux femmes ; il est fief masculin ou fief féminin, suivant la condition faite par le concédant (2).

La loi de la concession était aussi la seule règle qui fixât la durée du droit héréditaire. Lorsque la charte de concession portait la clause : *pour toi et tes descendants*, le droit héréditaire se prolongeait indéfiniment. Mais le seigneur pouvait limiter la transmission à la durée de la vie du concessionnaire ou à un nombre déterminé de générations; dans ce cas le fief revenait au seigneur au terme fixé, et dès-lors celui-ci pouvait en disposer comme bon lui semblait. Au IXe et au Xe siècle et même au XIe et au XIIe, les seigneurs faisaient encore des concessions restreintes pour un temps limité (3). Le testament de Raymond Ier, marquis de Gothie, mentionne plusieurs fiefs tenus du testateur, les uns à titre viager, les autres à titre héréditaire pour une ou deux générations seulement (4). Une charte du *Petit Pastoral* de N.-D. de Paris nous apprend qu'en 1032, l'évêque Imbert concéda une terre en fief à Geoffroy, fils du vicomte Foulques, pour lui, pour Foulques, son

---

(1) Dumoulin. *Traité des Fiefs.* § 8, gloss. 1, n. 100, 101, 102.

(2) Littleton, sect. 1, 21, 22. — D'après le même auteur, on pouvait concéder un même fief à plusieurs co-tenanciers, sous la condition que le décès de l'un ou de plusieurs d'entre eux ne ferait pas cesser la jouissance des autres. Dans ce cas, le fief restait au dernier survivant et à sa postérité, et les enfants des prédécédés ne leur succédaient pas. (Sect. 280.)

(3) Charte de 889. *Polypt. Irmin. App.*, dipl. 15.

(4) Testament de Raymond Ier, en 961. D. Vaissette, tom. II, *Preuves,* dipl. 97.

fils, et pour un autre héritier (1). En 1118 l'empereur Henri IV rendit à l'abbaye de Saint-Maximin de Trèves la mouvance d'un bénéfice que l'aïeul du possesseur avait acquis du couvent *pour lui et pour ses héritiers;* mais, par la même charte, l'empereur donna à ce vassal, nommé Anselme, une terre en bénéfice, *pour lui et pour son fils* (2). Cette charte nous montre en quelques lignes les deux systèmes : celui de l'hérédité perpétuelle et celui de l'hérédité limitée, établis par la convention féodale.

Le droit du seigneur restait suspendu tant que durait la descendance du concessionnaire; mais lorsque cette descendance venait à faire défaut, le seigneur reprenait le fief comme s'il fût tombé en commise. Ce droit s'exerçait avec plus ou moins de rigueur suivant l'étendue de la concession. Dans certaines provinces, et notamment dans celles de l'est (Franche-Comté, Dauphiné), la succession du vassal resta tellement limitée pendant plusieurs siècles que les textes l'assimilent presque à celle des tenures serviles; le seigneur exerçait en effet dans ces pays le droit de mainmorte sur les fiefs. En 1348, Humbert II, dauphin de Viennois, fit changer cet état de choses en Dauphiné; il affranchit de la mainmorte les barons, vassaux et nobles relevant de lui, à condition qu'ils affranchiraient aussi leurs hommes de la même sujétion (3). Lors de la cession du Dauphiné à la France, l'hérédité des fiefs de cette province fut confirmée par Charles V. Une ordonnance de ce prince, en 1367, décida d'une manière générale que les descendants, les ascendants et les collatéraux, nobles ou roturiers, succéderaient aux fiefs et aux arrière-fiefs de leurs parents décédés avec ou sans testament (4).

---

(1) *Parvum pastorale,* lib. IV, n° 25. Guérard. *Cartulaire de Notre-Dame,* tom. I, p. 331.

(2) Charte de 1118. Brussel, p. 87.

(3) Brussel, tom. II, p. 905. — Perreciot. *De l'Etat des personnes,* tom. II, p. 327. Le même auteur rapporte aussi plusieurs chartes relatives aux fiefs mainmortables de Franche-Comté. (*Id.*, p. 330 et suivantes.)

(4) *Ordonn.*, tom. V, p. 34. — Voir aussi : Priviléges de Briançon, concédés par Humbert II, confirmés par Charles VI, en 1381. *Ord.*, tom. VII, p. 719.

Ces faits du reste sont exceptionnels; l'usage, plusieurs siècles avant cette époque, avait affermi dans le reste de la France le droit successoral des vassaux, et l'avait généralement rendu perpétuel ; mais le caractère conventionnel de la succession féodale n'en subsista pas moins pendant tout le moyen-âge.

§ II.

DE LA SAISINE HÉRÉDITAIRE.

Divers systèmes divisent encore de nos jours les historiens sur l'importante question de l'origine de la saisine héréditaire. Les anciens jurisconsultes français, dont l'opinion a été fréquemment reproduite de nos jours, prétendaient que la règle : *le mort saisit le vif,* expression si précise de la saisine héréditaire, n'avait été introduite que dans les derniers siècles, par les légistes, en haine de la féodalité et pour enlever aux seigneurs les droits d'inféodation, de vest, d'ensaisinement, « *parce que,* disaient-ils, *ces droits étaient odieux* (1). » D'après Pithou, elle tirerait sa source d'une fausse interprétation des lois romaines (2). Suivant l'école germaniste, au contraire, cette institution se perdrait dans la nuit des origines tudesques, et serait une conséquence du droit de co-propriété qu'exerçait la famille entière sur les biens du défunt (3).

Ces systèmes trop absolus ne peuvent résoudre complètement la question. Il résulte, en effet, d'une foule de textes anciens, que la saisine héréditaire existait à une époque bien antérieure à la réaction des légistes contre la féodalité. Mais il ne faut pas cependant la faire sortir directement du *condominium* germanique

---

(1) De Laurière *sur Loisel,* L. II, t. 5, r. 1.
(2) *Dig. Ex quibus causis majores,* l. 30 ; — *De acquir. posses.,* l. 23.
(3) Zachariæ. *Droit civil théorique,* tom. 4, § 609, note 3.

ou celtique pour les biens soumis aux obligations féodales, roturières ou serviles. Il faut, pour étudier cette question, établir une distinction entre les diverses espèces de tenures et les différents modes de succession. Occupons-nous d'abord des alleux.

D'après le vieux droit barbare, le père et les enfants, les frères et les cousins étaient réputés co-propriétaires de la terre dont le possesseur actuel n'était à vrai dire que l'administrateur ou l'usufruitier et lui succédaient de plein droit. L'héritier qui voulait se soustraire aux charges de la succession ne pouvait le faire que par une renonciation solennelle, au malberg, en présence des rachimbourgs et à l'aide de formalités symboliques. Mais il se mettait complètement en dehors de la famille dont il rompait la solidarité; il renonçait en même temps au serment judiciaire et à la vengeance commune et perdait tout droit à la protection des siens (1).

Le droit romain, au contraire, n'admettait pas le principe de la saisine héréditaire. La succession continuait la personne du défunt. L'héritier soumis à la puissance du *de cujus* portait, il est vrai, le nom d'*hœres suus* et n'était pas obligé de faire adition d'hérédité; on le considérait comme étant en quelque sorte copropriétaire des biens de son père (2). Mais tant qu'il n'avait pas pris possession de fait des biens de la succession et fait acte d'héritier, le préteur pouvait lui permettre de s'abstenir. Il n'était vraiment saisi que par l'appréhension de fait du patrimoine héréditaire et n'était pas obligé de faire une renonciation solennelle. Quant à l'héritier non soumis à la puissance paternelle (*hœres extraneus*), il devait faire adition d'hérédité pour prendre possession de la succession.

La fiction qui, d'après le droit romain, faisait considérer la succession comme la continuation même de la personne du défunt, fut toujours repoussée par le droit français; nos usages n'admirent jamais la nécessité de l'adition d'hérédité ni de la prise de posses-

---

(1) *Lex salica*, t. 63. *De eo qui se de parentilla tollere vult.*
(2) *Vivo quoque patre quodammodo domini existimantur.* (*Instit. Justiniani*, lib. II, t. 19. § 2 et 3.)

sion de fait des biens héréditaires ; c'est ce que prouvent un certain nombre de coutumes qui expliquent le véritable sens de la maxime : *Le mort saisit le vif*, en la complétant par ces mots : *sans aucune appréhension de fait*. Le but évident de cette addition est d'écarter le système romain. Lors de la rédaction des coutumes, le principe de la co-propriété avait disparu, mais la conséquence qui en était sortie subsista toujours. Au XVIe siècle, Dumoulin expliquait encore de la même manière la maxime *le mort saisit le vif;* pour lui, ces mots signifiaient : « que par la coutume du royaume et contrairement au droit romain qui exige l'adition d'hérédité, l'héritier devient seigneur et possesseur de la succession de plein droit et *sans appréhension de fait* » (1).

A l'égard des tenures libres et de tout temps patrimoniales, la saisine héréditaire est donc un dernier souvenir, à moitié effacé par le temps, du *condominium* primitif de la famille barbare (2). Mais elle ne fut appliquée qu'à une époque plus récente aux tenures concédées et devenues patrimoniales par le seul effet des conventions, telles que les fiefs, les censives, les mainmortes. Nous ne traiterons ici que des fiefs, nous parlerons plus tard des rotures.

Le bénéfice n'était pas dans l'origine la propriété commune de la famille comme l'alleu; ce n'était qu'un don fait à la personne du vassal. De là l'héritier, pour entrer en possession, devait obtenir du seigneur une nouvelle concession. Mais lorsque l'hérédité des fiefs fut complètement établie, la cérémonie de l'investiture n'eut plus pour objet de donner la propriété même du fief au vassal, puisqu'il l'avait de plein droit; elle devint une simple cérémonie, un symbole de ce qui se passait à une époque plus ancienne ; le seigneur, au lieu de concéder réellement de nouveau le fief à son vassal, ne

---

(1) *Sine apprehensione facti.* (Dumoulin. *Traité des Fiefs*, § 3, gloss. 1, n. 1.)

(2) M. Simonnet, dans sa savante étude sur la saisine, en rapporte l'origine non à la co-propriété, mais à la solidarité de la famille, principe auquel se rattachaient la co-propriété elle-même et une foule d'autres institutions. (Simonnet. *Histoire et Théorie de la saisine héréditaire*, ch. 2.)

fit plus que confirmer un droit préexistant, sans pouvoir s'y refuser à moins de justes motifs (1).

Dès que l'investiture fut devenue obligatoire et que le seigneur ne pût plus la refuser, on admit que le père en mourant transmettait à son fils la possession avec l'hérédité du bénéfice, et qu'elles reposaient l'une et l'autre sur la tête du fils sans qu'il eût demandé au seigneur le bien de son père (2). Mais d'abord ce droit n'appartint qu'au fils, et lorsque le vassal ne laissait pas d'héritier direct, la possession retournait au seigneur avec le bénéfice. Si cependant celui-ci avait donné à plusieurs personnes à la fois l'investiture du bénéfice, la possession passait au survivant. Une seule inféodation suffisait dans ce cas pour plusieurs transmissions (3).

L'investiture que le nouveau vassal devait demander à son seigneur n'était pas nécessaire pour lui donner la faculté de transmettre la possession du fief à son propre héritier. D'après le droit féodal, comme d'après l'ancien droit barbare, la possession du fief reposait sur la tête de l'héritier, et il pouvait lui-même la transmettre s'il avait survécu à son père pendant quelques instants; il était réputé né vivant et viable quand sa voix avait été entendue aux quatre angles de la chambre (4).

Cependant le vassal perdait son fief faute d'avoir fait hommage et demandé l'investiture dans le temps fixé; l'investiture seule rendait sa possession définitive (5).

Nous trouvons dans presque tous les coutumiers du moyen-âge

---

(1) *Ant. lib. de benef.*, c. 50. — Schilter. *Cod. jur. allem. feud.*, c. 41, § 1, 3.

(2) *Ant. lib. de benef.*, c. 24. — D'après un vieil adage anglais, *la saisine fait souche (saisina facit stipitem)*, c'est-à-dire : celui qui a la possession la transmet à son héritier.

(3) *Ant. lib. de benef.*, c. 19, 20, 21, 25.

(4) *Attrahit sibi patris beneficia et alienat ea omnibus qui secundi erant in beneficio. (Id., c. 44.)* — La loi des Allamans renferme une disposition semblable (t. 92).

(5) *Possessio sine investitura...... non valet.* (Schilter. *Cod. jur. allem. feud.*, c. 61, § 4.)

la saisine héréditaire à côté de l'obligation imposée au vassal de demander l'investiture. Quelques-uns toutefois, plus fidèles aux traditions du droit primitif des bénéfices, ne donnaient au vassal la saisine du fief qu'après l'hommage. Nous allons étudier les dispositions des uns et des autres sur cette matière.

Les Assises de Jérusalem donnent à l'héritier en ligne directe la saisine du fief possédé par son père ou par sa mère, pourvu que son auteur fût en possession au moment du décès :

« Quant fié escheit, le fiz ou la fille qui est dreit heir de celui ou de celle de par il li escheit *se peut metre par sei*, se il est d'aage a fié aveir, *en la saisine de cel fié*, quant le père ou la mère en muert saisi et tenant come dou sien, sans ce que il mesprent vers le seignor d'aucune chose : por ce que il est assise ou usage en cest reiaume que le fiz ou la fille demore en la saisine et en la teneure de ce de quei leur père ou leur mère muert saisi et tenant comme dou sien ».

Il résulte de ce texte d'une manière évidente que dès l'époque des Assises, la saisine héréditaire était admise en ligne directe par notre législation coutumière, comme elle l'était déjà en Allemagne. Au décès du feudataire, son plus *dreit heir*, c'est-à-dire l'aîné des fils, ou, à défaut de mâles, la fille aînée pouvait de sa propre autorité et sans en demander l'autorisation au seigneur se mettre en possession du fief paternel ou maternel. Si cet héritier ne prenait possession, l'héritier présomptif, *le plus dreit heir apparent*, ne devait pas se saisir du fief à sa place ; il ne pouvait que requérir le seigneur de lui donner la saisine (1).

Les coutumes anglo-normandes admettaient aussi la saisine héréditaire. D'après les Assises de Clarendon, le franc tenancier est saisi des fiefs et des meubles de son père avant d'avoir fait hommage et payé le relief et avant le partage (2). Les Établissements de Nor-

---

(1) *Jean d'Ibelin*, ch. 151.

(2) *Si quis obierit francus tenens, hæredes ipsius maneant in tali saisina qualem pater suus habuit die qua fuit vivus et mortuus de feodo suo, et catalla sua habeant, unde faciant et divisum, et dominum suum postea requirant, et ei faciant de relevio et aliis quæ ei facere debent de feodo suo.* (*Assises de Clarendon*, c. 6. Houard. *Anc. Lois des Français*.)

mandie donnent aussi la saisine de l'héritage du père au fils, même mineur de vingt-un ans :

« Li orfelins aura la sesine de l'éritage telle comme ses pères ot alior que il morut (1) ».

D'après le Grand Coutumier de Normandie, « le plus prochain hoir doibt avoir la saisine à son ancesseur »; l'héritier avait la saisine du fief, sauf dans le cas où ce bien n'était concédé que pour la durée de la vie du concessionnaire (2).

En Bretagne : « l'aîsné du noble doit avoir la saisine de toute la descence de quelconques choses », dit la Très-Ancienne Coutume (3).

En Bourgogne, les coutumes rédigées aux XIII°, XIV° et XV° siècles admettaient la saisine héréditaire tant en ligne directe qu'en ligne collatérale et permettaient à l'héritier du fief de se mettre en possession sans avoir obtenu le consentement du seigneur, et sans craindre la commise (4).

On voit donc que, d'après plusieurs coutumiers anciens, la saisine héréditaire fut admise en ligne directe dès une époque fort reculée pour la succession féodale, et que le vassal put se mettre en possession avant d'avoir fait hommage et reçu l'investiture du seigneur.

Cependant certains coutumiers, tout en admettant la saisine héréditaire pour les alleux et pour les rotures, mettaient des restrictions à ce principe à l'égard des fiefs. D'après Beaumanoir, l'héritier d'un fief doit faire hommage au seigneur avant de jouir du fief et de l'exploiter : « devant qu'il a fet vers son segneur ce qu'il doit, il ne doit goïr ne esploitier du fief. » Mais le vassal n'en est pas moins saisi du fief héréditaire, à la charge de faire hommage dans les quarante jours : « sauf che que, se ch'est fief, il doit aler à l'ommage du segneur dedens les quarante jors qu'il est entrés en le saizine (5) ».

(1) *Etablissements de Normandie*, p. 8.
(2) *Grand Coustumier de Normandie*, ch. 27, 99.
(3) Bretagne, T.-A. C., ch. 37.
(4) Coutume de Bourgogne, ch. 3, art. 5. — Voir aussi l'ancienne coutume rédigée au XIII° et au XIV° siècle, art. 17, 18. M. Giraud.
(5) *Beaumanoir*, ch. 6, n° 4 ; ch. 14, n° 19.

Les Coutumes notoires du Châtelet repoussent la saisine héréditaire pour les fiefs, et décident que celui qui n'a pas rendu hommage au seigneur ne peut intenter l'action possessoire (1).

Jean Desmares admet au contraire le principe de la saisine héréditaire, mais en y mettant une restriction. Il décide qu'en matière féodale, l'héritier est saisi de plein droit à l'égard des tiers, mais qu'il ne l'est que par l'hommage à l'égard du seigneur :

« La coustume que le mort saisit le vif son hoir n'a pas lieu tant que à ce qui touche le seigneur ; quar le fils n'est saisy ni possesseur du fief son feu père iusques tant qu'il en soit en foy et en hommage ou souffrance du seigneur du fief ; mais bien au regart des autres que du seigneur ; et porroit intenter cas de nouvelleté contre les aultres, se ils melloient trouble et empeschement en icelluy fief ; iasoit que il n'en fust en foy » (2).

Le Grand Coutumier s'exprime à peu près dans les mêmes termes :

« Et si c'est un fief noble, *saisine de droit* n'est acquise sans foi ; car le seigneur direct est avant saisi que l'héritier ; mais par faire hommage et par relief, le seigneur direct doit saisir l'héritier. »

A l'époque où furent rédigés les anciens coutumiers, le principe de la saisine héréditaire n'était pas encore admis partout d'une manière définitive pour la transmission des fiefs. La divergence qui existe sur ce sujet entre Desmares, les Coutumes du Châtelet et le Grand Coutumier montre que la question était encore douteuse au XIVe siècle, dans le ressort de Paris.

La saisine héréditaire, en matière féodale, fut longtemps restreinte à la ligne directe. Au temps des croisades, le collatéral ne pouvait se mettre en possession des fiefs de son parent décédé avant d'avoir reçu l'investiture du seigneur (3).

Les anciennes coutumes présentent sur la question dont nous

---

(1) *Coust. notoires*, art. 53, 135.
(2) Jean Desmares, décis. 285.
(3) *Jean d'Ibelin*, ch. 154.

nous occupons en ce moment une assez grande diversité. Les unes admirent la saisine en ligne collatérale, les autres l'admirent seulement en ligne directe. En Normandie, la jurisprudence l'introduisit en faveur de l'héritier collatéral dès la première moitié du XIIIe siècle (1).

Pierre Desfontaines admet la saisine d'une manière générale et sans distinction entre l'héritier direct et l'héritier collatéral :

« Et bien s'acorde à nostre usage que de toz les biens au mort sont li hoyr mis en seisine et d'els demande l'en les lais » (2).

Les Établissements de Saint-Louis admettent aussi la saisine héréditaire, tant en faveur de l'héritier direct qu'en faveur du collatéral. Si quelqu'un tient sans droit l'héritage dont son auteur était en possession, l'héritier doit le réclamer au seigneur qui ne peut le lui refuser :

« Et li usages de Paris et d'Orliens si est tieux que li mors sesit le vif, et que il doit avoir sesine, se autres ne se tret avant qui ait plus grand droit en la chose que cil » (3).

En Bourgogne, malgré la saisine de l'héritier direct ou collatéral, le seigneur pouvait saisir le fief et faire les fruits siens pour défaut de reprise jusqu'à ce que le vassal lui eût fait aveu et reprise plenière ; il exerçait les actions tant que le nouveau vassal ne lui avait pas rendu hommage (4).

La coutume de Bretagne tenait le milieu entre ces différentes dispositions ; elle admettait que « en ligne directe le mort saisit le vif », et qu'en ligne collatérale « la justice de celui qui a fief et obéissance est saisie de la succession » (5).

Le principe de la saisine héréditaire admis de tout temps par le droit germanique pour la succession des alleux a donc subi l'action du régime féodal et ne s'est pas appliqué complètement aux fiefs pendant le moyen-âge.

---

(1) Arrêt de l'Echiquier, de l'an 1235. M. Marnier, p. 166.
(2) Pierre Desfontaines, ch. 33, n° 16 ; voir aussi : ch. 22, n° 29.
(3) *Etablissements de Saint-Louis*, L. II, ch. 4.
(4) *A. C. de Bourgogne*, art. 35, 36, 37.
(5) Bretagne, A. C., art. 513, 573 ; N. C., art. 538, 539.

§ III.

DU DROIT DE MASCULINITÉ EN LIGNE DIRECTE.

Pendant les premiers siècles de notre histoire, les duchés et les comtés n'étaient donnés qu'aux hommes, parce qu'alors ces seigneuries n'étaient pas encore le patrimoine des familles. Cependant, dès le IXe siècle, des femmes avaient été admises à succéder aux gouvernements donnés d'abord à leurs pères (1). Au Xe et au XIe siècle les exemples se multiplient et l'on voit les filles hériter des comtés de Mâcon, de Bourgogne, de Marche (2), de Carcassonne, de Provence (3), de Dauphiné, d'Aquitaine, de Blois, de Forez (4). Dès une époque reculée, nous trouvons aussi

---

(1) Houard *Anc. Lois des Français*, tom. I, p. 24.

(2) En 905, Attalone hérite du comté de Mâcon, de préférence à ses cousins. En 952, Hermangarde hérite du duché de Bourgogne, et en 955, sa fille Gerberge lui succède. En 964, Othon-le-Saxon devient duc de Bourgogne, du chef de sa femme, héritière de ce duché. En 1032, Almodis hérite du comté de Marche, de préférence à son cousin Elie, comte de Périgord. (Houard, tom. I, p. 24, 25.)

(3) Eline, femme de Guillaume Taillefer, comte de Toulouse, et fille de Rotbold, comte de Provence, hérite, vers 1008, d'une partie de la Provence. (D. Vaissette, tom. II, p. 158.)—En 1065, Hermangarde, sœur de Roger III, comte de Carcassonne, lui succède. (*Id.*, tom. II, p. 208.)

(4) En 1151, Raymond, comte de Toulouse, devient dauphin de Vienne par sa femme Béatrice, fille de Guigues, dauphin de Vienne. Dans le même siècle, Aliénor d'Aquitaine, fille et héritière de Guillaume V, porte le duché d'abord à Louis VII, roi de France, puis à Henri II, roi d'Angleterre. En 1190, Jean de Châtillon devient comte de Blois par sa femme, fille de Thibault IV. En 1219, Gauthier d'Avaisnes hérite du comté de Blois par sa femme, sœur et héritière de Thibault V. La suite de la généalogie des comtes de Blois présente un grand nombre de femmes appelées à succéder à ce comté. En 1265, Renaud, comte de Forez, devient comte de Beaujeu par sa femme, Isabeau, sœur et héritière de Guichard IV, seigneur de Beaujeu. (Claude Paradin. *Alliances généalogiques des rois et princes de Gaule*. Lyon, 1561.)

des femmes à la tête du comté de Bretagne. Au X⁰ siècle, une fille d'Alain-le-Grand succède à ses frères Judicaël et Collédoc et porte le duché à Mactrudons, comte de Porhoët, son époux ; au XV⁰ siècle, ce fut encore une femme, la duchesse Anne qui, par ses alliances avec deux rois de France, le fit réunir à la Couronne (1). Nous voyons au contraire, dans d'autres grands fiefs, la fille du seigneur exclue par le frère du *de cujus*. C'est ainsi qu'en 1196, Thibault II succéda à Henri, comte de Champagne, son frère, au préjudice des filles de celui-ci (2).

Les femmes furent toujours exclues de la succession du royaume de France. Cela vint probablement de ce que, pendant trois siècles, les rois capétiens s'étant toujours succédé de père en fils, sans interruption, le droit des filles ne put s'établir par aucun précédent. Lorsqu'au XIV⁰ siècle, la question fut posée, la politique voulait qu'on la tranchât contrairement aux droits des femmes. Tel fut le véritable motif de leur exclusion ; on invoqua la loi salique depuis longtemps oubliée, tandis que le droit féodal avait presque partout admis les femmes à succéder à défaut de mâles.

En Angleterre, il n'en fut pas de même, et Henri I⁰ʳ fit reconnaître par les barons sa fille Mathilde comme reine. Depuis cette époque, les femmes ont toujours, dans ce pays, succédé à la Couronne, à défaut d'enfant mâle. Mais le roi prit une foule de précautions pour assurer le trône à sa fille, il lui fit prêter serment de fidélité par les barons, et fit renouveler plusieurs fois

---

(1) Un grand nombre de femmes ont gouverné la Bretagne au moyen-âge. Après Conan I⁰ʳ, Berthe, sa fille, porta le comté à Eudes de Porhoët, son mari. En 1114, une autre fille de Conan porta le comté de Bretagne à Geoffroy Plantagenet, comte d'Anjou, fils de l'impératrice Mathilde. En 1172, Constance, fille de Conan II, le porta à Geoffroy, comte de Richemont et d'Anjou, fils d'Henri II. En 1202, Alix, sœur utérine d'Arthur et fille de Constance, porta le duché à Pierre Mauclerc, comte de Dreux, son mari. Anne, fille de François X, le réunit à la couronne de France par son double mariage. (Claude Paradin.)

(2) Claude Paradin.

cette formalité ; puis, au moment de mourir, la désigna une dernière fois comme son héritière ; tous ces soins montrent combien il craignait que son dessein ne réussît pas (1).

En Espagne et dans les royaumes du Nord, les femmes furent aussi admises à succéder à la royauté. La Couronne de France est peut-être la seule dont elles aient été exclues d'une manière absolue.

De l'histoire, passons à la législation féodale et à ses dispositions spéciales. Elle admit le droit de masculinité ; elle donna aux mâles la préférence sur les filles, mais dans des limites bien moins étendues que ne le faisait l'ancien droit barbare. Les premières lois relatives à la succession des fiefs ne mentionnent jamais que le fils ; tel est le capitulaire de Kiersy-sur-Oise de 877, qui emploie toujours en parlant de l'héritier appelé, le mot *filius* et ne parle jamais des filles. A cette époque, sauf de très-rares exemples du contraire, l'exclusion de la fille était absolue. Le fief avait alors un caractère essentiellement militaire, et la fille, ne pouvant faire le service féodal, était nécessairement privée du droit de succéder. Ce système persista longtemps dans certaines localités. D'anciennes chartes nous montrent le vassal déclarant qu'il ne peut transmettre qu'à ses héritiers mâles les terres qu'il tient de son seigneur, et

---

(1) *Anno* 1127. *De successore anxius omnes totius Angliæ optimates, episcopos, abbates, comites et barones et quot quot alicujus momenti essent, sacramento adigit et constrinxit, ut si ipse sine hærede masculo discederet, Matildem filiam suam quondam imperatricem incunctanter, et sine ulla retractatione dominam reciperent, eidemque et susceptis vel suscipiendis ex eis nepotibus regnum Angliæ cum ducatu Normanniæ conservaturos. Juraverunt cuncti quicumque in eodem concilio alicujus videbantur esse momenti....... — Anno* 1131. *Renovaverunt illic (in concilio Northemptoniæ) Matildi fidem qui dederunt proceres et modo dant qui prius non dedere...... — Anno* 1132. *Cum Matildis filium andegavensi comiti peperisset (Henricum nomine), rex convocatis regni principibus, filiam suam et hæredes ex ea nascituros sibi ut prius constituit successores......—*1133. *In extremis languens de successore denuo interrogatus, filiæ (Mathildi) omnem terram suam citra et ultra mare legitima et perenni successione adjudicavit,* (Spelmann, Hoüard, tom. II, p. 238, 240.)

qu'aucun autre héritier ne peut succéder à ce fief sans le consentement de ce dernier (1).

Les plus vieux coutumiers allemands parlent toujours du fils et jamais de la fille ; ils restent encore l'expression fidèle du droit primitif sur ce point. La Constitution de Conrad, document plus favorable aux droits de la famille que les monuments plus anciens, ne mentionne cependant que les mâles ; elle parle du fils, du petit-fils, du frère, mais pas de la fille, ni de la petite-fille (2).

Jusqu'au XIIe siècle, ainsi que nous l'apprend le Livre des fiefs, les fils et les descendants mâles des fils excluaient les filles ; elles n'étaient admises qu'à défaut de fils et lorsque la charte de concession le permettait (3) ; mais vers cette époque, elles furent admises à succéder à défaut de fils, lors même que la charte d'investiture ne les appelait pas expressément (4). On distinguait les fiefs masculins, dont les femmes étaient exclues d'une manière absolue, et les fiefs féminins, auxquels elles pouvaient être appelées, bien que les mâles de même degré leur fussent préférés, même pour ces derniers. Le droit de masculinité avait pour conséquence de faire préférer le fils né d'une fille à la fille née d'un fils de l'aïeul *de cujus* (5). Le privilége était établi en faveur du sexe plutôt qu'en faveur de la postérité des mâles, ce qui était conforme au caractère militaire du fief primitif. Plus tard, lorsque ce caractère se fut affaibli, le principe contraire devint dominant, et la représentation fit prendre à la fille du fils le rang que son père aurait dû occuper.

---

(1) Charte de 1285. *Cartul. de la baronnie de Belvoir.* Perreciot, tom. III, dipl. 74.

(2) *Ant. lib. de benef.* — Conrad. *Constit. de feudis*, c. 7, 8, 9. — *Cod. jur. allem. feud.*, c. 43, § 2. — La coutume de Bamberg, fidèle au vieux droit féodal, décide que si un vassal vient à mourir en laissant sa femme enceinte, on doit attendre jusqu'au moment de l'accouchement. S'il naît un mâle, il prend le bénéfice du père. S'il naît une fille, le plus proche agnat offre au seigneur la cuirasse et le meilleur cheval du défunt et prend le bénéfice.

(3) *Liber feudorum*, lib. I, t. 1, c. 3 ; t. 6 ; — lib. II, t. 11, t. 30, t. 50.

(4) *Id.*, lib. I, t. 8, c. 2.

(5) « *Non enim patet locus fœminæ in feudi successione donec masculus superest ex eo qui primus de hoc feudo fuerit investitus.* » (*Lib. feud.*, lib. II, t. 17.)

Le droit de masculinité entraînait une autre conséquence, qui en était en quelque sorte la réciproque. D'après l'ancien droit féodal, le fils ne succédait pas au fief de sa mère ; mais au XIIe siècle, on commençait à débattre la question et Gerardus Niger décidait, en invoquant l'équité (*secundùm equitatem*), que le fils devait hériter du fief de sa mère (1).

En Orient, les fiefs des croisés furent soumis au droit de masculinité. Il résulte d'un texte de Philippe de Navarre, que, dans l'origine, les filles étaient complètement privées du droit de succéder aux fiefs quand il y avait des héritiers mâles :

« Et de teil endreit oï-je parler à monseignor de Baruth le vieil maintes feis, et disoit que se il n'i eust que fis d'un jor et il eust quarante filles n'i auraient elles dreit, car fille ne peut estre dreit heir devant fis » (2).

Le droit des femmes s'affermit et s'étendit cependant avec l'aide du temps. Le Livre de Jean d'Ibelin leur est plus favorable que celui de Philippe de Navarre. D'après ce monument législatif, les filles viennent après que les frères ont fait leur choix et prennent le reste des fiefs. S'il y a moins de fiefs que de filles, elles peuvent partager celui qui leur est attribué, pourvu qu'il doive plus d'un chevalier. La tenure noble qui ne doit qu'un seul cavalier reste toujours impartageable, même entre filles : « fié qui ne deit servise que d'une chevalerie ne se part mie entre suers. » Il en est de même de la terre érigée en baronnie (3). Les Assises de Jacques d'Ibelin appellent aussi les filles à la succession, et leur permettent, à défaut d'héritier mâle, de partager le fief (4).

La législation des provinces coutumières, depuis la fin du XIIe siècle jusqu'à celle du XVe, conserva le droit de masculinité, mais d'une manière moins exclusive qu'il ne l'était pendant les deux ou trois siècles précédents.

---

(1) *Liber feud.*, lib. I, t. 15.
(2) Philippe de Navarre, ch. 69.
(3) *Jean d'Ibelin*, ch. 148, 149, 150, 177.
(4) *Assises de Jacques d'Ibelin*, ch. 71.

En Flandre, au XIII⁰ siècle, le fils excluait la fille tant pour les fiefs provenant de la succession paternelle que pour ceux provenant de la succession maternelle, dans le cas même où le fils était né d'un second mariage et la fille d'un premier ; mais la fille était appelée à défaut de fils (1).

Les lois normandes donnaient la préférence aux fils sur les filles. La fille n'était point héritière ; le fils prenait toute la succession, à la charge d'établir sa sœur, en lui donnant, soit en terres, soit en meubles, le mariage avenant (2). Au XV⁰ siècle, il en était encore de même. Toutefois, d'après le Grand Coutumier de Normandie, si le frère ne voulait pas marier sa sœur, il devait lui laisser le tiers de l'héritage. Cette dernière disposition fut introduite sans doute par suite de l'affaiblissement du système féodal. A défaut d'hoirs mâles, la coutume appelait les filles et leur permettait de partager comme l'eussent fait les frères ; elles pouvaient diviser les fiefs de haubert (3). On admettait même les filles bâtardes à succéder ; elles pouvaient, à défaut de mâles, avoir la saisine de l'héritage (4). Ce droit accordé aux bâtards était un reste du droit scandinave. Guillaume-le-Conquérant avait, au XI⁰ siècle, succédé sans difficulté à Robert, son père, duc de Normandie. Les peuples du Nord mettaient presque au même rang les bâtards et les enfants légitimes (5).

En Bretagne, le droit de masculinité fut très-fortement organisé, ainsi que le droit d'aînesse, par l'Assise de Geoffroy. La fille noble n'avait droit qu'à une dot ; si elle avait été dotée en immeubles,

---

(1) *Leges Balduini*, c. 1, 2.

(2) *Etablissements de Normandie*, p. 11. — En Angleterre, la coutume de Wessex, comprise dans les lois d'Henri I⁰ʳ, et encore toute germanique, excluait les filles tant qu'il y avait des mâles. (*Lois d'Henri I*ᵉʳ, c. 70.)

(3) *Grand Coust. de Normandie*, ch. 26.

(4) *Judicatum est quod filia Thomæ de Perriers habeat saisinam de hereditate patris, nonobstante quod adversarii sui dicant eam esse bastardam* (Arrêt de l'Echiquier de Normandie, en 1222. M. Marnier, p. 144. — Brussel, L. III, ch. 17.)

(5) *Apud boreales enim populos (bastardi) a legitimis olim vix sunt discriminati.* (Spelmann. Hoüard, tom. II, p. 183.)

elle ne pouvait pas même réclamer de son frère aîné le surplus de son avenant (1).

Dans certaines provinces du centre, les filles furent assez maltraitées par la législation féodale. D'après les Anciennes Coutumes de Champagne, la fille, en ligne directe, ne succède pas aux fiefs; elle ne prend que sa part des meubles et des censives (2). Les Établissements de Saint-Louis décident que la fille mariée par son père ne peut rien réclamer de sa succession ; mais la fille dotée seulement par son frère a droit de faire compléter son avenant (3). Dans les provinces d'Anjou, du Maine, de Touraine et de Lodunois, la fille du chevalier, mariée par son père, *n'eût-elle été dotée que d'un chapel de roses*, était aussi exclue de la succession et ne pouvait venir qu'à défaut d'hoirs mâles (4).

En Bourgogne, la fille mariée était exclue par les mâles, à moins que par son contrat de mariage on ne lui eût laissé la faculté de succéder en rapportant sa dot. Mais, à défaut d'enfants mâles, les filles mariées succédaient en rapportant leur dot et partageaient avec les filles non mariées (5).

D'après l'Acienne Coutume de Reims, pour les biens nobles, le fils avait toujours une part double de celle de la fille (6).

Le droit de masculinité fut admis en France, non-seulement en faveur de l'héritier, mais encore en faveur de sa descendance. En 1222, les petits-fils du comte de Beaumont, nés les uns de ses fils, les autres de ses filles, se disputaient l'héritage de ce seigneur défunt ; la Cour de justice du roi décida que la succession devait appartenir aux petits-fils nés du défunt, à l'exclusion des autres (7).

---

(1) Ordonnance de Jehan II, art. 18, 22. D. Morice, *Preuves*, tom. I, col. 1166.

(2) *Li Droict et lis Coustumes de Champaigne*, art. 9.

(3) *Etablissements de Saint-Louis*, L. I, ch. 9.

(4) *Anc. Usages d'Anjou*, art. 64. — C. d'Anjou, 241. — Maine, 258. — Touraine, 284. — Lodunois, XXVII, 26.

(5) *A. C. de Bourgogne*, art. 12, 13.

(6) *Anc. Cout. de Reims*, du XVe siècle, art. 325.

(7) *Miscellanea*, p. 1163.

Lors de la rédaction officielle, certaines coutumes maintinrent le droit de masculinité avec une grande rigueur. En Normandie, la fille resta exclue de la succession tant qu'il y avait des mâles et des descendants des mâles (1). D'autres coutumes moins absolues accordèrent à la fille la moitié d'une part de puîné ; telles furent celles de Champagne, de Vermandois, de Châlons, de Vitry. Mais la plupart des coutumes, et notamment celles de Paris, d'Orléans et de toute l'Ile-de-France, assimilèrent complètement les filles aux puînés et partagèrent également entre eux et leurs sœurs, en ligne directe, la portion de la succession non soumise au droit d'aînesse (2).

En résumé, d'après les dispositions les plus générales du droit féodal, le fils est préféré à la fille du défunt, mais celle-ci passe avant les collatéraux. Dans le cas même où elle est précédée par son frère, elle a droit ou à son mariage ou à son avenant ; elle peut, dans de certaines limites, succéder à une partie de la terre inféodée.

Dans le midi, pays où la féodalité ne fut jamais aussi fortement constituée que dans le nord, l'usage du droit romain, qui admettait le partage égal entre les fils et les filles, empêcha le droit de masculinité de prendre une aussi grande extension que dans les pays de coutumes. D'après les priviléges de Briançon notamment, les héritiers, nobles ou non nobles, sans distinction de sexe, succédaient aux fiefs, aux arrière-fiefs et aux autres biens héréditaires venus de leurs parents, tant en ligne directe qu'en ligne collatérale, soit en vertu d'un testament, soit *ab intestat* (3).

---

(1) Cout. de Normandie, art. 249. — Les constitutions napolitaines préfèrent, comme le droit féodal français, le fils à la fille. D'après l'ancien droit normand, les parents consanguins excluaient même les filles. Mais une loi de Frédéric effaça ce reste des usages germaniques en appelant les filles, à défaut de fils, et avant les parents consanguins. (*Const. regni siculi*, lib. III, t. 23, c. 1.)

(2) Klimrath. *Etude sur les Coutumes*.

(3) Priviléges de Briançon, c. 1. Ordonn., tom. VII, p. 719.

§ IV.

DU DROIT D'AINESSE EN LIGNE DIRECTE.

Le droit d'aînesse est une institution étrangère non-seulement au droit romain, mais encore à l'ancien droit germanique; c'est une création des temps féodaux..

Sous les Mérovingiens, les provinces et les terres du domaine royal se partageaient entre les fils du roi défunt, à l'exclusion des filles, mais par parts égales et sans privilége pour l'aîné. Ce système, encore suivi par Charlemagne, fut abandonné par Louis-le-Débonnaire, qui voulut, mais sans succès, établir le droit d'aînesse en faveur de Lothaire (1). A la fin du IXe siècle, Louis et Carloman se partagèrent la Gaule, sans tenir compte de la primogéniture : l'un prit le nord et l'autre le midi, comme l'eussent fait deux princes mérovingiens. Mais au Xe siècle, nous voyons Lothaire, fils aîné de Louis-d'Outre-Mer, succéder seul à son père, à l'exclusion de ses frères. Les Capétiens associèrent pendant deux siècles leurs fils aînés, de leur vivant, à la royauté. C'est ainsi que le droit d'aînesse fut admis définitivement pour la succession à la Couronne de France.

C'est aussi vers le Xe siècle que le droit d'aînesse s'établit dans les grandes seigneuries. Nous voyons en effet, en 921, Raoul,

---

(1) . . . . . *nutu omnipotentis Dei, ut credimus, actum est ut et nostra et totius populi nostri in delecti primogeniti nostri Hlotarii electione vota concurrerent. Itaque taliter divina dispensatione manifestatum placuit et nobis et omni populo nostro, more solemni imperiali diademate coronatum nobis et consortem et successorem imperii, si Dominus voluerit, communi voto constitui. Cœteros vero fratres ejus Pippinum videlicet et Hludouvicum œquivocum nostrum, communi consilio placuit regiis insigniri nominibus, et loca inferius denominata constituere in quibus post decessum nostrum, sub seniore fratre, regali potestate potiantur, iuxta inferius adnotata capitula.....* (Charta divis. imp., ann. 817. Prolog.)

depuis roi de France, succéder seul à son père Richard-le-Justicier, duc de Bourgogne, à l'exclusion de ses deux frères dont l'un nommé Boson devint comte de la haute Bourgogne (1); en 996, Richard II recueillit l'héritage de Richard-sans-Peur, son père, duc de Normandie, à l'exclusion de Robert, son puîné (2). Geoffroy, fils aîné de Foulques-le-Bon, comte d'Anjou, succéda à son père, en 958, bien que celui-ci eût un sentiment de prédilection pour Drogon, son troisième fils, qui plus tard devint évêque (3). Robert, fils aîné de Guillaume-le-Conquérant, hérita du duché de Normandie à la mort de son père.

Les rois d'Angleterre de race normande, pour assurer leur hérédité, associèrent ou firent reconnaître de leur vivant, par le clergé et par les grands, l'enfant qui devait leur succéder (4). Ils substituèrent ainsi le principe de l'hérédité par ordre de primogéniture au principe de l'élection qui avait été, chez les Anglo-Saxons comme chez les Francs, le premier mode de succession à la Couronne.

Les principautés et les seigneuries de l'empire d'Allemagne admirent aussi le droit d'aînesse à peu près vers la même époque. Les coutumes de Fribourg en Brisgaw, rédigées au XIIe siècle,

---

(1) Brussel. *Traité des Fiefs*, L. III, ch. 13.

(2) Hoüard. *Anc. Lois des Français*, tom. I, p. 18.

(3) *Fulco pius tres filios habuit, quorum primogenitus Gofridus consulatum rexit..... tertius minor Drogo dictus a Fulcone nimis dilectus quia eum in senectute genuerat, etc.* (*Gesta consulum andegavensium.* Cap. 6. D'Achery. *Spicilége,* tom. X.)

(4) *Ann.* 1170. *Rex Henricus pater magnum celebravit concilium Londiniis cum principibus et magnatibus terræ suæ de coronatione Henrici filii sui, et dominica sequenti, quæ evenit decimo septimo calendarum julii, clero et populo consentientibus et assentientibus, fecit ipse prædictum Henricum filium suum coronari et in regem consecrari apud West monasterium a Rogero archiepiscopo eboracenci* (Spelmann. Hoüard. *Anc. Lois des Français,* tom. II, p. 288.) — ..... *Et cives Londiniæ juraverunt fidele servitium dom. regi Richardo et hæredi suo; et si ipse sine prole decessisset, reciperent comitem Johannem fratrem Richardi regis in regem et dominum. Et juraverunt ei fidelitatem contra omnes homines salva fidelitate regis Richardi fratris sui.* (*Id.,* p. 322.)

décident qu'à la mort du seigneur héréditaire de la cité, le plus âgé de ses héritiers doit lui succéder (1).

Cependant, au Xe siècle, le droit d'aînesse n'était pas encore universellement établi pour la succession des grandes seigneuries. Il résulte d'un passage de la chronique de Reginon que certains seigneurs qui possédaient des comtés et des bénéfices en faisaient eux-mêmes le partage entre leurs enfants (2). Au XIe siècle, le comte de Flandre désignait, suivant l'antique usage de cette province, celui de ses fils qu'il voulait choisir et lui laissait, à l'exclusion des autres, son nom et sa principauté; mais le comté ne se divisait pas (3). Le droit d'aînesse n'avait pas encore, du reste, le caractère exclusif qu'il devait prendre plus tard. Lorsqu'un seigneur puissant possédait plusieurs principautés, il laissait ordinairement la plus importante à l'aîné et les autres à ses autres enfants. Chaque seigneurie appartenait à un seul et restait indivisible, mais l'aîné ne succédait pas toujours à tous les domaines du *de cujus*. Si chaque seigneurie était impartageable, l'ensemble de l'hérédité ne l'était pas encore. L'histoire d'Anjou en fournit plusieurs exemples. La succession de Guillaume-le-Conquérant fut partagée de la même manière.

De la succession des couronnes et des principautés, passons à celle des fiefs d'ordre inférieur. Dans ces derniers, l'indivisibilité du fief, venue de la nécessité d'en assurer le service, précéda l'établissement du droit d'aînesse.

Nous ne savons pas exactement quel était le mode de transmission des bénéfices au IXe et au Xe siècle : pouvaient-ils se diviser entre les héritiers ou devaient-ils rester indivisibles, c'est ce que les textes ne nous disent qu'imparfaitement. Cependant, il est permis de croire qu'à cette époque le bénéfice restait indivisible. Le capitulaire de Kiersy, en parlant de l'héritier du fief, emploie toujours

---

(1) Coutumes de Fribourg en Brisgaw, c. 2, rédigées en 1120. M. Giraud.

(2) *Uta comes obiit qui permissu regis quidquid beneficii aut præfecturarum quasi hereditatem inter filios divisit.* (Chronique de Reginon, ann. 949.)

(3) M. Laboulaye. *Hist. de la Propriété foncière en Occident*. L. VII, ch. 17.

le mot *filius* au singulier. On voit aussi dans un grand nombre de chartes de concessions de précaires ou de bénéfices les mots *hœres* et *filius* employés au singulier. D'où l'on doit penser qu'à cette époque, les précaires et *à fortiori* les bénéfices militaires ne passaient qu'à l'un des enfants du donataire. Du reste, la charte de concession devait être, sur ce point comme sur tant d'autres, la seule règle véritable.

Au XIe siècle, époque de la domination exclusive de la féodalité, le droit allemand admettait l'indivisibilité du fief, mais sans exclure les fils puînés. Lorsqu'un vassal mourait en laissant plusieurs fils, ceux-ci choisissaient l'un d'eux et le présentaient au seigneur ; le seigneur donnait à l'élu de la famille seul l'investiture du fief. Mais, faute par les frères de faire cette désignation, le seigneur donnait le fief à l'un d'eux, suivant son gré. Si parmi les enfants l'un était d'âge à recevoir l'investiture (douze ans accomplis), et si les autres étaient au-dessous de l'âge fixé, le seigneur donnait le fief au seul enfant capable, et celui-ci devait alors fournir caution que ses frères ne réclameraient pas (1). Il en était encore de même au commencement du XIIIe siècle : d'après le code féodal de Nuremberg, le seigneur ne pouvait refuser l'investiture au plus âgé des fils quand celui-ci avait atteint l'âge légal, mais il n'était point obligé de la donner aux puînés (2). Cette disposition nous fait pour ainsi dire assister à la naissance du droit d'aînesse. On ne pouvait partager le fief, il fallait donc choisir l'héritier (3). En principe, l'élection, cette base antique de toutes les institutions germaniques, devait en décider ; mais en fait, soit par défaut d'âge, soit par défaut d'accord, le seigneur devait souvent choisir lui-même son feudataire. Or, la force des choses voulait que le seigneur désignât ordinairement le plus capable des enfants de son vassal, c'est-à-dire l'aîné.

---

(1) *Ant. lib. de benef.*, c. 76, 78.
(2) Schilter. *Cod. jur. allem. feud.*, c. 60, § 1, 2 ; c. 61, § 1, 2, 3.
(3) Le fief pouvait cependant être partagé, lorsque le seigneur avait concédé le même bénéfice à plusieurs individus à la fois. Dans ce cas, ils pouvaient soit en jouir ensemble et exercer tous les mêmes droits, soit le partager entre eux. (*Ant. lib. de benef.*, c. 83, 84. — *Cod. jur. allem. feud.*, c. 61, § 3.)

La Constitution de Conrad nous paraît admettre aussi l'indivisibilité du fief, car elle emploie toujours le mot *filius* au singulier, comme les capitulaires carlovingiens. Elle appelle en première ligne le fils du vassal décédé ; à défaut de fils, le petit-fils né du fils succède, en abandonnant au seigneur les armes et les chevaux du défunt (1).

Le Livre des fiefs n'admet pas cependant l'indivisibilité du fief ; il veut que les enfants mâles le partagent entr'eux par parts égales (2). Il est probable que cette disposition était un dernier reste du droit germanique primitif et de la succession allodiale, et qu'elle ne provenait pas de l'influence du droit romain. La loi lombarde étant restée en vigueur sur les rives du Pô pendant toute la durée du moyen-âge, on aura par analogie appliqué à la succession des bénéfices le principe de la succession des alleux. Si cette disposition eût été empruntée au droit romain, les filles n'auraient pas été exclues par le même texte d'une manière aussi absolue.

La compilation milanaise, tout en admettant l'égalité du partage entre les enfants mâles, exclut les fils naturels et les fils adoptifs. Elle donne tous les fiefs de la mère aux enfants que celle-ci a eus de son premier mariage. Les enfants nés d'un mariage morganatique ne succèdent pas aux fiefs ; ils ne succèdent même aux autres propriétés qu'à défaut d'enfants nés d'un mariage célébré solennellement (3).

Le droit d'aînesse est admis au contraire par les Assises de Jérusalem. D'après ce monument de notre ancien droit féodal, le fief qui ne doit qu'un seul chevalier est indivisible. S'il n'y a qu'un seul fief, le fils aîné le prend et fait le service du fief comme son auteur. Si le défunt laisse plusieurs fiefs et plusieurs enfants, les

---

(1) Conrad. *Const. de feudis*, c. 7, 8. — Le droit qu'avait le seigneur de prendre les armes et le cheval de son vassal se retrouve presque partout dans les premières coutumes féodales. En Angleterre, on le nommait *hériot*.

(2) « *Si quis igitur decesserit, filiis et filiabus superstitibus, succedunt tamen filii æqualiter, vel nepotes ex filio, loco sui patris.* (*Liber feudorum*, lib. I, t. 8.) — Les constitutions napolitaines n'admettent pas non plus le droit d'aînesse pour les vassaux qui suivent le droit lombard, mais seulement pour ceux qui obéissent à la loi des Francs. (*Const. regni siçuli*, lib. III, t. 24, c. 2.)

(3) *Liber feudorum*, lib, II, t. 26, c, 4 ; t. 29.

fils choisissent par ordre de primogéniture les fiefs qui doivent hommage et service; les filles, lorsqu'elles sont appelées, choisissent aussi dans le même ordre. S'il y a plus de fiefs que d'enfants, les héritiers recommencent à faire leur choix sur les fiefs restant, dans le même ordre que la première fois (1). Les Assises accordent en outre à l'aîné des mâles, ou le cas échéant à l'aînée des filles, à titre de préciput, tous les fiefs qui ne doivent pas le service de corps. L'aîné seul a la saisine de plein droit, ainsi que nous l'avons vu; le puîné ne peut demander l'investiture au seigneur qu'en qualité d'héritier apparent. S'il reçoit l'inféodation, il ne peut pas aliéner le fief, et ne le garde que provisoirement (2). La législation portée en Orient par les Croisés repose donc sur ces principes : indivisibilité absolue du fief de dignité, à cause de sa souveraineté; indivisibilité absolue du fief *d'un seul bouclier*, afin d'assurer le service militaire; indivisibilité relative du fief de plusieurs boucliers qui peut se partager dans certains cas; préciput du fils aîné ou de la fille aînée qui prend tous les fiefs non soumis au service personnel, et enfin, droit d'élection pour le premier né, puis pour les autres enfants par ordre de primogéniture. Tous les monuments du droit féodal oriental reproduisent les mêmes dispositions sur ce sujet (3). Ce système s'appliquait tant aux fiefs venus du père qu'à ceux venus de la mère des copartageants (4).

(1) *Jean d'Ibelin*, ch. 148, 149.
(2) *Id.*, ch. 149, 152.
(3) *Assises de Jacques d'Ibelin*, ch. 71; —de Geoffroy Letort, ch. 2, 15, 17. — D'après Jacques d'Ibelin, le fief de plusieurs boucliers peut être partagé dans trois cas : 1° pour les nécessités du service; 2° pour le douaire de la veuve, qui doit porter sur la moitié du fief; 3° pour faire la part des filles, lorsqu'il n'y a pas d'héritier mâle (ch. 71). De même, d'après l'Assise de Geoffroy Letort, le fief ne se partage pas entre mâles; l'aîné prend le fief tout entier (ch. 2).

(4) *Le Uxanze di lo imp. di Romagnia*, c. 32.—Ce document nous apprend que le droit d'aînesse et celui de masculinité n'étaient pas admis pour la succession des fiefs grecs. Ils se partageaient également, tant entre les fils qu'entre les filles, même dans le cas où une feudataire grecque épousait un Franc. C'était la loi de la terre et non celle du mari qui servait de règle à la succession. Le droit d'aînesse fut donc en Grèce une importation toute occidentale. (*Id.*, c. 138.)

En France, au XIe et au XIIe siècle, le seigneur imposait quelquefois au vassal l'obligation de transmettre le fief concédé à un seul de ses héritiers, de sorte qu'il ne pût pas se diviser; c'est ce que nous voyons dans les chartes de cette époque (1). De là sans doute on en vint promptement à stipuler que cet héritier appelé serait toujours l'aîné, et après lui sa descendance mâle par ordre de primogéniture. Une charte champenoise nous en fournit un exemple digne d'attention : c'est l'hommage prêté, en 1226, par un seigneur, au comte de Champagne, son suzerain (2).

Les coutumes du XIIIe siècle nous montrent, comme les chartes, le droit d'aînesse en pleine vigueur. En Flandre, le fils premier né, et à défaut de fils, l'aînée des filles, succédait tant au fief paternel qu'au fief maternel (3).

En Normandie, nous trouvons le droit d'aînesse très-fortement organisé dès une époque reculée (4). D'après les Établissements de Normandie, le fief de haubert ne se divise pas et doit passer tout entier à l'aîné des fils. Si la succession ne comprend qu'un fief et pas d'autres biens, l'aîné, seul héritier, reste chargé de pourvoir au sort de ses frères, par mariage ou autrement. Quand il y a plusieurs fiefs de haubert, et plusieurs fils, ils choisissent

---

(1) *Vicecomes Fulco nostram adiit presentiam, prece supplici postulans uti suo filio, nomine Goffrido, nec non suo nepoti Fulconi nomine atque uni eorum heredi terram illam...... concederemus sub litterarum annotatione.* (Charte de 1032. *Parvum pastorale*, lib. IV, dipl. 25. Guérard. *Cartul. de Notre-Dame de Paris*, tom. I, p. 331.) — Voir aussi une charte de 1186. (*Id.*, p. 70.)

(2) « *Ego deveni homoligius dicti domini comitis contra omnem creaturam quæ possit vivere vel mori..... post decessum vero meum, filius meus primogenitus; post illum, qui tenebit Lupeium erit homoligius domini comitis Campaniæ..... et quantocumque plures heredes erunt apud Lupeium, major natu; post illum, qui tenebit Lupeium erit homoligius domini comitis Campaniæ de feodo supradicto contra omnem creaturam quæ possit vivere vel mori.* (*Cartul. de Champagne.* Chantereau-Lefebvre, *Preuves*, p. 170.)

(3) *Leges Balduini*, c. 1, 3.

(4) Les lois d'Henri Ier donnent le fief paternel au fils aîné. (*Lois d'Henri Ier*, c. 70. Cout. de Wessex.)

par ordre de primogéniture; s'il y a plus de fiefs que de fils, on recommence un nouveau choix; si le nombre des fiefs est insuffisant, les derniers enfants en sont privés. Les puînés se partagent les échutes; quand elles valent mieux que le haubert, l'aîné a le droit d'opter entre elles et le fief, qui passe alors à l'un des puînés sans se diviser (1).

Les Établissements de Normandie admettent également le droit d'aînesse entre filles, mais dans des limites plus restreintes. Lorsque la succession passe aux filles, l'aînée prend seulement le principal manoir et les autres filles tiennent d'elle. Les filles mariées peuvent partager les échutes avec les autres en rapportant leur mariage; le partage s'opère alors entre toutes les filles par parts égales (2). En Normandie, comme à Jérusalem, le droit d'aînesse avait pour base l'indivisibilité du fief qui recevait une exception lorsque la terre passait aux filles. Dans le système successoral de la féodalité primitive, chaque fief était impartageable, mais l'ensemble de la succesion du feudataire se divisait entre ses enfants.

Le principe de l'indivisibilité du fief et l'institution du droit d'aînesse furent sanctionnés par le jurisprudence de l'Échiquier :

« Li puis nez ne puet pas suivre brief de fieu et de gage, cinz sera boutez arriere porce que il i a ainz né. »

« Il fut jugié que sergenterie fiévée ne doit pas être partie » (3).

Le Grand Coustumier de Normandie resta fidèle à ces principes : d'après lui, le comté, la baronnie, le fief de haubert, sont impartageables (4). L'aîné est le principal héritier du père, et, d'après Littleton, si le puîné s'empare de la succession de son père et la transmet à ses héritiers, l'aîné peut de plein droit les en expul-

---

(1) *Etablissements de Normandie*, p. 9. — *Assises de Normandie*, p. 93.

(2) *Etablissements de Normandie*, p. 10. — D'après un manuscrit de la bibliothèque impériale, la fille mariée ne devait prendre que son mariage; la fille non mariée, une part égale à ce que valait le mariage de sa sœur au jour de la célébration. (*Id.*)

(3) Arrêts de l'Echiquier, des années 1214 et 1235, p. 127 et 168.

(4) *Grand Coustumier de Normandie*, ch. 26.

ser en tout temps (1). Entre filles, le fief se partage par parts égales, mais l'aînée choisit la première, à moins qu'elle n'ait fait les lots (2). Du XIII° siècle au XV°, les coutumes normandes avaient donc conservé les traditions du droit primitif de la féodalité sur le droit d'aînesse. Au XVI° siècle, la coutume officielle consacra de nouveau le principe d'indivisibilité du fief et le droit d'élection des fils par rang d'âge; s'il n'y avait qu'un fief, les puînés en étaient entièrement exclus; dans le cas où l'aîné prenait l'unique fief, il devait seulement fournir une provision viagère à ses puînés; il avait seul la saisine de plein droit de toute la succession (3).

La Coutume de Tournay conserva aussi le système primitif de la succession féodale. Celle de Sédan donnait aux fils un droit d'option par rang d'âge, lorsque le père possédait plusieurs châteaux; mais, dans cette localité, le droit d'élection ne s'appliquait qu'au manoir et non aux terres du fief (4).

Le droit d'aînesse paraît ne s'être établi en Bretagne qu'à une époque peu ancienne. Le droit celtique admettait le partage égal entre les fils et accordait seulement le manoir paternel par préciput au plus jeune fils (5). Sous les Plantagenets, l'influence de la féodalité française dut importer dans cette province le droit d'aînesse pour la succession des fiefs. Les anciennes tenures, les

(1) « . . . . . per la ley come heir à son pier. » — Mais si l'aîné était expulsé après s'être mis en possession, il ne pouvait plus entrer que par un *bref d'entrée sur dessaisine*. (Littleton, sect. 396, 397.)

(2) *Id.*, sect. 224.

(3) Normandie, 336, 337, 338, 339.

(4) Tournay, ch. 11, art. 3, 4. — Sédan, 158, 159.

(5) Il en était ainsi chez les Gallois, d'après les lois d'Hoël-Dha : *Lex ecclesiastica statuit neminem patri succedere debere, præter filium natu maximum de uxore sua procreatum; per leges autem Hoëli, filio natu minimo pariter ac maximo hæreditas adjudicatur. Cum fratres hereditatem paternam inter se diviserint, frater natu minimus habebit domicilium principale cum octo jugeris et instrumento rustico et omnibus ædificiis paternis et lebete et securi ad dissecanda ligna et cultro; hæc enim tria pater nec donare nec testamento legare potest ulli nisi filio minimo.* (*Leges Wallicæ*, lib. II, c. 12.)

hereditates des mactierns bretons et de leurs vassaux se transformèrent en fiefs régis à peu près comme les fiefs français. Ces changements furent l'œuvre lente et cachée des siècles, il est impossible de les décrire avec précision. Les chartes bretonnes commencent à mentionner les fiefs sous les noms de *feum* et *fevum*, à partir du XIe siècle (1). Le droit d'aînesse ne se montre toutefois en Bretagne, d'une manière bien évidente, qu'au XIIe siècle (2). L'usage de partager les fiefs militaires et même les baronnies paraît s'être maintenu jusqu'à la fin de cette période. Cela résulte du prologue de l'Assise de Geoffroy, comte de Bretagne, rédigée en 1185. Le législateur annonce, en effet, dans ce document, l'intention d'apporter un remède aux maux qu'occasionnait le partage égal des fiefs entre les enfants des feudataires (3). Cette loi changea complètement, en matière de succession directe, les anciens usages celtiques, et leur substitua le principe féodal de la primogéniture avec une rigueur qu'il n'avait eue nulle part ailleurs. D'après l'Assise, l'aîné prend tout le domaine du père, à la charge de pourvoir aux besoins de ses frères et sœurs et de les doter convenablement (4). Le privilége d'aînesse n'est plus ici un simple droit d'option, comme dans les Assises de Jérusalem ou dans les Établissements de Normandie; il n'a plus pour objet unique d'empêcher la division du fief militaire; c'est un droit qui s'étend à la succession tout entière, et qui assure l'indivision non pas de tel ou tel fief en particulier, mais du patrimoine entier du *de cujus*.

(1) D. Morice, *Preuves de l'Hist. de Bretagne*, tom. I. *Passim*.

(2) Voir un titre de l'abbaye de Saint-Michel, de 1182; c'est une transaction passée par un seigneur et confirmée par son frère aîné, et par le fils aîné de celui-ci. (D. Morice, *Preuves*, tom. I, col. 694.) — Voir aussi une charte de l'année 1109, de Brian-le-Vieux, aîné et chef de la famille des Brian. (*Id.*, col. 520.)

(3) *Quod cum in Britannia super terris inter fratres dividendis detrimentum plurimum soleat evenire..... concessi quod in baronniis et feodis militum ulterius non fierent divisiones, sed major natu integrum obtineret dominatum.* (D. Morice, *Preuves*, tom. I, col. 705.)

(4) *Assise de Geoffroy*, c. 1.

Cependant, l'indivisibilité de l'héritage posée en principe par l'Assise n'était pas absolue. La part des puînés et des filles fut fixée au tiers de l'héritage paternel par une ordonnance du duc Jean II, en 1301 (1).

D'après la Très-Ancienne Coutume de Bretagne, le fils aîné prend toute la seigneurie du père ; seul il a la saisine de plein droit. Les juveigneurs et les sœurs de l'aîné ont seulement le choix de lui demander leur *pourveance*, c'est-à-dire somme suffisante pour pourvoir à leurs besoins ou leur avenant (2).

S'il n'y a pas de fils, le mari de la fille aînée doit, d'après l'Assise, prendre toute la terre et marier ses belles-sœurs, avec le consentement du seigneur et des proches (3).

La coutume rédigée au XVIe siècle donne encore à l'aîné seul la saisine héréditaire ; entre nobles, il prend les deux tiers des fiefs et les deux tiers des meubles (4).

Dans les provinces centrales, le droit d'aînesse fut aussi consacré par nos anciens coutumiers.

Le fief de baronnie était indivisible en principe, mais, d'après les Établissements de Saint-Louis, le père pouvait le partager entre ses enfants, et, s'il ne l'avait pas fait, le fils aîné devait fournir une part à ses puînés et marier ses sœurs :

« Baronie ne départ mie entre frères, se leur père ne leur a faete partie, més li ainznéz doit faére avenant bien fet au puiznéz et si doit les filles marier » (5).

En Anjou, le fief de baronnie ne pouvait être démembré (6).

Le droit d'aînesse et le principe de l'indivisibilité étaient moins absolus pour les fiefs non titrés.

Les Établissements de Thibault, comte de Champagne, confir-

---

(1) Ordonn. de Jehan II, art. 17, 18. D. Morice, *Preuves*, tom. I, col. 1166.

(2) Bretagne, T.-A. C., ch. 37, 209.

(3) . . . . . *In filiabus vero, qui majorem habuerit, terram habeat.* (*Assise de Geoffroy*, c. 4.)

(4) Bretagne, N. C., art. 541, 550, 563.

(5) *Etablissements de Saint-Louis*, L. I, ch. 24.

(6) *Anc. Usages d'Anjou*, art. 63.

mèrent dans cette province l'exercice du droit d'aînesse, au commencement du XIIIe siècle. Ils n'accordèrent du reste à l'aîné qu'un simple préciput ; celui-ci devait prendre le château et ses dépendances ; le reste des fiefs se partageait également. S'il y avait plusieurs châteaux, l'aîné choisissait d'abord celui qu'il lui convenait de prendre (1). Le même préciput existait en faveur de la fille qui, à défaut d'hoirs mâles, prenait le château et la justice du fief, suivant une décision de la comtesse Blanche (2). Il n'y avait, à vrai dire, que la justice et les dépendances du manoir principal qui fussent, d'après ces coutumes, considérées comme indivisibles.

Cependant l'ancien caractère du fief militaire était encore, au milieu du XIIIe siècle, reconnu par Pierre Desfontaines. On lit en effet dans le *Conseil à un ami* :

« Ne me semble mie que fiez puisse estre partiz ne doie, dont chascune partie n'est sofizanz à servir. »

Il permettait cependant de partager le fief venu en ligne directe du père des héritiers, entre les enfants, pour assurer leur subsistance. Mais lorsque la succession renfermait un fief et des vilenages, l'aîné prenait le fief, et les puînés se partageaient les vilenages (3). Dans ce cas, la raison d'équité ne faisant plus fléchir la rigueur du principe d'indivisibilité, il reprenait toute sa force.

D'après les Établissements de Saint-Louis, si le gentilhomme n'a pas fait de partage, l'aîné prend les deux tiers de toute la fortune et tous les meubles, et reste chargé des dettes. Il est seulement tenu de donner à ses frères, sur leur demande, un tiers de la terre. Entre roturiers, le fils aîné ne prend que la moitié du fief ; mais, lorsque le fief est tombé en tierce foi, c'est-à-dire à la troisième génération, on partage noblement et l'aîné prend les deux tiers (4). D'après Desfontaines, l'aîné doit avoir aussi les

---

(1) *Li Droict et lis Coustumes de Champaigne*, art. 1, 2.

(2) Lettres de Blanche, comtesse palatine de Troyes, en 1212. (*Cartul. de Champagne*. Chantereau-Lefebvre, *Preuves*, p. 44.)

(3) Pierre Desfontaines, ch. 34, nos 8, 12 ; — ch. 15, no 7.

(4) *Etablissements de Saint-Louis*, L. I, ch. 8, 143.

deux tiers du fief au moins. La part des puînés ne peut dépasser le tiers, mais elle peut être inférieure (1).

Les Établissements de Saint-Louis sont moins sévères à l'égard des filles, lorsqu'elles sont appelées. Entre elles, le partage se fait par parts égales; l'aînée prend seulement *le coq et les hébergements* (le manoir et ses dépendances, *le vol du chapon*) (2). Mais les Usages d'Anjou donnent une part plus considérable à la fille aînée; s'il y a trois filles, l'aînée prend les deux tiers de la fortune et partage le reste entre ses deux sœurs (3). Beaumanoir reproduit le système des Établissements et partage le fief de la même manière, soit entre les fils, soit entre les filles; mais il n'admet pas le droit d'aînesse pour les meubles, et il les partage par parts égales entre les enfants (4). Les Anciennes Coutumes de Reims et celles de Bourgogne n'accordaient à l'aîné que la moitié de la succession féodale au lieu des deux tiers; elles faisaient porter aussi ce préciput sur l'ensemble des fiefs délaissés par le *de cujus* (5).

Au XVe et au XVIe siècle, le droit d'aînesse n'était plus, comme au XIe et au XIIe, un simple droit d'élection combiné avec l'indivisibilité du fief; c'était un préciput qui s'imputait sur toute la succession féodale; mais, d'un autre côté, lorsqu'il n'y avait qu'un fief, l'aîné était obligé d'en laisser une part à ses frères; le principe d'indivisibilité était moins absolu qu'à l'époque précédente. Le caractère nobiliaire avait remplacé partout le caractère militaire de la féodalité primitive.

Lors de la rédaction officielle, les Coutumes d'Anjou, du Maine, de Touraine et de Lodunois admirent le droit d'aînesse pour toutes sortes de biens entre nobles, et pour les fiefs anciens entre roturiers. On entendait par fiefs anciens ceux qui avaient passé entre

---

(1) Pierre Desfontaines, ch. 34, n°s 2, 3, 4, 7.
(2) *Etablissements de Saint-Louis*, L. I, ch. 10.
(3) *Anc. Usages d'Anjou*, art. 63.
(4) Beaumanoir, ch. 47, n° 6; ch. 14, n°s 4, 5.
(5) *A. C. de Reims*, du XVe siècle, art. 325. — *A. C. de Bourgogne*, art. 178.

les mains de trois générations (1). Dans le Grand-Perche, le droit d'aînesse avait lieu pour toutes sortes de biens, entre nobles, et pour les fiefs entre roturiers (2). Dans l'Aunis, l'Angoumois, la Haute-Marche, l'Auvergne, le Bourbonnais, le Berry et le Nivernais, il avait lieu pour tous les fiefs entre nobles, mais non entre roturiers (3). Les coutumes de ces contrées rapprochées des pays de droit écrit avaient moins subi l'influence de la féodalité que celles des autres provinces. En Poitou et en Saintonge, il y avait droit d'aînesse pour tous les fiefs entre nobles, pour les fiefs anciens entre roturiers (4). La Coutume de Paris admet le droit d'aînesse pour les biens nobles seulement, tant entre nobles qu'entre roturiers (5). D'après celles de l'Ile-de-France, de Champagne, d'Orléans, de Vermandois, d'une partie de la Picardie et de l'Artois, le privilége de primogéniture était admis, mais pour les fiefs seulement, tant entre nobles qu'entre roturiers (6). Le droit d'aînesse, sauf quelques exceptions, s'appliquait plus ordinairement à la nature des biens qu'à la condition des personnes; nobles et roturiers y étaient soumis comme possesseurs de fiefs.

L'étendue du privilége de l'aîné ne fut pas partout la même. A Paris, à Orléans, à Laon, à Chartres, à Étampes, à Blois, il prenait un manoir et ses annexes avec les deux tiers du surplus des biens nobles quand il y avait deux enfants, et la moitié seulement quand il y en avait davantage (7); à Senlis, les deux tiers, et, suivant

(1) Anjou, art. 222, 235, 255. — Maine, 239, 252, 273. — Lodunois, XXVII, 3, 4; XXIX, 2. — Touraine, 260, 297.

(2) Grand-Perche, 137, 146, 158.

(3) Angoumois, 85, 87. — Usance de Saintonge entre mer et Charente, 57. — La Rochelle, 54. — Marche, 215, 216. — Auvergne, 51. — Bourbonnais, 301. — Berry, XIX, 31. — Nivernais, ch. XXXV.

(4) Poitou, 280, 289, 290. — Saintonge, 91, 93.

(5) Paris, art. 13, 15.

(6) Etampes, 110. — Montfort-l'Amaury, 94. — Mantes et Meulan, 160. — Meaux, 160, 169. — Melun, 256. — Orléans, 302. — Montargis, XV, 2. — Laon, 73. — Châlons, 80. — Reims, 312. — Calais, 94. — Boulenois, 62. — Amiens, 71. — Artois, 94, 106.

(7) Paris, 15, 16. — Orléans, 89, 90. — Laon, 147, 150, 151. — Chartres, 4. — Etampes, 9. — Blois, 143, 144.

quelques coutumes locales du même baillage, la moitié des fiefs (1) ; dans l'Anjou, le Maine, la Touraine, le Lodunois, l'aîné prenait, outre le manoir et le vol du chapon, les deux tiers tantôt des fiefs, tantôt de tous les immeubles; en Poitou, les deux tiers des fiefs, suivant les distinctions établies ci-dessus (2). Les Coutumes d'Anjou, du Maine, de Lodunois, de Touraine, donnaient tous les meubles à l'aîné. A Vitry, Troyes, Chaumont, Bar, Bassigny, Clermont en Argonne, l'aîné prenait seulement le principal manoir et le vol du chapon (3). Dans certaines contrées du nord, au contraire, le fils aîné, seul saisi de la succession, ne devait à ses puînés que le quint des fiefs propres; on trouve cette disposition dans les Coutumes d'Amiens, d'Artois, de Chauny, de Péronne, de Ponthieu (4).

En général, il n'y avait pas de droit d'aînesse pour les filles et elles étaient toutes réputées puînées ; il en était ainsi à Paris (5) ; mais d'autres coutumes accordaient, à défaut de fils, le privilège de primogéniture à l'aînée des filles; telles étaient celles de Saintonge, d'Amiens, d'Artois, de Péronne, de Chauny, de Ponthieu, de Touraine, d'Anjou, du Maine et de Lodunois (6).

D'après la Coutume de Bourgogne, lorsque le père laissait des enfants issus de différents mariages, le partage devait s'opérer par souches; les enfants du premier lit prenant ensemble autant que ceux du second et ceux-ci autant que ceux du troisième;

---

(1) Senlis, 126, 127.
(2) Anjou, 222. — Maine, 239. — Touraine, 260. — Poitou, 289, 290. — Lodunois, XXVII, 4 ; XXIX, 2.
(3) Vitry-le-Français, 55, 56. — Troyes, 14. — Chaumont, 8, — Bar, 112. — Bassigny, 35. — Clermont en Argonne, IV, 2.
(4) Amiens, 71. — Artois, 94. — Chauny, 73. — Péronne, 169. — Ponthieu, 1.
(5) Paris, 19.
(6) Saintonge, 91, 94. — Angoumois, 85, 91. — La Rochelle, 54, 55. — Amiens, 71, 85. — Artois, 94, 97. — Péronne, 169, 175, 183. — Chauny, 73, 75. — Ponthieu, 1, 3. — Touraine, 260. — Anjou, 222. — Maine, 238. — Lodunois, XXVII, 3. — Voir au surplus la savante étude de Klimrath sur les coutumes.

puis un nouveau partage s'opérait entre les enfants de chaque lit. (1).

Le droit d'aînesse fut admis dans les provinces méridionales comme dans celles du nord. Les seigneurs adoptèrent l'usage de désigner par testament leur fils aîné comme principal héritier et de lui laisser leurs plus importantes seigneuries avec la plus grande part de leurs domaines. En 918, à la mort d'Eudes, comte de Toulouse, Raymond, son fils, lui succéda dans le comté de Toulouse, Ermangaud dans celui de Rouergue ; les deux fils gardèrent en commun le reste de la succession. Un peu plus tard, en 950, Raymond-Pons, comte de Toulouse, mourut en laissant trois fils ; Guillaume Taillefer, l'aîné, prit le comté de Toulouse et la plupart des domaines de son père ; Pons, le second enfant, eut seulement l'Albigeois. Vers la même époque, en 956, Arnaud, comte de Carcassonne, de Conserans, de Comminges et de Rasez, mourut en laissant trois fils ; l'aîné, nommé Roger, prit le comté de Carcassonne, celui de Conserans et une partie de ceux de Comminges et de Rasez ; le second fils, Odon, le reste du comté de Comminges, et Raymond, le troisième, le reste de celui de Rasez (2). Dans la deuxième moitié du Xe siècle, en 961, Raymond Ier, comte de Rouergue et marquis de Gothie, laissa le comté tout entier à son aîné Raymond II ; les puînés n'eurent que de simples legs (3). En 966, Matfred, vicomte de Narbonne, donna par son testament la plus grande partie de ses alleux à son fils Raymond, et une part moindre à son fils Ermangaud et à sa fille Trutgarde. En 1002, Roger, comte de Carcassonne, partagea entre ses trois enfants, Raymond, Bernard et Pierre, ses alleux et ses châteaux situés dans les comtés de Carcassonne, de Narbonne et de Toulouse, mais il donna en outre à son fils Raymond le comté de Carcassonne tout entier (4). A

---

(1) *A. C. de Bourgogne*, art. 4 et 39.
(2) D. Vaissette, tom. II, p. 52, 85, 89.
(3) *Id.*, tom. II, p. 95, et *Preuves*, dipl. 97. Testament de Raymond Ier, marquis de Gothie.
(4) D. Vaissette, tom. II, *Preuves*, dipl. 101, 138.

la fin du même siècle, en 1061, Guillaume IV, fils aîné de Pons, comte de Toulouse, succéda à son père dans ce comté (1).

Cependant l'usage de désigner l'aîné pour successeur unique ou principal du père, n'était pas toujours admis sans contestation ni sans exception. Les fils de Boson II, comte de Provence, au Xᵉ siècle, gardèrent en commun la succession de leur père. Au XIᵉ siècle, nous voyons Raymond et Bernard, puînés de Bérenger, vicomte de Narbonne, partager entre eux les États de leur père, sans droit de primogéniture; l'aîné des fils était du reste entré dans les ordres. Quelques années plus tard, Raymond Bérenger Iᵉʳ, comte de Barcelone et de Carcassonne, institua ses deux fils pour ses héritiers, mais en laissant le comté de Carcassonne à l'aîné seul; le puîné le lui disputa; ils finirent par s'accorder, en 1080, par l'entremise des seigneurs et partagèrent tous les domaines paternels. (2).

Ce furent donc surtout les dispositions testamentaires qui introduisirent l'inégalité dans les partages entre les enfants des principaux seigneurs du midi. De nos jours encore, l'usage de tester, toujours plus fidèlement observé dans le midi que dans le nord, a presque maintenu le privilége de primogéniture.

Quant aux vassaux militaires, le droit d'aînesse s'introduisit parmi eux par les chartes et par les conditions imposées aux concessionnaires de fiefs. Le testament de Raymond Iᵉʳ, marquis de Gothie, nous en fournit la preuve. Le testateur décide que les fiefs par lui donnés à plusieurs de ses vassaux passeront aux fils de chacun de ceux-ci; s'ils meurent sans fils légitime, le fief retournera aux descendants du suzerain ou à quelque église. Dans cet acte, le mot *filius* est presque toujours employé au singulier, lorsqu'il s'agit du vassal appelé à la succession du fief paternel (3).

---

(1) D. Vaissette, tom. II, p. 204.

(2) *Id.*, tom. II, p. 111, 215, 234.

(3) *Illo alode de Valencio Ademario vicecomite tolosano remaneat, in tali vera ratione ut eleemosyna mea adfirmet, et si filium habeat de muliere qui hereditatem hereditare debeat......... Illo alode de Gordonense Aimeryco remaneat et Geraldo filio suo, et ad filios Geraldo........ Et teneat ipsa ecclesia de sancto Simplicio Stephanus et filius suus a feo dummodo vivunt* (D. Vaissette, tom. II, **Preuves**, dipl. 97.)

La charte de concession de la viguerie de Montpellier, du commencement du XIIe siècle, est plus explicite encore et montre que l'obligation de transmettre les fiefs, ou tout au moins le fief principal à l'un des enfants et à sa descendance, était imposée au feudataire par le seigneur concédant. Mais il résulte des termes même de cet acte, que dans le midi, où les droits d'aînesse et de masculinité n'étaient pas aussi fortement constitués que dans le nord, le père pouvait encore, au XIIe siècle, désigner celui de ses fils ou celle de ses filles qui devait succéder au fief (1).

Cependant le droit d'aînesse pour la succession des fiefs militaires s'établit peu à peu dans le midi comme dans le nord. La faculté de désigner le successeur et la nécessité de ne pas diviser le fief devaient amener nécessairement ce résultat (2). Les coutumes des pays de droit écrit abandonnèrent, pour la succession des biens nobles, le système romain d'après lequel le partage avait lieu par parts égales entre tous les enfants, et adoptèrent le droit d'aînesse combiné avec le droit de masculinité; telles furent plusieurs coutumes de Gascogne (3).

D'après la vieille législation féodale du Béarn, le fils aîné ou, à défaut d'enfants mâles, la fille aînée prend tous les biens nobles (4). Les coutumes rédigées au XVIe siècle excluent les enfants des seconds et subséquents mariages. Elles maintiennent le droit d'aînesse écrit dans les anciens Fors, soit au profit du

---

(1) Par cette charte, le comte de Montpellier donna en fief à Bernard et à ses enfants la viguerie de la ville, pour la tenir de lui à hommage; le texte ajoute : *Solummodo unus de filiis suis habeat vicariam cum castello. Quo mortuo, sine legitimis infantibus, habeat vicariam cum castello ille vel illa cui Bernardus diviserit.* (Charte de 1103. Brussel, L. I, ch. 7.)

(2) A la fin du XIe siècle, il n'existait pas encore toutefois à Barcelone. Le feudataire pouvait désigner par son testament celui de ses fils qui devait succéder au fief; mais, s'il mourait intestat et sans avoir disposé de sa tenure, le seigneur choisissait alors à son gré l'un des enfants du vassal défunt. (*Usatici Barchinonæ*, c. 31.)

(3) Cout. d'Acs, t. 2, art. 1, 6. — Saint-Sever, t. 12, art. 14, 36. — Mont-de-Marsan. *Des Successions*, art. 6.

(4) *Fors du Béarn*, c. 274, 276 (du XIe au XIIIe siècle).

fils, soit au profit de la fille. L'aîné seul est saisi de toute la succession ; il doit seulement *apparceler* ses frères, avec l'assistance de quatre parents, si le père ne l'a pas fait par son testament (1).

Dans le pays de Sole, le fils aîné du premier mariage et, à défaut de mâles du premier lit, la fille aînée exclut ses sœurs et tous les mâles du second lit, pour les biens de *papoadge* (biens héréditaires), alleux ou fiefs, nobles ou francs. Seul, le fils aîné du premier mariage ne peut être déshérité sans motif (2). La Coutume de Labour admet aussi, le droit d'ainesse avec une grande rigueur, tant au profit du fils qu'à celui de la fille, à son défaut, pour les maisons nobles. Ces coutumes excluent toutefois la fille si elle s'est mariée sans le consentement des parents (3). Il est probable que dans l'origine, chez les Béarnais et chez les Basques, la succession tout entière appartenait au premier né des enfants, fils ou fille, sans distinction de sexe, suivant les vieux usages basques, et que la préférence accordée au fils sur la fille fut une création de la féodalité (4). Le système primitif fut même conservé dans certaines maisons nobles ; d'autres, au contraire, préféraient les cadets mâles à la fille aînée, conformément au droit féodal (5).

Telles furent, tant au nord qu'au midi de la France, les origines du droit d'aînesse ; il eut pour source, d'une part l'indivisibilité plus ou moins absolue du fief et du service féodal ; d'autre part la nécessité de maintenir l'unité dans les petites souverainetés et dans les royaumes formés par les révolutions du Xe siècle. Il fut maintenu et développé, au déclin de la féodalité, dans le but de conserver la fortune des maisons nobles.

---

(1) *Fors et Costumas* (rédigés en 1551), Rubr. *de test.*, art. 2, 3, 5.
(2) Cout. de Sole, t. 27, c. 1, 2.
(3) Cout. de Labour, t. 12, c. 1, 2, 10.
(4) *Le Droit de famille aux Pyrénées,* par M. E. Cordier. *Revue historique,* tom. V.
(5) Cout. de Sole, t. 27, c. 3, 18.

§ V.

DU PARAGE.

Le droit d'aînesse donna naissance au *parage*. Cette institution fut destinée à concilier les intérêts des cadets et des branches cadettes des familles possédant fief, avec le principe de l'indivisibilité de la tenure féodale.

Dans l'origine, l'indivisibilité du fief était absolue; l'un des fils du titulaire prenait, au décès de son père, le fief entier; mais avec le temps, le droit féodal se relâcha de sa sévérité première. L'empereur Frédéric, en déclarant que les fiefs de dignité resteraient toujours impartageables, permit de diviser les fiefs de moindre importance (1).

Plus tard, les cadets furent admis à prendre une part du fief; mais alors, pour sauver le principe de l'indivisibilité et assurer à l'égard du seigneur supérieur le service de la tenure, on eut recours à une fiction. Bien que le fief fût en réalité divisé par les cadets qui en prenaient une part, il était réputé non divisé à l'égard du seigneur. L'aîné demeurait seul chargé du service féodal, et ses cadets tenaient le fief de lui, comme l'eussent fait des arrière-vassaux ordinaires. Tel était le droit de parage qui servit en quelque sorte de transition entre le système primitif de la succession féodale et celui des coutumes officielles.

Les anciens documents féodaux fournissent un grand nombre d'exemples de tenures en parage. En 1036, Guillaume, frère de Pierre, vicomte de Carcassonne, tenait en fief, de son aîné, Viterbe et autres lieux fortifiés (2); en 1152, Henri succéda à Thibault,

---

(1) *Præterea ducatus, marchia, comitatus de cœtero non dividatur, aliud autem feudum, si consortes voluerint, dividatur.* (*Liber feudorum*, lib. II, t. 55, § 1.)

(2) D. Vaissette, tom. 2, *Preuves*, dipl. 177.

son père, comte de Champagne. Ses puînés, Thibault et Etienne tinrent en parage, de leur frère aîné, les comtés de Blois et de Sancerre, tandis que lui-même prenait le fief principal, la Champagne. Brussel cite un grand nombre d'exemples semblables empruntés à des documents du XII⁰ siècle (1).

Le parage n'était pas admis entre sœurs par la première législation féodale portée en Orient lors des croisades; le fief restait impartageable entre les mains de la fille aînée, à défaut de fils; mais il fut introduit plus tard, ainsi que nous l'apprend Philippe de Navarre :

« Lonc tens après aussi estoit usé de sœurs come des frères, car l'ainée seur avoit le fié tout enterinement..... Et je ai entendu vraiement que les trois filles de messire Henri le Bufle furent les premières qui partirent (partagèrent). »

Cet Henri le Bufle était un gentilhomme champenois qui vint s'établir dans le royaume de Jérusalem « et il amenda moult pluisors des us et des assises dou reaume, par le rei et par ses homes, qui moult s'acordèrent à son sens et à sa parole. »

Au temps de Jean d'Ibelin, la tenure en parage était en pleine vigueur en Orient :

« Et la mainz née tendra sa partie de l'ainz née et li en devera faire tot quanque le fié deit de homage et de servise et de mariage et de estage et de totes les autres redevances que le fié deit » (2).

Cependant les rois de France, dont la politique tendit constamment à affaiblir la féodalité, combattirent le parage, cette institution toute féodale. D'après les ordonnances de Philippe II, lorsqu'un fief se divise, soit par succession, soit par tout autre cause, chacun des copartageants doit tenir sa part du seigneur supérieur directement et sans intermédiaire; chacun d'eux est chargé du service du fief à raison de cette part (3). Le principe primitif, celui de l'indivisibilité, reçut donc un rude échec; cette ordonnance

---

(1) Brussel, L. III, ch. 13.

(2) Philippe de Navarre, ch. 71. — *Jean d'Ibelin*, ch. 150.

(3) Ordonnance de 1209. *Recueil des Ordonnances*, tom. I, p. 29. — Ordonn. du 1ᵉʳ mai 1210. Brussel, tom. II, p. 874.

devait nécessairement affaiblir la féodalité en rendant le fief divisible, mais elle ne détruisit pas toutefois le parage.

Nous voyons en effet cette institution mentionnée dans des coutumiers postérieurs à la décision dont il s'agit. Les Établissements de Saint-Louis admettent le parage, et obligent le chef de famille qui garantit ses parents, à les indemniser quand il vend sa terre (1).

Les Anciennes Coutumes de Beauvoisis conservèrent aussi le parage. D'après Beaumanoir, les fils cadets et les filles partageaient par parts égales le tiers des fiefs qui leur était affecté, et devaient pour cette part rendre hommage à leur aîné. Lorsque la succession se divisait entre les filles et qu'il n'y avait pas de mâles, les sœurs partageaient entre elles par parts égales, mais elles rendaient hommage à l'aînée, pour leur part qu'elles étaient censées tenir de celle-ci. L'aînée prenait toujours le chef-manoir (2).

Les Anciennes Coutumes de Normandie, comme celles de la France centrale, admettaient le parage, même entre filles (3). Le Grand Coutumier conserva ce mode de tenure non-seulement en ligne directe, mais encore en ligne collatérale jusqu'au septième degré exclusivement, malgré les restrictions apportées par Saint-Louis, d'après la loi canonique, à l'étendue de cette institution (4).

En Bretagne, le parage fut introduit par l'Assise de Geoffroy. L'aîné prenant toute la succession, les cadets ne pouvaient plus avoir que ce qu'il lui plaisait de leur accorder pour leur subsistance; s'il leur concédait une terre, ils devaient nécessairement la tenir de lui, seul représentant de toute la famille à l'égard du seigneur. D'après la *Petite Coutume* de Bretagne, postérieure à l'Assise, le juveigneur tient sa part en *ramage*, et fait hommage à son aîné; mais il doit la *ligeance* au seigneur. Quant à la fille,

---

(1) *Etablissements de Saint-Louis*, L. I, ch. 126.
(2) Beaumanoir, ch. 14, nos 4, 5.
(3) *Etablissements de Normandie*, p. 10.
(4) *Grand Coustumier de Normandie*, ch. 30.

elle ne relève pas de son frère aîné, mais elle doit directement hommage au seigneur supérieur (1). Ces différentes dispositions, rapprochées de celles de l'Assise de Geoffroy, nous montrent que du XIIe au XVe siècle, le parage breton s'était affaibli.

En Bourgogne, le parage existait aussi ; il présentait un caractère particulier, car il n'était pas obligatoire, mais seulement facultatif pour le puîné. Celui-ci pouvait, à son gré, relever de son aîné, ou rendre directement hommage au chef-seigneur. Lorsqu'un fief tombait tout entier au puîné, il n'y avait pas lieu à la tenure en parage et le possesseur le tenait directement du seigneur, disposition conforme du reste au principe de l'institution, qui n'avait pour but que d'empêcher la division du fief ou de remédier aux inconvénients que la division aurait produits. La fille était toujours réputée puînée et tenait son fief de son frère, fût-il plus jeune qu'elle (2).

Le parage n'existait pas seulement entre enfants ; il comprenait aussi les parents plus éloignés. L'aîné de la branche aînée garantissait en parage non-seulement ses frères et sœurs, mais encore les différentes branches cadettes qui se rattachaient au tronc de la famille à laquelle il appartenait lui-même. Il représentait toute sa race et prenait dans les actes le titre de *chef de nom et d'armes* de sa famille. La branche aînée était donc la seule que le seigneur reconnût pour vassale, qu'il dût *considérer*, ainsi que le fait observer de Laurière. De là le nom de *Mirouër de fief* donné à cette

---

(1) *Petite Coutume de Bretagne*, art. 2, 3. D. Morice, tom. II, col. 1780. — Parmi les pièces relatives à la généalogie de la famille de Châteaubriant se trouvent plusieurs actes de partage où l'on voit des cadets s'engager envers leurs aînés à tenir d'eux leur part à titre d'hommage. (*Généalogie de la famille de Châteaubriant.*) — Le pouvoir patriarchal des anciens chefs des clans bretons avait fini sans doute par se confondre avec l'autorité exercée par les aînés de la principale branche des familles féodales. Longtemps avant l'Assise de Geoffroy, les aînés se qualifiaient de chefs suprêmes de leurs familles : *Ego Brientius, cognomine vetulus, Brientensium summus dominus et eorum primogenitus.* (D. Morice, *Preuves*, tom. I, col. 520. *Titre de Marmoutier.*)

(2) *A. C. de Bourgogne*, art. 178, 179, 181, 184.

partie de la famille (1). Dans l'origine, cette garantie en ligne collatérale s'étendait, comme la parenté canonique, jusqu'au septième degré (quatorzième du droit civil); mais le concile de Latran ayant restreint la parenté canonique dans les limites des quatre premiers degrés (huitième degré du droit civil), on restreignit aussi dans les mêmes limites l'étendue du droit de parage, comme celle de la solidarité de famille pour les guerres privées. Il comprenait donc en principe, tous les parents entre lesquels le mariage était prohibé par la loi religieuse (2).

Le parage, conséquence naturelle du droit d'aînesse, fut donc en usage dans toutes les provinces de France, au moyen-âge; mais au déclin de la féodalité, il s'affaiblit, comme les autres institutions qu'avait créées le régime seigneurial.

§ VI.

DE LA REPRÉSENTATION.

La législation des peuples barbares est en général peu favorable au système de la représentation, cette fiction légale en vertu de laquelle les fils ou descendants d'un héritier prédécédé sont appelés à succéder à la place de leur auteur, au *de cujus* dont ils auraient dû hériter.

L'ancien droit germanique n'admettait pas la représentation pour la succession de l'alleu (3). Le droit primitif de la féodalité repoussait aussi la représentation pour la succession des fiefs. Dans l'origine, le fils seul pouvait succéder (4); plus tard, les petits-fils furent admis à défaut de fils.

---

(1) De Laurière *sur Loisel*, L. IV, t. 3, règle 87.

(2) *Etablissements de Saint-Louis*, L. I, ch. 74. Note de De Laurière.

(3) *Lex salica*, t. 62, c. 6. *De alodibus*, texte d'Hérold. — On sait que, d'après l'historien Witiking, elle aurait été introduite en Allemagne par l'empereur Othon, qui confia la décision de cette question de droit aux hasards d'un combat judiciaire.

(4) Schilter. *Cod. jur. allem. feud.*, c. 43, § 2.

La Constitution de Conrad et le Livre des Fiefs permettent aux petits-fils, nés du fils du *de cujus*, de succéder au fief de celui-ci, à la place de leur père, *loco patris*, lorsqu'ils viennent seuls à la succession de leur aïeul ; mais ces textes ne parlent pas des petits-fils nés d'un fils prédécédé (1) ; ils étaient exclus probablement par leurs oncles, fils du *de cujus* et frères du prédécédé. L'extension apportée à la succession féodale s'arrêta longtemps à cette limite.

Les anciens coutumiers français sont plus explicites que les codes allemands et lombards et repoussent expressément la représentation ; *le plus près prend*, disaient nos anciens auteurs, *même en ligne directe* (2). Les Lois de Baudouin excluent pour la succession des fiefs les enfants nés du fils aîné du *de cujus*, si leur père est prédécédé ; elles leur préfèrent leur oncle et même leur tante, enfants du défunt (3).

Dans le vieux droit normand, même exclusion. Les Établissements de Normandie préfèrent aussi les fils puînés du *de cujus* aux enfants nés du fils aîné prédécédé ; la proximité du degré faisait passer l'oncle avant ses neveux, comme dans la loi salique :

« Quar li fill sont plus près de l'éritage leur père que li neveu. »

Les Établissements permettent toutefois à la fille de représenter sa mère (4).

Nous retrouvons le même principe admis par la Coutume de Paris qui repoussait encore, au XVe siècle, la représentation tant en ligne directe qu'en ligne collatérale, ainsi que Jean Desmares nous l'apprend (5). L'Ancien Coutumier de Champagne préférait aux enfants du fils prédécédé les fils et même les filles

---

(1) Conrad. *Constit. de feudis*, c, 7, 8, 9.—*Liber feudorum*, lib. I, t. 8 ; t. 19.

(2) Pasquier. *Recherches*, L. IV, ch. 18. — Loisel, L. II, t. 5, règle 5.

(3) *Leges Balduini comitis*, c. 3.

(4) *Etablissements de Normandie*, p. 24. — La législation anglo-normande admet aussi la représentation en faveur des enfants de la fille prédécédée : « Et auxy ils ne sont forsque come un heir à lour common auncestors, scavoir à lour ayel de que la terre discendist à lour mères. » (Littleton, sect. 313.)

(5) Jean Desmares, décisions 238, 288.

de l'aïeul *de cujus*, oncles et tantes des enfants exclus (1). L'Ancienne Coutume de Sens repoussait la représentation tant en ligne directe qu'en ligne collatérale, à moins de stipulations expresses dans le contrat de mariage; l'Ancienne Coutume d'Orléans la rejettait aussi (2).

Certaines coutumes du Nord firent une distinction qui atteste la persistance des usages féodaux. A Tournay et à Laon, on admit la représentation pour les rotures; dans le Hainault pour les alleux, tandis que dans ces pays on continuait à la repousser pour les fiefs ; à Soissons on la rejetait absolument pour les rotures comme pour les fiefs (3).

Cependant la jurisprudence modifia la sévérité de l'ancien droit; la représentation fut admise par certaines coutumes ; mais elle dut se combiner avec les règles féodales et les priviléges d'aînesse et de masculinité.

Elle pénétra en Normandie vers le XIIIe siècle. Les arrêts de l'Echiquier admirent que le fils aîné de l'aîné prédécédé pouvait prendre la part qu'aurait eue son père, dans la succession de de l'aïeul *de cujus*, au préjudice de ses oncles, enfants du défunt et frères de son père. « Il fut jugié que li emfant à l'ainz né filz auront la sesine leur aiel par devant les entes (oncles) » (4). Cette jurisprudence ne s'établit pas du reste sans lutte; elle n'avait pas encore triomphé définitivement à l'époque où fut composé le Grand Coutumier de Normandie ; et bien que le rédacteur de ce document admette l'opinion favorable à la représentation, il nous apprend que de son temps, le système contraire comptait encore des partisans (5).

---

(1) *Li Droict et lis Coustumes de Champaigne*, art. 11.

(2) Sens, A. C., rédigée en 1495, art. 72. — Orléans, A. C., art. 244. — Pothier. *Successions*, ch. 2, art. 1.

(3) Tournay, ch. 11, art. 1; ch. 25, art. 2. — *Anc. Cout. de Laon*, 2ᵉ partie, ch. 3, art. 19; — 3ᵉ partie, ch. 3, art. 22. — Hainault, ch. 90, art. 5; ch. 105, art. 5.

(4) Arrêt de l'Echiquier de Normandie, de 1236, p. 172 — Arrêts de 1224 et de 1235, p. 147, 166.

(5) *Grand Coustumier de Normandie*, ch. 25 et 99.

La Coutume de Paris, lorsqu'elle admit la représentation, la soumit aussi aux règles féodales. Les enfants de l'aîné furent admis à représenter leur père au droit d'aînesse; ils partageaient le préciput entr'eux, avec droit d'aînesse entre mâles, sans droit d'aînesse entre filles (1). Dans le Maine et l'Anjou, la Touraine, le Lodunois, le Poitou, la représentation fut admise, mais au profit seulement de l'aîné et du fils aîné de l'aîné, qui devait représenter son père à l'infini en ligne directe (2).

A plus forte raison, le droit féodal primitif n'admettait pas la représentation en ligne collatérale. Après l'assassinat d'Arthur, duc de Bretagne, par Jean-sans-Terre, son oncle et son compétiteur au trône d'Angleterre, les barons normands invoquaient pour justifier ce crime l'usage commun qui appelait alors les frères à succéder, au préjudice des neveux nés d'un frère prédécédé (3). Plus tard, la représentation fut admise en ligne collatérale, en faveur de la branche aînée, par la Coutume de Normandie et par plusieurs autres, ainsi que nous le verrons plus loin.

§ VII.

DE LA RÈGLE : *PROPRES NE REMONTENT.* — DU DROIT
DE RETOUR.

L'ancien droit féodal était peu favorable aux ascendants; il préférait pour la succession des fiefs les collatéraux au père du défunt, lorsque celui-ci ne laissait pas d'enfants ou de descendants. D'après le *Liber feudorum,* le père ne succède pas au fief de son fils, ni les ascendants à celui de leurs descendants (4). Cette exclusion venait

---

(1) Paris, A. C., art. 134.

(2) Anjou, 222. — Maine, 238. — Lodunois, XXXVII, 3. — Touraine, A. C., XXV, 3. — Poitou, 289.

(3) *Sub illo seculo multorum tuebatur opinione præferendum esse in successione fratrem defuncti juniorem potius quam nepotem ejus e seniori jam antea defuncto.* (Spelmann. Hottard, tom. II. p. 347.)

(4) *Liber feudorum,* lib. II, t. 50, 84.

de ce que le vassal étant obligé, pour prendre possession de son fief, de demander au seigneur une nouvelle investiture, chaque mutation était considérée comme une nouvelle concession à laquelle le père du concessionnaire restait étranger. Lorsque le vassal mourait sans descendants, le fief remontait d'abord au seigneur concédant qui par conséquent passait avant le père ; à l'égard de ce dernier tout fief était fief nouveau. Il ne se trouvait pas compris dans la donation qui avait concédé le fief à son fils et aux descendants de ce fils (1). Il était d'ailleurs de l'intérêt du seigneur que le service du fief fût confié à un jeune vassal capable de porter les armes, plutôt qu'à un homme trop âgé pour remplir cette fonction.

Nous verrons plus loin que la rigueur de la règle finit par fléchir à l'égard des acquêts féodaux, du moins dans la plupart des coutumes.

Les ascendants furent au contraire exclus des fiefs propres de leurs descendants presque jusqu'à notre époque. Le fief était généralement donné au concessionnaire et à sa descendance; de là les dispositions destinées à maintenir la concession dans la ligne de celui qui l'avait reçue primitivement. Or, si l'on eût admis le père à recueillir les fiefs que son fils avait reçus de la ligne maternelle, et *vice versa*, ce principe fondamental de la succession féodale eut été renversé. On trouve la preuve de cette exclusion dans les plus anciens documents ; le Livre des Fiefs n'appelle à la succession du fief soit en ligne directe soit en ligne collatérale que les mâles descendants par les mâles du premier vassal investi (2). La charte d'Amiens, tout en admettant les père et mère à succéder aux biens de leurs enfants morts sans descendants, excepte formellement les fiefs que ceux-ci avaient recueillis dans la succession du père ou de la mère prédécédée (3).

---

(1) M. Laboulaye. *De la Condition civile et politique des femmes*, p. 225.
(2) *Liber feudorum*, lib. II, t. 11.
(3) *Quod si antequam convenerint vel vir vel uxor infantes habuerint, post decessum patris aut matris hereditas infantum ad eos redibit, nisi sit feodum.* (Charte d'Amiens, c. 22.)

La législation des croisés n'admettait pas non plus le père à succéder au fief de son fils : « il (le père) a le fié et l'enfant en garde » por ce que *l'escheete dou fié ne peut venir à lui* » (1). Les Assises préfèrent au père les collatéraux du côté d'où le fief était venu.

La législation anglo-normande, qui a conservé si longtemps les anciennes traditions féodales, allait plus loin encore. Elle faisait passer dans la même ligne les collatéraux avant les ascendants. Le père, la mère ni aucun ascendant ne pouvait, d'après elle, succéder aux fiefs venus de leurs fils (2).

« Terre discendra del père al fits, mes nemy del fits al père, car ceo est une ascension. (3) »

D'après l'Ancien Coutumier de Normandie, le père ne succédait au fief de son fils que si celui-ci ne laissait ni enfants, ni descendants, ni frères (4). Ce système fut conservé par la coutume officielle qui exclut toujours l'ascendant tant qu'il existe des descendants nés de lui ; les frères, sœurs, neveux et nièces du défunt passent avant les père et mère ; ceux-ci avant les oncles et tantes qui excluent à leur tour les aïeux et aïeules et ainsi de suite (5).

La Coutume de Melun décide aussi que l'héritage propre ne peut remonter par succession aux père et mère, aïeul ou aïeule ou autres ascendants en ligne directe, tant qu'il y a des héritiers descendants ou collatéraux de l'estoc et ligne dont procèdent les propres (6). Les Coutumes de Montfort et de Mantes conservèrent également l'ancien principe féodal dans toute sa rigueur (7).

La règle : *propres ne remontent*, est d'origine purement féodale ;

---

(1) *Jean d'Ibelin*, ch. 170. — Philippe de Navarre, ch. 22.

(2) *Etiam hoc semper apud nos receptum fuit ut feudum nunquam ascendere vel si velis descendere a filio ad patrem vel matrem, nec aliquem alium in recta linea antecessorem possit.* (Cowell. *Instit. de droit anglais*, L. III, t. 1 § 10. MM. Dupin et Laboulaye. *Instit. de Loisel*, L. II, t. 5, règle 16.)

(3) Rastall, cité par MM. Dupin et Laboulaye, *eodem loco*.

(4) *Grand Coustumier de Normandie*, ch. 25.

(5) C. de Normandie, art. 241, 242.

(6) C. de Melun, 268, 269.

(7) C. de Montfort-Lamaury, art. 100, 101. — Mantes, 169, 170.

elle n'existait point dans le droit germanique, et elle est absolument contraire au droit romain, si favorable aux droits des ascendants. Elle s'est d'abord appliquée aux fiefs, parce qu'elle tenait à la constitution même du régime féodal et aux conditions des chartes d'investiture. Elle s'est étendue ensuite aux alleux et aux rotures, ainsi que nous le verrons plus loin.

L'exclusion des ascendants de la succession des fiefs était dans l'origine tellement rigoureuse que le père qui s'était démis d'un fief en faveur de son fils ne succédait même pas au bien qu'il avait donné (1). Il n'en était plus de même au XIII⁰ siècle; les ascendants succédaient alors aux fiefs par eux donnés à leurs descendants, mais Beaumanoir nous apprend que la question avait fait doute. « Aucun ont doute que puis que li héritages est partis du père ou de le mère et venus à lor enfans par don ou par lor otroi ou par aucune maniere, qu'il ne puist puis revenir au père ne à le mère, mais si fet. » Si le bien donné à l'enfant prédécédé était un acquêt, le père et la mère succédaient chacun pour moitié (2).

La Coutume de Champagne admit le droit de retour et accorda même à l'ascendant donateur, dès le XIII⁰ siècle, un privilége particulier. D'après elle, le bien donné en mariage au fils ou à la fille décédée sans hoirs, devait revenir au père sans relief (3).

Le droit de retour était une modification importante apportée par l'influence du droit romain et par la jurisprudence à la rigueur primitive du régime des fiefs. Sur ce point encore les droits du sang firent fléchir les principes introduits par la féodalité absolue (4).

---

(1) Glanville, lib. VII, c. 18, § 4. — *Liber feudorum*, lib. 4, t. 84. — M. Laboulaye. *Hist. de la Condition civile et politique des femmes.* p. 217.

(2) Beaumanoir, ch. 14, nos 22, 29.

(3) *Li Droict et lis Coust. de Champaigne*, art. 10.

(4) Il en fut de même en Espagne. L'ancien For d'Aragon excluait les ascendants des choses par eux données à leurs descendants morts sans enfants et leur préférait les frères germains et les parents de la ligne d'où provenait le bien : *Quando pater vel mater dant aliqua bona alicui ex filiis, et ille filius sine liberis legitimis intestatus decedit, bona debent devolvi ad propinquiores unde bona illa descendunt.* Mais le nouveau For, où l'influence du droit

Le droit de retour fut admis dans presque toutes les provinces, et devint une règle coutumière (1).

Dans le midi, où le régime féodal a eu bien moins d'influence que dans le nord sur la législation, les droits du père étaient au contraire fort étendus. On n'admettait point la règle : *propres ne remontent ;* le père succédait à la dot de sa fille morte sans enfants (2). A Toulouse, le père succédait seul et pour le tout, sans avoir égard à la nature ni à l'origine des biens, à son enfant décédé lui-même intestat et sans enfants, conformément au droit quiritaire (3). La Novelle 118 admise en Provence dès le XIe siècle, tout en modifiant la rigueur de l'ancien droit romain, confirma le droit des ascendants (4). Mais la règle féodale fut cependant reçue par plusieurs coutumes du midi. A Acs et à St-Sever, les ascendants ne succédaient qu'aux biens provenus de leur ligne; ils étaient exclus de ceux que les enfants tenaient de leur mère et *vice versa* (5).

§ VIII.

DE LA SUCCESSION COLLATÉRALE. — DES ACQUÊTS FÉODAUX.

L'hérédité des fiefs ne fut admise d'abord qu'en ligne directe seulement. Les capitulaires de Kiersy, en confirmant l'hérédité

---

romain fut bien plus considérable, préfère, au contraire, aux collatéraux les père et mère pour les choses par eux données à leur enfant mort sans descendant. (*Forum regni Aragonis,* VI, 128.—MM. Dupin et Laboulaye. *Institutes de Loisel,* lib. II, t. 5, règle 16.) — En Allemagne, un arrêt de la chambre aulique modifia aussi la rigueur primitive du droit féodal et admit les ascendants à succéder aux choses par eux données à leurs descendants. (Chopin, *de feud. and.,* lib. II, pars III, cap. 1, t. 4, n. 16.)

(1) Loisel, L. II, t. 5, règle 17.
(2) C. de Montpellier, c. 12.
(3) *Consuet. Tholosæ.* Rubr. *de success.*
(4) *Petri except.,* lib. I, c. 6.
(5) C. d'Acs, t. 2, art. 22 ; — de Saint-Sever, t. 12, art. 43.

des comtés et des bénéfices, ne mentionnent, en effet, que le fils du titulaire. Cependant la succession en ligne collatérale s'établit en France dès les premiers temps de la féodalité pour les grandes seigneuries. On voit, en effet, à la fin du IX° siècle, Guillaume, succéder à Ranulf, son oncle, duc d'Aquitaine. Pendant les premières années du XI° siècle, les seigneurs des provinces de Lorraine, de Bourgogne, d'Anjou, de Normandie, de Champagne et de Blois succédèrent à leurs collatéraux (1). Vers 1067, Roger Ier, comte de Foix, eût pour successeur le comte Pierre, son frère (2). En Bretagne, les collatéraux succédaient aussi à leurs collatéraux, ducs ou comtes de cette province (3).

La législation de la féodalité germanique repoussa longtemps, pour les fiefs, la succession collatérale. Le *Libellus antiquus* ne parle jamais que des fils du vassal et à défaut de fils appelle le seigneur; on lit dans le Code féodal de Nuremberg cette maxime absolue : « *Nemo succedit in feudo, nisi filius patri.* » Le Miroir de Saxe conserva aussi l'ancien système; il décide que le fief ne peut passer à un collatéral que s'il a reçu l'investiture simultanément avec le *de cujus*. A défaut de fils, le seigneur exclut le petit-fils (4).

Au XI° siècle, l'empereur Conrad avait accordé aux feudataires de l'empire le droit de transmettre leurs fiefs en ligne collatérale,

(1) En 1001, Robert, roi de France, succède à son oncle Henri, frère de Hugues-Capet et duc de Bourgogne; en 1004, Geoffroy-le-Jeune, cousin d'Othon II, duc de Lorraine, se fait donner l'investiture du duché par l'empereur Othon II, au préjudice des sœurs du *de cujus*, Helberge et Hermangarde, et malgré leur résistance; en 1078, Godefroy de Bouillon succède à Godefroy III, duc de Lorraine, son oncle et frère d'Ides, sa mère; en 1060, Geoffroy-le-Barbu succède à Geoffroy-Martel, comte d'Anjou, son oncle; en 1028, Robert-le-Libéral succède à Richard III, son frère, duc de Normandie; en 1042, Etienne, comte de Champagne, hérite de Thibaut, son frère, le comté de Blois. (Claude Paradin. *Alliances généalogiques.*)

(2) D. Vaissette, tom II, p. 207.

(3) Claude Paradin. *Bretagne.*

(4) *Lib. ant. de benef.*, c. 25. — Schilter. *Cod. jur. allem. feud.*, c. 43, § 2. — *Miroir de Saxe.* Lehenrecht, VI, 21. — Chopin. *De feud. and.*, pars III, cap. 4, t. 4, n. 17.

mais dans des limites excessivement restreintes. D'après sa Constitution, le frère peut succéder au fief de son frère consanguin, avec le consentement du seigneur (1); mais là s'arrêta d'abord la faculté de succéder en ligne collatérale. Elle fut plus tard étendue par l'usage jusqu'au 7e degré, et même, pour les fiefs anciens ou paternels, jusqu'à l'infini, au profit des descendants des mâles (2). Mais pour les fiefs nouveaux ou acquis, il n'y avait point de succession collatérale; à défaut d'enfants ou de descendants nés de l'acquéreur, le fief retournait au seigneur concédant (3); le frère ne succédait au fief acquis par son frère que s'il était appelé par une clause de l'investiture (4).

Le caractère de la succession collatérale est exactement le même que celui de la succession directe; en matière de fiefs le droit successoral est essentiellement contractuel; c'est, d'après le Livre des fiefs, la charte d'investiture qui est la seule loi (5).

La compilation d'Obertus de Orto nous apprend aussi que jadis les arrière-fiefs retournaient au concédant, lorsque le vassal décédait sans descendants, mais on avait fini par adopter le même système pour tous les fiefs; et à l'époque où elle fut rédigée, la loi des successions était la même pour les fiefs et pour les arrière-fiefs (6).

Ces principes étaient complètement admis par l'ancienne législation féodale française. Un arrêt du parlement, de la fin du XIIIe siècle, nous montre qu'à cette époque la loi des apanages avait fidèlement conservé le système primitif de la succession féodale. Le parlement adjugea, en 1283, le Poitou et l'Auvergne à Philippe III, roi de France, neveu d'Alphonse, comte de Poitiers, mort sans enfants, au préjudice de Charles de Sicile, frère du *de cujus*. A défaut d'héritiers directs, nés de l'apanagiste, l'apanage devait en effet revenir au roi, seigneur concédant, au préjudice des

---

(1) Conrad. *Const. de feudis*, c. 9.
(2) *Liber feudorum*, lib. I, t. 1, c. 1, 4; — lib. II, t. 50.
(3) *Id.*, lib. I, t. 1, c. 1; t. 8, t. 12, t. 20; — lib. II, t. 10, 11.
(4) *Id.*, lib. I, t. 8, t. 20.
(5) *Id.*, lib. I, t. 8, t. 20; — lib. II, t. 12.
(6) *Id.*, lib. II, t. 10.

frères du défunt. Ils n'étaient pas compris dans la charte de concession de l'apanage ; ils ne pouvaient par conséquent passer avant le seigneur concédant (1).

Dans le cas même où le seigneur était exclu par la famille, certaines lois féodales lui donnaient la faculté de retenir, comme marque de souveraineté, les armes et les chevaux du défunt (2).

Mais avec le temps la sévérité de la règle féodale s'adoucit et le droit du seigneur fit place à celui de la famille. D'après la législation des croisés, le fief acquis doit passer au plus proche parent de l'acquéreur décédé sans enfants (3). La législation anglo-normande appelle aussi la famille avant le seigneur à la succession des acquêts ; elle préfère, pour les fiefs acquis comme pour les fiefs propres, le collatéral au père du défunt ; elle étend aux acquêts, la règle féodale qui défend de faire remonter les héritages (4). Les coutumes d'Anjou, du Maine et de Lodunois partagent les acquêts entre les collatéraux des deux lignes et les préfèrent aux ascendants. Elles ne donnent aux père et mère que les meubles de l'enfant prédécédé, et excluent même des meubles les ascendants plus éloignés. L'ancienne coutume de la Septène de Bourges ne donnait aux ascendants que les meubles ; l'usufruit des acquêts leur fut accordé en outre lors de la rédaction de la Coutume de Berry. En Saintonge et en Bourbonnais, les ascendants concouraient avec les collatéraux les plus proches à la succession des meubles et des acquêts (5).

(1) *In baroniis, tales donationes, decedentibus donatariis sine herede proprii corporis, non ad fratrem donatarii, sed ad filium donatoris succedentem in regno, mortuo donatore, revertuntur pleno jure.* (Extrait du *Mémorial de la Chambre des Comptes.* Brussel, *Preuves,* p. 43.)

(2) *Constit. de feudis.* Conrad, c. 8. — *Leges Knutis,* c. 68. — *Leges Edwardi,* c. 35.

(3) *Uxanze de lo imp. di Romagnia,* c. 32.

(4) « Est un maxime en le ley que inhéritance poet linéalment discender, mes nemy ascender. » (Littleton, sect. 3. — Voir aussi sect. 2, 4, 6, 7, 8.)

(5) Cout. d'Anjou, art. 268, 270. — Maine, 254, 288. — Lodunois, XXIX, 13. — C. de la Septène de Bourges, art. 3. — Saintonge, 97. — Bourbonnais, 314. — Berry, XIX, 3.

La Coutume de Normandie préfère au contraire les ascendants aux collatéraux pour la succession des acquêts comme pour celle des meubles; mais elle appelle les parents paternels avant les maternels, reste sans doute de l'ancien droit germanique (1). Il n'en était pas de même en Bourgogne; l'ancienne coutume de cette province donne tous les meubles et acquêts au plus proche lignager, sans distinction entre la ligne paternelle et la ligne maternelle (2).

La distinction des acquêts et des propres, quoique étrangère au droit romain, passa cependant dans les pays de droit écrit, ainsi qu'on le voit dans des chartes anciennes de l'époque féodale (3).

La succession se divisait donc en deux parts distinctes; le fief de ligne qui ne pouvait pas sortir de la famille à laquelle il avait été concédé, et les meubles et acquêts qui appartenaient généralement au plus proche parent, soit ascendant, soit collatéral. Pour cette part de la succession, la loi féodale s'était effacée et le principe de la proximité du degré avait repris le premier rang, sauf dans quelques coutumes restées plus fidèles que les autres aux anciennes règles féodales (4).

---

(1) *Grand Coust. de Normandie,* ch. 25. — Cout. de Normandie, art. 325, 328. — En Angleterre, comme en Normandie, les parents paternels étaient préférés aux parents maternels pour la succession des acquêts.

(2) *A. C. de Bourgogne,* art. 20.

(3) Le testament de Bernard Aton, vicomte de Béziers (rédigé en 1118), mentionne les acquêts, les fiefs et les alleux du testateur. (D. Vaissette, tom. II, *Preuves,* dipl. 377.)

(4) Nous ne parlerons pas ici de la succession entre époux, admise par le droit prétorien sous le nom de *possessio unde vir et uxor,* parce qu'elle était étrangère au droit des fiefs et contraire à ses principes. (*Lib. feud.*, lib. II, t. 13.) On la trouve cependant mentionnée dans quelques textes anciens. D'après une loi de l'empereur Henri Ier, faite pour les Lombards, le mari succède à sa femme légitime, si elle n'a pas d'enfants. L'ancienne coutume de Fribourg, de l'an 1120, admettait que le mari et la femme se succèdent réciproquement; mais ce droit de succession ne s'appliquait pas probablement aux fiefs. (*Leges Henrici I,* c. 1; *ad leg. Lang.* Canciani, tom. I. — Cout. de Fribourg, c. 15. M. Giraud.)

§ IX.

DES DROITS DE MASCULINITÉ ET D'AINESSE EN LIGNE COLLATÉRALE.

Le caractère militaire de la société féodale donna naissance au privilége des mâles et de la ligne masculine, tant pour les successions collatérales que pour les successions directes, en matière de fiefs. Il introduisit aussi le droit d'aînesse qui dans certaines contrées fut en vigueur pour les successions collatérales.

La législation de la féodalité lombarde exclut de la succession les descendants des filles, à moins de conventions particulières; elle admet le frère à succéder à son frère décédé sans descendance pour les fiefs venant du père commun, mais elle exclut la sœur du *de cujus*. Elle préfère toujours aux filles et à la ligne féminine les mâles et les descendants des mâles; à défaut de frère du *de cujus*, elle appelle les agnats, tandis qu'elle repousse les cognats, et donne la succession au seigneur à défaut des premiers (1). En ligne collatérale, comme en ligne directe, le Livre des Fiefs n'admet point le droit de primogéniture.

La législation des Assises de Jérusalem, au contraire, admet le privilége de l'âge en matière de succession collatérale. D'après les Assises de la Haute-Cour, entre collatéraux du même degré, le plus âgé des héritiers doit être préféré au moins âgé. Mais cette préférence est purement personnelle et seulement en faveur de l'âge; la ligne de l'aîné des frères ou cousins du défunt n'a aucun privilége sur les lignes cadettes, et le fils de l'aîné est exclu par le fils du cadet si ce dernier est plus âgé que son cousin au moment de l'ouverture de la succession. A degré égal, le parent mâle est préféré à la femme, même lorsqu'elle est plus âgée que lui (2). Les Usages de l'empire de Romanie veulent aussi qu'entre héri-

---

(1) *Liber feudorum*, lib. I, t. 1, c. 2, 3; — lib. II, t. 11, t. 17.
(2) *Jean d'Ibelin*, ch. 175, 176. — Geoffroy Letort, n° 2.

tiers de même degré et de même ligne, on préfère le mâle à la fille et l'aîné au puîné (1).

Le privilége d'aînesse et surtout celui de masculinité furent admis par un grand nombre de coutumes françaises.

En Normandie, on jugeait au XIIIe siècle que le fils du frère aîné devait succéder à son oncle. Voici comment s'exprime un arrêt de l'Échiquier, de l'an 1235 :

« Il fu jugié que li filz à l'ainz né frère aura la sèsine son oncle qui morz est et pui fera à son oncle puis né ce que il devra » (2).

Le système admis par cet arrêt diffère de celui des Assises de Jérusalem; ici ce n'est plus le privilége de l'âge, c'est celui de la ligne qui prévaut; il est évident qu'entre ces deux dispositions, la loi féodale a fait un pas. Le fief est devenu, s'il est permis de s'exprimer ainsi, plus patrimonial; le droit de la famille s'est étendu, la succession collatérale s'est de plus en plus rapprochée de la succession directe. La représentation longtemps repoussée en ligne collatérale a été enfin admise, mais au profit de la branche aînée seulement, comme en ligne directe.

Les Coutumes de Normandie admettaient en ligne collatérale, un privilége pour les mâles, en disposant que les filles mariées par leurs frères ne pouvaient recevoir en dot que des biens provenant de la ligne directe (3).

La législation anglo-normande préférait aussi, en collatérale, l'aîné au puîné pour la succession des fiefs de ligne; pour la succession des fiefs acquis, elle faisait passer la sœur germaine avant le frère consanguin; le privilége du double lien l'emportait dans ce cas sur celui de masculinité (4).

En Bretagne, l'Assise du comte Geoffroy avait établi le droit d'aînesse d'une manière trop absolue pour qu'il ne s'appliquât pas aux successions collatérales. D'après l'Ordonnance de Jehan II, « Les

---

(1) *Uxanze de lo imp. di Romagnia*, c. 64.
(2) Arrêts de l'Echiquier, p. 166.
(3) *Grand Coustumier de Normandie*, ch. 26.
(4) Littleton, sect. 5, 6, 7, 8.

échaites entre frères, ès choses nobles qui aviennent, sont à l'aîné » (1). La Très-Ancienne Coutume de Bretagne donne aussi au principal héritier de chaque lignée toute la succession venue d'un collatéral pour les successions nobles : « Le principal hoir de chacun ramaige du noble doit avoir toute l'échaite. » (2).

Dans les provinces du centre et du nord, nous trouvons aussi, à l'époque féodale, de nombreuses applications des priviléges d'aînesse et de masculinité en ligne collatérale. La loi des apanages et celle de la pairie excluaient les femmes; cependant, en 1309, la Cour des Pairs donna le comté d'Artois à Mathilde, mais Robert d'Artois, son neveu, protesta contre cette violation de l'ancienne loi des fiefs (3).

L'Ancienne Coutume de Champagne admettait le privilége de masculinité pour les fiefs provenant de succession collatérale (*échoite de côté*) (4).

Pierre Desfontaines, tout en admettant une exception au principe de l'indivisibilité du fief pour les successions directes, le maintenait dans toute sa rigueur pour les fiefs provenant d'un parent lignager, en collatérale (5). Les Établissements de Saint-Louis donnent au frère aîné la succession de ses puînés décédés depuis la mort du père (6). Les Anciens Usages d'Anjou appellent les héritiers de l'aîné à la succession du puîné mort sans descendants (7). Les Coutumes de Beauvoisis, au contraire, repoussaient le droit d'aînesse en ligne collatérale; les héritiers appelés partageaient par parts égales; mais les héritiers mâles étaient préférés aux femmes parentes du *de cujus* au même degré. Les femmes plus proches en degré excluaient toutefois les mâles plus éloignés. (8).

---

(1) Ordonnance de Jehan II, art. 6.
(2) Bretagne, T.-A. C., ch. 219.
(3) Voir la requête présentée à ce sujet par Robert d'Artois. (*Olim.*, tom. II, p. 629, n. 4.)
(4) *Li Droict et lis Coust. de Champaigne*, art. 8, 55.
(5) Pierre Desfontaines, ch. 34, n° 12.
(6) *Etablissements de Saint-Louis*. L. I, ch. 21.
(7) *Anc. Usages d'Anjou*, art. 69.
(8) Beaumanoir, ch. 14, n°s 8, 28.

Les Coutumes de Reims appelaient aussi les mâles, et, à leur défaut seulement, les femmes les plus proches dans chaque ligne (1).

Les Coutumes des provinces méridionales présentent sur ce sujet des dispositions différentes, provenant du mélange du droit écrit et du droit féodal.

L'histoire nous apprend que pendant la féodalité absolue, les femmes furent appelées à succéder, en ligne collatérale, aux grandes seigneuries du midi. Nous voyons en effet Ermangarde succéder, en 1065, à son père, Roger III, comte de Carcassonne (2).

Dans le ressort d'Acs, l'aîné ou, à défaut de mâle, l'aînée dans les maisons nobles (*héritages gentious*) succédait à ses puînés décédés sans enfants (3).

Les Coutumes béarnaises admettaient en ligne collatérale les priviléges d'aînesse et de masculinité ; elles donnaient la succession aux héritiers de la ligne d'où ces biens provenaient :

« Servada inter lor prerogativa de sexe et de primogenitura » (4).

Chez les Basques, le droit d'aînesse existait aussi pour les successions collatérales (5).

§ X.

DES FIEFS DE LIGNE. — DE LA RÈGLE *PATERNA PATERNIS, MATERNA MATERNIS.*

La règle *paterna paternis, materna maternis*, d'après laquelle les héritages devaient retourner, à défaut de descendants du *de cujus*, à la ligne dont ils provenaient, est un des points les plus importants de la législation féodale et coutumière. Maintenir les biens immeubles dans les familles, tel était l'esprit de notre ancien droit.

---

(1) *A. C. de Reims*, art. 334 (XVe siècle).
(2) D. Vaissette, tom. II, p. 208.
(3) Cout. d'Acs, t. 2, art. 7.
(4) *Fors et Costumas de Bearn*. Rubr. *de testam.*, art. 1.
(5) Coutumes de Sole, t. 27, art. 31. — Cout. de Labour, t. 12, art. 16.

Tous les historiens jurisconsultes ont cherché à connaître la source de la règle *paterna paternis*. D'après les uns, cette règle viendrait du droit romain ; d'après les autres, du droit germanique ; ceux-ci la rapportent au droit celte, ceux-là au droit féodal pur. Il faut d'abord repousser l'origine romaine, la plus fausse de toutes. A aucune époque, le droit romain n'a tenu compte de l'origine des biens ; pour lui, la succession dans son ensemble, meubles et immeubles, a toujours formé un tout indivisible ; point de distinction entre les propres et les acquêts, entre les héritages paternels et maternels. C'est par une interprétation absolument inexacte de quelques dispositions du droit romain, qu'on a émis cette opinion erronée.

L'origine germanique n'est pas beaucoup mieux fondée. Le droit barbare, comme le vieux droit quiritaire, appelait les parents par les mâles, de préférence aux autres, mais sans égard à l'origine des biens (1). Aucune des lois composant le *corpus juris germanici antiqui* n'admet la règle *paterna paternis*, ni aucune disposition qui la renferme. C'est par une fausse interprétation de la loi des Bourguignons que Dumoulin a adopté ce système aujourd'hui repoussé.

La troisième opinion s'appuie sur un texte des lois d'Hywell-Dha, qui nous montre que, dans le pays de Galles, la succession ne sortait jamais de la ligne dont les biens provenaient (2), et sur la Très-Ancienne Coutume de Bretagne qui admettait aussi la règle *paterna paternis* (3). Mais ces arguments sont insuffisants pour

---

(1) *Lex salica emendata*, t. 62, c. 5, *de alode*. — *Lex Werinorum*, t. 6. — Le Miroir de Souabe donne l'ensemble de la succession *au côté de l'épée*, c'est-à-dire à la ligne paternelle ; les propres venus du côté maternel sont toutefois exceptés et passent à cette dernière ligne. (L. II, c. 51.)

(2) *Nec ullus in fundum coheredis sui, qui sine liberis decesserit, succedit, nec debitis ejus obnoxius erit, nisi fundus iste ad illum descenderit ab aliquo parentum suorum qui eumdem olim perpetuo jure possidebat* (*Leges Wallicæ*, IV, 85, n. 13.)

(3) *De l'élément germanique et de l'élément gallique dans le Code Napoléon*, par Benech. *Rec. de l'Académie de législation de Toulouse*, tom. II. — M. La Ferrière. *Hist. du Droit français*, L. II, ch. 3.

établir l'origine celtique de la règle coutumière. Il faudrait prouver d'abord qu'il existait une parfaite identité entre les coutumes des Gaulois du continent et celles des Cambriens de l'île de Bretagne ; il faudrait ensuite établir la persistance des coutumes celtiques dans la Gaule après la conquête romaine et la conquête germanique. Or, ces deux thèses ne sont nullement prouvées. Les textes de Tacite et de César qui font allusion à la ressemblance des coutumes bretonnes et des coutumes gauloises ne suffisent pas pour établir qu'elles fussent de tout point identiques, surtout lorsqu'il s'agit d'une question de droit civil dont ces historiens ne se sont guère occupés. En outre, il nous paraît à peu près prouvé que les coutumes celtiques ont été absorbées dans le midi par l'influence romaine, et dans le nord par l'influence germanique (1) ; elles n'ont guère persisté, pendant le moyen-âge, que dans l'extrême ouest, c'est-à-dire dans la Basse-Bretagne. Or, la plus grande obscurité règne sur les coutumes de la Basse-Bretagne pendant les premiers siècles féodaux.

L'argument tiré de la Très-Ancienne Coutume de Bretagne ne prouve pas non plus que la règle en question soit un reste du vieux droit des Gaulois. La Très-Ancienne Coutume n'est pas toujours l'expression du droit celtique ; elle est plus souvent celle du droit féodal français transporté en Bretagne par les Plantagenets ; c'est un développement de l'Assise de Geoffroy, ce n'est pas un corollaire des lois galloises. L'admission de la règle *paterna paternis* dans ce document peut donc être une conséquence du régime féodal tout autant qu'un reste du droit celtique.

L'opinion qui rapporte l'origine de cette règle aux coutumes celtiques est donc dépourvue de preuves suffisantes. Certains auteurs, à la tête desquels il faut placer De Laurière, la rattachent au droit féodal pur (2). Il est vrai qu'on n'en voit pas d'applica-

---

(1) Il est possible cependant que certains usages celtiques aient été conservés, dans les provinces de l'ouest et du centre de la Gaule, par les populations rurales qui avaient moins subi que celles des villes l'ascendant de la civilisation romaine ; mais on n'en a pas de preuves certaines.

(2) De Laurière, *sur Loisel*. L. II, t. 5, règle 16.

tions certaines avant le XI⁰ siècle; c'est dans les chartes de cette époque qu'il faut en chercher les premiers exemples (1).

Toutes les concessions de fiefs dont nous possédons les textes restreignent plus ou moins le droit de transmettre héréditairement la tenure. Lorsque le seigneur donnait un fief transmissible à perpétuité, la faculté de succéder n'en restait pas moins resserrée entre les mains des descendants du premier concessionnaire. Pour la succession collatérale, comme pour la succession ascendante, il ne fallait pas que la tenure sortît de la ligne à laquelle elle avait été donnée. La règle *paterna paternis, materna maternis*, n'est probablement que l'application de ce principe ; elle a dû sortir tout naturellement des chartes de concession. Ces actes étaient généralement conçus dans les mêmes termes à peu près ; il serait facile d'en citer de nombreux exemples (2). En maintenant le fief

(1) On voit dans une charte du XI⁰ siècle que les héritiers du côté dont provenaient les biens pouvaient seuls s'opposer à l'aliénation faite par leur parent lignager : *Reliquit ergo alodia villæ Sigonis supramemorato Drogoni de Monteaureo quæ competebant illi consanguinitatis jure a parte matris. Illa vero de Listriaco quæ habebat de patre suo et quæ calumniari vel cognatus vel aliquis alius nec jure poterat nec debebat. donavit S. Trinitati* (*Cartul. de Vendôme.* Galland, p. 21, 22.) — Une charte angevine, des premières années du XII⁰ siècle, nous montre la nièce, du côté paternel, succédant à un bien venu de la ligne paternelle du défunt, au préjudice des frères utérins de celui-ci : *Nec enim erant fratres filii patris Hugonis qui et jure hereditario eam (terram) possidebat..... neptem quandam Hugonis quæ ex patris genere descenderat cum qua hereditatem possent juste sibi vindicare.* Pour recouvrer la terre, l'un des frères épousa l'héritière. (*Cartul. de S. Serge,* f⁰ 159.)

(2) En voici plusieurs du XII⁰ et du XIII siècle : en 1190, Philippe II donne à Raymond, comte de Saint-Gilles, le fief de Figeac : *Eidem et heredibus suis natis vel nascituris ex ipso et uxore sua dedimus.* (*Cartulaire de Toulouse.* Chantereau-Lefebvre, *Preuves.* p. 11.) — En 1216, Thibault donne la terre de Risancourt, en fief, à Lambert de Châtillon, pour lui et pour ses descendants : *Si duos. vel plures habuerit hæredes, ille qui predictum feodum tenebit erit inde homo meus ligius.* (Chantereau, *Preuves,* p. 87.) — En 1222, Blanche, comtesse de Champagne, et Thibault, son fils, donnent une rente en fief à Erard de Brenne et à Philippine, sa femme : *Concesserunt carrissimæ uxori meæ Philippæ et successive descendentibus*

dans la descendance du concessionnaire, elles rapprochaient la succession collatérale de la succession directe, elles en faisaient en quelque sorte une seule et même chose (1). Dans le système primitif de la succession féodale, le collatéral succède non comme parent du *de cujus*, mais plutôt comme descendant du premier concessionnaire, auteur commun du défunt et de l'héritier.

C'est, en un mot, le *lignage* qui sert de base à la succession des fiefs, ce n'est plus la proximité du degré comme dans le droit romain, ni la parentèle comme dans le droit germanique. La règle *paterna paternis* s'appliqua donc aux fiefs d'abord, de là elle fut étendue aux tenures roturières. Occupons-nous maintenant des fiefs ; nous verrons plus loin l'extension qu'elle prit postérieurement.

Nous la trouvons en vigueur dans les anciens coutumiers féodaux. D'après le Livre des Fiefs, la ligne collatérale, lorsqu'elle est appelée à recueillir un fief, succède en vertu de l'investiture faite à l'auteur commun (2) ; mais elle est repoussée de la succession du fief qui n'a pas appartenu à l'auteur commun du défunt et de l'héritier ; dans ce cas, la loi féodale appelle le seigneur au préjudice des collatéraux (3).

Les Assises de Jérusalem et les Coutumes de l'empire de Romanie donnent tous les fiefs qui ne doivent pas le service de

---

ex corpore ipsius hæredibus in perpetuum. (*Cartul. de Champagne.* Chantereau, *Preuves*, p. 134.) — En 1223, Louis VIII donne un apanage à Philippe, comte de Boulogne, son frère : *In feodo dicto comiti fratri nostro et suis heredibus de uxore desponsata.* (*Terrier-cartulaire de Normandie.* Brussel, tom. I, p. 444.) — En 1268, saint Louis donne les fiefs de Lorris, de Montargis, etc., en apanage à son fils Philippe : *Philippo et heredibus suis de corpore suo procreatis, seu procreandis.* (*Mémorial de la Chambre des Comptes.* Brussel, *Preuves*, p. 46.) — Une charte de 1269, relative à l'apanage donné par saint Louis à son fils Robert, est conçue dans les mêmes termes. (D. Martene. *Trésor des anecdotes*, tom. I, p. 1125.)

(1) M. Laboulaye. *Condition civile et politique des femmes*, L. IV, ch. 7.

(2) . . . . *prædicti fratres vel nepotes per investituram patris vel avi in beneficium succedunt et similiter intelligendum est in consobrinis.* (*Liber feudorum.* lib. I, t. 14, c. 1.)

(3) *Id.*, lib. II, t. 11.

corps à l'héritier mâle le plus âgé de la ligne dont proviennent ces biens, mais elles n'exigent plus que l'héritier appelé descende du premier concessionnaire (1). Dès le XIII° siècle, la rigueur primitive du droit s'était en effet adoucie, et Philippe de Navarre nous apprend que le frère, la sœur ou le parent pouvait succéder sans être issu du premier acquéreur : « *Jà ne soit-il descendu de la souche dou conquereor, mais qu'il seit de cele part dont le fié muet.* » Il en était ainsi, à moins que le fief n'eût été donné *especiaument as hers de moller* (2). Cette modification nous montre qu'à cette époque, les principes du vrai droit féodal commençaient à s'altérer. Le droit de la famille se substituait à la condition première des concessions de fiefs. Tous les parents du côté dont venait le fief étaient à cette époque considérés comme coseigneurs de l'héritage, bien que l'aîné des plus proches en degré pût seul en réclamer la possession :

« La seignorie escheit à toz ces parenz et parentes qui de celle part dont le fié muet li apartienent, mais l'ainz né de ciaus qui sont en vie et li sont plus près ataignant en un degré, la deit aveir devant les autres » (3).

En France, presque toutes les coutumes, dès leur première rédaction, ont admis la règle *paterna paternis*. D'après les lois de Baudouin, comte de Flandre, le fief doit, à défaut de descendants (*hœredes ex corpore*) retourner au plus proche parent de la ligne dont il est venu (4). En Normandie, l'Ancien Coutumier admet le même principe pour *l'échéance d'héritage;* il ne veut pas que le parent par la mère succède au fief propre venu du côté du père *et vice versa* (5). D'après Littleton, l'hérédité du *fief tail* est restreinte à la ligne à laquelle le seigneur l'a donnée ; quand la ligne s'éteint, il y a reversion au profit du seigneur ; le fief ne peut changer de

---

(1) *Jean d'Ibelin*, ch. 148, 149. — Geoffroy Letort, ch. 41. — *Uxanze de lo imp. di Romag.*, c. 32.
(2) Philippe de Navarre, ch. 66.
(3) *Jean d'Ibelin*, ch. 175.
(4) *Leges Balduini*, c. 4, 5.
(5) *Grand Coustumier de Normandie*, ch. 25.

ligne (1). La Très-Ancienne Coutume de Bretagne, les Établissements de Saint-Louis, les Coutumes de Beauvoisis, l'Ancienne Coutume de Reims, celle de Bourgogne, tous ces documents appartenant à l'époque de la primitive rédaction des coutumes, décident que les héritages doivent rester dans la ligne dont ils proviennent (2). En Anjou, le seigneur héritait du fief, à défaut de lignagers, et excluait les père et mère et tous les autres parents (3).

La règle *paterna paternis* passa du nord et du centre dans les provinces méridionales, et certaines coutumes des pays de droit écrit l'admirent malgré les dispositions contraires du droit romain, tant pour les successions nobles que pour les successions roturières ; telles furent celles de Montpellier, de Bragerac, de Bordeaux, de Mont-de-Marsan, de Saint-Sever (4). Les Anciens Fors du Béarn ne mentionnaient pas d'une manière expresse la règle *paterna paternis;* mais elle fut admise lors de la rédaction des *Fors et Costumas*, en 1551 (5). Cette décision fut sans doute conforme aux traditions du pays; car un principe tendant à maintenir par les successions les biens dans les familles, devait facilement s'accorder avec les mœurs patriarcales des populations béarnaises. La Charte de Montferrand admet aussi la règle *paterna paternis;* mais à défaut de parents de la ligne dont proviennent les biens, elle les donne à l'héritier appelé par le droit écrit (6). La conquête

---

(1) Littleton, sect. 4 et 18.

(2) Bretagne, T.-A. C., ch. 219. — *Etablissements de Saint-Louis*, L. I, ch. 117. — Beaumanoir, ch. 14, nos 23, 28. — *A. C. de Reims*, du XVe siècle, art. 334. — *A. C. de Bourgogne*, art. 20. Cette coutume, en appelant le frère germain à recueillir toute la succession de son frère décédé sans descendants, donne pour raison qu'il appartient aux deux lignes. (*Id.*)

(3) Cout. d'Anjou, art. 268.

(4) Cout. de Montpellier, ch. 58. — *Consuet. Bragerac*, c. 52. — Cout. de Bordeaux, art. 54 ; — de Mont-de-Marsan, *des Successions*, art. 12 ; — de Saint-Sever, t. 12, art. 13, 14.

(5) *Fors et Costumas*. Rubr. *de testam.*, art. 1. — Voir l'article de M. Laferrière sur les anciens Fors du Béarn. *Rec. de l'Acad. de légis. de Toulouse*, tom. V.

(6) Cout. de Montferrand, c. 38.

du midi par Simon de Montfort laissa en outre des traces dans le droit civil. Les lois de ce seigneur appliquèrent aux successions le système de la Coutume de Paris, tant pour les héritages des barons et des chevaliers que pour ceux des bourgeois et des vilains (1).

Cependant, toutes ces dispositions sont exceptionnelles. D'après le droit commun du midi, les successions furent toujours régies par le droit romain. La Coutume d'Acs repoussait la règle *paterna paternis*, même pour les biens nobles, et donnait toute la succession au plus proche parent collatéral mâle, et, à défaut de mâle, à la plus proche parente avec privilége de primogéniture. Cette disposition combine le système de la Novelle 118 avec celui du droit féodal (2). La succession collatérale était déférée, comme la succession ascendante, sans égard à l'origine des biens; mais, conformément au droit de Justinien, les parents par les femmes n'étaient pas exclus par les agnats (3). La Coutume de Toulouse conserva cependant l'ancienne succession agnatique; à défaut du père, elle appelle les parents du côté paternel, au préjudice des autres parents (4).

---

(1) *Tam inter barones et milites quam inter burgenses et rurales, succedant hæredes in hereditatibus suis secundum morem et usum Franciæ circa Parisius.* (Lois de Simon, en 1212. Galland.)

(2) Cout. d'Acs, t. 2, art. 27.

(3) *Petri exceptiones*, lib. I, c. 6.

(4) . . . . . *in gradu parentelæ ex parte patris.* (*Consuet. Tholosæ. Rubr. de successionibus.*) — On voit l'application de ce principe du vieux droit quiritaire dans une sentence des capitouls, du 12 novembre 1246. Elle décide que les parents consanguins d'une fille non mariée doivent lui succéder et exclure les frères utérins, quoique ceux-ci, plus proches en degré, soient appelés par le droit écrit. (M. Giraud. *Hist. du Droit français.*, tom. I.)

CHAPITRE X.

Des successions roturières.

§ Ier.

DU CARACTÈRE DE LA SUCCESSION ROTURIÈRE.

Le droit de succéder aux tenures concédées, à titre précaire, par les seigneurs à leurs tenanciers, était purement contractuel, comme l'avait été d'abord la faculté de transmettre les fiefs. La charte de concession était, dans l'origine, la seule loi de la tenure; c'est ce que prouvent les anciennes formules et les cartulaires; la concession était faite, soit pour un temps déterminé (1), soit pour la vie du concessionnaire (2), soit pour sa vie et celle de ses enfants ou petits-enfants (3).

Tantôt la terre devait passer aux fils ou à l'un des fils du concessionnaire, puis à une troisième main et revenir ensuite au

---

(1) Lindenbrog, form. 20.
(2) Marculf, II, 5, 6, 39. — Sirmond, f. 38.
(3) Lindenbrog, f. 19. — Goldast, f. 12, 41, 65. — Dipl. du IXe siècle, cité par Ducange. V° *precariare*. — *Ut quamdiu hi duo et heredes vixerint, teneant, sed post mortem eorum cum omni integritate et emelioratione, ad proprium locum sanctœ Mariœ Parisiacœ sedis absque calomnià et reclamatione alicujus utriusque parentis revertatur. Actum Parisiis, regnante Roberto rege.* (Galland. Ext. du *Cartul. de Notre-Dame de Paris*.) ......*Ut Hugo et unus hœres post eum medietatem illius obtineat; et illis defunctis medietas illa ad ecclesiam nostram redeat eodem modo. Girardus frater ejus alteram medietatem possidebit, et unus hœres post eum. Actum anno domini 1100.* (Galland. Ext. du *Cartul. de Notre-Dame de Paris*.)

concédant (1); tantôt la concession devait être perpétuelle (2); quelquefois enfin elle passait à l'épouse du concessionnaire (3).

Mais toutes les tenures roturières n'étaient pas des concessions seigneuriales; la succession n'avait pas ce caractère contractuel pour les alleux roturiers, ni pour les terres tributaires, bien que le régime féodal eût confondu ces tenures diverses avec les concessions précaires sous le nom de censives; tandis que les unes étaient régies par les conditions spéciales des chartes, les autres n'étaient soumises qu'au droit commun ou coutumier.

§ II.

DE LA SAISINE HÉRÉDITAIRE.

Le principe de la saisine héréditaire ne fut pas, dans l'origine, appliqué aux censives de concession; mais l'usage l'étendit peu à peu des alleux aux tenures précaires. L'héritier appelé à succéder à une terre tenue en main-ferme ou en précaire, devait venir demander au seigneur concédant d'être mis par lui en possession de sa tenure; c'est ce que prouvent plusieurs chartes du XIe siècle (4).

Mais il n'en était pas de même pour les autres tenures roturières, c'est-à-dire pour celles qui n'étaient pas des concessions à

---

(1) (Circa 1101.) ..... *Illi et filio ejus eodem nomine Radulpho, et tercio hæredi sine nomine illam terram concessimus.* — (Anno 1100.) ..... *Concessimus igitur illi supradictam terram sub tribus hæredibus habendam, quorum ipse Evrardus est primus, Renaldus filius ejus secundus; quibus defunctis tercius in capitulum adducetur, et, ibi nominatus, conventui fratrum presentabitur.* (Guérard. *Cartul. de Notre-Dame de Paris*, tom. I, p. 372, 373.)

(2) Goldast, form. 78. Charte de l'an 850. — ..... *Progenies autem ejus suprà dictas res sub censu ..... a sæculo in sæculum possideant.* (Goldast, f. 79, ann. 980.)

(3) Goldast, f. 83, 84.

(4) Voir la charte du Cartulaire de Paris citée plus haut (tom. I, p. 373).

titre précaire. Dès le XIII⁰ siècle, le système de la saisine héréditaire était admis par tous les anciens coutumiers. Pierre Desfontaines et les Établissements de Saint-Louis admettent la saisine héréditaire en ligne directe et en ligne collatérale, sans distinction entre les différentes espèces de tenures (1).

Les Coutumes notoires du Châtelet et les Décisions de Jean Desmares admettent aussi la saisine héréditaire pour les biens roturiers (2).

Beaumanoir accorde à l'héritier la saisine héréditaire pour la succession roturière, tandis que s'il s'agit d'un fief, il n'accorde la saisine de fait qu'après l'hommage :

« Car il pot entrer en le coze dont drois ou coustume li donne le saizine, sans parler au signeur, etc. » (3).

Le Grand Coutumier, qui refuse au vassal la saisine du fief noble, accorde aux héritiers directs ou collatéraux la saisine de droit des autres biens (*saisina juris tantummodo, non facti*) *sans aller au seigneur :*

« Le successeur en est du tout saisi de droit......... et ne luy est nécessaire d'aller ni au seigneur, ni au juge, ni autre, mais de son autorité se peut de fait ensaisiner. »

Mais le Grand Coutumier exige, comme le droit romain, et contrairement à la maxime coutumière formulée plus tard par Dumoulin, l'appréhension de fait (4).

La règle *le mort saisit le vif* s'appliqua donc aux tenures roturières plus complètement qu'aux fiefs, parce que, pour les rotures, il n'y avait point à rendre hommage. C'était une règle de droit commun pour toute la France coutumière; quelques coutumes locales faisaient seules exception (5). Ce principe fut admis dans plusieurs contrées du midi, malgré la tradition romaine et notamment dans les pays basques : « et per la coustume lo mort

---

(1) *Conseil à un Ami*, ch. 33, n° 16. — *Etablissements de Saint-Louis*, L. II, ch. 4.

(2) *Coust. notoires du Chastelet de Paris*, art. 30. — Desmares, décis. 234.

(3) *Coust. de Beauvoisis*, ch. 6, n° 4.

(4) *Grand Coustumier*, L. II, ch. 21.

(5) Desmares, décis. 234.

saisis auviu habile à succedir » (1). Quelques coutumes voisines des pays de droit écrit allèrent même jusqu'à l'accorder à l'héritier testamentaire, ce qui était une dérogation complète aux principes du droit commun (2).

D'après certaines coutumes, la saisine héréditaire n'avait lieu qu'en ligne directe, et non en ligne collatérale, même pour les biens meubles qui par leur nature ne pouvaient cependant provenir d'une concession seigneuriale. Les Assises de Jérusalem exigent que l'héritier collatéral se fasse donner la saisine de tous les biens du défunt, tant meubles qu'immeubles, par la cour de justice du vicomte (3).

L'ancien droit seigneurial laissa donc peu de traces de sa domination en matière de saisine héréditaire pour les successions roturières.

Lorsqu'il n'y avait pas d'héritier, le seigneur reprenait ses droits, et la saisine appartenait soit à son bailli (4), soit aux officiers municipaux de la ville (5). L'an et jour expirés, la succession vacante était acquise définitivement au seigneur ou à la commune, qui l'employait en bonnes œuvres ou l'appliquait aux besoins de la ville. Dans tous les cas, la saisine reposait donc sur la tête de quelqu'un : héritier, seigneur ou commune. Nulle part nous ne retrouvons la fiction romaine d'après laquelle l'hérédité représente la personne du défunt.

---

(1) Cout. de Sole, t. 27, c. 1. — Cout. d'Angoumois, art. 84 ; — de Saintonge, art. 105 ; — de Saint-Sever, t. 12, art. 11 ; — de la Marche, art. 211 ; — d'Auvergne, ch. 12, art. 1 ; — de Bordeaux, art. 174.

(2) Cout. de la Septène de Bourges, art. 38 et 64. — Cout. de Berry, XVIII, 1, 4, 5, 7 ; — du comté de Bourgogne, art. 43 ; — du duché de Bourgogne, VII, 4.

(3) *Assises de la cour des Bourgeois*, ch. 193. — *Abrégé du Livre des Assises*, ch. 56, 57. — *El Pladeante*, c. 38. : « Io vi metto in possesso salvando le altrui rason secondo l'usanza. »

(4) Charte d'Auxerre, c. 4 ; — de Nevers, c. 11 ; — de Rouvray, c. 9 ; — de Beaumont, c. 4.

(5) Charte de Fribourg, c. 14 ; — de Laon, de Cerny, de Crespy ; — de Saint-Omer, c. 19 ; — de Montpellier, c. 114.

§ III.

DU DROIT D'AINESSE ET DU DROIT DE MASCULINITÉ.

Les priviléges d'aînesse et de masculinité n'ont pas été la loi commune des successions roturières; cependant ils ont existé dans un assez grand nombre de localités; il faut en chercher l'origine et voir quelle a été sur ce sujet la part d'influence exercée par le régime féodal.

D'après les lois franques, les fils seuls succédaient à la terre salique au préjudice de leurs sœurs; celles-ci n'avaient droit qu'à l'argent et aux meubles (1); peut-être dans l'origine étaient-elles exclues de tous les immeubles, soit qu'ils provinssent de la succession du père et de l'aïeul, soit qu'ils eussent été acquis par le père à tout autre titre (2).

Toutes les lois germaniques consacraient du reste des priviléges plus ou moins étendus en faveur des héritiers mâles (3); mais aucune d'elles n'admettait le droit d'aînesse. Plusieurs accordaient aux filles de prendre par préférence à leurs frères les vêtements et les bijoux de la mère; les fils ou collatéraux mâles prenaient aussi par préciput le cheval et les armes de leur père ou de leur parent (4). Cet usage existait encore en Allemagne au XIIIe siècle,

---

(1) *Lex sal. emendata*, t. 62, c. 6, *de alode*. — *Lex Rip.*, t. 56, c. 4. — Nous pensons que la *terra salica* de la loi salique est la même chose que la *terra aviatica* de la loi ripuaire et que la *terra paterna* des formules de Marculf. (Marculf, II, 12.)

(2) Le plus ancien texte de la loi salique porte *terra* seulement. (*Lex sal.*, t. 59, c. 5. Pardessus, 1er texte.) — La loi des Thuringiens exclut les filles de tous les immeubles sans distinction. (*Lex Werin.*, t. 6, c. 1.)

(3) *Lex Burg.*, t. 14, c. 1, 2. — *Lex Bajuv.*, l. 14, c. 8, § 1. — *Lex Sax.*, t. 7, c. 1. — *Lex Lang. Rotharis*, c. 154 et seq.

(4) *Lex Werin.*, t. 6, c. 6. — *Lex Burg.*, t. 51, c. 3, 4, 5, 6.

comme le montre le *Miroir de Saxe* (1). Mais on ne le retrouve pas chez les Francs; nos plus anciens documents ne font aucune distinction à l'égard des biens meubles. L'Ancienne Coutume de Bretagne faisait exception; elle donnait au principal héritier le harnais de guerre et le meilleur cheval du défunt (2).

Nous retrouvons dans certaines coutumes du Nord le privilége de masculinité qui était la base du système des successions pour les vieux alleux germaniques. Au XIe siècle, la succession des tenanciers de l'église de Worms était encore régie comme au temps des lois barbares. Le système adopté par les statuts de Burchard rappelle les dispositions de la loi des Thuringiens. Lorsqu'un tenancier venait à mourir, son fils prenait la terre servile, de même que le fils de l'homme libre succédait à l'alleu; la fille recueillait les vêtements de sa mère et l'argent comptant; le reste de la succession devait être partagé (3). Le privilége de masculinité existait encore au XVIe et au XVIIe siècle, dans certaines coutumes vallonnes, pour la succession des domaines roturiers. D'après la Coutume de Liége, les alleux situés hors de la ville et franchise de Liége et toutes les censives se partagent par parts égales entre les enfants mâles, et les filles sont exclues; la Coutume du baillage de Lille partage de la même manière les héritages cottiers (4). C'est encore là un dernier reste du vieux droit salique, ce n'est pas un privilége d'origine féodale.

---

(1) La femme, en mourant, laissait sa *gerade* à sa plus proche parente par les femmes, et ses propres, au plus proche héritier. Le chevalier laissait son harnais de guerre à son plus proche parent mâle, et ses propres, au plus proche héritier. (M. Laboulaye. *Hist. de la Condition civile et politique des femmes*, p. 95, 96.)

(2) Bretagne, A. C., art. 522, 523.

(3) *Burchardi leges*, c. 10. — Les Statuts de Soest, du XIIe siècle, donnent aussi les vêtements de la mère *(la rathe)* à la fille, pourvu qu'elle ne soit pas mariée; si toutes les filles sont mariées, c'est alors l'aînée qui prend la *rathe*. Le fils clerc est traité comme la fille, il ne prend que les meubles de la mère. (*Statuts de Soest*, c. 46.)

(4) Cout. de Liége, ch. 11, art. 23 et 26. — Cout. du baillage de Lille, ch. 2, art. 25, 26.

La nécessité de faire le service de la terre devait faire préférer le mâle à la fille, comme plus capable de la cultiver; de là sans doute le droit de masculinité pour la succession roturière. Le mâle seul pouvait labourer la tenure roturière, de même que le mâle seul pouvait défendre l'alleu ou faire le service militaire du fief.

Aussi les chartes de concession faites à des censitaires à titre héréditaire désignent presque toujours le fils et ne parlent jamais de la fille; elles n'appellent qu'un seul héritier à la fois à la succession de la tenure ; cet héritier n'est pas nécessairement l'aîné des fils, c'est celui que la charte indique ou que le seigneur concédant acceptera plus tard pour tenancier. Tel est le système admis par plusieurs chartes du Cartulaire de N.-D. de Paris (1). Elles ont pour but d'assurer la culture de la terre concédée et consacrent l'indivision de la tenure roturière avec le droit de masculinité.

Mais ce droit était exceptionnel et spécial pour certaines tenures concédées ; il ne s'appliquait point aux autres terres roturières. Les cartulaires du XIe et du XIIe siècle renferment une foule de documents desquels il résulte que les femmes succédaient à la terre comme les hommes. Dans les villes de bourgeoisie, les fils et les filles partageaient par parts égales la succession de leurs parents. L'influence du droit romain auquel les priviléges d'aînesse et de masculinité étaient complètement étrangers dut contribuer à faire admettre le principe de l'égalité des partages. Dès le temps de Marculf, les pères de familles corrigeaient par des dispositions testamentaires la sévérité de la loi salique, en appelant les filles à succéder avec les fils à l'alleu paternel (2). D'après les Assises de l'empire de Romanie, tous les enfants du bourgeois, mâles ou filles, partagent par parts égales les biens de leur père, lorsque leur mère est prédécédée (3). Parmi les croisés, les biens bourgeois se partageaient par parts égales, même entre nobles; le droit d'aînesse ne s'appliquait qu'aux fiefs : « Tout est comunau chose entre iaus, ce est que autant y a le fis come la fille » (4).

(1) Voir les chartes citées plus haut.
(2) *Marculf*, II, 12.
(3) *Le Uxanze di Romagnia*, c. 38.
(4) *Le Livre au roi*, ch. 37. Edition Beugnot,

Les chartes communales de Laon, de Sens, d'Amiens et celles qui leur ont emprunté leurs dispositions, parlent toutes de la succession des enfants, sans mentionner aucun privilége de masculinité, ni d'aînesse.

Nos plus anciennes coutumes ont adopté le système de l'égalité du partage pour les successions roturières. D'après celle de Champagne, la fille quoiqu'exclue de la succession des fiefs, succède aux meubles et aux censives en ligne directe; elle succède aussi en ligne collatérale aux alleux, aux acquêts et aux meubles (1).

Dans le ressort de Paris et d'Orléans, dans le Vermandois et le Beauvoisis, au XIIIe siècle, les héritages vilains devaient être partagés par parts égales : « del éritage au vilein doit avoir li uns de ses enfanz autretant comme li autres; » il n'y avait point de droit d'aînesse entre roturiers (2). Il en était de même en Anjou, à Reims, etc. (3).

Il n'y avait point, en cas de plusieurs mariages, de privilége pour les enfants du premier lit, d'après les Établissements de St-Louis, en succession roturière. Les frères consanguins partageaient également la succession de leur père, et les frères utérins celle de leur mère (4). Les Assises de Jérusalem ne donnaient pas non plus de privilége aux enfants du premier lit pour les successions bourgeoises (5).

En Normandie, au contraire, le système des successions roturières était tout féodal, comme celui des successions nobles. L'aîné, noble ou roturier, avait la saisine de tout l'héritage et devait faire la part de ses frères; les filles étaient exclues par leurs frères de la succession et ne pouvaient demander que le mariage avenant,

---

(1) *Li Droict et lis Coustumes de Champaigne*, art. 9, 55.

(2) Pierre Desfontaines, ch. 34, n. 12. — Beaumanoir, ch. 14, n. 6. — *Etablissements de Saint-Louis*, L. I, ch. 132.

(3) *Anc. Usages d'Anjou*, art. 104. — *Anc. Cout. de Reims*, du XVe siècle, art. 324.

(4) *Etablissements de Saint-Louis*, L. I, ch. 135. — D'après la Coutume de Fribourg en Brisgaw, les fils nés de divers mariages succèdent également à leurs pères (c. 19).

(5) *El Pladeante*, c. 39.

excepté pour les terres tenues en bourgage. Ces dernières se partageaient également entre tous les enfants. Au baillage de Caux, les puînés avaient le tiers de l'héritage, à moins que les parents n'en eussent disposé par testament. La Coutume de Normandie, rédigée au XVIe siècle, consacra les droits d'aînesse et de masculinité pour toute sorte de biens, même entre roturiers (1). Il en fut de même dans le Ponthieu et le Boulenois (2).

En Bretagne, la coutume n'admettait pas le droit d'aînesse entre roturiers et bourgeois d'une manière aussi absolue qu'en Normandie. D'après la Très-Ancienne Coutume, dans la succession des bourgeois et des gens de basse condition, l'aîné prend la principale maison, mais à charge de récompenser ses frères ; la Nouvelle Coutume lui accorde le droit de choisir son lot le premier ; mais les autres biens se partagent par parts égales (3); l'Usance de Goëllo donne à l'aîné des fils du roturier un préciput plus considérable, il doit prendre le tiers de l'héritage (4).

Les autres usances locales admettent généralement, pour la suc-

---

(1) *Grand Coustumier de Normandie*, ch. 26. — C. de Normandie, art. 237, 249, 270, 295. — Les lois d'Edouard, confirmées par Guillaume-le-Conquérant, consacraient l'égalité du partage entre enfants : « Si home mort sans devise si départent les enfants l'érite entre sei per ywel, *æqualiter dividant. (Lois de Guillaume*, c. 36.) — Dans certains cantons du comté de Kent, les tenures appelées *gravelkind* se partageaient par parts égales entre les mâles. (Littleton, sect. 210.) C'était sans doute un reste du vieux droit saxon qui donnait, comme toutes les coutumes germaniques, la préférence aux mâles pour la succession de la terre, mais sans droit d'aînesse. — La Coutume de Vessex exclut les femmes de la succession, tant qu'il existe des parents mâles capables de succéder. Cette coutume anglo-normande, rédigée au XIIe siècle, avait conservé le système germanique. Elle appelle, à défaut d'enfants : 1° le père et la mère; 2° le frère ou la sœur; 3° la sœur du père ou celle de la mère; 4° les parents jusqu'à la troisième génération. L'exclusion prononcée contre les femmes, auxquelles elle préfère toujours les mâles, et l'ordre dans lequel elle appelle les héritiers, sont des restes évidents du vieux droit germanique apporté par les Saxons. *(Lois d'Henri Ier*, c. 70.)

(2) Ponthieu, art. 1. — Boulenois, art. 68.

(3) Bretagne, T.-A. C., ch. 213. — N. C., art. 548.

(4) Usance de Goëllo, art. 1.

cession des tenures congéables, le droit de *quevaize* ou de juveigneur, dernier reste du droit celtique. A Rohan, le fils dernier né succédait seul à la tenure, il excluait ses frères et ses sœurs. A défaut de mâles, la plus jeune fille prenait la tenure au préjudice de ses sœurs. Le juveigneur devait nourrir, loger, entretenir ses frères et sœurs jusqu'au moment de leur mariage seulement ; ensuite il n'y était plus tenu. Mais d'après l'Usance de Rohan, ce privilége avait seulement pour but d'empêcher la division de la tenure, lorsque le tenancier n'en laissait qu'une. S'il y en avait plusieurs, le plus jeune choisissait le premier et ses frères ensuite, en remontant du plus jeune au plus âgé ; le privilége du juveigneur se transformait alors en un simple droit d'élection (1). L'Usance de Rellec, de Bégare et de Pallacret, admettait aussi l'indivisibilité de la tenure congéable, le privilége de l'enfant mâle dernier-né, et, à défaut de mâles, celui de la plus jeune des filles ; le seigneur excluait les collatéraux (2). A Corlay, la tenure congéable appartenait au dernier-né des enfants, fils ou fille ; c'était, dans un ordre inverse, la reproduction du système basque ; l'Usance de Cornouailles permettait aux domaniers de partager sans appeler leur juveigneur. A Cornouailles et à Rohan, les meubles se partageaient par parts égales (3). L'Usance de Bussière faisait exception, et, au lieu de donner la tenure congéable au juveigneur, comme les autres usances locales de Bretagne, elle la donnait au fils aîné (4) ; elle avait abandonné la tradition celtique pour se rapprocher du système féodal.

Le privilége du plus jeune se trouve aussi dans certaines coutumes du nord. La *Loy d'Arras* le consacre sous le nom de droit de *maisneté ;* mais ce n'était dans cette coutume qu'un simple droit d'élection. Le fils dernier-né ou, à défaut de mâles, la plus jeune des filles choisissait d'abord la part de la succession qu'elle pré-

---

(1) Usance de Rohan, art. 17 et suivants.

(2) Usance de Rellec, de Bégare et de Pallacret, art. 6, 7. Richebourg, tom. IV, p. 412.

(3) Usance de Cornouailles, art. 5, 32, 33. (L'art. 32 de l'Usance de Cornouailles s'applique à Corlay.) — Usance de Rohan, art. 21.

(4) Usance de Bussière. Richebourg, tom. IV, p. 418.

férait, puis les autres prenaient les autres parts. Plusieurs coutumes de la Flandre vallonne accordent aussi un préciput au plus jeune fils (1). Nous ne retrouvons pas, dans les autres provinces de France, de restes de cette vieille coutume gauloise.

L'exclusion prononcée par les coutumes de l'ouest contre les filles mariées ne s'appliquait point aux roturières. En Normandie, la fille mariée, noble ou roturière, n'avait droit qu'à ce qui lui avait été assuré par contrat de mariage ; la fille même non mariée était exclue par ses frères et ne pouvait leur demander que le mariage avenant (2). En Bourbonnais, au contraire, toute fille mariée était exclue (3).

A Lorris, à Bourges, à Thevé, la fille mariée et apanagée par ses parents ne pouvait pas réclamer une part de leur succession (4). A Montpellier, les enfants mariés, fils ou filles, étaient exclus par les enfants non mariés ; mais si tous étaient mariés, ou tous célibataires, ils devaient partager par parts égales (5). A Arles, les filles mariées et dotées étaient exclues par leurs frères et par leurs sœurs non mariées (6). La Charte de Montferrand exclut les filles dotées, mais seulement lorsqu'il y a des mâles ; s'il n'y a que des filles, elles succèdent toutes par parts égales, qu'elles soient mariées ou non ; celles qui ont reçu une dot, sont seulement tenues de la rapporter. La même exclusion s'étend aux enfants des filles mariées (7). La Coutume d'Alais et celle de

---

(1) Loy d'Arras, art. 8, à la suite des coutumes de la Gorgue. — C. de Valenciennes, art. 95. — C. du bailliage de Lille, ch. 4, art. 1, etc. Richebourg, tom. II. — Le privilége du plus jeune se retrouve en Angleterre, non-seulement dans le pays de Galles, mais encore dans certains bourgs du comté de Kent, où la succession du bourgage passait au puîné. (Littleton, sect. 165.)

(2) Anjou, 241. — Maine, 258. — Lodunois, XXVII, 26. — Touraine, 284. — Normandie, 249, 252. — Voir aussi Pothier. *Successions*, ch. 1, art. 4, § 3 et 4.

(3) Bourbonnais, art. 305.

(4) Cout. de la Septène de Bourges, art. 62, 75. — Cout. de Thevé, art. 25.

(5) Cout. de Montpellier, c. 58, en 1204.

(6) *Charta consulatus arelatensis*, en 1142. M. Giraud.

(7) Charte de Montferrand, c. 39. Ord., tom. XIV, p. 206.

Montolieu excluent aussi la fille mariée (1). La Coutume de Salon, plus sévère que celle de Montferrand, exclut la fille mariée d'une manière absolue et sans lui permettre de rapporter sa dot, à moins que les parents ne décèdent intestat et sans autres enfants. Celui qui marie sa fille à un étranger, d'après les Statuts de la même ville, ne peut lui donner en dot, ni terre, ni tènements, mais seulement des maisons (2). Les Statuts de Forcalquier admirent, en 1472, le système d'exclusion de la fille dotée; il résulte toutefois du texte même, que cette disposition était alors une innovation (3). A Toulouse et à Bragerac, la fille dotée n'était pas exclue de plein droit; mais le père pouvait la déshériter complètement par testament (4).

Les coutumes béarnaises et gasconnes, subissant l'influence des principes féodaux, admirent pour les biens ruraux le droit de masculinité, contrairement aux vieux usages basques qui préféraient la fille aînée aux fils cadets. Cette innovation fut introduite dans les *Fors et Costumas* de Béarn, lors de la rédaction de 1552. La fille aînée, à partir de cette époque, ne dut succéder qu'à défaut de mâles; la loi ne statuant du reste que pour l'avenir, les droits des filles aînées déjà mariées furent réservés (5). Dans certaines localités du ressort de la Coutume d'Acs, l'ancien droit admettait pour les biens ruraux le partage égal entre les enfants mâles et les filles; mais, lors de la réformation de la coutume, en 1514, il fut décidé, *du consentement des habitants,* que, dans la baronnie de Capbreton, la succession appartiendrait dorénavant

---

(1) Priviléges de Montolieu, c. 24, *Ord.* VII, 499. — Cout. d'Alais, c. 12. *Olim.*, tom. III, en 1250.

(2) Statuts de Salon, en 1293. M. Giraud.

(3) *Daissi en avant*..... (*Statuta Forcalquieri.* Richebourg, tom. II, p. 1214.)

(4) *Consuet. Tholosæ*, rubr. *de dotibus*, c. 5. — Cout. de Bragerac, c. 55.

(5) Lo semblable sera servat et guoardat en los bees rurals generalament per tout Béarn, sens empero comprendé en lo present artigla las prumeras filhas qui deyà son maridadas en las maison de lors pays et mays solament, et quoant aus maynages de lor descendens, acquetz succediran, lo mascle excludent la femela. (*Fors et Costumas.* Rubr. *de testam.*, c. 3.)

à l'aîné des mâles et, à défaut de mâles, à l'aînée des filles; dans la baronnie de Maiesc et paroisse de Gorbie, aux mâles seuls. A Saubusse, la fille aînée passait avant les frères puînés; la réforme de 1514 changea aussi cet ancien système, en n'appelant la fille aînée qu'à défaut de mâles (1). Les Coutumes de Sole, de Labourt et de Barége conservèrent, au contraire, pour la succession aux propres des maisons pastorales (*biens ruraux avitins, héritages pastères*) et d'un assez grand nombre de maisons nobles, le vieux droit des Basques (2). A Saint-Sever, à Tartas, à Albret, à Marsan, à Tursan et à Gébardan, les mâles excluaient les filles pour la succession des biens ruraux et partageaient entre eux par parts égales (3).

Cette dernière disposition paraît étrangère au droit féodal, qui combinait toujours le privilége d'aînesse avec celui de masculinité; elle ne peut avoir pour source le droit germanique, les Francs n'ayant point importé leurs mœurs et leurs coutumes dans ce pays où ils n'ont jamais eu, à proprement parler, d'établissement; il faut y voir plutôt un reste des vieux usages de la population gasconne. A Bayonne, les fils et les filles succédaient par parts égales; mais la *lar* ou maison principale, venue de l'aïeul par succession, passait à l'aîné des mâles et, à défaut de mâles, à la fille aînée (4). Ce préciput que nous avons déjà vu dans le droit breton se trouve ici attribué conformément au droit féodal; mais il est assez probable que, dans l'origine, il n'en était pas de même et qu'on suivait à Bayonne la vieille coutume basque (5). A Saint-Sever, l'aîné des mâles prenait aussi le principal manoir (*capdeulh*), mais cet usage n'existait que pour les successions nobles. La Coutume d'Acs et celle de Saint-Sever admettaient du reste les droits d'aî-

---

(1) Cout. d'Acs, t. 2, art. 14, 15, 16, 17.

(2) Cout. de Labourt, t. 12, c. 3; — de Sole, t. 27, c. 19, 31, 34; — de Barége, art. 1, 3, 6.

(3) Cout. d'Acs, t. 2, art. 18, 19; — de Saint-Sever, t. 12, art. 30, 32; — de Mont-de-Marsan, *des Successions*, art. 6.

(4) Cout. de Bayonne, t. 12, art. 1, 2, 3.

(5) *Le Droit de famille aux Pyrénées*, par M. Cordier. *Revue historique*, tom. V.

nesse et de masculinité de la manière la plus étendue pour les successions roturières comme pour les successions nobles (1). Elles avaient abandonné l'usage des Basques pour celui du droit féodal.

Il résulte de l'étude de ces diverses coutumes, que les priviléges d'aînesse et de masculinité ne furent pour les successions roturières que des dispositions exceptionnelles. Il ne faut même pas les rapporter partout à l'influence de la féodalité. Là où le partage égal existe entre les mâles, à l'exclusion des filles, comme dans certaines coutumes vallonnes et gasconnes, il faut voir en général la persistance des traditions germaniques ou quelquefois celtiques ; les droits de mainsneté et de juveigneurie sont purement celtiques ; le privilége des filles aînées avec exclusion des cadets mâles est purement basque. Mais, dans les localités où la coutume admit le privilége d'aînesse combiné avec celui de masculinité, comme en Normandie, à Acs, à Saint-Sever, dans le Ponthieu et le Boulenois, l'influence de la féodalité est évidente. Dans ces provinces, les roturiers avaient abandonné soit les vieux usages germains ou celtes, soit le système du partage égal consacré par la législation romaine et par les chartes de bourgeoisie, pour adopter le même régime que les nobles ; le droit féodal était devenu le droit commun de ces contrées. La plupart des coutumes conservèrent au contraire le partage égal pour les successions des roturiers. Il faut remarquer du reste que les fiefs et les autres biens nobles se partageaient le plus souvent avec droit d'aînesse, tant entre roturiers qu'entre nobles, tandis que les biens roturiers se partageaient ordinairement par parts égales, surtout entre roturiers.

§ IV.

DES DROITS DES ASCENDANTS.

L'ancien droit germanique donnait la succession de l'alleu au père du *de cujus* quand le défunt n'avait point laissé de descen-

---

(1) Cout. de Saint-Sever, t. 12, art. 14, 25, 26 ; — d'Acs, t. 2, art. 1, 6, 10.

dants. Ce système, consacré par les lois salique et ripuaire, existait encore en Allemagne au XIIIe siècle, ainsi que le prouve le Miroir de Saxe (1). Toutefois, d'après les Statuts de Burchard, lorsque les enfants d'un tenancier de l'église de Worms mouraient sans postérité, les biens qu'ils avaient hérité de leur mère prédécédée passaient aux parents de celle-ci et non à leur père (2). Les plus anciennes coutumes bourgeoises de France consacrèrent aussi le droit des ascendants.

La Charte de Laon et toutes celles auxquelles elle a servi de modèle donnent à l'ascendant donateur le droit de reprendre la dot de sa fille lorsqu'elle est prédécédée sans enfants (3). La Coutume de Reims, de 1250, donne aussi au père et à la mère le droit de reprendre ce qu'ils ont donné à leur enfant mort intestat et sans enfants (4). D'après la Charte de Saint-Omer, le père et la mère succèdent à leur fils et à leur fille mariés et décédés sans enfants (5). Celle d'Amiens appelle le père et la mère à succéder à leurs enfants prédécédés sans descendants, pour les biens roturiers (6).

D'après Pierre Desfontaines, l'homme qui meurt sans enfants doit laisser la moitié de ses biens à ses père et mère (7).

L'influence de la féodalité fit admettre la règle *propres ne remontent* pour les biens roturiers comme pour les biens nobles. Les Assises de la Cour des Bourgeois donnent la succession mobilière au père du défunt ; mais les immeubles ne remontent point : « Ceaus biens doivent escheir et non pas monter » (8). La

---

(1) *Lex salica*, t. 62, c. 1, 2. — *Lex Rip.*, t. 56, c. 1, 2. — *Miroir de Saxe*. Landrecht, I, 2. — Cout. de Fribourg, c. 17.

(2) *Burchardi leges*, c. 1, 4.

(3) Charte de Laon, c. 13 ; — de Cerny, c. 20 ; — de Crespy, c. 13 ; — de Sens, c. 5 ; — de Montdidier, c. 24.

(4) *A. C. de Reims*, art. 6. M. Giraud.

(5) Charte de Saint-Omer, c. 20, en 1229. *Ord.*, tom. IV, p. 246.

(6) Charte d'Amiens, c. 22.

(7) Pierre Desfontaines, ch. 33, n. 3.

(8) *Abrégé du Livre de la Cour des Bourgeois*, ch. 58. — *El Pladeante*, c. 39.

Charte de Rouvray et celle d'Ecau ne donnent aux ascendants, père, mère, aïeul ou aïeule, que les meubles et les acquêts de leur descendant mort sans enfants (1).

D'après Beaumanoir et la plupart des coutumes, les pères et mères succèdent aux meubles et aux conquêts de leurs enfants décédés eux-mêmes sans postérité, et cela en qualité de plus proches parents; car, pour la succession de ces divers biens, on n'avait égard généralement qu'à la proximité du degré, si ce n'est sous l'empire de certaines coutumes essentiellement féodales dont nous avons parlé plus haut. En second lieu, les ascendants succèdent aux immeubles par eux donnés à leurs descendants, et cela par exception à la maxime *propres ne remontent*. Les coutumes rédigées admirent sur ce point le même système à l'égard des nobles et à l'égard des roturiers. Mais, tandis que le droit de retour au profit des ascendants fut un adoucissement apporté à la sévérité de la règle primitive pour la succession des fiefs, il ne fut que la consécration de ce qui avait toujours existé pour la succession bourgeoise. A l'égard des autres immeubles, la règle féodale s'appliqua aux biens bourgeois comme aux fiefs, et d'après le droit commun de la France coutumière, les ascendants de chaque ligne furent exclus de tous les propres venus de la ligne opposée (2).

§ V.

DE LA SUCCESSION COLLATÉRALE.

La féodalité a exercé une notable influence sur le système des successions collatérales; elle a transformé, pour les roturiers comme pour les nobles, les anciens usages gallo-francs.

Le droit de succéder en ligne collatérale a existé de tout temps pour les habitants des villes et pour les roturiers non soumis à

---

(1) Charte de Rouvray, c. 6. — Charte d'Ecau, c. 9.
(2) Beaumanoir, ch. 14, n. 23, 29. — Loisel. *Instit. cout.*, L. II, t. 5, règles 16, 17, 18.

la mainmorte (1). Les Statuts de Burchard le consacrent pour les tenanciers de l'église de Worms (2). Il en est souvent fait mention dans les actes des Xe, XIe et XIIe siècles, recueillis dans les cartulaires. Ce droit fut confirmé pour les bourgeois des villes libres par les chartes communales et accordé, par les chartes d'affranchissement, aux mainmortables affranchis. C'était une conséquence naturelle de l'émancipation ; la terre dont le tenancier n'avait eu jusqu'alors que la jouissance précaire devenait sa propriété ; le droit du seigneur s'effaçait, et on lui substituait celui de la famille. Aussi le droit de transmettre dans des limites plus étendues fut une des libertés les plus fréquemment réclamées par les affranchis du XIIe siècle.

On leur permettait de transmettre seulement à leurs plus proches, tels que le père, la mère, le frère, la sœur, l'oncle, la tante, le neveu ou la nièce ; souvent la concession du seigneur n'allait pas plus loin. C'est ce que l'on voit dans une charte du cartulaire de N.-D. de Paris de l'an 1109 (3). D'autres chartes étaient plus favorables aux héritiers et permettaient de transmettre, les unes jusqu'au troisième degré (4) ; les autres, jusqu'au quatrième (5) ; les autres jusqu'au cinquième (6) ; mais, en général, les chartes

---

(1) Les Coutumes de Fribourg renferment sur ce sujet une disposition singulière ; elles n'accordent aux frères du défunt le droit de lui succéder que si les biens n'ont pas été encore partagés entre eux (c. 17).

(2) *Burchardi leges*, c. 1, 4.

(3) .... *. Postquam aliquis eorum vitam finiret, res et possessiones illius propinquiores ejus parentes, hereditario jure possiderent, scilicet filius aut filia, frater aut soror, nepos aut neptis, pater aut mater, avunculus aut matertera, et, remotis omnibus aliis parentibus, parentes tantæ propinquitatis in hereditatem sibi invicem succederent; quod si nulla nominatarum personarum superstes existeret, ad cognatos et ad alios parentes hereditas nequaquam procederet, sed Parisiensis ecclesia statim illius heres fieret.* (Cartul. de Notre-Dame de Paris. Parvum pastorale. Guérard, tom. I, p. 375 et 376.)

(4) Charte de Gournay, en 1284. *Ord.*, tom. XI, p. 359.

(5) Charte de Montolieu, c. 23. *Ord.*, tom. VII, p. 499.

(6) Charte de Joinville, c. 33. *Ord.*, tom. IV, p. 292. — Priviléges d'Eryeu, c. 29. *Id.*, tom. VII, p. 306.

communales ne fixent pas la limite, et se bornent à appeler à défaut d'hoirs, c'est-à-dire d'héritiers directs, le parent ou les parents les plus proches. C'est ce que nous voyons dans la Charte de Laon et dans celles qui en reproduisent les dispositions. Elles donnent aux proches du mari les biens propres de celui-ci et la propriété du douaire de la femme ; à défaut de proches, elles appellent la commune et les pauvres (1).

Réciproquement, l'apport de la femme passait aussi à ses collatéraux ; si son père ou le parent qui l'avait dotée mourait avant elle, et qu'elle décédât ensuite sans enfants, les héritiers de celui-ci, c'est-à-dire les collatéraux de la *de cujus* succédaient à sa dot (2).

Au XIIe siècle, la règle *paterna paternis* ne s'appliquait très-probablement pas encore dans toute la France aux successions bourgeoises, ni à celles des vilains. En général, les chartes communales et les chartes d'affranchissement emploient l'expression *propinqui*, sans y rien ajouter, et sans distinguer entre les deux lignes. La charte du Cartulaire de Paris, que nous avons citée tout à l'heure, appelle indistinctement les parents paternels et les parents maternels. Il en est ainsi de presque toutes les chartes communales. Quelques-unes repoussent même formellement la règle *paterna paternis*. D'après celle de Joinville, les biens meubles et immeubles passent aux plus proches héritiers de quelque lignée qu'ils soient : « aus prochiens ou prochien qui alinagier se pourroit jusques au cinquième grey *de quelque coustey et de quelque ligne que ce soit........* » (3).

---

(1) *Vir, si sine herede mortuus fuerit, preter dotem quam uxori dedit, tota possessio ad propinquos suos redeat, dotem autem in vita sua mulier tenebit ; post mortem vero ipsius, ipsa dos ad propinquos viri sui redibit. Si autem propinquos non habuerint...... etc.* (Charte de Laon, c. 13 ; — de Cerny, c. 20, 21 ; — de Crespy, c. 13 ; — de Sens, c. 5 ; — de Montdidier, c. 23, 24.)

(2) *Si quis autem de pace filium vel neptem sive cognatam maritans terram vel pecuniam ei dederit et illa mortua sine herede fuerit, quidquid terræ vel datæ pecuniæ adhuc comparentis de ea remanserit, ad eos qui dederunt, vel ad heredes eorum redeat.* (Charte de Laon, c. 13, et les autres chartes citées à la note précédente.)

(3) Charte de Joinville, c. 33. *Ord.*, tom. IV, p. 292, en 1354.

La Charte de Saint-Omer, plus complète que les autres sur ce point, renferme tout un petit code de succession bourgeoise et paraît repousser aussi la règle féodale. A défaut d'enfants du *de cujus*, elle appelle concurremment avec les père et mère du fils ou de la fille prédécédée, les fils survivants, frères du défunt et leur descendance ; à défaut de père et de mère, l'hérédité appartient tout entière aux frères ou aux neveux, fils des frères du défunt ; à défaut de frères ou de neveux, elle passe aux plus proches parents consanguins (1). Cette disposition, qui, sans égard à l'origine des biens, donne tout l'avantage aux mâles, aux fils des mâles et à la ligne consanguine, est probablement un reste du vieux droit germanique. Elle contraste avec les autres chartes des villes communales du nord, qui, en général, appellent indifféremment les collatéraux sans donner la préférence aux mâles ni à la ligne masculine.

La Coutume de Chartres ne donnait pas ce privilége à la ligne agnatique, mais elle n'admettait pas encore, au XVIe siècle, la règle *paterna paternis*, et donnait en collatérale la saisine à l'héritier le plus proche, sans distinguer entre la ligne paternelle et la ligne maternelle (2).

La règle *paterna paternis* ne commence à se montrer d'une manière certaine dans le droit roturier, que vers la fin du XIIe siècle. D'après l'abrégé du Livre de la Cour des Bourgeois, les immeubles propres passent à la ligne de laquelle ils proviennent, tandis que les conquêts du défunt sont partagés par parts égales entre

---

(1) *Si quis alicui filium suum vel filiam matrimonio conjunxerit et filius ille vel filia sine prole obierint, ad patrem et matrem eorum si supervixerint ; si autem mortui fuerint, ad alios filios eorum vel filios filiorum redeat hereditas quæ pertinebat ad filium vel filiam, quos aliis matrimonio copulaverant. Et viventibus patre, vel matre eorum, hereditas illa cum supradictis personis tantum dividatur. Mortuis autem illis, propinquiores consanguinei illam prout justum est, sortiantur......* Charte de Saint-Omer, c. 20.)

(2) Cout. de Chartres, art. 94, rédigée en 1508. Richebourg, tom. III, p. 714, note D. On n'en appliquait pas moins la règle dans le ressort de Chartres.

les héritiers du côté paternel et ceux du côté maternel, suivant le degré (1). La Charte de Rouvray donne les meubles et acquêts au plus proche parent, sans égard à la ligne; mais les héritages passent au plus proche parent du côté dont ils viennent (2). Un curieux passage des archives de Reims, nous montre qu'au XIII⁰ siècle, la règle *paterna paternis* était admise par la Cour de l'échevinage (3). Nous la trouvons à peu près vers la même époque dans les anciens coutumiers, qui l'appliquent à la fois à la succession des fiefs et à celle des héritages roturiers (4). Elle fut admise ensuite par presque toutes les coutumes, lors de la rédaction du XVIe siècle.

Cette règle avait pris naissance dans le régime des successions féodales à une époque où les chartes communales, alors la seule loi des roturiers, ne la mentionnaient pas encore; plus tard, vers la fin du XIIIe siècle, nous la trouvons en pleine vigueur dans les coutumes, pour les successions roturières comme pour les successions nobles; il faut en conclure que l'usage l'a fait passer, sans doute, du droit féodal dans le droit coutumier. Lorsque les tenanciers furent devenus vrais propriétaires de leurs terres, et que les bourgeois eurent acquis les biens que les nobles vendaient pour aller aux croisades, la propriété immobilière prit nécessairement dans la classe roturière une grande extension ; et le système protecteur, destiné à conserver les héritages de ligne, passa des fiefs aux terres roturières.

La règle *paterna paternis* était le droit commun de la France ; mais, dans le nord, certaines coutumes bourgeoises la repous-

---

(1) *Abrégé du Livre de la Cour des Bourgeois*, ch. 58.

(2) Charte de Rouvray et de Cumoigne, c. 6, 11.

(3) Le frère germain et le frère consanguin d'une femme se disputaient sa succession ; le premier alléguait sa qualité de frère de sang entier ; le second s'appuyait sur l'origine des biens qui venaient de son père, auteur commun de la *de cujus* et de lui. La cour décida le procès en sa faveur. (*Archives de Reims*, tom. II, p. 876.)

(4) *A. C. de Reims*, du XVe siècle, c. 30. — Beaumanoir, ch. 14, n° 23. — Bretagne, T.-A. C., ch. 219. — Cout. de Bourgogne, rédigée en 1459, ch. 7, art 17, etc.

saient, tandis que les coutumes féodales la sanctionnaient. D'après la Coutume locale d'Anapes, les pères, mères et autres ascendants succédaient aux propres de leurs enfants décédés sans hoirs, quelle que fût la ligne dont ces biens provenaient ; les ascendants excluaient aussi les collatéraux d'après celle de l'échevinage de Lille ; à Tournay, ils les excluaient pour les héritages roturiers ; dans l'échevinage de Douai, les héritages ne tenaient ni côté ni ligne, mais ils se partageaient comme meubles. La Coutume de Nancy ne tenait pas compte de l'origine des biens et appelait à la succession des propres, d'abord les enfants, puis les frères, puis les ascendants, puis les collatéraux sans distinction de ligne. La Coutume de Liége n'avait égard aussi qu'à la proximité du degré pour les successions roturières. Celle de Termonde appelle les ascendants à la succession des héritages roturiers après les frères et sœurs, mais avant les collatéraux plus éloignés. Les usages locaux des paroisses soumises à la Coutume d'Alost repoussaient la règle *paterna paternis* pour les héritages roturiers, bien que la coutume générale l'eût admise en 1618. Dans l'échevinage de Gand, on avait adopté un système dont se rapprocha beaucoup celui de la loi de nivôse an II. La succession en ligne collatérale se partageait également entre les deux lignes, sans égard à l'origine des biens ; et dans chaque ligne elle se subdivisait encore entre les deux branches ; cette coutume tendait donc au morcellement de la propriété (1).

Dans tous ces pays, l'influence de la féodalité n'avait pu triompher, soit des vieux usages locaux, soit du droit romain. Il faut remarquer aussi que l'influence démocratique des communes du moyen-âge a laissé des traces profondes dans les usages des cités commerçantes et manufacturières de Flandre.

(1) Cout. loc. d'Anapes, art. 5.—Cout. de l'échevinage de Lille, ch. 1, art 15. — Tournay, ch. 25, art. 7. — C. de l'échevinage de Douai, ch. 1, art. 2, 8. — Nancy, t. 4, art. 5, 6. — Liége, ch. 11, art. 6.—Termonde, XVI, 3.—Alost, XX, 7. — C. de l'échevinage de Gand, rubr. 26, art. 19.

CHAPITRE XI.

Des donations.

§ Ier.

DE LA FACULTÉ DE DISPOSER.

La souveraineté des provinces étant devenue sous la féodalité un véritable droit de propriété, les rois et les seigneurs en disposèrent par acte de dernière volonté comme de leurs domaines propres.

Les rois de France donnaient quelquefois par testament les diverses provinces de leurs États en apanages à leurs fils puînés. Louis VIII légua par testament le royaume à son aîné, et les comtés d'Arras, d'Angers, du Maine, de Poitiers, d'Auvergne à ses puînés *in feodis et domaniis* (1). Les chartes nous montrent aussi que les seigneurs de diverses contrées disposaient de leurs principautés par testament. On voit en effet, en 1235, Hugues de Vaudemont donner à son fils aîné le comté de Vaudemont et ses dépendances; à ses puînés des terres moins considérables. René II, duc de Lorraine, en 1506, donne par testament les duchés de Lorraine et de Bar à son fils aîné, ses biens situés en France à son puîné (2).

L'histoire de Normandie offre plusieurs exemples curieux de l'application du droit de disposer. Guillaume-le-Conquérant sur son lit de mort laissa à son fils aîné, Robert, la Normandie qu'il

---

(1) Testament de Louis VIII, en 1225. *Ord.*, tom. XI, p. 323.
(2) D. Calmet, tom. II, *Preuves*, col. 448; — tom. III, *Preuves*, col. 355.

tenait de ses pères ; mais il donna à Guillaume, son fils puîné, le royaume d'Angleterre qu'il avait acquis au prix d'une conquête (1). En 1133, Henri Ier donna à sa fille Mathilde tous ses États situés tant sur le continent qu'au-delà du détroit (2). Henri II, laissant plusieurs enfants, suivit l'exemple de son bisaïeul Guillaume-le-Conquérant, en donnant la Normandie à son fils aîné et en partageant ses autres États entre ses fils puînés (3). Le roi Richard disposa aussi du royaume d'Angleterre et de tous ses autres domaines en faveur de Jean, son frère (4).

C'est surtout dans les actes émanés des ducs et des comtes des villes méridionales, qu'il faut chercher l'exercice de la faculté de tester des grandes seigneuries. Nous en citerons plusieurs exemples. En 902, Eble succède à Guillaume, duc d'Aquitaine, comme héritier testamentaire (5) ; en 1176, Hugues, comte de Rodez, institue ses fils pour héritiers et leur partage ses domaines ; il donne le comté à l'un d'eux, des terres et de l'argent aux autres (6). Ces seigneurs instituaient un héritier suivant le droit romain. En 1294, Isabelle d'Albret, comtesse d'Armagnac et de Fesensac, institue sa mère pour héritière :

« Parce que l'institution d'héritier est le fondement du testament » (7).

---

(1) *Guillelmus Ruffus non jure hereditario, sed ex testamento patris sui in regnum Angliæ successit. Roberto fratre ejus primogenito Normanniam avitum patrimonium possidente.* (Spelmann., anno 1087. Hoüard, tom. II, p. 205.) — Voir aussi la chronique d'Orderic Vital, lib. VII.

(2) *Spelmann.*, ann. 1133, p. 240.

(3) *Id.*, ann. 1170, p. 288, 289.

(4) *Cum de vita desperaret rex Richardus, divisit Johanni fratri suo regnum Angliæ, et omnes alias terras suas, et fecit fieri predicto Johanni fidelitates ab illis qui aderant et præcepit ut traderentur ei castella sua.* (Spelmann., ann. 1199, p. 345.) — D'après Mathieu Pâris, Richard aurait antérieurement promis son royaume à Arthur : *Declaraverat etiam Richardus rex, cum Messinæ esset, Arthurum sibi successurum, ut Parisius refert.* (*Id.*, p. 346.)

(5) Claude Paradin. *Alliances généalogiques*.

(6) *Miscellanea*, p. 896.

(7) *Id.*, p. 1389.

Le testament de Jean, comte d'Armagnac, fait en 1381, renferme aussi une institution d'héritier universel (1).

On voit par les testaments des seigneurs du midi qu'ils partageaient en mourant leurs domaines, leurs alleux, leurs fiefs, à leurs enfants comme bon leur semblait et d'une manière inégale (2). La faculté d'exhéréder avait été conservée dans le midi, comme les autres institutions venues du droit romain. En 1324, Amonève d'Albret exhéréda Bérard, son fils, qui avait porté les armes contre lui (3).

Les possesseurs de fiefs ne disposaient pas, au moyen-âge, de leurs héritages avec la même liberté que les princes souverains. Le domaine éminent du seigneur ne permettait pas au vassal de donner son fief, propre ou acquis, sans le consentement du premier. Les cartulaires sont remplis d'actes qui en fournissent la preuve. Les Assises de Jérusalem obligent aussi le feudataire à obtenir le consentement du seigneur pour donner son fief, soit à un étranger, soit à un héritier présomptif : « par l'otrei dou seignor de qui il le tient » (4).

On ne pouvait donc, sans l'autorisation du seigneur, faire un avancement d'hoirie, disposition qui ne faisait pas sortir le fief de la ligne et anticipait seulement une mutation qui devait arriver nécessairement. Mais la nécessité d'obtenir le consentement du seigneur, soit pour faire un avancement d'hoirie, soit pour disposer en faveur d'un étranger, tomba en désuétude lorsque le régime féodal commença à s'affaiblir.

Dans le midi, le droit de disposer des fiefs fut resserré par les lois de Simon de Montfort dans des limites étroites ; elles défendent même d'une manière absolue d'aliéner les baronnies et les châteaux-forts, afin d'assurer le service dû au sei-

---

(1) *Miscellanea*, p. 1508.

(2) Voir le testament de Matfred, vicomte de Narbonne, en 966 ; celui de Roger, comte de Carcassonne, en 1002, et divers actes rapportés par D. Vaissette. (Tom. II, *Preuves*, dipl. 101, 138, 170, 377, 386.)

(3) *Miscellanea*, p. 1437.

(4) *Jean d'Ibelin*, ch. 115. — *Jacques d'Ibelin*, n° 28, 29.

gneur (1); mais un siècle plus tard cette prohibition fut modifiée.

La faculté de disposer fut confirmée en Languedoc, lors de la réunion de cette province à la Couronne de France. Une ordonnance de Louis X, en 1315, permet aux nobles de ce pays, *suivant leur ancienne et immémoriale coutume*, de donner leurs alleux et leurs fiefs ayant haute et basse justice aux églises et aux non-nobles (2).

Le droit de donner les fiefs par testament fut admis par une clause du traité relatif à la cession du Dauphiné à la France (3). Philippe VI, en 1340, concéda aussi aux habitants de La Réole le droit de tester de tous leurs biens et même de leurs fiefs (4). Mais, dans d'autres localités, le droit des feudataires fut plus restreint; suivant les priviléges de Grenade, ils ne pouvaient tester de leurs fiefs sans l'autorisation du seigneur (5).

La puissance seigneuriale mettait aussi des entraves à l'exercice du droit de disposer pour les vilains et pour les serfs. D'après Beaumanoir, le serf ne peut tester que jusqu'à concurrence de cinq sous (6). Les Usages de Romanie défendent au vilain de tester sans le consentement de son seigneur; à défaut d'enfants, le seigneur succède sans égard au testament (7). A Toulouse, l'homme de corps ne pouvait rien donner entre vifs, ni par testament, sans l'autorisation de son seigneur; celui-ci pouvait s'emparer du don ou du legs fait par son serf tant que la tradition n'avait pas été effectuée (8).

Certains statuts locaux restreignaient la faculté de disposer,

---

(1) ..... *Salvis tamen baroniis et forticiis et jure alieno et salvo integro servitio superioris domini.* (Lois de Simon, comte de Montfort, en 1212. Galland, p. 357.)

(2) *Recueil des Ordonnances*, tom. I, p. 617.

(3) Ord. de 1367, c. 26. Ordon., tom. V, p. 34.

(4) *Recueil des Ordonnances*, tom. XII, p. 561.

(5) Priviléges de Grenade, c. 3. Ord., tom. IV, p. 16.

(6) Beaumanoir, ch. 12, n° 3.

(7) *Le Uxanze di lo imp. di Romagnia*, c. 185.

(8) *Consuet. Tholosæ*, rubr. *de homagiis*, c. 1.

même pour les bourgeois, afin de sauvegarder les intérêts du seigneur (1). A Chatelblanc, le bourgeois pouvait disposer de ses meubles à son gré, mais il ne pouvait donner, léguer, vendre, ni engager ses immeubles qu'à des hommes de Chatelblanc. Il en était de même à Montchauvette (2). Cette disposition avait pour but d'empêcher que les terres de la seigneurie ne pussent passer aux mains d'étrangers qui n'auraient pas été les hommes du seigneur et sur la fidélité desquels il n'aurait pu compter. Cependant les chartes d'affranchissement concédèrent le droit de tester pour les tenanciers et les bourgeois qui n'en jouissaient pas encore et le confirmèrent au profit de ceux qui en jouissaient déjà. Des Lettres données par la reine Aliénor aux bourgeois de Poitiers, et confirmées en 1204 par Philippe II, déclarent que les dispositions de dernière volonté des habitants de cette ville seront fidèlement observées (3).

La Charte de Gournay permet aux bourgeois de disposer de leurs biens tant meubles qu'immeubles, soit par acte entre vifs, soit par testament (4). Les anciens mainmortables affranchis reçurent aussi, dans beaucoup de localités, la même liberté de disposer de leurs biens (5).

Presque tous les statuts locaux, et surtout ceux du midi, confirmèrent ou donnèrent aux bourgeois le droit de tester; telles sont les coutumes de Montpellier, de Carcassonne, de Montferrand, de Saint-Marcellin, de Beauvoir en Dauphiné, d'Alby, de Brajerac, de Salon, de Marziac, de Peyrouse, d'Eryeu, d'Alais (6); mais

---

(1) Les Assises de Jérusalem, au contraire, donnaient aux bourgeois le droit de tester dans des limites très-étendues, conformément au droit romain. (*Assises de la Cour des Bourgeois*, ch. 152, 185, 189, 197, 201, 202, 205, 239.)

(2) Cout. de Chatelblanc, c. 3. M. Giraud. — Priviléges de Montchauvette, art. 12, en 1393. *Ord.*, tom. VII, p. 594.

(3) *Recueil des Ordonnances*, tom. XI, p. 290.

(4) Charte de Gournay, en 1284. *Ord.*, tom. XI, p. 359.

(5) Voir les documents cités plus haut, chap. VI.

(6) Coutumes de Montpellier et de Carcassonne, c. 4, en 1204. M. Giraud. — Priviléges de Saint-Marcellin, concédés par Humbert II, dauphin de Vien-

quelques-unes renferment des traces évidentes de l'influence féodale. Les priviléges de Grenade permettent aux habitants de disposer de leurs biens, à l'exception des fiefs (1).

§ II.

DES DONATIONS ENTRE VIFS.

C'est au droit germanique qu'il faut rapporter l'origine des règles coutumières sur les donations entre vifs. D'après les lois franques, le donateur opérait, au moyen de formalités symboliques, la tradition de son bien entre les mains du donataire qui en prenait ensuite possession (2). La donation n'était accomplie que par la tradition et par la prise de possession ; le donateur se *dévestait* en présence du juge, au malberg, pour *vestir* le donataire ; le premier devait déguerpir et délaisser l'objet donné, dont il transférait la saisine au second (3). Ce mode de donation est mentionné à chaque instant dans les chartes du moyen-âge.

Le droit féodal conserva les cérémonies symboliques de la tradition germanique et exigea aussi le dévest actuel du donateur. Pour la transmission des fiefs par donation ou autrement, il fallait

---

nois, confirmés par Charles VI, en 1408. *Ord.*, tom. IX, p. 376. — Priviléges de Beauvoir en Dauphiné, confirmés en 1397, par Charles VI. *Ord.*, tom. VIII, p. 158. — Cout. d'Alby, c. 20, en 1268. M. Giraud. — Priviléges d'Eryeu, c. 1 et 18, confirmés par Charles VI, en 1389. *Ord.*, tom. VII, p. 306. — 2ᵉ Cout. d'Alais, c. 11, *Olim.*, tom. III.

(1) Priviléges de Grenade en Languedoc, en 1291, c. 3. *Ord.*, tom. IV, p. 16.

(2) *Lex sal.*, t. 48. — *Lex Rip.*, t. 48, 60.

(3) . . . . . *Tradidit et vestivit et per durpileam et festucam sibi foras exitum alienum et spoliatum in omnibus dixit et omnia werpivit.* . . . . *acceperunt ipsam traditionnem et postea sessionnem.* Dipl. de 839 et de 845, cités par Klimrath. *Hist. du Droit*, n° 166. — *Testes qui vestionem viderunt. . . . . qui hoc audierunt et viderunt giweridam.* (*Traditiones fuldenses*, I, 91, 92. Klimrath, *loc. cit*)

que le vassal se dévestit en présence du seigneur féodal, qui donnait l'investiture à son nouveau feudataire et le mettait en possession. Il en était de même pour les rotures ; le donateur transmettait son bien au donataire avec le concours du seigneur foncier dans le territoire duquel les immeubles étaient situés. Le tribunal du seigneur féodal ou foncier avait remplacé le malberg ; mais le symbolisme de la tradition était toujours à peu près le même. Le donateur et le seigneur ne pouvaient transmettre la saisine que s'ils l'avaient eux-mêmes. Aussi, les Assises de Jérusalem déclarent nulle la donation entre vifs si elle n'a été suivie de la tradition opérée du vivant du donateur. Elles annulent aussi la donation d'un fief faite par le seigneur à son vassal, quand le seigneur n'a pas la saisine de ce bien : « *parce que le fief est aux mains des Sarrazins* » et que le donateur vient à mourir avant d'être rentré en possession. La donation est encore nulle, si le seigneur donne à son homme un fief appartenant à un vassal qui n'a pas d'héritiers, pour le temps de la mort de ce dernier, et qu'il vienne lui-même à décéder :

« Porce que le seignor n'avoit ni ne tenoit cel fié quand il le dona, ne autre por lui, ni n'en usa come dou sien en la vie dou doneor » (1).

D'après Philippe de Navarre, la donation d'un fief par un vassal à son héritier présomptif n'est *ferme* et *estable*, que si le donataire a fait l'hommage au seigneur et le service féodal. Si le donateur, au contraire, a continué de faire le service et qu'il soit resté saisi et tenant toute sa vie, le fief, à sa mort, passe à son héritier le plus proche et non à celui du donataire (2). La Clef des Assises déclare nulle la donation quand « *li don n'en aura esté que en dit et non en fait* » (3). Ces règles s'appliquaient aux rotures comme aux fiefs ; il fallait que le donateur d'une censive ou d'un alleu en eût la saisine, qu'il se dessaisît aux mains du donataire, en lui transférant d'une manière irrévocable la pos-

---

(1) *Jean d'Ibelin*, ch. 144.
(2) *Philippe de Navarre*, ch. 82.
(3) *Clef des Assises de la Haute-Cour*, n°s 193, 194.

session de l'objet donné. Les Assises de Jérusalem le décident ainsi :

« Don ne vaut sans la saisine de la chose........ bien det estre ferm par dreit celuy don se la saisine vient après le don » (1).

Toutes les coutumes officielles, et surtout celles des pays de nantissement, ont conservé des traces profondes de ces anciens principes (2).

De là sont venues les règles « *Donner et retenir ne vaut; simple don ne saisit pas* » qui étaient de droit commun dans toute la France coutumière. La donation entre vifs, d'après les principes du vieux droit français, est actuelle et irrévocable ; le donateur ne peut plus disposer des objets compris dans la donation (3). Mais l'influence du droit romain introduisit diverses modifications sur lesquelles nous reviendrons plus loin.

La féodalité n'a pas été la source première du système coutumier sur les donations, mais elle a conservé les formalités du droit barbare sur la saisine et la dessaisine, et les a appliquées aux fiefs et aux censives; elle a fait intervenir le seigneur féodal et le seigneur ayant justice foncière ; son influence se trouve donc encore marquée dans les règles coutumières des donations entre vifs.

§ III.

DE LA RÉSERVE COUTUMIÈRE.

Le testament, d'abord inconnu chez les Francs, fut introduit dans leur législation par l'influence du clergé et du droit romain, ainsi que le montrent les documents de l'époque gallo-franque. Il fut

---

(1) *Assises de la Cour des Bourgeois*, ch. 214.

(2) Senlis, 211, 212. — Clermont en Beauvoisis, 127, 128. — Valois, 130. — Poitou, 273. — Angoumois, 116, 117. — Melun, 167. — Châlons, 64. — Clermont en Argonne, VI, 2. — Klimrath. *Etudes sur les Coutumes*, p. 309.

(3) *Quod donatum simul et retentum videretur contra gallicos mores.* (Chopin. *De util. And. rer. dom.*, lib. III, c. 2, t. 3, n. 12.)

sanctionné par les capitulaires des princes mérovingiens et carlovingiens (1). Mais la législation coutumière n'admet jamais l'institution d'héritier, qui était au contraire la partie essentielle du testament romain. D'après le droit français, le testament, soit solennel, soit olographe, ne pouvait renfermer que de simples legs, quelle que fût d'ailleurs la nature des biens donnés, propres ou acquêts, meubles ou immeubles (2).

Il résulte du reste d'un grand nombre de chartes que le testateur n'avait point le droit de donner son bien d'une manière absolue. Chez les Germains, comme chez les Gaulois, la succession légitime passait toujours avant les dispositions testamentaires (3). La famille, ainsi que le prouvent toutes les chartes du moyen-âge, intervenait à tous les actes d'aliénation faits par un de ses membres; qu'il s'agisse d'une donation ou d'une vente, d'un testament ou d'une disposition entre vifs, l'acte n'était valide que s'il avait été autorisé ou ratifié par les héritiers présomptifs.

La distinction des propres et des acquêts ne se montre pas encore dans les lois salique et ripuaire, mais on la trouve à chaque instant dans les formules anciennes. Le principe du droit barbare resta toujours en vigueur pour les premiers, mais on put disposer plus librement des biens acquis.

Il en était ainsi sur les terres de l'église de Worms, au XIe siècle. D'après les Statuts de Burchard, le tenancier de Saint-Pierre peut donner sa tenure par tradition, soit à titre de dot, soit à tout autre titre, avec le concours de son épouse et en présence de témoins. Celui qui possède un immeuble et des serfs et devient

---

(1) *Formulæ veteres, passim.* — *Edict. Chlotarii,* ann. 615, c. 6. — Cap. II, 31; — VII, 326, 327; — *Add.*, III, c. 87.

(2) La Coutume de la Septène de Bourges (rubr. 11, art. 1), l'Usance de Saintonge entre mer et Charente (art. 63), font exception; elles admettent l'institution d'héritier. — La Coutume de Châteauneuf-sur-Cher fait passer la succession testamentaire avant la succession *ab intestat* et donne au bourgeois le droit le plus absolu de disposer. (Cout. de Châteauneuf-sur-Cher, en 1258, c. 10. Richebourg, tom. III.)

(3) *Gignuntur heredes in Gallia et non scribuntur. (Symmaqui epist.,* 1, 15.) — *Lex Burg.*, t. 1, c. 1; t. 24, c. 5. — *Lex Sax.*, t. 15, c. 2.

infirme, ne peut priver ses héritiers ni de son champ, ni de ses serfs, il peut faire seulement quelque don pour le salut de son âme et librement disposer de ses gains (1).

Le même principe régissait sur ce point le noble et le roturier. Pour l'un comme pour l'autre, il y avait défense de disposer des propres et permission de disposer des acquêts (2); les premiers étaient le patrimoine de toute la famille, les seconds la propriété exclusive du possesseur qui les avait gagnés. C'est ce que nous montrent les Assises de Jérusalem :

« E si peut on donner son conquest un fié ou pluisors se il les a à celui ou a ciaus de ses heirs que il vodra », parce que l'acquêt appartient exclusivement à l'acquéreur :

« Conquereor n'a ne per ne compaignon el fié que il a conquis. »

Mais quand il s'agit d'un fief propre, il n'en est plus de même. Le fief héréditaire était, comme l'alleu, la propriété de la famille tout entière; le seigneur, en investissant l'auteur commun, avait en quelque sorte investi tous les héritiers qui devaient descendre du premier acquéreur; leur droit, quoiqu'éventuel, était égal à celui de l'héritier saisi, parce qu'il avait la même source. Aussi l'héritier saisi ne pouvait-il disposer sans le consentement de son lignage : « Il ne peut les autres deseriter...... « par ce que » toz les autres heirs dou couquereor sont igaux à lui » (3).

En Normandie et en Angleterre, le droit de disposition était aussi très-restreint pour les fiefs. Les lois de Henri Ier permettent seulement au baron de donner par testament l'argent qu'il possède (4). Glanville permet de disposer entre vifs de tous les acquêts,

---

(1) *Burchardi leges*, c. 5, 11.

(2) ..... *ut tandiu teneret ipsum molinum de eo in feodum* ..... *et quia emptio sua erat poterat eam dare cui volebat.* (Charte de 1039, du *Cartulaire de Vendôme*. Galland, p. 24.)

(3) *Jean d'Ibelin*, ch. 144, 145. — Philippe de Navarre, ch. 73, 82. — *Jacques d'Ibelin*, n°s 28, 29. — *Clef des Assises de la Haute-Cour*, n°s 191, 195.

(4) Lois de Henri Ier, c. 1. — D'après la Coutume de Wessex, rédigée sous ce prince, le fief du père passe au fils aîné, mais le testateur peut donner ses acquêts à qui bon lui semble. (*Id.*, c. 70.)

mais il défend de donner les immeubles et de faire un héritier, *car Dieu seul peut faire un héritier et non l'homme* (1). Plus tard, les Établissements de Normandie et la jurisprudence de l'Échiquier permirent de donner le tiers de la terre en aumônes avec le consentement du seigneur (2). La Coutume de Normandie restreint cette faculté au tiers des acquêts et défend de donner l'héritage de ligne (3). La Très-Ancienne Coutume de Bretagne permet de disposer des meubles et du tiers seulement de l'héritage (4).

De nombreuses restrictions étaient aussi imposées au droit de tester par les coutumes du centre de la France. D'après Pierre Desfontaines, le père ne peut pas donner l'héritage tenu à justice (5). Mais, pour les autres terres, l'usage fit fléchir l'ancienne règle et il fut permis de disposer non-seulement des meubles et des acquêts, mais encore d'une partie des propres. D'après les Établissements de Saint-Louis, le gentilhomme pouvait disposer par testament du tiers de son héritage (6); à Paris, au commencement du XIIIe siècle, le testateur, homme de guerre ou roturier, pouvait disposer du cinquième de ses héritages propres (7). Il en était de même dans le Beauvoisis pour le noble et pour le franc homme de poeste ; dans le Vermandois, la part disponible était du cinquième de l'héritage franc tenu à cens ou à terrage ; à Reims, d'après les Coutumes de l'Échevinage, cette part comprenait la

---

(1) *Potest itaque quilibet sic totum questum donare in vita sua, sed nullum hæredem unde facere potest. . . . . quia solus Deus hæredem facere potest, non homo.* (Glanville, VII, 1.) . . . . . *de hereditate nihil in ultima voluntate disponere potest.* (*Id.*, VII, 4.)

(2) *Etablissements de Normandie*, p. 40. — Arrêts de l'Echiquier, p. 196.

(3) Cout. de Normandie, art. 418, 422, 427.

(4) Bretagne, T.-A. C., ch. 42.

(5) Pierre Desfontaines, ch. 33, n°s 12, 15.

(6) *Etablissements de Saint-Louis*, L. I, ch. 8, ch. 64.

(7) . . . . . *Cuilibet sive militi sive rustico licitum erit legare in elemosyna, de hereditate propria usque ad quintam partem ad consuetudinem et usum Franciæ circa Parisius.* (Lois de Simon de Montfort.)

moitié du naissant (1). Pierre Desfontaines permet au vilain de disposer, comme l'homme franc, de ses meubles et de ses conquêts (2).

Les coutumes rédigées offrent, ainsi que les vieux coutumiers, une grande diversité sur ce sujet. Les unes étendent, les autres restreignent suivant une foule de combinaisons différentes le droit de donner, soit entre vifs, soit par testament, les meubles, les acquêts et les propres. Nous ne pouvons entrer dans tous ces détails étrangers au droit féodal. Mais l'influence de la féodalité introduisit cependant quelques distinctions que nous devons signaler. D'après plusieurs coutumes, la faculté de disposer était plus ou moins étendue, suivant la nature des héritages propres, nobles ou roturiers. Celles de Montargis, de Dreux, de Blois, permettent de donner par testament le quart des censives et le quint seulement des fiefs ; celle de Péronne et celle de Chauny, le tiers des censives et le quart des fiefs ; celle de Laon, le tiers des fiefs et la moitié des rotures (3) ; mais la faculté de disposer entre vifs était plus étendue. Toutes les coutumes n'admettaient pas du reste de distinction entre les fiefs et les censives ; la plupart fixaient également l'étendue de la faculté de disposer, sans égard à la qualité des terres, nobles ou roturières.

Le droit coutumier ne permettait pas au chef de famille de porter atteinte, par l'effet de sa volonté, à l'égalité de partage entre ses enfants, surtout à l'égard des immeubles propres. Ce principe était la règle ordinaire des successions roturières, contrairement aux dispositions du droit romain reproduites par les Assises de la Cour des Bourgeois (4).

Les Établissements de Saint-Louis et les Anciens Usages d'Anjou admettent aussi le principe de l'égalité ; ils défendent au

---

(1) Beaumanoir, ch. 12, n. 3. — Pierre Desfontaines, ch. 33, nos 3, 12, 15 ; — ch. 34, n° 10. — Cout. de l'échevinage de Reims, ch. 7, 12, 56, 57. — Cout. de Reims, de 1250, art. 6. M. Giraud.

(2) Pierre Desfontaines, ch. 34, n° 12.

(3) Montargis, XI, 1 ; XIII, 2. — Dreux, 76, 81, 82. — Blois, 166, 167, 173. — Péronne, 107, 165. — Chauny, 52, 61, 84, 85. — Laon, 51, 52, 60.

(4) *Assises de la Cour des Bourgeois*, ch. 170, 227.

vilain d'avantager un de ses enfants, soit en meubles, soit en héritages ; l'égalité doit être rigoureusement observée dans le partage des successions roturières ; l'enfant qui a reçu du vivant de son père plus que les autres, est tenu de rapporter (1). Le fils ou la fille qui a quitté le toit paternel, même par suite de sa mauvaise conduite, reçoit, comme les autres, sa part de l'héritage (2). La défense faite au vilain d'avantager un de ses enfants se trouve dans les anciennes coutumes de Beauvoisis, dans la coutume de Reims de 1250, dans le Grand Coutumier de Normandie, dans les Anciennes Coutumes de Limoges, dans la Très-Ancienne Coutume de Bretagne, etc. (3). Cette égalité absolue vient sans doute de ce que, d'après le droit barbare, germanique ou celtique, tout le patrimoine du père était le bien commun de ses héritiers ; chaque enfant étant copropriétaire avait un droit égal à la succession, droit auquel le père ne pouvait porter atteinte, sauf le cas d'exhédération motivée, dont nous parlerons plus loin.

Cependant le principe de l'égalité recevait quelques exceptions dans diverses provinces. Pierre Desfontaines permet au père de partager d'une manière inégale entre ses enfants ses meubles et ses conquêts, pourvu que l'inégalité ne soit pas trop forte (4). D'après les Coutumes de l'échevinage de Reims on peut avantager l'un des enfants de tous les meubles et acquêts (5). L'influence du droit romain, toujours si favorable à l'autorité du chef de famille, dut favoriser l'extension de la faculté de disposer ; mais la féodalité introduisit aussi, dans un but aristocratique, des exceptions au vieux principe de l'égalité germanique. Les Établissements de Saint-Louis, qui maintiennent si sévèrement ce principe pour les

---

(1) *Etablissements de Saint-Louis*, L. I, ch. 132.—*Anc. Usages d'Anjou*, art. 104.

(2) *Etablissements de Saint-Louis*, L. I, ch. 140.

(3) Beaumanoir, ch. 12, n° 3. — *Anc. Cout. de Reims*, de 1250, art. 3. M. Giraud.—*Grand Coustumier de Normandie*, ch. 36.—Bretagne, T.-A. C., ch. 42. — *Consuet. lemovicenses*, c. 54.

(4) Pierre Desfontaines, ch. 34, n° 10.

(5) Cout. de l'échevinage, ch. 56, 57. *Archives de Reims*.

successions roturières, permettent au contraire au gentilhomme de donner tous ses meubles et acquêts à l'un de ses enfants ; en Bretagne, le noble pouvait disposer de ses conquêts et de ses meubles par préciput au profit de l'un d'eux, mais le roturier ne pouvait le faire qu'avec le consentement de son fils aîné (1).

Passons maintenant aux provinces du midi dont le droit romain était en quelque sorte la coutume générale ; on y admettait l'institution d'héritier repoussée dans le nord, l'exhérédation, la faculté d'avantager un enfant, la légitime et la quarte falcidie (2). A Toulouse, l'homme libre peut disposer de ses biens de la manière la plus absolue en faveur de qui bon lui semble ; il n'est pas tenu de respecter la légitime, il doit seulement ne pas omettre son fils dans le testament et lui laisser cinq sous toulousains (3). A côté de ce système, qui était celui des *prudents* de l'ancienne Rome, Simon de Montfort introduisit en Languedoc une législation différente et empruntée aux traditions féodales. D'après les lois de ce prince, le testateur, noble ou roturier, ne peut disposer que du cinquième de ses immeubles propres, conformément aux coutumes de France et de Paris (4).

Le système français ne prévalut pas toutefois dans le Languedoc ; le droit romain resta la règle commune ; la plupart des coutumes locales du midi repoussèrent la législation féodale importée par la conquête et gardèrent les traditions romaines. Mais dans les contrées plus rapprochées des pays de coutumes, l'influence féodale avait fait admettre diverses dispositions contraires au droit romain ; en Limousin et en Saintonge, le testateur ne pouvait disposer librement que des meubles, des acquêts et du tiers des héritages (5).

---

(1) *Etablissements de Saint-Louis*, L. I, ch. 8. — Bretagne, T.-A. C., ch. 211. — Ordonn. du duc Jean II, en 1301, art. 17. Ordonn. du duc Jean III, en 1315, art. 2. (D. Morice, *Preuves*, tom. I, col. 1166, 1252.)
(2) *Petri excep.*, lib. I, c. 7, 12, 13, 15, 16, 17.
(3) *Consuet. Tholosœ*, rubr. *de homagiis*, c. 1 ; rubr. *de testamentis*.
(4) Lois de Simon de Montfort. *Loc. cit.*
(5) *Consuet. lemovicenses*, c. 23. — Saintonge, art. 84.

Dans toutes les villes municipales du midi, la tradition romaine prévaut donc, sauf quelques exceptions. Mais les coutumes basques s'écartent des statuts méridionaux et présentent encore sur ce point un caractère particulier ; elles repoussent le système romain et limitent beaucoup la faculté de disposer. D'après la Coutume de Sole et d'après celle de Labour, on ne peut tester des biens avitins (héritages propres) qu'avec le consentement de l'héritier présomptif; mais on peut, comme dans la France coutumière, donner librement les acquêts (1). Ces dispositions s'appliquent tant aux héritages nobles qu'aux biens roturiers et ne sont pas d'origine féodale. Il faut voir là une application du principe de la copropriété de famille que les Basques admettaient comme presque toutes les races primitives.

Le droit de disposer a donc existé pour les bourgeois et pour les roturiers libres pendant toute la durée du moyen-âge dans les diverses provinces de France. Mais l'influence des usages germaniques et celle du régime féodal lui ont imposé certaines restrictions dans tous les pays coutumiers et même dans certaines localités régies par la législation romaine.

§ IV.

DES INSTITUTIONS CONTRACTUELLES. — DES RENONCIATIONS A SUCCESSION FUTURE.

L'origine de l'institution contractuelle n'est pas connue d'une manière précise. Ce mode de disposer est complètement étranger au droit romain, qui ne permettait pas d'instituer un héritier par un mode autre que le testament et qui déclarait nul tout pacte ayant pour objet une succession à venir (2); il paraît au contraire d'origine germanique. D'après les lois franques, tout homme pouvait instituer un héritier, lui assurer sa fortune par contrat en

---

(1) Cout. de Labour, t. 11, c. 3, 4; — de Sole, t. 26, c. 3, 4.
(2) *Cod., de pactis conventis. — Dig., de verb. oblig,* l. 61.

employant certaines formalités symboliques (1). La loi lombarde, plus explicite encore, décide que le donateur qui a assuré pour le jour de sa mort son bien à un donataire, ne peut plus en disposer, si ce n'est dans le cas d'une extrême misère et avec le consentement de ce dernier (2).

L'institution contractuelle prit un grand développement à l'époque féodale. Le seigneur intervenait au contrat de mariage de son vassal ; le possesseur d'un fief, en assurant sa succession à son héritier contractuel, assurait aussi par là le service du fief. Il était de l'intérêt du seigneur que le feudataire eût un successeur qui desservît après lui sa tenure.

Les conventions étaient d'ailleurs à peu près les seules lois auxquelles les parties contractantes fussent alors soumises, surtout lorsqu'elles appartenaient à la classe des seigneurs. Tel père ou tel parent, en mariant son fils, sa fille ou sa parente, lui assurait par contrat de mariage la part de succession dont il voulait disposer en sa faveur, afin de faciliter une union avantageuse, de fonder ou de conserver la richesse d'une maison noble. De là vint la grande faveur de l'institution contractuelle au moyen-âge, si fréquente dans les contrats de mariage des nobles. C'est ainsi qu'en 1189, Robert de Meulan, par le contrat de mariage de Galeran, son fils, époux de Marguerite de Fougères, institua pour son héritier le fils qui naîtrait d'eux; qu'en 1230, Thibaut, roi de Navarre et comte de Champagne, en mariant sa fille avec le duc Jehan-le-Roux, assura le royaume de Navarre aux descendants mâles à naître du mariage (3); que Ferry, duc de Lorraine, en mariant Thibaut, son fils, avec Isabelle de Rumigny, en 1281, assura le duché de Lorraine à l'aîné mâle des enfants à naître du mariage, suivant l'usage du pays (4). Robert et Henri, fils de

---

(1) *Lex salica*, t. 48, *de affatomiæ.* — *Lex Rip.*, l. 48, 60. — Marculf, II, 13. — 2ᵉ cap. de 803 et 1ᵉʳ cap. de 819, c. 6, *add. ad leg. sal.* — Cap. IV, 19 ; V, 235.

(2) *Lex Lang. Rotharis*, c. 173.

(3) *Cartul. de Champagne*, D. Morice, *Preuves*, tom. I, col. 714, 895.

(4) « Teil est li us et la coutume dou pais. » D. Calmet, tom. II, *Preuves*, col. 513.

Guillaume-le-Conquérant, étaient convenus que celui des deux qui survivrait à son frère hériterait des États de celui-ci, s'il ne laissait pas d'enfants (1).

Nous trouvons aussi l'institution contractuelle dans les contrats de mariage des grands seigneurs du midi. A la fin du XIe siècle, Guillaume Alfarique donnait à son fils Arnaud de Béziers, par contrat de mariage, certains fiefs présentement et lui assurait d'autres fiefs pour le moment du décès du donateur (2).

L'institution contractuelle n'était point cependant, au moyen-âge, renfermée exclusivement dans les contrats de mariage des grands seigneurs. On trouve en effet dans les cartulaires des institutions contractuelles faites par des personnes de toute condition; on voit souvent aussi des couvents institués héritiers par contrat. Un donateur pouvait employer ce mode de disposer dans le cas même où ses libéralités n'étaient point faites à de futurs époux et en vue du mariage. Mais si la féodalité n'avait point créé l'institution contractuelle, elle s'en était en quelque sorte emparée; la nécessité d'assurer le service du fief et la perpétuité des maisons nobles la maintint, pendant toute la durée du moyen-âge, dans les contrats de mariage des seigneurs et des possesseurs de fiefs. Elle eut pour résultat de concentrer la fortune de la famille entre les mains de l'aîné de ses membres. En Touraine, en Anjou, dans le Maine et le Lodunois, le noble qui avait marié son fils aîné comme son principal héritier, ne pouvait plus aliéner ni charger son héritage au préjudice de cet héritier; en Normandie, le roturier jouissait, comme le noble, du même privilége (3).

La législation romaine ne permettait pas à l'héritier présomptif de renoncer à une succession non échue; d'après la logique exacte des jurisconsultes de l'ancienne Rome, nul ne pouvait

---

(1) *Pacto firmaverunt. . . . . et qui eorum diutius viveret, heres esset alterius si absque filio moreretur.* (*Spelmann.* Hoüard, p. 217.)

(2) D. Vaissette, tom. II, *Preuves*, dipl. 342.

(3) Normandie, art. 244. — Touraine, 252, 253. — Lodunois, XXVI, 4. — Anjou, 245, 246. — Maine, 262.

renoncer à un droit qu'il n'avait pas encore acquis; tout pacte de cette nature était même considéré comme contraire à l'ordre public et flétri du nom de *corvina stipulatio*. Mais le vieux droit coutumier, admettant les pactes sur les successions à venir, permettait de renoncer à celle qui n'était pas encore ouverte, comme il permettait de l'assurer par contrat à un héritier désigné. La féodalité donna aussi une grande extension à l'usage de renoncer aux successions non ouvertes. Afin de concentrer la fortune, soit au profit des mâles, soit entre les mains de l'aîné d'une famille noble, l'ascendant donateur faisait renoncer d'avance les filles ou les puînés à sa succession. Ces conventions avaient lieu par contrat de mariage; l'enfant doté s'engageait, en acceptant sa dot, à ne pas réclamer sa part dans l'hérédité du donateur. L'influence du droit romain fit restreindre ces renonciations aux contrats de mariage, mais la faveur du mariage et l'influence des idées féodales les y conservèrent comme l'institution contractuelle. Toutes les coutumes admirent la validité des renonciations par contrat de mariage des filles dotées à la succession de leurs parents (1).

§ V.

DES SUBSTITUTIONS. — DU RETOUR CONVENTIONNEL.

Les substitutions fidéicommissaires venues du droit romain restèrent en vigueur pendant toute la durée du moyen-âge; on en trouve un grand nombre d'exemples aux XI⁰ et XII⁰ siècles. Les grands seigneurs, en instituant un héritier, soit par testament, soit par contrat de mariage, lui imposaient la charge de conserver les biens donnés à ses descendants, et, à défaut de descendants, à tel autre héritier ou à sa postérité. Le testament de René II, duc de Lorraine, substitue la ligne de l'aîné à celle du puîné, *et vice*

---

(1) Pothier. *Successions*, ch. 1, art. 4, § 3, 4.

versa, pour le cas de décès de l'un des fils sans enfants mâles (1). Les substitutions sont surtout fréquentes dans les testaments des grands seigneurs des provinces méridionales. Tels sont ceux de Raymond Ier, marquis de Gothie, en 961; de Guillaume V, seigneur de Montpellier, en 1121 (2); de Hugues, comte de Rodez, en 1176; d'Isabelle, comtesse de Rodez, en 1252; d'Isabelle, comtesse d'Albret, en 1294; de Bernard, comte d'Armagnac, en 1302; de Jean, comte d'Armagnac et de Fesensac, en 1381, et un grand nombre d'autres (3). Dans ces différents actes, il est facile de voir que les grands seigneurs établissaient eux-mêmes pour l'avenir la loi de succession de leur maison. La plupart des substitutions étaient perpétuelles; on appelait la ligne puînée à prendre la place de la branche aînée, lorsque celle-ci venait à faire défaut.

On rencontre souvent aussi les substitutions dans les contrats de mariage où elles se combinent avec l'institution contractuelle et le droit de retour. Le contrat de mariage de Blanche de Bretagne avec Jean d'Armagnac, en 1406, renferme une série de substitutions destinées à maintenir dans la famille à naître du mariage les biens composant les apports des époux. Ces biens doivent passer à l'aîné des mâles et à sa postérité masculine; à défaut de postérité dans la branche aînée, au puîné mâle et à sa descendance mâle; à défaut de descendance mâle, au troisième enfant mâle, sous les mêmes conditions et ainsi de suite (4). Le contrat de mariage d'Henri d'Allemagne et de Constance de Béarn, en 1268, assure la dot de la mère à l'aîné des mâles à naître du mariage, et, à défaut d'enfants mâles, à l'une des filles (5).

Les chartes matrimoniales nous montrent aussi l'existence du retour conventionnel, autre institution destinée à maintenir les biens dans la famille. Le mari, en constituant à sa femme un

---

(1) D. Calmet. *Hist. de Lorraine*, tom. III, *Preuves*, col. 355.
(2) D. Vaissette, tom. II, *Preuves*, dipl. 97, 386.
(3) *Miscellanea*, p. 896, 1310, 1389, 1407, 1457, 1508, etc.
(4) D. Morice. *Preuves*, tom. II, col. 771.
(5) *Miscellanea*, p. 1371.

don nuptial ou *sponsalitium*, stipulait qu'au cas où celle-ci viendrait à mourir sans enfants nés de l'union, le bien donné retournerait au mari ou à ses héritiers. Il en était de même pour la dot constituée à la femme par sa propre famille et pour les biens donnés au mari par ses parents. Le donateur stipulait en général qu'au cas où l'époux donataire viendrait à décéder sans enfants, ou même dans le cas où la postérité issue du mariage ferait défaut, les biens donnés par le contrat reviendraient au donateur ou à ses héritiers. En 1069, Raymond, vicomte de Béziers, en mariant sa fille à Pierre de Bruniquel et en la dotant, stipule un droit de retour en faveur du donateur. Nous trouvons une semblable disposition dans le contrat de mariage d'Arnaud, fils de Guillaume Alfarique, et dans celui de Tiburge, fille de Guillaume d'Omelas, en 1150 (1); le royaume de Navarre devait faire retour aux héritiers de Thibaut, comte de Champagne, en cas d'extinction de la postérité mâle de sa fille Blanche, à laquelle il l'avait assuré par contrat de mariage (2). Olivier de Clisson, en 1406, fait un legs par testament à Bertrand de Dinan et à sa postérité; ce legs, en cas d'extinction, doit retourner aux héritiers du donateur (3).

A côté du droit de retour on trouve aussi, dans les actes de cette nature, l'exclusion prononcée par avance contre tels ou tels héritiers. Lors du mariage de Marguerite de Buzancey et de Renaud de Commercy, en 1223, il fut convenu que la dot de Marguerite serait attribuée aux enfants à naître du mariage, et que si elle ou son mari venait à contracter plus tard une autre union, les enfants du second lit seraient, dans tous les cas, exclus des biens qui constituaient cette dot (4). Les grands seigneurs jouissaient d'ailleurs de la plus entière liberté pour toutes les stipulations de ce genre.

---

(1) D. Vaissette, tom. II, *Preuves*, dipl. 244, 311, 342, 480.
(2) Mariage de Blanche de Champagne et de Jean Le Roux, en 1230. (D. Morice, *Preuves*, tom. I, col. 895. — *Cartul. de Champagne*, Chantereau-Lefebvre, *Preuves*, p. 221.)
(3) D. Morice, *Preuves*, tom. II, col. 779.
(4) D. Calmet, tom. II, *Preuves*, dipl. 433.

§ VI.

DES DONS ENTRE ÉPOUX.

Les droit romain prohibait les donations entre époux pendant la durée du mariage, pour empêcher que, par un amour exagéré, l'époux le plus généreux ne se dépouillât au profit de l'autre (1). Mais les donations entre vifs étaient seules interdites; les donations à cause de mort ou par testament étaient permises. Le droit des Novelles décida même que la donation faite entre vifs pendant le mariage serait valable, si le conjoint donateur venait à mourir sans l'avoir révoquée (2). La législation germanique, ainsi que le montrent les formules de Marculf, admettait les dons entre époux par testament mutuel (3). Les Assises de Jérusalem, comme le droit romain, prohibaient les donations entre vifs pendant la durée du mariage, mais elles les permettaient par testament (4). La législation féodale, pour empêcher les biens propres de passer d'une famille dans l'autre, restreignit la faculté de disposer entre époux. Les Établissements de Saint-Louis permettent au mari de donner seulement à sa femme *ses achaz et ses aqués à faire sa volenté* (5). Le Grand Coutumier admet le don mutuel, mais prohibe les autres dons entre époux (6).

Plusieurs coutumes conservèrent ces restrictions. D'après celles de Paris et d'Orléans, toutes donations directes ou indirectes, entre vifs ou testamentaires, sont prohibées d'une manière absolue, excepté le don mutuel. D'autres coutumes moins rigoureuses ad-

---

(1) *Ne mutuo amore invicem spoliarentur.* (*Dig., de donat. inter vir. et uxor.*, l. 1)..... *neve melior in paupertatem incideret deterior ditior fieret.* (*Eod. tit.*, l. 3.)

(2) *Nov.* 162, cap. 1.
(3) Marculf, I, 12.
(4) *Assises de la Cour des Bourgeois*, ch. 173, 198.
(5) *Etablissements de Saint-Louis*, L. I, ch. 14, 15.
(6) *Grand Coustumier*, f° 59.

mettent les donations testamentaires non mutuelles, et même les donations entre vifs, mais révocables jusqu'au décès du donateur, conformément au droit des Novelles. La Coutume d'Auvergne permet au mari de donner à sa femme et défend à la femme de donner à son mari.

Les coutumes de Péronne, de Dreux, de Chartres, de Ponthieu, permettent de donner par testament à son conjoint ce qu'on aurait pu donner à un étranger. D'après la Coutume de Reims, les époux pouvaient se léguer l'un à l'autre leurs meubles et conquêts en propriété et la moitié de leur naissant et acquêts faits avant le mariage, en usufruit seulement; à Mantes, les meubles et conquêts en propriété et l'usufruit du cinquième de l'héritage; en Touraine et en Poitou, les meubles, les conquêts et le tiers des immeubles en toute propriété. Mais la faculté de se donner mutuellement entre vifs était moins étendue et ne s'appliquait généralement qu'aux meubles et aux acquêts, quelquefois même ces biens ne pouvaient être donnés qu'en usufruit. Quant aux immeubles propres, il était généralement interdit de les donner à son conjoint en pleine propriété; et, d'après plusieurs coutumes, on ne pouvait même pas les grever d'un usufruit au profit de son époux. A Paris et à Orléans, le don entre époux ne devait comprendre que les meubles et les conquêts de communauté et seulement en usufruit (1). Les coutumes de Reims, de Chartres, de Péronne permettaient le don entre époux, qu'il y eût ou non des enfants; celles d'Orléans, de Paris, de Mantes, l'interdisaient lorsqu'il y avait des enfants.

Les coutumes de Paris et d'Orléans avaient donc conservé fidèlement l'ancien esprit du droit féodal sur ce sujet; les autres coutumes que nous avons citées avaient toutes subi plus ou moins l'influence du droit romain, mais la prohibition de donner les immeubles en pleine propriété, imposée encore par plusieurs d'entre elles, atteste la persistance de l'élément féodal.

---

(1) Cout. de Paris, 280, 282, 283. — Orléans, 280, 281. — Mantes, 145, 146, 147. — Chartres, 87, 91. — Dreux, 75, 81, 82. — Péronne, 110, 111. — Ponthieu, 23. — Reims, 234, 291 — Touraine, 243. — Poitou, 209. — Auvergne, XIV, 39.

CHAPITRE XII.

Du retrait lignager.

§ 1ᵉʳ.

DE LA COPROPRIÉTÉ DE FAMILLE. — ASSISTANCE DES HÉRITIERS PRÉSOMPTIFS AUX ACTES D'ALIÉNATION.

L'origine du droit de premesse et du retrait lignager se perd dans la nuit des temps et des coutumes barbares. Ces institutions prennent évidemment leur source dans l'antique copropriété de la famille et n'en sont, à vrai dire, qu'une altération. Il faut voir comment de ce principe du droit ancien est venue la faculté accordée par la législation féodale aux parents du vendeur de retirer des mains de l'acquéreur le bien de famille aliéné.

Les lois barbares ne formulent pas d'une manière précise le principe de la copropriété de famille; mais plusieurs de leurs dispositions montrent qu'il dominait toute la législation germanique. Il avait pour principal effet d'obliger le propriétaire à obtenir, avant d'aliéner son patrimoine, le consentement de ses héritiers présomptifs. Le droit coutumier de l'Allemagne conserva intact, pendant l'époque féodale, cet antique usage tudesque (1).

Les chartes rédigées pendant les IXᵉ, Xᵉ, XIᵉ et XIIᵉ siècles, et jusqu'au XVᵉ dans les différentes provinces de France, nous apprennent que de ce côté-ci du Rhin, comme de l'autre côté, on

---

(1) *Si quis proprietatem suam invitis hæredibus et sine advocati judicio alienet, tunc judex quem ideo adeunt et illic contradicunt bona hæredibus adjudicat.* (*Jus provinciale allemanicum*, c. 112, § 3.) *Sine hæredum consensu et legitimo judiciali termino nulli servum aut proprietatem alienare licet.* (*Jus provinciale saxonicum*, c. 52.)

conserva l'usage de faire intervenir les héritiers aux actes d'aliénation opérés par leurs proches (1). L'héritier au préjudice duquel l'aliénation avait eu lieu pouvait la faire révoquer (2). Mais cette disposition ne s'appliquait qu'aux propres, et, comme nous l'avons déjà vu, l'on pouvait disposer des acquêts sans le consentement de la famille (3).

En Bretagne, le principe de la copropriété celtique, plus énergique encore que la copropriété germanique, resta en vigueur pendant tout le moyen-âge. D'après les plus anciennes chartes

(1) .... *Uxore mea filiisque meis unanimiter consentientibus*. (Charte de 820. *Cartul. de Notre-Dame de Paris*, tom. I, p. 288.) — *Hanc concordationem firmiter tenendam in fide sua promisit et filio suo annuere fecit.* (Charte de 1093. *Cartul. de Notre-Dame de Paris*, tom. I, p. 288.) — *Annuente uxore mea filiisque meis. .... hanc cartulam manu mea firmavi, uxorique meæ et filiis meis firmandam tradidi.* (*Id.*, p. 292. Charte de 1076.). .... *De assensu uxoris meæ et filiorum meorum.* (Charte de 1189. *Id.*, p. 295.) ..... *laudantibus et concedentibus Katerina, uxore mea, filio meo Theobaldo, filia mea, fratre meo Philippo et sororibus meis, etc.* (Charte de 1200. *Id.*, p. 296.) Voir charte de 1186, p. 296; — de 1208, p. 299 : « *assensu Roberti filii nostri.* » — Chartes de 1093 et de 1096. *Cartul. de Saint-Marcel*. Charte de 1233, *Cartulaire de Bellevaux*. Perreclot, tom. III, dipl. 11, 14, 34. — Voir aussi D. Martene. *Miscellanea*, p. 487, dipl. de 1071. — D. Calmet, tom. II, *Preuves*, col. 340; tom. III, *Preuves*, col. 232, dipl. de 1152 et de 1470, etc.

(2) Walter, comte d'Amiens, confirme, en 987 (*communi consilio parentum*), une donation faite par son père et par son oncle à l'abbaye de Corbeil, sans son autorisation. (Guérard. *Polypt Irmin. Append.*, dipl. 5.) — *Fuit mulier quædam in pago Vindocinensi Freducia nomine quæ habuit alodia jure hereditario a progenitoribus suis. .... sed mulier præcavens in futurum dixit se numquam ecclesiæ donaturam aliquid quod ei post mortem suam a parentibus suis aliqua occasione posset auferri.* (*Cartul. de Vendôme.* Galland, p. 21.) — *Habebat autem dominus Hugo duos nepotes filios Siguini fratris sui. ...., sine quorum concessione elemosyma domini Hugonis stabilis esse non poterat. Hi enim post decessum ejus heredes esse debebant.* (Charte de l'an 1096. Titres du prieuré de Saint-Martin-des-Champs. Galland, p. 22.)

(3) Charte de 1039. *Cartulaire de la Trinité de Vendôme.* (Galland, p. 24.)

bretonnes, les parents ne venaient pas seulement consentir aux actes d'aliénation et les approuver, toute la famille agissait collectivement et au même titre ; la vente d'un bien de famille était faite au nom de tous les héritiers présomptifs (1). Les chartes du XIe et du XIIe siècle mentionnent encore la nécessité du consentement des membres de la famille, sans leur donner toutefois un droit aussi étendu (2).

Les plus anciens coutumiers féodaux ont conservé, comme les chartes, le droit exercé par les parents sur les actes relatifs aux propres. Ils prouvent que le principe de la copropriété de famille, qui avait existé de tout temps pour les alleux, s'appliqua aussi aux fiefs, lorsqu'ils furent devenus complètement héréditaires et patrimoniaux. D'après le *Liber feudorum*, le propriétaire ne peut aliéner un fief propre, même pour le donner à sa fille, sans le consentement des agnats héritiers présomptifs (3). Les Assises de Jérusalem admettent, ainsi que nous l'avons vu, le principe

---

(1) *Nos enim in Dei nomine Branoc et Jarnithim et soror nostra Driken et filius ejus Alveus et filia sua Juditha et cæteri filii nostri venditores constat nos tibi vendidisse, et ita vendidimus rem proprietatis nostræ, hoc est, etc.* (Charte de l'époque de Nomenoë. *Cartul. de Redon.* D. Lobineau. *Hist. de Bretagne, Preuves,* col. 22. — Charte de 814. D. Morice, *Preuves,* tom. I, col. 265.)

(2) Charte de donation de Brient, sieur de Chateaubriant, en faveur du prieuré de Béré, en 1050. (D. Morice, tom. I, col. 401.) — *Brientius cognomine vetulus, Brientensium summus dominus et eorum primogenitus...... impetrato acceptoque ab omnibus illis assessu a voluntate concessione.* (Charte de 1109. *Titres de Marmoutiers.* D. Morice, tom. I, col. 520.) — Donation par Geoffroy, sieur de Dinan, aux moines de Marmoutiers, en 1122. (*Titres de Marmoutiers.* D. Morice, tom. I, col. 546.) — Donation par Conan de Chateaugiron, au monastère de Savigny, en 1148. (*Titres de Savigny.* D. Morice, tom. I, col. 602.) — Voir aussi deux autres chartes de donation, de l'an 1182, souscrites par les héritiers du donateur; la première, extraite des titres de Marmoutiers; la seconde, de ceux de Saint-Florent. (D. Morice, tom. I, col. 695.)

(3) *Alienatio feudi paterni non valet, etiam domini voluntate, nisi agnatis consentientibus ad quos beneficium quandocunque sit reversurum.* (*Liber feudorum,* lib. II, t. 39.)

de la copropriété des biens de famille, tout en consacrant la faculté de disposer librement des acquêts.

L'Ancien Coutumier d'Artois et les Établissements de Normandie exigent aussi que la famille prenne part aux actes d'aliénation des biens propres :

« Quant li homme vend par l'assentement de son hoir....... » dit le premier de ces deux documents (1); on lit dans le second :

« E se li encesseur donerent en aumosne tot le tierz de lor héritage, li oirs ne porra pas doner en aumosne le tierz des autres II parz, forz par l'asentement de ses oirs et des segneurs del fieu » (2).

Dans le midi, l'influence du droit romain ne permit pas au principe de la copropriété de s'étendre aussi généralement que dans le nord de la France. En général, les actes d'aliénation passés par les seigneurs du midi sont faits en leur nom propre ; les héritiers présomptifs n'y interviennent pas ordinairement. Cependant on trouve des exemples du contraire ; en 1131, Raymond, comte de Provence et de Barcelonne, donne, avec le consentement de son fils, un château aux Templiers (3).

Les anciens Fors du Béarn défendent aux pères et mères de vendre leurs biens de ligne sans le consentement de leurs fils ou de leurs filles (4). Cette prohibition fut maintenue lors de la rédaction officielle de la Coutume de Béarn, au XVIe siècle ; les *Costumas* défendent d'aliéner les biens *avitins* et la *laa* (maison) sans nécessité. Si l'aliénation a eu lieu hors des cas fixés par la loi et sans l'emploi des formalités voulues, l'héritier (*lo prim*) peut la faire révoquer (5). Dans certaines baronnies du ressort de Saint-Sever, la femme ne peut aliéner son douaire sans le consen-

---

(1) *Anc. Coutume d'Artois*, art. 5.
(2) *Etablissements de Normandie*, p. 40.
(3) *Miscellanea*, p. 705.
(4) *For de Morlaas*, rubr. 178.
(5) Alienation universala de bees avitins, de touta la proprietat et laa, no sera valable en deguna sorta sens necessitatz conegudas..... (*Fors et Costumas*, rubr. *de contractes et tornius*, c. 6, 7.)

tement de son mari et de son plus proche lignager (1). La Coutume de Labour et celle de Sole défendent de vendre, d'hypothéquer, d'aliéner les biens *papoaux et avitins* sans le consentement du fils aîné ou du plus proche héritier présomptif, hors les cas de nécessité prévus par la loi. La vente faite au mépris de ces dispositions est nulle, et l'héritier peut l'attaquer dans le délai d'an et jour. On ne peut disposer librement que des acquêts (2). A l'autre extrémité de la France, les coutumes de Ponthieu, de Boulenois et d'Artois conservèrent aussi l'ancien usage; elles défendent de donner, de vendre ou d'hypothéquer les immeubles propres, si ce n'est du consentement de l'héritier présomptif (3).

Le principe de la copropriété de famille resta donc en vigueur dans toutes les provinces du nord, du centre et de l'ouest de la France, jusqu'au XIIIe siècle et presque jusqu'à nos jours dans dans certaines régions. Il a persisté par conséquent beaucoup plus longtemps qu'on ne le croit généralement.

§ II.

DU DROIT DE PREMESSE.

Le droit qu'avaient les héritiers directs d'intervenir aux actes d'aliénation s'appliquait tant aux dispositions à titre gratuit qu'à celles faites à titre onéreux. Le droit de premesse, dont l'origine remonte aussi à une haute antiquité, ne s'appliquait qu'aux actes onéreux. Dans certaines contrées, le propriétaire qui voulait vendre son bien devait l'offrir d'abord à ses parents ; et si ceux-ci voulaient l'acheter, il ne pouvait alors en disposer à son gré. Ce système, qui était celui de la loi des Saxons (4), fut conservé par

---

(1) Cout. de Saint-Sever, t. 11, art. 19.
(2) Cout. de Labour, t. 5 ; — de Sole, t. 17.
(3) Ponthieu, art. 19. — Boulenois, 92, 124. — Artois, 76.
(4) *Lex Sax.*, t. 17, c. 1.

les Statuts de Burchard. Si le tenancier de Saint-Pierre, pressé par la misère et la nécessité, voulait vendre son bien, il ne pouvait le faire qu'après avoir rempli cette formalité en présence de témoins. L'héritier qui avait assisté à la vente sans protester contre elle ne pouvait plus l'attaquer; celui qui n'y avait pas assisté pouvait la critiquer pendant le délai d'un an; passé ce terme, elle devenait définitive (1). Les parents du tenancier pouvaient exercer ce droit dans le cas même où la tenure était tombée entre les mains de l'évêque de Worms.

Le droit de premesse subit l'influence de la féodalité, et le droit de la famille dut se combiner avec les prérogatives seigneuriales. Les Constitutions de Leduin, abbé de Saint-Waast d'Arras, rédigées au XI⁰ siècle, exigent, comme les Statuts de Burchard, que le tenancier contraint par la nécessité de vendre son alleu, l'offre d'abord à l'abbé; si l'abbé le refuse, au plus proche parent du vendeur, puis à quelqu'un de la seigneurie (2). Les cartulaires du XI⁰ et du XII⁰ siècle renferment du reste une foule de dispositions analogues.

Une Constitution de Frédéric, insérée au Livre des Fiefs, modifia la disposition absolue dont nous avons parlé déjà. Elle oblige celui qui veut vendre un bien de famille à l'offrir d'abord à ses proches; si ceux-ci veulent le racheter, ils doivent en payer immédiatement le prix (3). Les constitutions plus anciennes prohibaient au contraire, d'une manière absolue, la vente des fiefs de ligne sans le consentement des agnats.

Nous retrouvons aussi le droit de premesse dans certaines coutumes du midi, à côté de l'intervention directe des héritiers. A Bayonne, celui qui voulait vendre un bien de *papoaige*, devait l'offrir d'abord au plus proche héritier de la ligne dont le bien provenait; l'héritier était tenu de déclarer son intention à cet

---

(1) *Si quis prædium vel mancipia in hereditatem acceperit, et in paupertatem inciderit, et ex hac necessitate vendere voluerit, prius proximis heredibus suis cum testimonio proponat ad emendum.* (*Burchardi leges*, c. 2, 6.)

(2) *Constit. Leduini*, c. 8. *Miscellanea*, p. 381.

(3) *Liber feudorum*, lib. V, t. 13.

égard dans le délai de neuf jours (1). La Coutume de Labour, outre l'intervention directe des héritiers aux actes d'aliénation des immeubles propres, admettait le droit de premesse dans un cas où cette intervention ne pouvait avoir lieu. Lorsque le seigneur direct ou *prinfief* faisait vendre aux criées une terre donnée à cens par lui, pour défaut de paiement, le plus proche héritier du seigneur utile devait être préféré à tout autre (2).

De l'autre côté des Pyrénées, les parents jouissaient de droits analogues. D'après le For de Baeza, celui qui voulait vendre son bien devait le faire publier pendant trois jours par la ville, afin que ses proches pussent le racheter (3).

§ III.

DU RETRAIT LIGNAGER.

Le retrait lignager eut pour but, comme les usages qui l'avaient précédé et que nous venons de décrire, de maintenir les biens héréditaires dans les mêmes familles ; mais il restreignit moins que ceux-ci ne le faisaient la liberté d'action du propriétaire. L'intervention des héritiers présomptifs tomba en désuétude. Le droit de premesse changea de forme ; on n'obligea plus le vendeur à offrir d'abord à son héritier le bien qu'il voulait vendre, mais on laissa aux parents lignagers le droit de racheter l'immeuble aliéné pendant un délai déterminé. Telle fut l'origine du retrait lignager, institution que l'on voit apparaître dans l'histoire dès l'époque de la rédaction des plus anciens coutumiers.

---

(1) Cout. de Bayonne, t. 5, art. 1.
(2) Cout. de Labour, t. 6, c. 13.
(3) Empero a quel que raiz alguna quisiere vendar, fagala preconar III dias en la villa, a estonce si alguno de sus parientes la quisiere comprar, compre la per quanto aquel que mas caras la quisiere comprar. (*Fors de Baeza*, 27. M. Laboulaye. *Hist. de la Propriété foncière*, p. 373.)

Les Assises de Jérusalem admettent le retrait lignager pour les fiefs concurremment avec le principe de la copropriété. Elles accordent aussi aux bourgeois le droit de l'exercer (1). Les chartes communales des villes du nord de la France l'admirent dès le XIIe siècle (2). Les plus anciens documents du droit normand le consacrent formellement. Un arrêt de l'Échiquier, de l'an 1208, décide même que la sœur germaine sera préférée au frère utérin du *de cujus* (3).

En Bretagne, il existait aussi vers la même époque. On voit en effet un bourgeois de Loudéac, nommé Jean Savour, l'exercer en 1286 (4).

D'après la Très-Ancienne Coutume, le parent qui veut racheter un héritage de ligne doit d'abord se présenter devant le seigneur dont relève le fief et fournir plège ; faute par lui d'acquitter le prix dans les huit jours de sa déclaration, il est forclos :

« Premesse est octroyée à tous ceux qui sont du lignaige dedans le neufviesme degré du ramaige du fief et au prouchain du ramaige siet la premesse....... Qui veut estre presme à avoir ou attraire vel retraire sa premesse doit aller au seigneur ou à son sergent...... » (5).

Cependant, certaines coutumes locales des pays de domaine congéable repoussaient le retrait lignager ; telle était celle de Rellec, de Bégare et de Pallacret. Ceci tient sans doute à ce que dans ces localités le seigneur succédait aux tenures congéables, à défaut d'enfants, et excluait les parents collatéraux. La famille n'aurait eu par conséquent aucun intérêt à racheter un héritage sur lequel le seigneur exerçait des droits aussi étendus (6).

---

(1) *Le Livre au roi*, ch. 45. — *Assises de la Cour des Bourgeois*, ch. 30.

(2) Charte d'Amiens, c. 25. *Ord.*, tom. XI. — Charte de Beauvais, c. 17, en 1182. *Ord.*, tom. VII, p. 623.

(3) *Assises de Normandie*, p. 92. — Arrêts de l'Echiquier, de 1208 et de 1229, p. 117, 154. — *Grand Coustumier de Normandie*, ch. 116.

(4) D. Morice, *Preuves*, tom. I, col. 1080.

(5) T.-A. C., ch. 46, 47.

(6) Usance de Rellec, de Bégare et de Pallacret. Richebourg, tom. IV, p. 412.

Dans les provinces du centre de la France, comme dans celles de l'ouest, on voit, au XIII⁰ siècle, des exemples du droit de rachat ou de retrait. En 1225, en effet, Gaucher de Commercy retire le village de Beaume que son frère Hugues avait vendu à Thibaut, comte de Champagne (1).

Le retrait lignager est mentionné dans tous les coutumiers de l'Ile-de-France, au XIII⁰ siècle (2).

A Reims, le retrait lignager était, dès le XIII⁰ siècle, *une coutume antique et notoire,* ainsi que nous l'apprend le *Liber practicus*, en rapportant une sentence rendue contre un bourgeois qui avait acheté une maison et qui fut condamné à la rendre au frère du vendeur, moyennant le remboursement du prix de vente (3). Nous trouvons aussi le retrait lignager dans l'Ancienne Coutume de Bourges (4). Mais la coutume locale d'Issoudun le rejetait (5).

Il était admis au contraire dans les deux Bourgognes. Le texte d'une sentence de l'an 1299, tiré des archives de Besançon, nous apprend que, d'après la Coutume de Bourgogne, *générale* et *notoire*, le parent agnat ou cognat peut, en payant le prix d'achat, reprendre l'immeuble aliéné par son parent (6).

Dans les pays de droit écrit, le droit commun le rejetait. D'après le *Petrus*, chacun peut vendre son hérédité à qui bon lui semble, conformément aux constitutions des empereurs, et contrairement à l'ancien droit romain d'après lequel le frère ne pouvait vendre qu'à son frère, le parent qu'à son parent (7). En Provence, au XI⁰ siècle, l'ancien droit de premesse (Προτίμησις) n'avait donc pas laissé de traces. Cependant, l'influence du régime féodal et celle du

---

(1) *Cartulaire de Champagne.* Chantereau-Lefebvre, *Preuves*, p. 168.

(2) Pierre Desfontaines, ch. 17, n° 3. — *Etablissements de Saint-Louis*, L. I, ch. 153, 154, 156.

(3) *Liber practicus de consuet. remensi* (XIII⁰ siècle), c. 359. *Archives de Reims.*

(4) *A. C. de Bourges,* rubr. 6. Richebourg.

(5) C. loc. d'Issoudun, t. 5.

(6) *Archives de Saint-Paul de Besançon.* Perreciot, tom. III, dipl. 103 *bis.*

(7) *Petri except.*, lib. I, c. 19.

droit coutumier firent admettre le retrait lignager par certaines coutumes du midi (1).

Le retrait lignager devait être exercé par le retrayant dans l'an et jour de la vente ; ce délai, qu'on trouve fixé dès le XII⁰ siècle, était le terme ordinaire de la saisine (2). D'après l'ancien droit germanique et presque toutes les chartes communales, l'acquéreur devenait propriétaire incommutable de l'objet acquis par l'effet de la prescription au bout de l'an et jour (3) ; l'usage dut nécessairement admettre le même délai pour l'exercice du retrait. Il est consacré par l'ancien droit féodal de Normandie (4), par les Établissements de Saint-Louis, par les Anciennes Coutumes bourguignonnes (5) ; en un mot par le droit commun de toute la France (6). D'après Jean Desmares, le terme ne courait pas du jour de la vente, mais seulement du jour de la prise de possession et saisine de l'acquéreur (7), décision qui nous montre combien cette institution tenait encore, au XIV⁰ siècle, aux origines germaniques de nos coutumes.

La législation des croisés fixait pour l'exercice du retrait un délai beaucoup plus court ; le fief devait être racheté dans les quatorze jours de la vente, le bien bourgeois dans les sept jours (8). Plusieurs coutumes admirent ce terme de quatorze jours ; ce sont,

---

(1) Cout. de Montpellier, c. 59. — Cout. de Bragerac, c. 39 (en 1335). — La Coutume de Labour donne aux parents lignagers, et à leur défaut aux autres parents, le droit de racheter, dans les neuf jours, les meubles et les bestiaux ; le pâtre peut racheter, dans le même délai, le troupeau qu'il gardait. (Cout. de Labour, t. 6, c. 2, 6.)

(2) Charte d'Amiens, c. 25 ; — de Beauvais, c. 17. — *Lex salica*, t. 47, *de migrantibus*. — *Ant. lib. de benef.*, c. 32.

(3) Charte d'Auxerre, c. 17 ; — de Waben, c. 22 ; — d'Abbeville, c. 22 ; — de Pontoise, c. 11 ; — de Noyon, c. 13 ; — de Roye, c. 3 ; — de Saint-Quentin, art. 7 ; — de Nevers, c. 13. — Cout. de Soest.

(4) *Assises de Normandie*, p. 92. — Arrêt de l'Echiquier, de 1229, p. 154.

(5) *Etablissements de Saint-Louis*, loc. cit. — Perreciot, tom. III, dipl. 103 *bis*.

(6) Loisel, L. III, t. 5, règle 6.

(7) Jean Desmares, décis. 207.

(8) *Le Livre au roi*, ch. 45. — *Cour des Bourgeois*, ch. 30.

en général, celles des provinces les plus rapprochées des pays de droit écrit et qui s'éloignaient plus des traditions germaniques que celles du nord ; telles étaient les coutumes de Bourges et de Limoges. D'après cette dernière, le retrait devait être exercé dans les quatorze jours après la sommation faite par l'acquéreur au parent lignager (1).

En Bretagne, il y avait un système tout particulier en matière de vente ; il fallait trois bannies ou publications. Le droit de premesse devait être exercé dans les huit jours après la troisième bannie, si le lignager habitait dans l'étendue de la province ; dans l'an et jour, s'il habitait hors du duché (2). Une ordonnance du duc Jean III fixa le délai d'un an (3).

La Très-Ancienne Coutume de Bretagne accordait le droit de premesse aux parents dans les neuf premiers degrés. Dans le Beauvoisis, le droit d'exercer le retrait lignager appartenait aux parents des sept premiers degrés, limite de la parenté canonique fixée par l'ancienne discipline ecclésiastique. La nouvelle discipline, qui fixa la parenté au quatrième degré pour le mariage, ne s'appliquait point encore au retrait (4).

Le droit d'exercer le retrait n'appartenait qu'aux parents lignagers, c'est-à-dire à ceux de la ligne dont provenait le bien vendu. Cette disposition du droit coutumier paraît avoir la même origine que la règle *paterna paternis.* Pour hériter d'un fief propre, il fallait descendre du premier acquéreur qui l'avait mis dans la famille et en avait reçu l'investiture. Les autres parents n'ayant aucun droit héréditaire sur ce bien ne pouvaient empêcher le possesseur d'en disposer avec le consentement du seigneur. Le fief étant donné par le seigneur concédant à tel vassal et à ses descendants, ceux-ci avaient seuls le droit de retrait, parce qu'ils étaient seuls compris dans l'investiture ; les autres restés en dehors

---

(1) *A. C. de Bourges*, rubr. 6. — *Consuet. lemovicenses*, c. 41.

(2) Bretagne, T.-A. C., ch. 46, 47.

(3) Art. 13. D. Morice, *Preuves*, tom. I.

(4) Le reson por quoi on pot rescorre l'éritage de son parent dusques el septisme dégré de lignage, si est tele que anciennement mariages ne se fesoit devant le septisme dégré, etc....... (Beaumanoir, ch. 44, n° 12.)

de la concession n'avaient aucun droit de copropriété sur le fief propre. Telle fut sans doute l'origine de l'usage qui, sous l'empire du droit féodal primitif, restreignait l'exercice du retrait aux descendants du premier vassal investi du fief.

Cette règle, d'abord appliquée aux fiefs, sera passée de là aux héritages roturiers. Il faut observer toutefois que, dès le XIe siècle, d'après certaines chartes, le droit de s'opposer à l'aliénation des alleux propres n'appartenait qu'aux parents de la ligne dont ils provenaient (1); mais on voit souvent aussi, dans les cartulaires, la famille tout entière intervenir sans distinction de ligne aux actes d'aliénation. La plus grande confusion régna longtemps à cet égard, il est fort probable qu'il n'y avait point de règle fixe et que, pendant les premiers siècles de notre histoire, la volonté des familles faisait à peu près la seule loi sur ce sujet, comme pour les successions. Mais lorsque la féodalité fut complètement constituée, elle imposa ses lois à la société tout entière; l'exercice du droit de premesse fut réglé, pour les rotures comme pour les fiefs, conformément à la règle féodale qui maintenait les biens propres dans la ligne du premier acquéreur. Plusieurs coutumes consacrèrent ce système, et n'accordèrent le droit d'exercer le retrait qu'aux descendants du premier acquéreur (2).

Le retrait lignager n'est donc pas une institution purement féodale; son origine se cache dans la nuit des temps; mais la féodalité s'en est emparée et lui a donné le caractère exclusif qu'il a conservé pendant tout le moyen-âge.

(1) *Reliquit ergo alodia*, etc. (Donation, par Fréducia, à l'abbaye de Vendôme. Galland, p. 21, 22. — Voir plus haut, ch. IX.)
(2) Dourdan, 117, 131. — Mantes, 72, 167. — Melun, 130, 264. — Montargis, ch. 15 et 16.

LIVRE III.

Décadence et chute de la féodalité. — Réaction des légistes contre le régime féodal.

CHAPITRE PREMIER.

Établissement de la monarchie absolue.

Depuis l'avènement de la race capétienne jusqu'à la fin du XVe siècle, la royauté avait fait en France des progrès immenses. Lorsque la mort de Louis XI donna le trône à Charles VIII, on était loin du temps où les seigneurs traitaient avec les rois sur le pied de l'égalité. Ces derniers pouvaient prendre avec raison le titre de *Majesté*, qu'ils n'avaient point porté jusqu'alors. Pendant les XVIe et XVIIe siècles, ils continuèrent à la fois leurs conquêtes territoriales et leurs réformes administratives et judiciaires.

Louis XI, à la mort de Charles-le-Téméraire, avait réuni la Bourgogne au royaume; sous Charles VIII, une alliance habile annexa la Bretagne à la France. Puis vinrent les conquêtes de Louis XIV. A la fin de son règne, le royaume comprenait, outre les anciennes provinces, l'Artois, une partie de la Flandre, les trois évêchés de Lorraine, l'Alsace, la Franche-Comté et le Roussillon. Louis XV devait enfin, un demi-siècle plus tard, achever l'œuvre de son aïeul en réunissant à la Couronne le duché de Lorraine,

La royauté a donc formé le territoire français par cette longue succession de conquêtes qui furent opérées, tantôt par des mariages ou par des traités, et tantôt par la force des armes.

Tout en faisant la carte de France, les rois transformaient peu à peu, mais d'une manière complète, le système politique qui avait régi notre pays pendant toute la durée du moyen-âge et substituaient la monarchie absolue au régime féodal. Louis XI, par de nombreuses et sanglantes exécutions, avait abaissé la haute noblesse liguée contre lui ; le cardinal de Richelieu suivit la même politique et, comme ce prince, n'eut jamais d'autre mobile que la raison d'État. Le soulèvement des grands seigneurs, leurs conspirations contre le pouvoir absolu du cardinal, la révolte des calvinistes ; puis, sous Mazarin, la guerre de la Fronde, excitée par la haute magistrature et par l'aristocratie féodale, toutes ces tentatives restèrent vaines, comme l'avait été, sous Louis XI, *la ligue du bien public*. Elles eurent pour unique résultat l'affermissement du pouvoir royal, conséquence tout opposée au but de leurs auteurs. Les grands furent exilés ou décapités, les châteaux-forts démolis, les guerres privées et les révoltes des seigneurs rendues impossibles. A l'avènement de Louis XIV, la féodalité était donc pour jamais domptée ; elle avait perdu tout pouvoir politique ; la noblesse n'était plus rien par elle-même, et ne devait garder que la part de pouvoir qu'il plaisait au roi de lui laisser. Les différents officiers chargés au nom du roi des services publics, se trouvaient investis de toute l'autorité que les seigneurs avaient possédée autrefois. L'étiquette de la cour subit elle-même l'influence de ce changement ; Louis XIV voulut que la fonction passât avant la naissance et sanctionna par toute sa politique l'abaissement de l'aristocratie. Tous les documents de cette époque attestent à chaque instant l'immense accroissement du pouvoir royal. Tout émane du roi ; tout se fait par ses ordres, rien ne résiste à ses volontés ; tout ce qui existe dans l'étendue de ses États est à lui et ne doit exister que pour lui ; *la nation*, suivant l'expression d'un auteur du temps, *réside tout entière en lui*. Les plaintes amères des écrivains de la haute noblesse confirment ce fait et nous montrent partout la classe féodale abaissée de plus en plus par l'autorité royale.

La centralisation administrative était la conséquence naturelle du pouvoir absolu et de l'unité monarchique. Elle fut créée peu à peu par des ordonnances royales. Les édits de François Ier, d'Henri II, d'Henri IV, de Louis XIII et de Louis XIV organisèrent tous les rouages de ce système, et mirent l'unité dans toutes les branches de l'administration. La justice, la guerre, le gouvernement des provinces, les finances, tout fut régi d'une manière uniforme, sous la main du roi et de ses ministres.

Les gouverneurs de provinces, d'après une ordonnance de Louis XII, devaient veiller à la sûreté du pays, empêcher les désordres et les pillages, avertir le roi des entreprises tentées contre son pouvoir et faire exécuter les sentences des juges royaux (1). La création des intendants, par Richelieu, fut, pour la partie financière et administrative, ce qu'avait été l'établissement des gouverneurs pour la partie politique et militaire du gouvernement des provinces. Par cette double institution, le roi était vraiment maître de chaque contrée, et rien ne pouvait se faire d'important que par son ordre ou avec son assentiment. Il tenait ainsi les rênes du pouvoir d'un bout à l'autre de ses États, au moyen d'hommes qui dépendaient complètement de son autorité.

L'établissement des parlements provinciaux centralisa aussi l'administration de la justice. Ils existaient dès l'époque féodale, sous les noms de Cour de l'Échiquier, de Grands-Jours ou sous d'autres noms ; c'étaient les cours de justice des grands feudataires, au nom desquels ils jugeaient les procès. Mais le pouvoir royal régularisa l'organisation de ces différentes cours ; il les rendit sédentaires et permanentes ; de féodales il les fit royales, et par là établit partout une juridiction supérieure à laquelle devaient se soumettre toutes les juridictions seigneuriales. Le parlement de Toulouse fut ainsi réorganisé par Philippe III, en 1302, et par Charles VII, en 1443 ; celui de Bordeaux, par Louis XI, en 1462 ; celui de Bourgogne, en 1476 ; celui de Normandie, par Louis XII, en 1499 ; celui de Provence, en 1501 ; celui de Bretagne, par Henri II, en

---

(1) Guenoys. *Conférence des Ordonnances royaux*, L. I, t. 20, § 1, Louis XII. Ord. de 1498, art. 70.

1553 et par Charles IX, en 1560 (1). Au-dessus de ces parlements et du parlement de Paris lui-même, qui avait remplacé, dès le XIVᵉ siècle, l'ancienne Cour des barons du roi, fut érigé le Grand Conseil, qui devait connaître des causes relatives aux archevêques et aux évêques, aux abbayes et aux bénéfices électifs, ainsi que des appels des jugements civils rendus par le prévôt de l'hôtel (2). La Cour des aides, celle des monnaies, la Table de marbre, le Tribunal des maréchaux, etc., furent des juridictions spéciales chargées de surveiller l'exécution des lois relatives aux différentes branches de l'administration et d'assurer le maintien de l'ordre public.

L'établissement des présidiaux, par Henri II, en 1551, compléta l'organisation judiciaire de la France et fortifia l'exercice de la juridiction royale. Ces siéges étaient destinés à rapprocher les juges des plaideurs, en les dispensant de porter tous les appels devant les parlements (3). Puis venaient les bailliages, les sénéchaussées et les prévôtés (4), institutions qui existaient dès l'époque féodale. Une ordonnance de François II étendit même la compétence des baillis de robe longue et décida qu'ils connaîtraient, comme ceux de robe courte, *des choses qui dépendent du fait de la force*, et que les gentilshommes seraient tenus de leur obéir (5). La juridiction royale avait aussi été fortifiée par une ordonnance de Charles V, qui avait aboli les derniers restes du droit de vengeance privée, en défendant de composer sur les crimes, en obligeant les juges à faire pleine justice, et en privant de leur juridiction ceux qui souffriraient ces transactions. L'autorité royale substituait ainsi le principe de la répression sociale au système du droit barbare (6); elle prenait sous sa sauvegarde les sergents ou commissaires faisant exploit de justice et souvent exposés aux mauvais traitements

---

(1) ..... *apud Tholosam tenebitur sicut solebat temporibus retroactis.* (Ordon. de 1302. Guenoys, L. I, t. 11.)

(2) Charles VIII, août 1497; Louis XII, en 1498. Guenoys, L. I, t. 15, § 1.

(3) Ord. de 1551, art. 1. Guenoys, L. I, t. 23, § 1.

(4) Guenoys, L. I, t. 20.

(5) Ord. de 1560. Guenoys, L. I, t. 21, § 70.

(6) Ord. de 1356, art. 2. Guenoys, L. II, t. 3, § 2.

des seigneurs (1). Partout elle s'efforçait de rétablir l'ordre et de comprimer l'anarchie féodale.

L'existence des corps judiciaires permanents n'empêchait pas de recourir de temps en temps, comme à une époque plus reculée, à la convocation des Grands-Jours, dans certaines provinces.

Ces assemblées, présidées par des commissaires royaux, véritables *missi dominici*, devaient réprimer les abus et les malversations des officiers du ressort, corriger les usages vicieux, réformer les mauvaises coutumes et même les formulaires et les styles destinés à la pratique des affaires judiciaires (2).

Tandis que la royauté affermissait son pouvoir et centralisait de plus en plus toute l'administration politique et judiciaire, le régime municipal du moyen-âge disparaissait avec la féodalité, son ancienne ennemie. Trop faibles pour soutenir seules la guerre contre les seigneurs, les communes s'étaient mises, presque dès l'origine, sous la protection du pouvoir royal ; le parlement posa même en principe que le droit de régir les villes communales était régalien et que le roi ne pouvait céder en fief la justice sur les habitants d'une ville organisée en commune (*ratione associationis*) (3). Peu à peu la liberté municipale leur échappa et leur organisation perdit son ancien caractère presque républicain. La juridiction des magistrats locaux fut restreinte en effet par différentes ordonnances royales. En 1568, il fut fait défense aux juges et aux notaires d'employer d'autres sceaux que ceux du roi ; les capitouls et les échevins ne durent plus appliquer ceux des villes qu'aux actes municipaux (4). L'Ordonnance de Moulins alla plus loin, elle enleva aux corps municipaux la connaissance des causes civiles et ne leur laissa que l'exercice de la juridiction criminelle et celui de la police, *nonobstant les us contraires* (5). Quelques cités réclamèrent cependant et furent maintenues par les parlements dans leurs anciens

---

(1) Jean Desmares, décis. 18.
(2) Ord. de 1567, pour la convocation des Grands-Jours d'Aquitaine. (Guenoys, L. I, t. 14, § 3.)
(3) *Olim.*, tom. III, p. 608, n° 100, en 1310.
(4) Ord. de 1578, art. 12 et 13. Guenoys, L. I, t. 17, § 86, 87.
(5) Estats de Moulins, en 1566, art. 71. Guenoys, L. XII, t. 16, § 97.

droits (1). Mais Louis XIV devait porter au régime municipal un coup plus rude encore. Il enleva aux villes, par son édit du mois de juillet 1690, le droit d'élire elles-mêmes leurs magistrats ; les places de maires et d'échevins furent érigées en titres d'offices, rendues héréditaires et vendues par le roi. Sous Louis XV, la liberté des élections fut un instant rétablie, puis supprimée et les offices municipaux vendus de nouveau. Le pouvoir disposait des charges suivant les besoins du trésor ; il faisait de ces mesures un expédient purement financier. Les villes perdirent donc toute indépendance et leur administration fut mise à la merci des acheteurs.

Cependant, le tiers-état, malgré la suppression de la liberté municipale, faisait tous les jours d'immenses progrès ; il était largement indemnisé de l'abolition du régime communal. Il gagnait à la fois des lumières, de l'influence et des richesses. Le nombre des universités se multipliait ; les laïques acquéraient une instruction qui avait été jadis l'apanage presque exclusif du clergé ; les hommes du tiers-état se livraient surtout à l'étude des lois, parce qu'elle conduit à toutes les fonctions et donne la connaissance des affaires de toute nature. Leur action, au lieu de s'exercer comme jadis dans le cercle étroit des intérêts locaux, s'étendait de jour en jour. En 1413, l'échevinage de Paris s'unit à l'Université pour faire entendre à la Cour des paroles d'une hardiesse extrême. Aux États-Généraux de 1484 et, plus tard, à ceux de 1614, on vit émettre toutes les idées que l'Assemblée constituante fit triompher en 1789 (2).

Lorsqu'on cessa de convoquer les États-Généraux, le tiers-état n'en continua pas moins ses conquêtes lentes, mais durables. Le développement du commerce lui permettait d'acquérir des richesses, toujours croissantes, que l'esprit d'ordre et d'économie des familles bourgeoises augmentait encore, tandis que le luxe et la prodigalité appauvrissaient la noblesse, à laquelle les lois de l'époque ne permettaient pas de réparer ses pertes en se livrant au négoce. L'hérédité et la vénalité des charges de judicature créé-

---

(1) Aug. Thierry. *Hist. du Tiers-Etat*, ch. 10.
(2) *Id.*, ch. 7.

rent aussi pour les principales familles bourgeoises un moyen facile de s'élever aux plus hautes fonctions. Presque tous les postes importants furent donnés à des hommes sortis du tiers-état ; la noblesse féodale dédaigna trop les emplois de la robe et de l'administration, et fut remplacée par la classe bourgeoise. Les mœurs et les usages se modifièrent ; l'égalité tendait à s'établir entre les deux classes de la nation, tandis que l'une et l'autre pliaient devant le monarque devenu tout puissant.

La législation de l'époque monarchique devait nécessairement ressentir l'influence du changement qui s'était opéré dans la société politique. La volonté royale se substitua à la tradition et aux usages qui avaient été jusque là les seules règles de droit. Les ordonnances se multiplièrent ; ce ne furent plus, comme au XIIe et au XIIIe siècle, de simples actes administratifs destinés à régler des difficultés particulières ou à concéder des privilèges spéciaux à une ville ou à une province ; elles devinrent des lois générales qui régirent toutes les provinces de la monarchie et qui s'appliquèrent à toutes les branches de la législation. Elles furent obligatoires pour tous les sujets du roi ; les présidents devaient faire serment de s'y conformer et de les faire exécuter par les conseillers (1). Le premier article de l'Ordonnance de 1667 décide que cet édit et ceux qui le suivront seront observés, non-seulement par les parlements et par les juges royaux, mais en outre par les juges seigneuriaux ; que tous les arrêts contraires aux ordonnances royales seront nuls et de nul effet, et que les juges qui auront rendu de telles décisions seront passibles de dommages-intérêts (2).

Les seigneurs avaient complètement perdu leur ancien pouvoir législatif. Il fut ordonné aux hauts-justiciers de régler la police de leurs villes, terres et seigneuries, conformément aux ordonnances du prince et de se soumettre aux règlements faits pour les villes royales (3). Tous les jurisconsultes du XVIe et du XVIIe siècle proclament unanimement qu'au roi seul appartient le

---

(1) Ord. de Charles VIII, 1493, art. 111. Guenoys, L. I, t. 12, § 29.
(2) Ord. de 1667, t. 1, art. 1 et 8.
(3) Ord. de 1572, art. 9. Guenoys, L. XII, t. 16, § 245.

droit de faire la loi. Loisel a exprimé cette doctrine dans une formule devenue célèbre : « *Qui veut le roi si veut la loi* » (1). D'après la jurisprudence des deux derniers siècles, le roi seul peut faire des édits et des ordonnances ; il peut révoquer les anciennes lois et changer les coutumes des provinces ; il est au-dessus des lois humaines ; mais il doit respecter les lois divines et naturelles, et celles du royaume qu'il a juré d'observer à son sacre (2).

Les coutumes des provinces changèrent de caractère ; au lieu de tirer, comme jadis, leur autorité de l'usage seul, elles la reçurent de la rédaction ordonnée par le prince, faite sous la présidence des commissaires royaux nommés par lui, et confirmée par son autorité. Charles VII avait prescrit la rédaction des coutumes ; Charles VIII, aux États de Tours, en 1489, la prescrivit de nouveau et ordonna que tous les usages non écrits seraient abrogés. Mais ces décisions royales ne purent être observées de suite, et la rédaction officielle ne fut guère commencée que sous Louis XII. Sous le règne de ce prince, vingt coutumes furent publiées et confirmées par l'autorité royale. Pendant le cours du XVIe siècle, on continua le même travail. C'était une première réformation des coutumes, car dès cette époque on introduisit dans leur texte une foule de modifications qui changèrent profondément l'esprit de leurs anciennes dispositions. Après cette première rédaction, plusieurs d'entre elles furent encore réformées pendant le cours du XVIe et du XVIIe siècle, par ordre de l'autorité royale. Les jurisconsultes décidaient alors que le roi seul, en qualité de chef de l'État, pouvait rendre des ordonnances ou faire rédiger les coutumes ; que les ducs et les comtes n'avaient pas un tel pouvoir (3). Toute la législation du XVIe siècle et des siècles suivants émane donc de l'autorité royale, soit directement, comme les ordonnances, soit indirectement, comme les coutumes rédigées et confirmées par la volonté du roi.

Dès lors, il y eut vers l'unité de législation une tendance uni-

---

(1) Loisel, L. I, t. 1, règle 1.
(2) *Code d'Henri IV*, L. VII, t. 1, ch. 2.
(3) Chopin. *De communi gallorum consuetudine;* pars III, § 2.

verselle. La réformation des coutumes effaça les différences les plus notables que la rédaction primitive avait conservées, et fit souvent disparaître le cachet propre à la législation de chaque province ; on cherchait à ramener à un type commun tous ces codes locaux et d'origines diverses. Les écrits des jurisconsultes et les arrêts des parlements faisaient pénétrer partout la même unité de vues dans la décision des questions judiciaires. Les ordonnances royales, par leur caractère d'universalité, amenaient aussi l'unité dans la législation. Enfin plusieurs essais de codification générale, tels que le Code d'Henri III et le Code d'Henri IV nous montrent quel fut le but constant des efforts de tous les juristes de l'époque. Tel était du reste le vœu hautement émis par l'autorité royale (1).

Pour arriver à l'unité de législation, il fallait prendre un modèle commun à l'aide duquel on pût réformer toutes les coutumes ; les uns le cherchèrent dans l'esprit général des coutumes et surtout dans le texte de celle de Paris, qu'ils considéraient comme la plus complète et la plus parfaite de toutes ; les autres dans le droit romain.

Depuis le XIIe siècle, en effet, on étudiait les lois romaines avec ardeur. L'école de Ravenne avait donné le signal ; les universités de France suivirent son exemple, comme celles d'Italie. Orléans et Angers eurent, dès cette époque, des chaires de droit romain à côté de celles de droit canonique. A l'approche de la renaissance, on vit grandir l'influence du droit romain ; au XVIe et au XVIIe siècle, les jurisconsultes, obéissant au mouvement qui portait tous les esprits vers l'étude de l'antiquité, consacrèrent une grande partie de leurs études à la restauration du droit romain ; le grand nom de Cujas domine toutes les écoles de ce temps. Les jurisconsultes théoriciens, dans leurs essais de réforme du droit coutumier, invoquèrent surtout l'appui du droit romain. Les essais de codification tentés, soit sur l'ensemble du droit français, soit sur les seules ordonnances royales, trahissent tous le désir d'imiter les

---

(1) « Afin qu'en ce égualité soit gardée et que le tout soit réduit sous une mesme forme et loy. » (Ordonnance d'Angoulême, novembre 1542, art. 4. Guenoys, L. XII, t. 14, § 19.)

compilateurs romains ou bysantins ; ils suivent le même ordre, ils conservent les mêmes divisions et la même terminologie (1). Il en est de même des ouvrages d'un ordre plus élevé ; le *Traité des Lois civiles* de Domat, ce cours si parfait de droit théorique, est presque entièrement romain.

L'école coutumière comptait aussi d'ardents défenseurs et des jurisconsultes de premier ordre, à la tête desquels il faut placer Dumoulin, qui porta de si rudes coups à la féodalité dans son commentaire du Traité des fiefs de la Coutume de Paris. Chopin place aussi la coutume avant le droit romain et veut que, dans le silence de la coutume écrite, on invoque d'abord l'usage ancien et la tradition reçue dans le pays, pourvu qu'ils ne soient pas contraires aux décisions du prince. Les coutumes ont force de loi ; les édits royaux ne dérogent pas à leurs dispositions, à moins qu'ils ne les abrogent formellement ; le roi doit faire garder et respecter les coutumes. Telle est la théorie développée par ce jurisconsulte angevin dans son Traité sur le droit commun des coutumes françaises (2).

Brodeau cherche dans la Coutume de Paris le modèle de toutes les lois : « Chacun article de laquelle, dit-il, est véritablement un oracle et un arrest. C'est la raison pour laquelle ceste Coustume dont l'air doux et salubre est respiré par Messieurs du Parlement est comme la *maîtresse Coustume* ordinairement esten-

(1) Tels sont : La Conférence des Ordonnances royaux, distribués en douze livres, à l'imitation du Code de l'empereur Justinien (Guenoys) ; — le Code du très-chrestien et très-victorieux roi de France et de Navarre Henri IV, ou Droit civil jadis décrit et à nous délaissé confusément par l'empereur Justinien, et maintenant réduit et composé en bon et certain ordre avec le droit civil de la France, ou droit civil des Romains et de France.

(2) *Attamen in dubio scriptæ consuetudinis exponendo articulo confugimus etiamdum ad popularem usum, civilemque regionis observationem, forensi disciplina vulgari, nec principe abnuente.* (*De comm. gall. consuet.;* lib. I, pars 1, quest. 2, § 3 ; pars 2, quest. 1, § 5, 6.) — En matière féodale, Chopin veut qu'on n'invoque, à défaut de coutume écrite, ni le droit romain, ni la loi générale, mais la loi particulière, c'est-à-dire le pacte d'investiture : *Privata ac pactitia vestituræ lege veteri.* (*Id.*, pars 1, quest. 2, § 5.)

due par leurs arrests aux autres coustumes et principalement es matières qui sont de pur droit français ;.......... Paris, ajoute-t-il plus loin, la royale et la capitale du royaume, le centre de l'estat, le séjour des rois, le siége du premier et plus ancien parlement et de la cour des pairs, *la vive source des lois,* la commune patrie de tous les François, l'abord de toutes les nations du monde, la France de la France, comme les anciens appelaient la ville d'Athènes, la Grèce de la Grèce ou l'œil de la Grèce et l'épitome du monde, ce que Polémon, le sophiste, disait de la ville de Rome » (1).

Les jurisconsultes des autres provinces, tout en s'exprimant en termes moins emphatiques, donnaient aussi le premier rang à la Coutume de Paris :

« Es points non décidez par ceste Coustume (de Nivernais) il est bon de se servir de celle de Paris, non pour l'autorité, mais pour la raison, et le respect des grands personnages qui ont été aucteurs de sa rédaction » (2).

Il ne faut pas oublier non plus que les jurisconsultes de cette belle époque du droit français, quelle que fût l'école à laquelle ils appartinssent, puisaient leurs plus nombreuses et leurs meilleures inspirations dans l'équité naturelle, éclairée des lumières de l'Évangile. Le sentiment chrétien fut pour eux un guide plus sûr encore que ne l'avait été pour les jurisconsultes romains l'idée abstraite du juste. Les beaux travaux de Domat et de Pothier en fournissent une preuve éclatante.

Les doctrines des auteurs et les arrêts des parlements fixaient tous les jours le sens des coutumes et suppléaient à leurs lacunes ; les opinions théoriques et les décisions pratiques des légistes faisaient souvent loi ; le droit français se développait sous leurs plumes. Le parlement proclamait et appliquait chaque jour la théorie du pouvoir impérial, de l'autorité publique, une, absolue, égale envers tous, source unique de la loi et de la justice. Maîtres de l'administration politique, judiciaire et financière à la fois, les

---

(1) Brodeau. *Comm. sur la Coutume de Paris,* préambule, n° 3.
(2) Coquille *sur Nivernais,* ch. 39, art. 1.

officiers royaux achevaient d'abattre la féodalité. Ces *bourgeois légistes*, suivant l'expression d'Aug. Thierry, fondèrent pour le roi le pouvoir absolu, pour la nation le droit commun (1). Ils firent plus, peut-être, pour le renversement de la féodalité que les armes des rois de France.

Il nous reste à étudier maintenant les résultats de la lutte des légistes contre les seigneurs, et à apprécier l'influence qu'ils ont exercée sur le droit féodal et sur la législation civile.

(1) *Hist. du Tiers-Etat*, ch. 4.

CHAPITRE II.

Des droits seigneuriaux.

§ Ier.

DU DOMAINE ROYAL.

La législation domaniale prit, au XVIe siècle, une importance considérable : plus l'autorité du roi grandissait et plus les droits du domaine royal acquéraient d'extension. Des lois spéciales et les doctrines absolutistes, des légistes créèrent pour lui une foule de priviléges et le mirent à l'abri des usurpations des seigneurs. Presque tous les droits que ceux-ci avaient exercés pendant le moyen-âge en vertu de la souveraineté féodale, leur furent enlevés, ou subirent de nombreuses restrictions ; ils furent déclarés régaliens et absorbés par le domaine du prince. La Chambre du trésor, juridiction spéciale établie par Charles VII, fut chargée de défendre les intérêts du trésor royal. Elle devait connaître, d'après les termes mêmes de l'ordonnance qui l'institua : « de tout ce qui avait été entrepris et usurpé par les seigneurs du royaume et autres personnes sur le domaine du roi et les droits de sa majesté, comme de justice, de féodalité, censive, patronage, quints, reliefs, lots et ventes, aubaine, bâtardise, formariage, épaves, mainmortes, péages, etc. »

« Tellement, ajoute un ancien jurisconsulte, que la juridiction du trésor est comme un soleil et une lumière, éclairant par tout le royaume de France, terres et seigneuries du roi, ayant l'œil et regard sur tout le domaine et patrimoine de la maison et couronne de France » (1).

On posa en principe que le domaine royal est inaliénable et imprescriptible, et que tous les droits seigneuriaux ne sont que des usurpations commises au préjudice de la Couronne ; de là une lutte constante entre les seigneurs et les officiers du roi, lutte dans laquelle les premiers furent toujours vaincus. Les biens du roi furent considérés comme une chose sainte. « Le domaine et patrimoine de nostre couronne, disait François Ier dans une de ses ordonnances, est réputé sacré et ne peut tomber au commerce des hommes » (2).

La défense d'aliéner les terres du domaine royal recevait une double exception : 1° pour les nécessités de la guerre ; 2° pour constituer des apanages aux fils puînés de France, mais sous condition de retour à la Couronne, à défaut de descendance mâle (3). D'après diverses ordonnances, les terres de la Couronne ne peuvent être données en fief, soit perpétuel, soit viager, et sous quelque condition que ce soit (4) ; on peut seulement donner à cens ou à rente les marais et les terres vagues (5). La législation alla plus loin à l'égard des fiefs de dignité. L'Ordonnance de 1566 décide en effet que toutes les terres qui seront à l'avenir érigées en duchés, en marquisats ou en comtés, devront faire retour à la Couronne si les possesseurs viennent à mourir sans enfants mâles et légitimes, lors même que ces terres n'auraient pas anciennement fait partie du domaine. La loi, statuant pour l'avenir, les déclare réunis par avance au domaine du roi (6).

Les biens du roi avaient été déclarés imprescriptibles d'une manière absolue par l'Ordonnance de 1539 (7). Cet édit, il est

---

(1) Bacquet. *Traité de l'établissement de la Chambre du Trésor.*

(2) Ord. de 1539. Guenoys, L. X, t. 1, § 1.

(3) Ord. de Moulins, en 1566, art. 1, 6. Guenoys, L. X, t. 1, § 18 ; — L. XII, t. 2, § 9.

(4) Ord. de 1566, art. 17. Guenoys, L. X, t. 1, § 34.

(5) *Id.*, § 39.

(6) Guenoys, L. X, t. 1, § 42.

(7) *Id.*, L. X, t. 1, § 1.

vrai, ne fut pas exécuté et tomba en désuétude ; la doctrine fit une distinction : elle reconnut qu'on ne peut pas acquérir par prescription contre le roi, les droits qui lui appartiennent en reconnaissance de sa souveraineté et à cause de l'obéissance qui lui est due, mais elle admit en même temps qu'on peut acquérir les héritages domaniaux par la prescription centenaire, les biens des aubains par la prescription trentenaire, et les biens vacants par celle de vingt ans (1).

Cette distinction établie entre les droits dépendant de la souveraineté et ceux qui ne sont qu'une conséquence de la propriété est passée dans la législation domaniale moderne. De nos jours encore, les biens affectés à un service public sont imprescriptibles ainsi que les droits attachés à la souveraineté, mais les terres possédées par l'État et non affectées au service public rentrent sous l'empire du droit commun.

§ II.

DU DROIT DE JUSTICE.

Les juges royaux furent les auxiliaires les plus actifs employés par les rois pour réprimer les seigneurs ; les légistes substituèrent peu à peu la juridiction royale aux justices seigneuriales et restreignirent de plus en plus la compétence de celles-ci. Dès le XIII⁰ siècle, on voit le parlement casser un jugement du comte d'Angoulême comme vicieux (2) ; ordonner au comte de Blois de livrer au bailli royal des vassaux turbulents, sous peine de les faire arrêter sur les propres terres du comte (3). En 1258, le parlement fait faire une enquête par le bailli d'Amiens, sur un crime pour lequel le comte de Ponthieu avait négligé d'informer (4). En 1267, il or-

---

(1) Bacquet. *Traité du droit de déshérence*, ch. 7.
(2) *Olim.*, tom. I, p. 200, n. 10, en 1264.
(3) *Id.*, tom. I, p. 45, n. 8, en 1258.
(4) *Id.*, tom. I, p. 73, n. 26, en 1258.

donne au bailli de Tours de faire une instruction pour des ravages commis sur les terres du vicomte de Poitiers par des vassaux du duc de Bretagne (1). Le parlement se déclarait compétent pour connaître des causes des grands du royaume ; en 1259, il condamne par défaut l'évêque de Reims, qui avait refusé de reconnaître sa juridiction (2) ; en 1266, il retient et juge, *à cause de la dignité royale*, une cause portée par Guillaume de Courtenay contre le comte de Sancerre, bien que celui-ci fût vassal et justiciable du seigneur de Bourbon (3). La Cour du roi prend sous sa protection les vassaux opprimés par leurs seigneurs et se fait reconnaître comme juridiction d'appel pour les causes jugées d'abord par les cours féodales ; un arrêt de l'an 1312 condamna le duc d'Aquitaine à six cents livres d'amende, parce que le sénéchal d'Aquitaine avait fait enfermer un des vassaux du duc pour l'empêcher de faire appel au parlement (4).

Beaumanoir décidait déjà que « toute laie juriditions du roiaume est tenue du roy en fief ou en arrière-fief » (5). Cette doctrine, quoique fausse au point de vue historique, a jeté le fondement de la puissance absolue des rois. Les arrêts des cours féodales furent soumis à la censure des officiers royaux devenus juges d'appel de toutes les décisions seigneuriales ; une amende était prononcée contre le juge seigneurial qui avait mal jugé (6). Les juges royaux purent seuls connaître de certains crimes, qu'on appela pour ce motif *cas royaux*. Souvent même ils voulaient rendre la justice sur les terres des prélats, des barons et des autres seigneurs hauts-justiciers ; mais les ordonnances de Louis X, de Philippe III et de Philippe VI

---

(1) *Olim.*, tom. I, p. 259, n. 3.
(2) *Id.*, tom. I, p. 454, n. 18.
(3) *Id.*, tom. I, p. 651, n. 6.
(4) *Salvo jure domini regis de puniendo factum hujusmodi quantum ad ipsum pertinet et quantum sua interest prout eum deliberatione consilii sui viderit rationabiliter faciendum.* (*Olim.*, tom. III, p. 815, n. 100.)
(5) *Cout. de Beauvoisis*, ch. 11, n° 12.
(6) Jean Desmares, décis. 53.

leur firent défense de violer le territoire de ces différents seigneurs (1).

Aucun légiste n'a proclamé avec autant d'énergie que Dumoulin la sujétion des justices féodales à celle du roi. D'après lui, toutes les juridictions émanent du roi comme les fleuves, de la mer; la justice royale est inaliénable; toute juridiction concédée doit être présumée n'avoir qu'un seul degré; si elle en a plusieurs, on ne peut pas les multiplier. Malgré cette concession, le roi qui l'a faite n'en garde pas moins son droit d'empire et de supériorité; elle ne comprend que la simple juridiction et non le droit de commandement (*merum imperium*) (2). La justice du roi est la seule qui s'étende à tout le royaume et qui réunisse tous les degrés de juridiction; *le juge royal est le seul juge de droit commun;* personne ne peut décliner sa juridiction, pas même les vassaux soumis à celle de leur seigneur. Cette doctrine, admise par les légistes, fut sanctionnée, en 1554, par une ordonnance royale (3).

La théorie de la juridiction royale si nettement posée par Dumoulin a été à peu près reproduite par tous les légistes qui sont venus après lui. La maxime : *toute justice émane du roi*, n'est guère que le résumé de sa doctrine. D'après les jurisconsultes des XVII° et XVIII° siècles, toutes les justices féodales sont tenues du roi à foi et hommage; on ne peut tenir la justice en franc-alleu; ce n'est que par accident qu'elle se trouve jointe au franc-alleu, et, dans ce cas même, la justice est un fief qui relève du roi. Le seigneur qui prétend droit de justice doit en fournir la preuve;

---

(1) Ord. de 1315. Richebourg, tom. III, p. 221. — Ord. de 1302, art. 18 et 20; — Ord. de 1338. (Guenoys, L. III, t. 6, § 3; L. XII, t. 15, § 2.) — Jean Desmares, décis. 120. — Au XIII° siècle, l'empereur Frédéric combattit la féodalité napolitaine sans employer les ménagements que les rois de France étaient obligés de garder envers les seigneurs français. Par une constitution, il fit défense aux prélats, comtes, barons, chevaliers et municipalités de rendre la justice dans leurs terres; les officiers royaux furent seuls investis du droit de juger. (*Const. regni seculi*, lib. I, t. 46, c. 1.)

(2) Dumoulin. *Traité des Fiefs*, § 1, gloss. 5, n. 48, 49, 50.

(3) *Id.*, § 3, gloss. 3, n. 10, 11, 12. — Bacquet. *Droits de justice*, ch. 9. — Ord. de 1554, art. 5. Guenoys, L. I, t. 25, § 7.

pendant l'instance, la justice est présumée appartenir au roi et rendue en son nom (1). Les anciennes immunités furent absorbées dans cette inféodation universelle de toutes les justices, les concessions primitives, qui étaient allodiales, changèrent de nature et le roi devint le seul justicier du royaume.

Les justices seigneuriales furent soumises étroitement à la surveillance des parlements. Dès le XIVe siècle, le connétable et les maréchaux furent chargés de connaître des malversations et des excès commis par les prévôts des seigneurs (2). Différents arrêts privèrent de leurs droits de justice les seigneurs qui en avaient abusé (3). Une ordonnance de François Ier enjoint aux seigneurs de faire bonne justice des crimes commis dans leur ressort et par leurs sujets, sous peine d'amende et de privation de leurs justices, et recommande aux juges royaux de corriger la négligence des juges inférieurs (4). On exigea, de la part des juges seigneuriaux, des garanties de moralité et de capacité. L'Édit du mois de mars 1693 ordonna qu'ils seraient reçus par les juges royaux. Ces dispositions furent depuis sanctionnées par l'Ordonnance de mai 1788, qui, à la veille de la suppression des juridictions féodales, décida que l'admission des juges et procureurs fiscaux des seigneurs aurait lieu au bailliage royal, après information sur leurs mœurs et examen de leur capacité (5).

La législation des XVIe et XVIIe siècles tendit sans cesse à restreindre la compétence des juridictions seigneuriales au profit de celle du roi.

L'Ordonnance de 1667 enleva aux juges seigneuriaux et aux juges d'église, pour l'attribuer exclusivement aux juges royaux, la connaissance des causes sur le pétitoire des bénéfices, dans le cas même où le seigneur avait le droit de présentation et avait tou-

---

(1) Bacquet. *Droits de justice*, ch. 4. — Brodeau, art. 68, n° 17. — Boutaric, L. I.

(2) Ord. de 1356, art. 10. Guenoys, L. I, t. 18, § 12.

(3) Arrêts du 9 juin 1455, du 21 novembre 1558; autre arrêt (sans date) rendu contre un seigneur d'Auvergne. (Bacquet. *Droits de justice*, ch. 18.)

(4) Ord. de 1539, ch. 2, art. 6. Guenoys, L. IX, t. 1, § 29.

(5) Édit de mars 1693. — Ord. de mai 1788, art. 18.

jours eu antérieurement la connaissance de ces causes (1). Plus tard, l'Ordonnance de 1737 attribua aux juges royaux la connaissance exclusive de toutes les matières concernant les substitutions ; mais déjà Jean Desmares posait en principe que les causes relatives aux testaments sont du ressort exclusif des juges royaux (2).

L'Ordonnance de Villers-Cotterets avait fait défense à tous les seigneurs justiciers d'empêcher les juges du roi de juger les cas royaux, lorsque Louis XIV régla de nouveau cette matière. L'Ordonnance criminelle énumère les cas dans lesquels les juges seigneuriaux sont incompétents et qu'on nommait cas royaux ; ce sont tous les crimes qui intéressent plus particulièrement la majesté royale et l'ordre public, tels que ceux de lèze-majesté, de rébellion, de rapt, de violences à main armée ; les présidiaux, sénéchaux et baillis royaux sont seuls compétents pour en connaître (3) ; certains jurisconsultes comptaient en outre le meurtre et l'incendie au nombre des cas royaux ; mais les seigneurs furent maintenus dans le droit de connaître des autres crimes (4). On décida que lorsqu'il y avait doute sur la nature du droit appartenant au seigneur, celui-ci ne pourrait exercer que la basse-justice (5).

La compétence des justices seigneuriales fut restreinte encore d'une autre manière par l'Ordonnance du mois de janvier 1629 qui, conformément à l'opinion des légistes, les réduisit à un seul degré ; elle défendit aussi aux seigneurs d'ériger dans leurs terres de nouveaux officiers au delà du nombre ancien. Ces réformes utiles abrégeaient la longueur des procès et facilitaient l'administration de la justice en la simplifiant.

Le droit d'avoir des prisons seigneuriales fut aussi soumis à certaines règles restrictives. D'après une ordonnance de Charles IX, ces prisons ne peuvent servir que pour la garde des prisonniers et

---

(1) Ord. de 1667, t. 15, art. 4.
(2) Ord. de 1737, t. 2, art. 47. — Jean Desmares, décis. 69.
(3) Ord. de 1539, ch. 2, art. 1. Guenoys, L. III, t. 6, § 17. — Ord. de 1670, t. 1, art. 11.
(4) Boutaric. *Droits seigneuriaux*, L. I, ch. 1. — Bacquet. *Droits de justice*, ch. 7.
(5) Bacquet. *Droits de justice*, ch. 10.

ne doivent pas être plus basses que le rez-de-chaussée (1). L'Ordonnance de 1670 exige que les baux des prisons seigneuriales soient passés en présence des juges royaux, sous peine pour le seigneur de perdre son droit de haute justice (2). Le juge royal est chargé d'inspecter les prisons seigneuriales (3). On limita aussi l'ancien droit qu'avaient les hauts-justiciers d'élever des fourches patibulaires. Suivant Loisel : « nul ne peut avoir pilori où le roi en ait » (4); et d'après Bacquet, ce droit se prescrit contre le seigneur par non usage pendant un an et un jour; celui qui a négligé de relever ses fourches patibulaires dans ce délai ne peut plus les rétablir ensuite sans congé du roi (5).

Le droit de justice des seigneurs fut restreint en outre pour l'exercice de la juridiction volontaire. D'après une ordonnance de 1302, le roi seul peut nommer les notaires publics; d'après celle de 1535, tous contrats concernant les héritages, rentes ou droits réels, doivent être reçus par les notaires royaux, à peine de nullité (6). L'insinuation des actes fut aussi attribuée, d'une manière spéciale, à la juridiction royale. Toute donation, d'après l'Ordonnance de 1539, doit être insinuée et enregistrée à la juridiction ordinaire, à peine de nullité de l'acte, disposition maintenue par l'Ordonnance de 1731 (7).

La justice féodale que les seigneurs rendaient à leurs feudataires avec l'assistance des pairs, et qui avait été longtemps inhérente au fief, était tombée en désuétude avec l'obligation du service de cour et de justice. Les légistes étendirent beaucoup la portée de la maxime : *fief et justice n'ont rien de commun* (8). Ils l'appliquèrent

---

(1) Ord. de 1560, art. 55. Guenoys, L. IX, t. 4, § 27.

(2) Ord. de 1670, t. 13, art. 39.

(3) Bacquet. *Droits de justice*, ch. 18.

(4) Loisel, L. II, t. 2, règle 48.

(5) Bacquet. *Droits de justice*, ch. 9.

(6) Ord. de 1302, art. 20; — de 1535, art. 5. (Guenoys, L. IX, t. 14, § 1 et 13.)

(7) Ord. de 1539, art. 132. Guenoys, L. VIII, t. 2, § 2. — Ord. de 1731, art. 20.

(8) Loisel, L. II, t. 2, règle 44.

à la juridiction féodale proprement dite, tandis que, dans l'origine, elle ne s'appliquait qu'à la juridiction justicière. Dumoulin décide que le patron n'est pas compétent pour décider les questions d'investiture des fiefs relevant de lui, à moins qu'il ne soit fondé en juridiction; lorsque la juridiction existe, elle est attachée au château et n'a rien de commun avec la propriété de l'héritage (1).

Le fief et la justice furent complètement séparés ; tous les légistes et presque toutes les coutumes admirent, d'une manière absolue et sans aucune restriction, que la directe féodale ne donnait au seigneur aucune juridiction (2).

Les légistes combattirent aussi la justice foncière, qui existait encore dans certaines provinces. A Paris, contrairement à l'Ancienne Coutume, on finit par décider que la justice foncière n'avait point lieu. Bacquet critique vivement des arrêts du parlement de 1287 et de 1569 qui l'admettaient encore, et décide que la faculté d'exercer la saisie féodale ou les autres droits fonciers n'a rien de commun avec la justice (3). Brodeau veut que ce système s'étende à toute la France et que l'usage de l'ensaisinement soit rejeté dans toutes les provinces, si ce n'est dans celles où la coutume l'exige formellement. Il ne permet pas aux seigneurs censiers de saisir les censives faute de paiement des droits, de leur autorité privée, « soubs prétexte de cette prétendue et imaginaire justice foncière » (4). La justice foncière fut abolie par la réformation des coutumes dans presque toute la France.

Quelques coutumes de l'ouest conservèrent cependant l'ancien droit féodal. Dans l'Anjou, le Maine et le Poitou, les seigneurs de

---

(1) Dumoulin. *Traité des Fiefs*, § 1, gloss. 5, n. 45 ; — § 33, gloss. 1, n. 105.—Balde avait déjà dit avant lui : *Et sic nihil commune habet proprietas feudi cum proprietate jurisdictionis et concesso feudo non censetur data jurisdictio quia est qualitas extrinsequa accedens feudo.* (In lege *a procuratore.*)

(2) Bacquet. *Droits de justice*, ch. 3, 6. — Boutaric. *Droits seigneuriaux*, L. I, proem.

(3) Bacquet. *Droits de justice*, ch. 3. Arrêts de 1287 ; — du 2 janvier et du 31 mai 1569.

(4) Brodeau *sur Paris*, art. 74, n° 31 ; — art. 82, n°s 6, 11.

fief continuèrent à exercer la justice foncière, confondue dans ces contrées avec la basse justice, et le droit d'exiger par eux-mêmes tous les profits utiles des fiefs et des censives relevant d'eux (1).

La juridiction seigneuriale fut donc, sous la monarchie absolue, singulièrement restreinte; les seigneurs virent s'amoindrir peu à peu cet ancien attribut de leur souveraineté déchue. La royauté s'efforça d'introduire l'unité au milieu de ces tribunaux divers, de simplifier et d'améliorer l'administration judiciaire. Mais malgré ces restrictions, les justices seigneuriales subsistèrent longtemps encore. Dumoulin et Loisel reconnaissaient leur caractère patrimonial (2), et les diverses ordonnances rendues pendant le cours des trois derniers siècles, les maintinrent tout en les soumettant à la suprématie de la juridiction royale. Il y eut toutefois des abolitions partielles, même avant 1789. Une ordonnance de François Ier abolit les justices seigneuriales avec les droits utiles attachés à ces justices appartenant tant aux ecclésiastiques qu'aux nobles ou autres seigneurs, dans la ville de Paris, et les réunit au domaine royal (3).

§ III.

DU DROIT DE GUERRE.

Dès la fin du XIIIe siècle, les légistes posèrent en principe que le droit de guerre n'appartient qu'au chef de l'État. Un arrêt de 1277 renvoya absous un chevalier qui avait refusé de se rendre au ban de son seigneur et décida que les nobles de Normandie ne devaient le service militaire qu'au roi (4). C'était saper par la base

---

(1) *Rex tanquam dux Andium. . . . . eodem jure utuntur comites aliique domini directi vicissim.* (Chopin. *De And. leg.*, lib. I, c. 65.) — Pocquet de Livonnière, L. VI, ch. 3. — Cout. d'Anjou, art. 44, 48. — Maine, 56. — Poitou, 3, 17. — Lodunois, VI.

(2) Loisel, L. II, t. 2, règle 42. — Dumoulin. *Des Fiefs*, § 1, gloss. 5, n. 45, 62, 63.

(3) Ord. de Dourlens, art. 1, 2, 16 février 153'.

(4) *Olim.*, tom. II, p. 101, n. 12.

le principe même de la féodalité, en enlevant au seigneur dominant le droit d'exiger de son vassal le service militaire, qui avait été, dans l'origine, la condition même de l'investiture et de la concession du fief. Une ordonnance de Charles VI confirma cette jurisprudence en faisant défense à toute personne de se rendre en armes aux mandements des seigneurs, barons ou chevaliers, et prescrivit de n'obéir qu'aux mandements royaux (1).

Au XVIe siècle, Dumoulin formulait le même principe. D'après lui, le droit de guerre n'appartient qu'au roi; les vassaux des seigneurs ne sont pas tenus de les suivre dans leurs guerres privées ; mais ils sont obligés de servir le roi, dans l'intérêt public, même contre leur seigneur propre (2). Le seigneur ne pouvait plus dire à son vassal, comme il le faisait quelques siècles auparavant : « Venez-vous en o moi, car je veux guerroyer monseigneur le roi. »

Les ordonnances royales consacrèrent ce changement. D'après celle de Moulins, rendue sous Charles IX, les hauts-justiciers doivent empêcher que personne ne porte des armes ou ne se livre à des actes de violence dans l'étendue de leurs juridictions, sous peine d'en être privés (3). Henri III défendit à tous les gentilshommes de faire des assemblées de gens d'armes sous prétexte de querelles particulières, et prononça contre les contrevenants la peine du crime de lèze-majesté (4).

Le vieux droit féodal fut donc abandonné ; les seigneurs perdirent complètement le droit de guerre et l'on admit, comme un principe incontestable, que le service militaire n'est dû qu'au roi seul et non au seigneur du fief dominant. Cette doctrine était en pleine vigueur pendant les derniers temps de la monarchie (5). La royauté fit ainsi rentrer l'ordre dans la société et assura le repos des habitants du royaume en dépouillant les seigneurs de leur antique droit de guerre.

(1) Ord. de 1412. Guenoys, L. XII, t. 5, § 10.
(2) Dumoulin. *Traité des Fiefs,* § 1, gloss. 6, n. 12 ; — § 3, gloss. 4, n. 8.
(3) Estats de Moulins, 1566, art. 30. Guenoys, L. XI, t. 12, § 9.
(4) Estats de Blois, art. 278, en 1579. Guenoys, L. XI, t. 12, § 10.
(5) Boutaric. *Traité des droits seigneuriaux,* L. II, ch. 1.

L'établissement des armées régulières rendit bientôt inutile pour les rois eux-mêmes le droit de convoquer leurs vassaux. Cependant plusieurs ordonnances du XVIe siècle rappelèrent aux feudataires royaux l'obligation de répondre au ban et à l'arrière-ban et de se présenter aux montres faites par ordre du prince (1). Sous Louis XIV, il fut encore question, lors des désastres de la guerre de succession, d'appeler le ban et l'arrière-ban ; mais ce n'était plus qu'un souvenir effacé des mœurs d'un autre âge, auquel des nécessités exceptionnelles obligeaient de recourir. Entre le XVIe et le XVIIIe siècle, une révolution s'était faite dans l'art de la guerre ; on ne pouvait plus combattre avec les troupes mal équipées et mal disciplinées des seigneurs. L'état de la société, comme la manière de combattre, exigèrent une nouvelle organisation de l'armée royale et firent abandonner le service militaire du fief. La noblesse resta toutefois classe militaire, obligée d'exercer la profession des armes, mais c'était moins à cause de son fief qu'en vertu de sa naissance et pour obéir à la tradition que le gentilhomme consacrait sa vie à servir le roi.

La cessation des guerres féodales rendit inutiles les forteresses privées ; déjà Louis XI et Richelieu en avaient fait raser et démanteler un grand nombre, lorsque le changement qui s'opéra dans les mœurs et dans le genre de vie des nobles, les fit complètement abandonner. On quitta les vieux manoirs pour se rendre à la cour ou pour habiter des demeures plus commodes et mieux appropriées aux habitudes modernes. Les donjons féodaux tombèrent partout en ruines, et personne ne songea plus à en élever de nouveaux. Cependant les jurisconsultes du XVIe siècle et même ceux du XVIIe s'occupaient encore des forteresses féodales ; d'après les uns, un vassal ne peut construire un château-fort sans l'autorisation du seigneur haut-justicier duquel il dépend (2) ; d'après les autres, le seigneur d'un fief peut élever une forteresse sans le consentement du seigneur dominant ; un arrêt du parlement de Paris, du

---

(1) Ord. de 1533, 1540, 1545, 1547, 1554, 1557. Guenoys, L. XII, t. 7.

(2) Chopin. *De And. leg.*, lib. I, t. 3, § 12.

23 décembre 1566, avait consacré cette dernière opinion (1). Certaines coutumes parlent de l'artillerie des châteaux et des objets servant à leur défense, et les rangent parmi les immeubles par destination; mais ces armes n'étaient plus guère alors qu'un luxe seigneurial, vain souvenir de l'époque qui venait de s'écouler.

§ IV.

DES DROITS D'AUBAINE, DE BATARDISE, DE DÉSHÉRENCE, DE CONFISCATION, ETC.

A l'époque monarchique, les légistes enlevèrent aux seigneurs justiciers le droit de succéder aux étrangers pour l'attribuer exclusivement au roi. Dès l'an 1386, une ordonnance de Charles VI décida qu'en Champagne, les biens des aubains et des épaves, morts sans héritiers habiles à succéder, devaient appartenir au roi et non au seigneur justicier quel qu'il fût (2). On trouve diverses décisions semblables dans les registres de la Chambre des Comptes; d'après ces arrêts fiscaux, le roi seul peut succéder aux aubains et aux enfants des aubains; il est préféré à tous les héritiers et même aux enfants nés hors France; il n'y a que les enfants nés en France qui puissent exclure le roi; l'aubain ne peut donner par testament plus de cinq sols parisis au préjudice du roi (3). Les successions des aubains, d'après d'autres arrêts de la Chambre des Comptes et du parlement, ne sont pas des biens vacants et ne peuvent pas appartenir comme ceux-ci aux seigneurs justiciers (4).

Malgré le texte formel des coutumes qui avaient réservé le droit

(1) Bacquet. *Des Droits de justice*, ch. 34.
(2) Guenoys, L. X, t. 5, § 1. — On appelait *aubains*, tous les étrangers; *épaves*, ceux dont l'origine était inconnue.
(3) Extrait des registres de la Chambre des Comptes, du 10 janvier 1576. (Bacquet. *Droit d'Aubaine.*)
(4) Chambre des Comptes, arrêt du 9 avril 1540; — arrêt du 29 mars 1580, confirmatif d'une sentence du bailliage de Tours. (Bacquet. *Droit d'aubaine.*)

d'aubaine aux seigneurs justiciers, les légistes n'en décidèrent pas moins qu'il était purement régalien. Loisel a formulé ce principe dans ses règles coutumières; il admet cependant que le seigneur peut succéder à l'étranger, lorsqu'il y est fondé en titre et privilége (1). Bacquet va plus loin encore. D'après lui, le droit d'aubaine étant domanial, est inaliénable et imprescriptible comme tous les droits de la Couronne. Les seigneurs justiciers ne peuvent ni l'exercer, ni l'acquérir, soit par prescription, soit autrement; ils ne doivent pas se l'attribuer non plus en vertu de la coutume locale, les coutumes ne pouvant préjudicier aux droits du roi (2). L'étranger naturalisé jouit, il est vrai, des mêmes droits que le Français, mais le roi seul peut naturaliser; le seigneur justicier ne peut ni naturaliser un aubain, ni être appelé à la vérification des lettres de naturalité; elles doivent être vérifiées au parlement. L'aubain ne peut donner pour cause de mort, au préjudice des droits du roi, et ne peut tester que jusqu'à concurrence de cinq sols parisis de ses biens situés en France; il peut seulement, par contrat de mariage, faire un don à sa femme; s'il vit libre, il meurt esclave, comme le Latin junien du droit romain : *vivit liber, servus moritur* (3). Mais il faut remarquer qu'il n'est serf que du domaine royal.

On décida que le roi devait prendre les biens de l'aubain, lors même que les immeubles n'étaient pas tenus de lui, mais d'un autre seigneur, et que les meubles étaient trouvés dans le fief de ce dernier (4).

Au XVIIIe siècle, cette théorie continua de prévaloir; d'après Pothier, le droit d'aubaine appartient au roi seul et non aux seigneurs justiciers. Boutaric ne le mentionne même pas en énumérant les droits seigneuriaux attachés à l'exercice de la justice féodale (5).

---

(1) Loisel. *Inst. cout.*, lib. I, t. 1, règles 52, 53.
(2) Bacquet. *Droit d'aubaine*, ch. 27, 28, 29.
(3) *Id.*, ch. 15, 19, 21, 23, 24.
(4) *Code d'Henri IV*, L. VII, t. 1 ch. 6.
(5) Pothier. *Traité des Successions*, ch. 6. — Boutaric. *Droits seigneuriaux*, L. I.

Le droit de bâtardise eut à peu près le même sort que le droit d'aubaine. Il ne fut pas enlevé complètement aux justiciers, mais il subit de nombreuses et importantes restrictions. L'ordonnance de 1386 attribue exclusivement au roi les biens des bâtards morts en Champagne, comme ceux des aubains (1). Les arrêts de la Cour des Comptes, que nous avons cités plus haut, s'appliquent aux biens des bâtards, comme à ceux des aubains, et décident que le roi, et non le seigneur justicier, succède aux premiers ainsi qu'aux autres, lorsqu'ils meurent sans enfants (2). Plusieurs décisions de la Chambre du trésor, conformes du reste à une ordonnance royale rendue en 1540, repoussèrent aussi les prétentions des seigneurs et les dépouillèrent de leur ancien droit d'hériter des bâtards décédés sans postérité légitime, si ce n'est dans certains cas particuliers (3). D'après cette jurisprudence, pour que le seigneur justicier puisse succéder à un bâtard, il faut que les trois circonstances suivantes concourent en faveur du seigneur : 1° que le bâtard soit né sur ses terres ; 2° qu'il y soit domicilié ; 3° qu'il y soit décédé ; et lors même que ces trois circonstances sont réunies, le seigneur ne peut prendre que les biens meubles ou immeubles situés dans le ressort de sa seigneurie ; il ne profite pas des autres. Ces décisions judiciaires firent loi sur la matière ; tous les auteurs du XVIIe et du XVIIIe siècle adoptèrent le même système. D'après eux, le droit de bâtardise est régalien en principe ; c'est par usurpation des droits du prince que les seigneurs s'en sont emparés. Le roi seul peut légitimer un bâtard, de même que seul il peut naturaliser un aubain.

Le seigneur ne succédait au bâtard légitimé par le prince comme aux autres bâtards, que si les trois circonstances citées plus haut se réunissaient en sa faveur (4). Dans tous les autres cas, le roi

---

(1) Guenoys, L. X, t. 5, § 1.

(2) Extrait des registres de la Chambre des Comptes, arrêts du 9 avril 1540 et du 10 janvier 1576.

(3) Chambre du Trésor, arrêt de 1547 ; — arrêts du 9 août 1557 ; du 13 juin 1588 ; — Ord. du 9 avril 1540. (Bacquet. *Droit de bâtardise.*)

(4) Bacquet. *Droit de bâtardise.* ch. 12, 13, 15. — Pothier. *Traité des successions*, ch. 6. — Boutaric. *Droits seigneuriaux*, L. I, ch. 3.

recueillait seul les biens du bâtard. Il faut observer toutefois que le droit de bâtardise était moins étendu que celui d'aubaine. L'enfant naturel pouvait, d'après le droit moderne, disposer librement de ses biens, soit entre vifs, soit par testament, faculté qui n'était pas accordée à l'étranger (1) ; mais quand il n'avait pas disposé, le roi excluait tous les parents, sauf les enfants légitimes du bâtard décédé.

Les légistes angevins faisaient toutefois exception. Chopin accorde aux seigneurs moyens-justiciers les meubles des bâtards décédés dans leurs fiefs, et aux seigneurs ayant basse justice, les immeubles situés dans le ressort de leurs fiefs et ayant appartenu à des bâtards morts sans enfants légitimes. D'après Pocquet de Livonnière, le seigneur jouit du droit de bâtardise, sans avoir besoin de remplir les trois conditions exigées ordinairement (2).

Les seigneurs ne furent pas dépouillés du droit de déshérence, comme ils l'avaient été de ceux d'aubaine et de bâtardise. Bacquet déclare, il est vrai, que, par le droit commun, c'est au roi seul qu'il appartient de succéder aux regnicoles décédés sans héritiers et sans avoir fait de testament ; mais que les seigneurs justiciers l'ayant usurpé, l'usage de la France leur en accorde l'exercice. Ce droit n'appartient du reste qu'aux hauts-justiciers, mais non aux seigneurs ayant seulement la justice basse ou moyenne ; le fief tombé en déshérence ne passe pas au seigneur duquel il relève, mais à celui qui a la haute justice sur le ressort dans lequel il se trouve situé (3). C'est par conséquent un droit dépendant de la souveraineté dont le seigneur justicier exerce un démembrement, et non de la propriété féodale. Boutaric et Pothier l'enseignent également ; le droit du seigneur justicier ne s'étend qu'aux biens meubles ou immeubles situés dans le ressort de sa juridiction et délaissés par un homme mort sans héritiers et intestat (4).

---

(1) Loisel. *Institut. cout.*, L. I, t. 1, règle 42.

(2) Chopin. *De And. leg.*, lib. I, t. 2, c. 40, 41. — Pocquet de Livonnière, L. VI, ch. 4.

(3) Bacquet. *Traité du droit de déshérence*, ch. 2, 3.

(4) Boutaric. *Droits seigneuriaux*, L. I, ch. 4. — Pothier. *Traité des successions*, ch. 6.

Quelques coutumes de l'ouest, restées fidèles à l'esprit de l'ancien droit féodal, faisaient encore exception sur ce point. D'après celle de Normandie, le droit de déshérence appartenait non au seigneur justicier, mais au seigneur féodal. Ce système est conforme aux principes du droit ancien. Le seigneur étant censé avoir primitivement concédé tous les fiefs relevant de lui, lorsqu'un vassal mourait sans héritiers, il ne faisait que rentrer dans son ancienne propriété (1); telle était du reste la loi des apanages, qui retournaient à la Couronne en cas de décès du possesseur sans héritiers mâles. En attribuant le droit de déshérence au seigneur justicier au préjudice du seigneur féodal, on tendait à en faire un droit régalien; c'était encore, d'une manière indirecte, attaquer le principe féodal. En Anjou, le seigneur féodal avait le droit de déshérence comme ceux d'aubaine et de bâtardise (2).

Le droit de confiscation était la conséquence du droit de rendre la justice; d'après la Coutume de Paris: « *Qui confisque les biens, confisque le corps* » (3). On contesta aux seigneurs l'exercice de ce droit. Les procureurs du roi réclamaient les biens des condamnés comme appartenant au roi, Bacquet décide que, d'après le droit commun, le roi seul doit les recueillir, mais que, par suite des usurpations commises par les seigneurs justiciers, la coutume leur donne ce droit sans l'accorder aux seigneurs féodaux (4). Brodeau reconnaît aux seigneurs le droit de confiscation lorsque leur juridiction est compétente; pour les cas royaux, c'est le fisc royal qui peut seul l'exercer. Les moyens et bas justiciers, et à plus forte raison les seigneurs de fief, n'ont point un pouvoir aussi étendu; il n'appartient qu'au roi et aux seigneurs hauts-justiciers; ceux-ci ne peuvent l'exercer que sur les biens, meubles ou immeubles, trouvés dans le ressort de leur justice (5). Mais le pardon accordé par le roi faisait obstacle au droit du seigneur. Le roi, en faisant grâce,

---

(1) Cout. de Normandie, art. 146.
(2) Pocquet de Livonnière, L. VI, ch. 4.
(3) Cout. de Paris, art. 183.
(4) Bacquet. *Droits de justice*, ch. 13.
(5) Brodeau, art. 183, nos 21, 22.

remet aussi la peine de la confiscation et enlève au seigneur la faculté de prendre dans ce cas les biens du coupable (1). En Anjou, le droit de confiscation appartenait encore à tous les seigneurs hauts-justiciers, comtes, vicomtes, barons ou châtelains (2).

Les droits de péage furent, comme les autres, déclarés régaliens. Un arrêt du parlement de l'an 1317 défend à toute personne d'établir des péages nouveaux sans le consentement du roi (3). Une ordonnance de Charles VI fit aussi défense aux seigneurs de créer des péages et d'imposer aux marchands des charges qui n'avaient pas existé de tout temps (4). Charles VII, par une ordonnance rendue à Saumur en 1432, abolit tous les péages établis sur la Loire depuis soixante ans, prononça des peines contre les seigneurs qui en exigeraient le paiement ou en imposeraient de nouveaux (5).

Les jurisconsultes s'accordèrent à décider que nul seigneur ne pouvait avoir droit de péage ou de barrage sans titre ou possession immémoriale; que ce droit était de sa nature royal et non seigneurial; qu'il ne pouvait résulter que d'une concession du souverain, et que la possession immémoriale elle-même n'était qu'une présomption de l'existence du titre primitif. Le seigneur devait entretenir les ponts et les chaussées soumis au péage, à peine de perdre son droit (6).

On décida de même à l'égard de presque tous les droits des seigneurs justiciers ou féodaux, qu'ils ne pouvaient résulter que de concessions royales ou de la possession immémoriale faisant présumer l'existence du titre primitif; mais qu'en cas de doute, la prévention devait appartenir au roi. Tels furent le droit de voirie des hauts-justiciers, celui d'avoir poids et mesures qui appartenait

---

(1) Boutaric, L. I, ch. 2. — Pothier. *Traité des successions*, ch. 6.

(2) Chopin. *De Ang. leg.*, lib. I, t. 4, c. 49.

(3) *Quod nullus potest facere garennam novam et pedagia nova absque assensu nostræ regiæ majestatis* (*Olim.*, tom. III. p. 1157, n. 65.)

(4) Ord. de 1415, art. 6. Guenoys, L. XI, t. 13, § 101.

(5) Guenoys, L. IV, t. 13, § 1.

(6) Bacquet. *Droits de justice*, ch. 30. — *Droit de déshérence*, ch. 7. — Boutaric. *Droits seigneuriaux*, L. III, ch. 12.

aux bas et aux moyens-justiciers, mais que leur contestaient les procureurs du roi ; celui de foire ou de marché dont jouissaient les seigneurs justiciers ou féodaux (1). Les seigneurs hauts-justiciers avaient conservé le droit de prendre le tiers des trésors, malgré l'opposition des procureurs du roi ; celui de recueillir les biens vacants ou épaves leur fut confirmé par un arrêt du 2 janvier 1580 (2). Ces mêmes seigneurs, d'après Bacquet, avaient la propriété des rivières non navigables ; mais les rivières navigables et leurs îles et atterrissements furent déclarés appartenir au domaine du roi, contrairement aux dispositions des coutumes qui les avaient maintenus dans celui des justiciers (3). On leur laissa aussi certains droits honorifiques, tels que celui de se qualifier seigneurs du lieu, celui d'avoir litre funèbre à l'église et banc au chœur, comme les seigneurs patrons ou fondateurs des églises (4).

Il faut enfin mentionner le droit de chasse. Dès le XIVe siècle, le pouvoir royal faisait défense aux seigneurs d'exercer le droit de chasse sur les terres de leurs vassaux qui n'auraient point encore été soumises à cette charge (5). On continua toujours de considérer le droit de chasse comme appartenant aux seigneurs justiciers ; mais Pothier décide que c'est un droit régalien ; que le roi, en qualité de chef de l'État, peut s'emparer de toutes les bêtes sauvages de ses États, comme *res nullius ;* et qu'il ne fait que concéder aux seigneurs et aux gentilshommes la permission de prendre à la chasse les animaux dont la propriété lui appartient (6).

---

(1) Bacquet. *Droits de justice,* ch. 27, 28, 31. — *Droit de déshérence,* ch. 7.

(2) Loisel, L. II, t. 1, règles 50, 52, 53. D'après Loisel, *le roi trouve l'or,* c'est-à-dire que les trésors composés de pièces d'or lui appartiennent.—Bacquet. *Droits de justice,* ch. 32, 33. — Boutaric. *Droits seigneuriaux,* L. I, ch. 6, 7.

(3) Bacquet. *Droits de justice,* ch. 30. — Boutaric, L. I, ch. 8.

(4) Boutaric. *Droits seigneuriaux,* L. I, ch. 9.

(5) *Olim.,* tom. III, p. 1157, n. 65 ; arrêt de 1317, déjà cité.

(6) Pothier. *Domaine de propriété,* ch. 1, art. 2, § 3. — Boutaric. *Droits seigneuriaux,* L. I, ch. 5.

L'Anjou faisait exception pour ces différents droits comme pour ceux dont nous avons parlé déjà. D'après Chopin, les comtes, vicomtes, barons et châtelains ont les droits de sceau, de péage, de marché, comme celui de confiscation; la voirie est un signe de haute-justice, les biens vacants appartiennent au seigneur haut-justicier (1).

Il faut donc conclure que, pendant le cours du XVIe et du XVIIe siècle, presque tous les droits utiles attachés à la souveraineté seigneuriale furent enlevés aux seigneurs et déclarés régaliens; ceux qu'on leur laissa furent considérés comme des concessions royales et des effets de la tolérance du roi, dont on devait resserrer l'exercice dans les limites les plus étroites. Le roi fut partout substitué aux seigneurs, il recueillit pour ainsi dire la succession de la féodalité mourante; l'unité nationale et administrative fut assurée par cette importante transformation de l'ancien ordre politique.

§ V.

DE L'AMORTISSEMENT. — *DE L'HOMME VIVANT ET MOURANT*, ETC.

Dès une époque reculée, les anciennes immunités des biens ecclésiastiques reçurent de nombreuses atteintes; l'usage s'introduisit en France d'obliger les églises et les monastères à obtenir l'autorisation des rois et des seigneurs pour posséder des terres situées dans le ressort de la juridiction des princes temporels. Pour cela, les communautés religieuses devaient payer un droit que l'on nommait amortissement. Lorsqu'elles acquéraient de nouveaux héritages, après avoir fait amortir les anciens, on pouvait les contraindre soit à vider leurs mains de ces acquisitions, soit à payer un autre droit que l'on nomma droit de nouveaux acquêts. Les héritages amortis étaient réputés allodiaux, et n'étaient point soumis au ban ni à l'arrière-ban. Le paiement de ce droit avait pour effet de relever les gens de mainmorte de l'incapacité de posséder des biens

---

(1) Chopin. *De And. leg.*, lib. I, t. 3, § 13. Cap. 1. Cap. 49.

temporels que l'usage de France prononçait contre eux. Cette incapacité ne frappait pas seulement les communautés ecclésiastiques, c'est-à-dire les églises, les monastères, les colléges et les hôpitaux, elle fut étendue aux communautés purement laïques. Les corps de ville et les corporations de métiers furent aussi, comme gens de mainmorte, soumis au paiement des droits de nouveaux acquêts (1). Le but de ces dispositions était d'indemniser le seigneur dont les biens relevaient, de la privation des droits de mutation. Il n'avait plus occasion de les percevoir sur une terre que le propriétaire ne pouvait ni aliéner, ni transmettre par succession, puisqu'il ne mourait point.

Dans l'origine, les seigneurs amortissaient les biens ecclésiastiques. Une ordonnance de Saint-Louis fit défense aux évêques et aux pairs d'amortir les fiefs, en leur laissant toutefois le droit d'amortir les arrière-fiefs; mais elle interdit aux autres seigneurs cette faculté d'une manière absolue. Un peu plus tard, en 1277, une ordonnance de Philippe III défendit aux officiers royaux d'inquiéter les églises qui avaient acheté, sous ses prédécesseurs, des terres situées dans les seigneuries des barons du roi et qui en avaient joui publiquement jusqu'alors, mais décida qu'à l'avenir il leur faudrait obtenir l'amortissement du roi. Avant cette époque, les églises pouvaient donc encore acquérir sans se faire autoriser par le roi. Ces ordonnances furent suivies d'une autre de Charles V, du 8 mai 1372, rendue dans le même sens; puis une nouvelle, éditée par Charles VI au mois d'octobre 1402, décida que les gens de mainmorte qui voulaient obtenir l'amortissement de leurs héritages devaient obtenir des lettres du roi et lui payer le tiers de la valeur de l'immeuble (2).

Conformément à ces ordonnances, Bacquet décide que c'est par usurpation des droits du roi que les seigneurs ont joui jadis de la faculté d'amortir; qu'en France, le roi seul peut amortir,

---

(1) Bacquet. *Droit d'amortissement*, ch. 40, 41, 48. — *Droit de nouveaux acquets*, ch. 25, 27, 32.

(2) Bacquet. *Droit d'amortissement*, ch. 41. — *Instructions et Mémoires anciens*, p. 217.

« comme seul souverain et empereur en son royaume, lequel il
» tient immédiatement de Dieu sans recognoistre aucun supé-
» rieur » (1). Seul aussi, le roi peut exiger le paiement du droit de
nouveaux acquêts ; il peut obliger les communautés à vider leurs
mains des héritages acquis ; à défaut du paiement de ces droits,
on déclara qu'ils ne pouvaient être prescrits par aucun laps de
temps (2).

Le droit d'amortissement étant devenu purement régalien, on
indemnisa d'une autre manière les seigneurs de la perte des droits
de mutation qu'ils ne pouvaient percevoir sur les terres acquises
par les gens de mainmorte et tenus d'eux à titre de fiefs ou de
censives. Les communautés furent obligées de fournir au seigneur
un homme appelé *vicaire*, sur la tête duquel la propriété du fief
était censée reposer ; à son décès, la communauté payait le droit
de relief et devait fournir un nouveau vicaire. Le seigneur pouvait
aussi exercer le retrait féodal au moment de l'acquisition faite par
les gens de mainmorte ; mais, pour l'avenir, l'inaliénabilité du bien
l'eût privé nécessairement de l'occasion de percevoir les droits de
mutation pour vente, ceux de déshérence et de confiscation, celui
d'exercer le retrait féodal, etc. Pour tenir lieu de ces différents
droits, on obligea les communautés à payer au seigneur une indemnité fixée au cinquième denier. Un arrêt du 18 novembre 1557
confirma l'exercice de ce droit en faveur des seigneurs (3). Lorsque
les fiefs acquis relevaient directement du roi, les gens de mainmorte devaient aussi lui fournir l'homme vivant et mourant et lui
payer l'indemnité pour tenir lieu des profits féodaux, tant que
le fief n'avait pas été amorti ; mais, après l'amortissement, ils
étaient dégagés de ces obligations (4).

Les seigneurs censiers n'avaient point droit d'exiger qu'on leur
fournît un homme vivant et mourant, mais ils avaient droit à

---

(1) *Droit d'amortissement*, ch. 41.

(2) *Droit de nouveaux acquêts*, ch. 26, 37. — *Droit d'amortissement*, ch. 60.

(3) *Droit d'amortissement*, ch. 40, 53.

(4) *Droit de nouveaux acquêts*, ch. 36. — *Droit d'amortissement*, ch. 50.

l'indemnité du cinquième denier pour remplacer le paiement des saisines, lods et ventes, amendes, etc.; ce droit leur fut confirmé par arrêt du parlement du 2 juillet 1563 (1). Les seigneurs justiciers, féodaux ou censiers pouvaient contraindre les gens de mainmorte à vider leurs mains des héritages qu'ils avaient acquis dans le ressort des seigneuries, ou à fournir l'homme vivant et mourant et à payer l'indemnité (2). Les communautés, afin d'assurer le paiement des droits, étaient tenues d'exhiber leurs titres aux seigneurs pour la rédaction des papiers terriers de ceux-ci. L'obligation de fournir l'homme vivant et mourant fut déclarée imprescriptible, mais l'indemnité pouvait se prescrire par trente ans (3). Pour indemniser les justiciers de la perte du droit de confiscation, on avait coutume, dans certaines localités, de leur fournir un homme *vivant et confisquant*, pour les délits duquel on payait un droit (4). Mais cet usage n'était pas général.

On décidait enfin que l'amortissement, l'homme vivant et mourant, l'homme confisquant et l'indemnité étaient dûs au seigneur, dans le cas même où les communautés religieuses acquéraient des dîmes inféodées. Boutaric condamne cet usage, parce que les dîmes inféodées avaient été dans l'origine des biens purement ecclésiastiques que les seigneurs avaient acquis par la suite des temps d'une manière plus ou moins légitime; le clergé ne faisait, en les reprenant, que rentrer dans son bien. Le concile de Latran avait en effet défendu aux laïques d'acquérir des dîmes ecclésiastiques. On les considérait cependant comme légitimes propriétaires, lorsque leurs auteurs avaient possédé ces dîmes depuis un temps immémorial; ils étaient alors censés les avoir acquises avant le concile de Latran (5).

L'amortissement et l'indemnité tenant lieu des droits de mutation n'empêchaient pas que les détenteurs des biens acquis ne fussent tenus de payer les cens, les rentes et les terrages, car ces pres-

---

(1) *Droit d'amortissement*, ch. 54. — Arrêt du 2 juillet 1503.
(2) *Droit de nouveaux acquêts*, ch. 33.
(3) *Droit d'amortissement*, ch. 56, 60.
(4) Boutaric. *Droits seigneuriaux*, L. II, ch. 7.
(5) *Id.*, L. II, ch. 8.

tations devaient être fournies à époques fixes et régulières et n'avaient rien de commun avec les droits de mutation (1).

Telles étaient, sous la monarchie absolue, les charges féodales imposées à la propriété ecclésiastique, tant au profit du domaine royal qu'à celui des seigneurs particuliers. Cet état de choses persista jusqu'à la révolution française, pendant tout le cours du XVIIIe siècle (2).

(1) Bacquet. *Droit d'amortissement*, ch. 53.
(2) Boutaric. *Droits seigneuriaux*, L. II, ch. 7.

CHAPITRE III.

De la directe royale universelle. — Des alleux.

La législation domaniale ne se borna pas à confisquer au profit de la Couronne tous les droits des seigneurs justiciers ; elle absorba même les biens des particuliers et les considéra comme des démembrements du domaine royal.

Ce système, qu'on appelle la théorie de la *directe royale universelle*, et qui n'était point encore admis au XVIe siècle, prévalut pendant le siècle suivant. Il fut proclamé par les auteurs, par les ordonnances et par les arrêts du conseil. On l'appliqua non-seulement aux fiefs et aux censives, mais même aux alleux tant nobles que roturiers.

D'après le Code d'Henri IV, tout fief est censé provenir primitivement du roi ; le roi seul peut ériger des fiefs de dignité, tels que duchés, marquisats ou comtés ; les seigneurs ne peuvent créer que des fiefs d'ordre inférieur (1). Boutaric admet aussi que tous les fiefs relèvent du roi directement ou indirectement (2). Bacquet décide que tout héritage est tenu du roi médiatement ou immédiatement en fief ou en arrière-fief, en censive ou en arrière-censive ; le franc-alleu lui-même procède originairement d'un don ou d'une concession du roi (3). Le roi seul peut créer un franc-alleu ; aucun seigneur ne peut transformer en propriété libre un fief ou une censive, ce serait porter atteinte au domaine direct du roi (4). D'après Galland : « Le roy estant seigneur universel et souverain de toutes les terres qui sont dans son royaume, elles doivent

---

(1) *Code d'Henri IV*, L. VII, t. 1, ch. 1, 2.
(2) *Traité des Droits seigneuriaux*, L. II, ch. 4.
(3) *Traité du Droit de nouveaux acquêts*, ch. 26.
(4) *Traité du Droit de francs fiefs*, ch. 2.

être présumées procéder de ses prédécesseurs et submises à ses droits, sinon en tant que la dispense sera justifiée au contraire » (1).

Une ordonnance rendue par Louis XIII, en 1629, consacra la même doctrine : « Sont tous héritages ne relevant d'autres seigneurs censez relever du roi, sinon que les possesseurs fassent apparoir de bons titres qui les en déchargent » (2). Cette ordonnance servit de règle au Conseil privé, dont les arrêts obligèrent tous ceux qui ne relevaient d'aucun seigneur à payer au roi les droits de lods et ventes, à moins de titres contraires ; les pays de droit écrit eux-mêmes furent soumis à cette jurisprudence (3). Enfin, le système de la directe royale universelle fut proclamé par Louis XIV d'une manière plus formelle qu'il ne l'avait encore été pendant les règnes précédents. Louis XIV considérait les terres de tous ses sujets comme les biens propres de sa couronne, dont ils ne jouissaient que par la tolérance royale :

« Nous n'avons point de droit, ni mieux établi ni plus inséparablement attaché à notre Couronne, que celui de la mouvance et directe universelle que nous avons sur toutes les terres de notre royaume » (4).

« Voulant traiter favorablement tous les possesseurs en franc-alleu, tant nobles que roturiers, et assurer leur état et condition en les déchargeant des recherches qui pourraient être faites contre eux, en vertu de notre édit de 1641...... » (5).

D'après cet édit de 1641, tout possesseur d'un franc-alleu noble ou roturier devait prendre des lettres du roi et lui payer un droit.

La doctrine de la seigneurie directe du roi devenue dominante modifia profondément les dispositions des coutumes sur le franc-alleu. Parmi celles qui admettaient le franc-alleu, les unes décidaient que tout héritage doit être présumé franc, à moins de preuve contraire ; les autres, que la charge de prouver incombe

---

(1) *Traité du franc-alleu*, ch. 7, p. 99.
(2) Ord. de 1629, art. 382.
(3) Galland, p. 36 et suiv.
(4) Ord. de Versailles, en 1692.
(5) *Idem*.

au possesseur du domaine tenu en franc-alleu. Pour les premières, *point de seigneur sans titre ;* pour les autres, *point de franc-alleu sans titre* (1). Les jurisconsultes angevins pensaient que, conformément au droit romain, tout héritage devrait être présumé libre, mais la Coutume d'Anjou n'admettait point cependant d'alleu sans titre (2).

A Paris, la coutume n'avait rien décidé sur ce sujet d'une manière formelle. L'usage admit cependant la présomption défavorable à l'allodialité ; la doctrine de Dumoulin fut abandonnée. Loisel pose comme une maxime générale du droit coutumier : *qu'il n'y a pas de terre sans seigneur* (3). Le seigneur haut-justicier fut réputé seigneur direct de toutes les terres soumises à sa juridiction, système encore nouveau au XVIIe siècle (4).

La jurisprudence du parlement ne reconnut point de franc-alleu sans titre (5). La plupart des commentateurs du droit coutumier se conformèrent à cette doctrine et rejetèrent la présomption naturelle de la liberté des héritages, surtout en faveur du domaine éminent que le roi s'attribuait sur toutes les terres de ses États, comme jadis les empereurs romains sur les provinces conquises. Ils décidaient qu'à défaut de titre établissant le franc-alleu, le propriétaire tenait en censive et devait payer le cens au roi (6). Quelques-uns pensaient même que les coutumes ne pouvant rien enlever aux droits du roi, il n'y avait pas de franc-alleu sans titre

---

(1) Troyes, art. 51. — Nivernais, ch. 7, art. 1. — Voir en sens contraire : Meaux, art. 189. — Melun, art. 105.

(2) Chopin. *De And. leg.*, lib. II, pars 2, cap. 2, t. 5, n. 4. — Pocquet de Livonnière, L. IV, ch. 5, § 8.

(3) *Instit. cout.*, L. II, t. 2, règle 1.

(4) Loiseau. *Traité des seigneuries*, ch. 12, nos 42, 50.

(5) Arrêt du 17 mars 1610, cité par Brodeau, art. 68, n° 5.

(6) Bacquet. *Droits de francs fiefs*, ch. 2. — En sens contraire : *Code d'Henri IV*, L. VII, t. 1, ch. 2, n° 27 ; L. VIII, t. 1, ch. 18, n° 352. — Bacquet admet la présomption d'allodialité en faveur des biens d'église amortis, lors même qu'ils sont situés dans le ressort d'une seigneurie, à moins que la coutume du lieu ne soit formellement contraire. Les gens de mainmorte peuvent invoquer la possession immémoriale pour établir la liberté de leur domaine. (*Droit d'amortissement*, ch. 60.)

émané du souverain, même dans les provinces où la coutume admettait formellement l'allodialité (1). Mais tous les commentateurs n'étaient pas aussi absolus. Brodeau, tout en déclarant que le franc-alleu est toujours soumis aux droits de la souveraineté royale et à la coutume du lieu, et qu'il n'y a point de franc-alleu sans titre, admet cependant, contrairement à l'opinion des domanistes, qu'il n'est pas nécessaire que ce titre émane du roi (2). Pothier, animé par un sentiment plus équitable que les théories domanistes, ne pose pas de règle générale sur ce sujet et s'en réfère complètement aux dispositions particulières des coutumes ; dans les provinces où le franc-alleu est admis, c'est, d'après lui, au seigneur à faire preuve de son droit ; c'est le contraire dans les provinces qui rejettent le franc-alleu et admettent la maxime *nulle terre sans seigneur* (3).

L'autorité royale, au contraire, rejetait d'une manière formelle la doctrine du franc-alleu sans titre, et posait comme un principe absolu la maxime *nulle terre sans seigneur ;* c'était la conséquence nécessaire du système de la directe royale universelle. Le préambule de l'Ordonnance de 1692 établit en thèse générale que le franc-alleu provient nécessairement des affranchissements accordés par les seigneurs ou de leur négligence à se faire rendre les droits féodaux, mais que les seigneurs n'ont pu par là préjudicier aux droits du roi, en affranchissant les terres de leurs vassaux, ni ceux-ci prescrire contre le roi (4).

La maxime *nulle terre sans seigneur* n'a donc triomphé d'une manière complète que sous la monarchie absolue ; c'est alors qu'elle s'est appliquée non plus comme jadis à la juridiction seulement, mais au domaine lui-même. On confondit le cens justicier avec le cens emphytéotique, et l'on admit que « toute redevance fait présumer la directe », ce qui était un système tout nouveau et contraire aux vrais principes du droit féodal. C'est alors seu-

---

(1) Galland. *Traité du franc-alleu*, ch. 8.
(2) Brodeau, art. 68, n° 5, etc. ; n°s 23, 25.
(3) Pothier. *Traité des fiefs*, part. 1, ch. 4, § 8.
(4) Ord. de 1692.

lement que l'on étendit la directe universelle aux provinces qui l'avaient d'abord rejetée. Cette institution est plus domaniale encore que féodale, et bien qu'elle ait pris naissance dans l'intérêt des seigneurs, elle a tourné complètement au profit de la royauté; elle a sanctionné une sorte de confiscation de toutes les terres du royaume par le pouvoir absolu.

Cependant les jurisconsultes du midi ont toujours protesté en faveur de la liberté des héritages. Ils ont démontré que, d'après les principes du droit naturel et de la législation romaine, tout héritage doit être présumé franc; que la directe universelle n'est pas un attribut essentiel de la royauté; qu'aucune loi générale, ni aucun évènement historique n'avaient pu donner, en France, le domaine éminent de toutes les terres, soit aux seigneurs, soit même au roi, et que celui-ci n'avait de plein droit sur ses sujets et sur leurs domaines que le pouvoir et la juridiction, mais non la directe universelle (1). La Thaumassière, pour la province de Berry, soutint la même thèse avec une grande vigueur de logique et une profonde érudition. Les arrêts des parlements du midi et des bailliages du Berry consacraient la même doctrine (2). Mais toutes ces protestations restèrent vaines en présence des ordonnances royales et de la jurisprudence contraire du parlement de Paris et du Conseil du roi.

Il faut reconnaître cependant que si les partisans du franc-alleu ont été vaincus, ils avaient pour eux le bon droit et la vérité historique. Le droit romain et l'équité naturelle veulent que tout héritage soit présumé libre; l'histoire plaidait aussi leur cause: il est constant, par une foule de chartes et de documents, que, depuis le IXe jusqu'au XVIe siècle, il a toujours existé des domaines libres des charges féodales et de la directe seigneuriale et royale. Par conséquent, il ne faut pas voir dans tous les francs-alleux de pures concessions des rois ou des seigneurs; beaucoup de terres devaient avoir conservé la liberté primitive qu'elles tenaient, soit du droit romain, soit du droit germanique. L'usage seul a établi

---

(1) Furgole. *Traité du franc-alleu.*
(2) La Thaumassière. *Traité du franc-alleu.*

le principe contraire, et comme nous l'avons vu, il ne l'a fait triompher qu'après le XVI⁰ siècle ; il aurait donc été juste de restreindre la maxime *nulle terre sans seigneur* aux provinces dont les coutumes l'avaient formellement admise. Ajoutons que la directe royale universelle est un des principes les plus subversifs de l'ordre social ; ce système ne reconnaît qu'un seul propriétaire : l'Etat ; de là au communisme il n'y a qu'un pas.

Une autre conséquence de la directe royale fut de placer tous les serfs et mainmortables sous la main du roi. Au XVI⁰ et au XVII⁰ siècle, les seigneurs ne peuvent affranchir leurs mainmortables qu'en obtenant l'autorisation royale et en faisant confirmer par le roi les pactes intervenus entre eux et leurs sujets ; le roi peut, au contraire, affranchir les mainmortables des seigneurs, moyennant une indemnité payée par eux à leurs anciens maîtres (1). Aux termes de l'Ordonnance de 1692, quand un seigneur affranchit son vassal, celui-ci retombe de plein droit sous la main du roi comme seigneur supérieur (2).

---

(1) Bacquet. *Droit de francs fiefs*, ch. 3. — Lettres patentes de 1555, citées par Bacquet, *eod. loc.*

(2) Ord. de 1692.

CHAPITRE IV.

De la propriété féodale.

§ Ier.

DU DOMAINE DIRECT ET DU DOMAINE UTILE.

Le droit féodal distinguait deux manières très-différentes de posséder : la possession du seigneur et celle du vassal. Il y avait pour la même terre deux seigneurs différents et souvent un plus grand nombre. Le seigneur primitif, celui qui avait possédé originairement la terre avant l'inféodation, retenait sur la portion démembrée le domaine direct ; le concessionnaire avait le *domaine utile* de cette portion. Le droit de propriété se partageait entre eux, et, si l'on peut employer ce terme, il se dédoublait. Cette distinction n'existait pas toutefois à l'égard des meubles ; elle n'existait pas non plus quand le propriétaire d'un alleu n'avait démembré aucune portion de sa terre. Il est probable que la qualification de domaine *direct* ou *éminent* fut appliquée au droit du seigneur par les jurisconsultes, en souvenir de l'ancien domaine éminent des empereurs romains sur les terres provinciales ou tributaires. Quoiqu'il en soit, la tendance constante des légistes fut d'étendre les droits du seigneur utile aux dépens de ceux du seigneur direct ; ils appliquèrent au domaine utile toutes les théories du droit écrit sur la propriété et l'assimilèrent au *dominium* romain (1). Mais nous n'avons à nous occuper ici que des rapports de la propriété avec la féodalité.

---

(1) Pothier. *Traité du domaine de propriété*, part. 1, ch. 1.

§ II.

DES FIEFS ET DES DEVOIRS FÉODAUX.

Depuis longtemps déjà, l'usage avait rendu les fiefs patrimoniaux, lorsque les jurisconsultes formulèrent ce principe d'une manière précise. Au XVIe siècle, le droit du feudataire n'était plus, comme jadis, un simple usufruit viager, temporaire ou même perpétuel. D'après tous les auteurs, le vassal est le vrai propriétaire de son fief; il peut en disposer comme de son bien propre et d'une manière absolue, sauf la prestation des devoirs féodaux (1). Le domaine direct n'est pas une vraie propriété, mais seulement un domaine de supériorité; il n'est même pas de l'essence du fief; la fidélité seule est la forme essentielle du fief; le seigneur dominant peut concéder un fief sans retenir la directe (2). Le domaine utile est une vraie propriété, quoique d'ordre inférieur, mais ce n'est point une simple servitude (3). D'après Brodeau : « Le fief, comme les biens roturiers, est patrimonial, propriétaire, héréditaire, réduit à la façon des autres biens qui sont dans les familles ; les femmes mêmes sont capables de les posséder ; ils tombent dans la liberté du commerce » (4). « Il est semblable à tous nos autres biens, dit La Thaumassière » (5).

Cette assimilation du fief à la propriété de droit commun, et ce droit de disposition accordé au seigneur utile se retrouvent dans tous les auteurs de l'époque monarchique (6). Dans les provinces même les plus fidèles à l'ancien système féodal, on reconnaissait

---

(1) *Feuda esse patrimonialia et patrimoniorum seu alaudiorum jure censeri.* (Dumoulin. *Traité des Fiefs*, proem., n. 104.)

(2) *Id.*, n. 115.

(3) *Id.*, § 1, gloss. 6, n. 7. — Pothier. *Traité du domaine de propriété*, partie 1re, ch. 1.

(4) *Comm. sur la Coutume de Paris*, art. 23, n° 8.

(5) La Thaumassière. *Décisions sur la Coutume de Berry*, L. II, ch. 4.

(6) Pothier. *Traité des Fiefs*, chap. prélim., § 2.

que le fief était patrimonial et aliénable (1). Cependant on admettait encore, dans certaines localités, les fiefs de danger, dont le nouveau propriétaire ne pouvait prendre possession sans le consentement du seigneur, avant d'avoir rendu hommage et reçu l'investiture, sous peine de commise (2).

L'ancienne prohibition du droit féodal qui défendait de démembrer les fiefs subsistait toujours, mais on l'éludait facilement à l'aide du jeu de fief, dont nous avons parlé plus haut. D'après Pothier, on peut démembrer les diverses fractions du domaine; il n'y a que le titre même du fief, c'est-à-dire la foi due au seigneur, qui ne puisse être divisée; le vassal la doit toujours pour le tout; le fief reste entier à l'égard du seigneur dominant, à moins que celui-ci ne consente à ce que les différentes fractions fassent autant de fiefs séparés (3). Mais il est évident qu'en respectant la lettre de la loi, on en avait complètement dénaturé le sens et rendu les dispositions inutiles.

Le vassal était toujours tenu envers son seigneur dominant à l'accomplissement de certains devoirs féodaux, mais ils avaient perdu leur ancien caractère; ce n'étaient plus guère que des obligations purement civiles, que des servitudes sans utilité et sans but réel. Le service militaire, cause première de l'établissement des fiefs, n'était plus dû au seigneur; nous avons vu que le roi seul pouvait l'exiger; il avait disparu avec le droit de guerre privée. Le service de cour avait aussi cessé; le seigneur féodal ne rendait plus la justice entouré de ses hommes de fief; les légistes avaient pris la place des barons.

L'hommage était encore le premier et le plus essentiel de tous les devoirs féodaux; mais l'hommage-lige ne pouvait être rendu

---

(1) Chopin. *De comm. Gall. consuet.*, pars II, quest. 1, § 1. — Chopin cite un arrêt de 1388 qui admet même, contrairement à l'ancien droit féodal, qu'en cas de sous-inféodation, le vavasseur est vassal du seigneur supérieur : *mei enim clientis cliens meus censetur*, parce que, dit-il, en France, le vasselage est plus réel que personnel. (*De And. leg.*, lib. I, t. 1, Cap. 6.)

(2) Brodeau. *Comm. sur la Cout. de Paris*, art. 23, n° 10. — Boutaric. *Droits seigneuriaux*, L. II, ch. 3.

(3) *Traité des Fiefs*, 2ᵉ partie, ch. 3, art. 1, 2.

qu'au roi ; on ne permettait plus aux seigneurs de s'attacher leurs vassaux par ce lien étroit qui, au moyen-âge, obligeait le vassal à servir son seigneur envers et contre tous (1). Pothier décide que l'obligation de porter foi et hommage n'est plus qu'une reconnaissance solennelle de la tenure du fief (2). Elle avait donc complètement changé d'objet et n'était plus en réalité qu'une charge purement civile. L'usage supprima en outre dans la cérémonie tout ce qui rappelait d'une manière trop frappante l'antique sujétion du vassal. « Il serait ambitieux et inepte aux seigneurs inférieurs, dit la Thaumassière, d'exiger des actes de soumission qui ne sont dûs qu'au roi » (3). Aussi, décide-t-il que le vassal n'est point tenu d'avoir un genou en terre, ni de mettre ses mains dans celles du seigneur. Telle est aussi l'opinion de Dumoulin (4). Après l'hommage, le vassal devait toujours, comme autrefois, l'aveu et le dénombrement (5).

Faute par le vassal de faire hommage dans le délai prescrit par la coutume, le seigneur jouissait encore du droit de saisir le fief ; mais Dumoulin permet au vassal de résister par les armes au seigneur qui abuse de son droit en pratiquant la saisie féodale. Le vassal peut mépriser une saisie nulle et injuste et se maintenir en possession (6). Le seigneur en l'exerçant n'était plus, comme autrefois, un souverain qui réprimait son sujet rebelle, un maître qui reprenait sa chose, mais seulement un créancier exigeant un gage de son débiteur à cause de l'inexécution de la convention (7). Dumoulin tend toujours à ramener le droit féodal au droit commun, et à établir que la concession d'un fief n'est, de sa nature, qu'un simple contrat. Partant de ce principe, il applique toujours aux rapports du seigneur et du vassal les théories

---

(1) Dumoulin, § 1, gloss. 5, n. 11. — Boutaric, L. II, ch. 1.

(2) *Traité des Fiefs*, ch. 1.

(3) *Comm. sur la Cout. de Berry*, t. 5, art. 20, n° 5.

(4) *Traité des Fiefs*, § 2, gloss. 3, n. 14, 15.

(5) Boutaric. *Droits seigneuriaux*, L. II, ch. 2. — Chopin. *De commun. Gall consuet.*, pars II, quest. 1, § 2.

(6) Dumoulin, § 1, gloss. 4, n. 37, 40.

(7) *Id.*, § 1, gloss. 9, n. 5, 10.

générales des obligations et les soumet à la même loi. Une ordonnance de 1563 adopta complètement ce système. Elle permit au vassal dont le fief avait été saisi par son seigneur, de le citer en justice; celui-ci était tenu de faire connaître pour quel motif il avait saisi, afin que le vassal pût faire ses offres (1).

Il faut remarquer que les effets de la saisie féodale avaient été adoucis par le temps. D'après l'ancien droit, le défaut d'hommage entraînait la perte du fief. Mais, plus tard, l'usage abrogea cette coutume, et le défaut d'hommage ne donna plus au seigneur que le droit de percevoir les fruits (2). Pothier fait toutefois, à cet égard, une distinction; d'après lui, le seigneur, par la saisie féodale, réunit à son domaine le fonds même du fief; mais par la saisie faute de dénombrement, il ne prend que les fruits (3). Jusqu'à l'hommage, le vassal est bien propriétaire à l'égard des tiers, mais non à l'égard du seigneur (4).

Le seigneur qui avait saisi faisait les fruits siens jusqu'à la prestation de l'hommage; *tant que le vassal dort, le seigneur veille; tant que le vassal veille, le seigneur dort,* disait la vieille maxime féodale encore en vigueur pendant les derniers siècles (5).

La commise avait toujours lieu dans certains cas; le vassal perdait encore son fief pour désaveu et pour félonie : « *Qui fief nie, fief perd,* » disait Loisel; mais on décidait que cette disposition, ayant un but pénal, était odieuse et devait être restreinte dans les limites les plus étroites : *odia restringenda sunt* (6). L'influence des idées monarchiques avait introduit sur ce point une innovation importante. D'après Brodeau, le désaveu n'emporte point la commise, quand le vassal soutient, sans fraude, que son fief est mouvant du roi « *qui est le souverain fieffeux, c'est-à-*

---

(1) Ord. de Charles IX, en 1563, art. 2. Guenoys, L. IV, t. 15, § 2.

(2) Brodeau, *sur Paris*, art. 1, nos 6, 7. — Voir l'*Anc. Cout. de Reims*, du XVe siècle, art. 166. (*Archives de Reims.*)

(3) Pothier. *Traité des Fiefs*. 1re partie, ch. 4, art. 5, sect. 1re, § 2.

(4) *Id.*, ch. 2, art. 1.

(5) La Coutume de Toulouse faisait exception; elle n'admettait point la saisie féodale. (Boutaric. *Droits seigneuriaux*, L. II, ch. 3.)

(6) Pothier. *Traité des Fiefs*, part. 1, ch. 3, sect. 1, art. 1.

dire le seigneur universel et plus proche, fondé en droit commun et universel » (1). Le caractère patrimonial du fief se retrouve dans toutes les décisions des jurisconsultes sur les effets de la commise. Le seigneur n'avait plus besoin, comme sous l'empire de l'ancien droit, conservé du reste par la Coutume de Clermont en Beauvoisis, de recevoir lui-même l'investiture de son suzerain avant de saisir le fief de son vassal; le caractère militaire et la vieille hiérarchie du régime féodal s'effaçaient de plus en plus (2). Le fief confisqué pour désaveu retournait au seigneur direct à titre d'acquêt et non de propre; on ne songeait plus à son droit primitif de domaine (3).

D'après la jurisprudence de cette époque, la faute du feudataire est personnelle; le fils du vassal ne peut être privé du fief pour celle de son père, quand le seigneur n'a pas poursuivi ce dernier. La femme ne perd pas son fief propre par le fait du mari; elle garde son droit de douaire sur le fief appartenant à son conjoint et tombé en commise. La commise ne nuit pas aux droits des créanciers ni à ceux des acquéreurs. Les hypothèques consenties par le vassal continuent de grever le fief, même après qu'il est retourné aux mains du seigneur; ce dernier doit respecter aussi les aliénations et les sous-inféodations faites par le vassal (4). La question de savoir si la commise détruit les hypothèques fut du reste longtemps controversée. D'Argentré, partisan des principes du vieux droit et favorable aux seigneurs, tenait pour l'affirmative; Dumoulin, leur adversaire constant, suivait l'opinion contraire, qui finit par prévaloir (5). Boutaric pensait encore cependant que le seigneur devait reprendre le fief libre d'hypothèques, lorsqu'il était confisqué pour félonie ou pour désaveu; ces

---

(1) Brodeau, *sur Paris*, art. 43, n° 17.

(2) De Laurière, *sur Loisel*, L. IV, t. 3, règle 50. — Cout. de Clermont en Beauvoisis, art. 79.

(3) Brodeau, *sur Paris*, art. 43, n° 27.—Lorsque le fief était confisqué pour crime, il ne retournait pas au seigneur féodal, mais au seigneur justicier (n° 29).

(4) Chopin. *De feud. And.*, pars III, cap. 2, t. 3, n. 2, 3, 5, 8, 9.

(5) Pothier. *Traité des Fiefs*, partie 1re, ch. 3, art. 3, § 3.

charges ne subsistaient d'après lui que dans le cas où la tenure était confisquée pour crime (1).

Lorsque la commise était prononcée contre le seigneur, pour crime envers son vassal, celui-ci ne devenait pas libre, mais relevait du seigneur supérieur, comme sous l'empire de l'ancien droit; telles étaient les dispositions de la Coutume d'Anjou (2).

On tendait à restreindre les droits des seigneurs sur tous les points où il était possible de le faire. La lutte s'engagea entre eux et les légistes sur la question des droits bursaux ou profits utiles des fiefs et des censives, tels que le relief, le quint, la saisine, les lods, etc., qui frappaient les mutations. Les hommes de loi trouvèrent une foule de moyens d'éluder l'obligation de payer les droits de cette nature. Dumoulin pose en principe que les reliefs et tous les droits onéreux des fiefs sont odieux, qu'ils doivent être resserrés dans les limites de l'acte dont ils procèdent (3). D'après Brodeau, les droits bursaux sont *irréguliers, impropres, exorbitants* et *extraordinaires ;* ils ne sont ni de l'essence ni de la première institution des fiefs ; ils ne doivent pas s'étendre au-delà de leurs limites ; ils sont sujets à une interprétation étroite et rigoureuse (4). Ces droits, d'après Boutaric, ne peuvent être exigés que lorsque la coutume ou le pacte féodal le décide expressément (5).

Le droit commun de la France avait restreint, ainsi que nous l'avons vu, le paiement du relief aux successions collatérales ; l'héritier direct ne devait au seigneur *que la bouche et les mains*, soit qu'il succédât après le décès de son auteur, soit qu'il reçût le fief par donation ou partage anticipé à titre d'avancement d'hoirie. Le relief était toujours égal au revenu d'une année du fief (6). L'acheteur payait encore pour les mutations par vente le droit de quint, c'est-à-dire le cinquième du prix du fief et quelquefois en outre le requint, c'est-à-dire le cinquième du quint. Mais, pour

(1) Boutaric. *Droits seigneuriaux*, L. II, ch. 4.
(2) Chopin. *De feud. And.*, pars II, cap. 2, t. 4, n. 1.
(3) Dumoulin, § 20, gloss. 4, n. 8; § 33, gloss. 1, n. 44; gloss. 2, n. 3.
(4) *Comm. sur la Cout. de Paris*, art. 47, n° 1.
(5) Boutaric. *Droits seigneuriaux*, L. II, ch. 5.
(6) *Idem.*

rester fidèle au principe de restriction, on détermina d'une manière précise quels étaient les contrats équipollents à la vente, afin que le vassal ne fût pas obligé de payer pour les mutations qui ne rentraient pas strictement dans la classe des ventes. Ainsi Pothier décide qu'il n'est pas dû de quint pour la vente putative faite sous une condition qui a défailli, ni pour une vente rescindée, ni pour une vente résolue par suite d'inexécution des conditions ; qu'il n'est dû qu'un seul droit pour plusieurs mutations provenant d'une seule vente. Le quint était dû au contraire pour tous les contrats qui équipollent à la vente, tels que *datio in solutum*, donation à titre onéreux, donation rémunératoire considérée comme équivalent de services rendus (1). D'Argentré, dans son traité *De Laudemiis*, pose les mêmes principes, mais il se montre en général plus favorable aux seigneurs.

L'effort constant des légistes fut de restreindre la liste des cas où il était dû un droit au seigneur pour mutation de vassal ; à l'aide d'habiles fictions, ils dissimulèrent la mutation dès qu'un moyen quelconque permettait de le faire. Tel fut le but de leurs théories en matière de succession et de saisine, de partage, de dot, de reprise de communauté, de garde-noble, etc. Nous reviendrons en leur lieu sur ces différents sujets.

Le caractère spécial du fief, que l'on considérait en quelque sorte comme en dehors du commerce, avait fait admettre que le vassal ne peut prescrire contre son seigneur. Les jurisconsultes firent une distinction sur ce point, et tout en reconnaissant, conformément à l'ancien droit, que la directe féodale et l'hommage sont de leur nature imprescriptibles, ils décidaient cependant que les profits utiles échus par suite d'une succession, d'une vente, d'une donation ou pour autre cause pouvaient se prescrire par non-paiement pendant trente ans (2).

Le retrait féodal fut accueilli par les jurisconsultes des XVIe et XVIIe siècles plus favorablement que les autres droits seigneuriaux.

---

(1) Pothier. *Traité des Fiefs*, part. 1, ch. 5, art. 2.
(2) La Thaumassière. *Décisions sur la Coutume de Berry*, L. III, ch. 48.
— Voir aussi Chopin. *De And. leg.*, lib. I, t. 1, cap. 8.

Dumoulin et Brodeau déclarent qu'il n'est ni exorbitant, ni odieux, qu'il est conforme à la nature du fief, que c'est une transformation de l'ancienne prohibition d'aliéner les fiefs, ayant pour objet de rejoindre la branche au tronc. On en restreignit cependant les effets au cas de vente, et l'on tenait qu'il n'y avait pas lieu au retrait pour l'échange ou la donation (1). Le retrait féodal était admis dans toute la France, dans les pays de droit écrit comme dans ceux de coutume, excepté à Toulouse et à Cahors (2).

Cette institution subit cependant d'importantes modifications. D'après l'ancienne jurisprudence, qui conservait encore le souvenir du droit féodal primitif et du but originaire du retrait, c'était un droit personnel, incessible, incommunicable, attaché au seigneur; c'était la faculté de réunir le fief servant au fief dominant dont il avait été primitivement démembré. Mais d'après la jurisprudence en vigueur du temps de Pothier, le retrait féodal avait perdu complètement son ancien objet. Ce n'était plus alors qu'un profit utile du fief, que le seigneur pouvait céder et dont il disposait à son gré; ce n'était plus, suivant l'expression du grand jurisconsulte, *que le droit de profiter d'un bon marché* (3). Le caractère primitif du fief s'effaçait donc de plus en plus, et cette propriété d'une nature spéciale rentrait tous les jours davantage sous l'empire du droit commun.

§ III.

DU DROIT DE FRANCS-FIEFS ET DES ANOBLISSEMENTS.

Au XVIe siècle, il y avait longtemps que les anciennes prohibitions qui interdisaient d'une manière absolue la possession des fiefs aux femmes, aux clercs, aux marchands et aux hommes

---

(1) Dumoulin. *Traité des Fiefs.* § 20, gloss. 4, n. 8. — Brodeau, *sur Paris*, art. 20, n°s 2, 18.

(2) Boutaric. *Droits seigneuriaux.* L. II, ch. 6.

(3) Pothier. *Traité des Fiefs*, part. 2, ch. 2, art. 1.

incapables de faire le service militaire, étaient tombées en désuétude : « Aujourd'hui, dit Loisel, toute personne peut tenir fiefs » (1). Cependant, les nobles seuls pouvaient de plein droit posséder des fiefs ; les bourgeois, pour se faire relever de l'incapacité qui les frappait, étaient toujours soumis au droit de francs-fiefs, sauf dans les villes privilégiées qui avaient obtenu l'exemption de cet impôt. Mais partout où il n'y avait pas de privilége spécial, les bourgeois acquéreurs de fiefs étaient soumis à la taxe. Elle devait être perçue au profit du roi seul et non du seigneur immédiat. Ce droit fut déclaré inaliénable et imprescriptible comme tous les droits domaniaux et régaliens (2). Une ordonnance de Louis XIV, en 1656, abolit le droit de francs-fiefs, tout en déclarant qu'il appartient au roi seul de percevoir cet impôt et par conséquent d'en faire remise aux roturiers : « Ce droit de francs-fiefs a toujours été de même considéré comme inséparable de notre domaine et Couronne » (3). Mais il fut plus tard rétabli et continua d'être perçu pendant le XVIIIe siècle. Le prince, tout en reconnaissant à tous ses sujets le droit d'acquérir des fiefs, ne pouvait se priver cependant d'une taxe productive alors qu'un grand nombre de nobles aliénaient leurs domaines qui passaient peu à peu entre les mains de la bourgeoisie. L'acquisition des fiefs par le tiers-état fut une des principales causes de la chute de la féodalité.

La création des nobles par lettres d'anoblissement contribua puissamment aussi à amener le même résultat. Au moyen-âge, la terre noble anoblissait son seigneur ; à la troisième génération, les descendants du roturier qui avait acquis un fief partageaient noblement et prenaient la qualité de nobles. L'Ordonnance de Blois fit cesser cet usage et décida qu'à l'avenir les roturiers ne deviendraient point nobles en achetant des fiefs, quelle qu'en fût la valeur ou l'importance (4). D'après Bacquet, l'acqui-

(1) *Inst. cout.*, L. I, t. 1, règle 11.
(2) Bacquet. *Droit de francs-fiefs*, ch. 14. — Boutaric. *Droits seigneuriaux*, L. II, ch. 9.
(3) Ord. de novembre 1656.
(4) Henri III. Estats de Blois, en 1579, art. 258. Guenoys, L. XII, t. 1, § 7.

sition d'un fief même de dignité, tel que duché, comté, marquisat, et celle d'un droit de justice ne confère point la noblesse à l'acquéreur; l'héritage noble n'anoblit point son seigneur né roturier (1). Le roi seul peut anoblir, soit par lettres patentes, soit par les charges et les offices. La noblesse fut attachée aux fonctions les plus élevées de la magistrature; les membres du parlement de Paris, ceux des parlements de province, de la Cour des Comptes, de la Cour des Aides de Paris, les trésoriers généraux, etc., furent gratifiés du privilége de l'anoblissement (2). Boutaric, moins absolu que Bacquet, admet que la noblesse peut s'acquérir non-seulement par les lettres d'anoblissement et par les charges, mais encore par la possession d'état et par l'investiture des fiefs de dignité (3). Ce système est plus conforme à l'ancien droit féodal que celui de Bacquet, pour lequel il n'y avait de nobles que ceux auxquels le roi avait conféré cette dignité. Toute la plus ancienne noblesse, au contraire, n'avait pas d'autres titres que la possession d'état et l'investiture des fiefs.

L'anobli par lettres ou par charges jouissait des mêmes priviléges que le noble de race (sauf toutefois pour les honneurs de la cour); il profitait des mêmes exemptions, parvenait aux fonctions réservées aux nobles et pouvait posséder et acquérir des fiefs sans payer le droit de francs-fiefs (4).

Les rois donnèrent, à différentes époques, de nombreuses lettres de noblesse, soit à des individus isolés, soit à un certain nombre de personnes désignées à la fois dans chaque ville ou dans chaque province (5). En outre, les bourgeois, en parvenant aux charges de la magistrature, grossissaient tous les jours le nombre des anoblis. Il se forma ainsi, par les lettres et par les charges, une seconde noblesse trop faible pour tenir tête au pouvoir royal

---

(1) Bacquet. *Droit d'anoblissement*, ch. 20.
(2) *Id.*, ch. 17, 19.
(3) Boutaric. *Droits seigneuriaux*, L. II, ch. 10.
(4) Bacquet. *Droit d'anoblissement*, ch. 22.
(5) Ord. de 1568. Guenoys, L. XII, t. 1, § 5. — On trouve divers édits ordonnant qu'il sera créé tant de nobles dans telle ou telle province, dans telle ou telle ville.

et pour renouveler les désordres de l'époque féodale, mais assez forte pour le soutenir dans ses luttes contre les grands seigneurs. Cette nouvelle aristocratie, sortie du tiers-état, remplaçait peu à peu l'ancienne noblesse.

§ IV.

DES CENSIVES ET DES DROITS DU SEIGNEUR CENSIER.

Le droit du seigneur censier sur la terre tenue de lui s'affaiblit d'une manière plus complète peut-être que celui du seigneur féodal. Dumoulin nous enseigne que la censive est patrimoniale comme le fief. D'après lui, le cens est un contrat semblable à l'emphytéose (1).

L'obligation de payer le cens n'empêchait pas que le seigneur utile de la censive ne fût le véritable propriétaire de sa tenure; il pouvait non-seulement la transmettre à ses héritiers légitimes, mais en disposer comme bon lui semblait, à titre gratuit ou onéreux, entre vifs ou par testament, de la manière la plus absolue et sans le consentement du seigneur direct (2). Pour les censives, comme pour les fiefs, les légistes s'efforcèrent d'établir des règles précises et de soumettre toutes les tenures à la même loi. Ils restreignirent les charges aux conditions présumées du pacte de concession. Ils ramenèrent tous les rapports du seigneur censier et de son vassal à un contrat régi par le droit commun.

Les obligations imposées par le droit féodal aux censitaires subirent aussi l'influence des légistes. Dumoulin, d'après les principes qu'il a posés en matière de fiefs, décide que pour les censives, comme pour les tenures nobles, les profits seigneuriaux sont de droit strict et qu'ils ne peuvent être perçus que suivant les termes mêmes du contrat d'investiture (3).

---

(1) Dumoulin. *Traité des censives*, proem., n. 21.

(2) Brodeau, *sur Paris*, t. 2, préam. — Pothier. *Traité du domaine de propriété.*

(3) Dumoulin. *Des censives*, § 74, gloss. 1, n. 8.

En cas de non-paiement du cens par le vassal, le seigneur dominant avait le droit de saisir la tenure; mais Dumoulin ne lui permettait pas de le faire de sa propre autorité, il fallait qu'il se fît autoriser par le juge (1). Le saisissant n'était plus qu'un simple créancier : son caractère seigneurial tendait à s'effacer.

La jurisprudence établit que les droits d'acapte et d'arrière-acapte, qui se payaient, le premier à la mort du seigneur, le second à celle du vassal, dans certaines localités, n'étaient point de l'essence du bail à cens et ne pouvaient être exigés qu'en vertu d'une stipulation expresse (2). Les droits de vest et de dévest, de saisine et de dessaisine furent déclarés odieux par les légistes, et, lors de la rédaction des coutumes, ils furent abolis dans presque toute la France (3).

D'après le droit nouveau, le défaut de paiement du cens ne faisait plus tomber la tenure en commise, comme sous le droit ancien (4). Le désaveu ne donnait plus lieu à la commise, à moins qu'il n'eût été fait par fraude et de mauvaise foi ; mais la félonie fut toujours une cause de commise, même après l'abandon du service militaire du fief (5).

D'après l'Ancienne Coutume de Paris, le seigneur pouvait exercer le retrait sur les censives aliénées comme sur les fiefs mouvants de lui. Jean Desmares soutenait déjà qu'il n'y avait pas lieu de l'admettre, et la Coutume rédigée en 1510 le rejeta en effet dans l'intérêt de la liberté du commerce, suivant la remarque de Dumoulin (6). De toutes parts tombaient les anciennes entraves féodales, et la propriété s'affranchissait. Cependant le retrait censier continua d'exister dans certaines provinces ; d'après l'opinion

---

(1) Dumoulin. *Des censives*, § 74, gloss. 1, n. 71.

(2) Boutaric. *Droits seigneuriaux*, L. III, ch. 4.

(3) De Laurière *sur Loisel*, L. II, t. 5, règle 1 ; L. IV, t. 3, règle 1.

(4) *Id dudum antiquavit contrarius Galliæ usus*, dit Chopin en parlant de la commise pour défaut de paiement. (*De feud. And.*, lib. II, pars 3, cap. 2, t. 3, n. 4 ; t. 4, n. 4.)

(5) Boutaric. *Droits seigneuriaux*, L. III, ch. 5.

(6) *Ut civibus liberius esset commercium*. *Traité des censives*, § 78, gloss. 1, n. 114. — Jean Desmares, décis. 204. — Brodeau, art. 20, n. 19.

de Boutaric, il devait même être favorable, comme le retrait féodal ; mais le seigneur qui avait reçu les lods et ventes, ayant par là acquiescé à l'aliénation, perdait le droit d'exercer le retrait (1).

Le profit le plus important que le seigneur pût percevoir sur les censives qui relevaient de lui, c'était celui des lods et ventes, qu'on payait pour les aliénations ; quelquefois même, on appelait lods le droit perçu sur les successions. Tous les jurisconsultes s'occupèrent de cette matière ; pour les censives, comme pour les fiefs, ils posèrent des règles fixes et généralement restrictives sur le paiement des droits de mutation. D'après Dumoulin, les lods et ventes ne sont dus que pour la vente strictement, et sans qu'il soit permis d'étendre cette expression : « *numquam debeantur (laudemia) nisi in casum veræ, propriæ et strictæ venditionis.* » C'est d'après ce principe qu'il examine tous les cas et qu'il adopte presque toujours l'avis le plus défavorable aux seigneurs (2). Brodeau décide aussi que le droit de vente est sinon odieux et défavorable, du moins de droit étroit et qu'il ne peut être étendu (3). Les différents contrats furent passés en revue et l'on détermina ceux qui renfermaient une vente véritable. Les légistes adoptèrent pour les aliénations des censives les mêmes principes que pour les ventes de fiefs (4).

D'Argentré, champion de l'ancienne jurisprudence, voulait que les lods ne fussent payés qu'après la tradition de l'objet vendu, parce qu'alors seulement la propriété était transférée et le vassal changé ; mais une jurisprudence plus récente exigea le paiement dès que la vente était parfaite, c'est-à-dire dès que les parties étaient d'accord sur la chose et sur le prix, et même avant que la propriété fût transférée par la tradition feinte ou réelle (5). Le

---

(1) Boutaric. *Droits seigneuriaux*, L. III, ch. 7.

(2) Dumoulin. *Traité des censives*, § 78, gloss. 1, n. 1, 2, 3.

(3) *Comm. sur la Cout. de Paris*, art. 73, nos 23, 24.

(4) D'Argentré. *De laudemiis*, cap. 1, § 1, 17. — Boutaric. *Traité des droits seigneuriaux*, L. III, ch. 8.

(5) D'Argentré. *De laudemiis*, cap. 1, § 2. — *.....possessione et traditione secuta et manu effectualiter mutata.* (*Id.*, cap. 4.) — En sens contraire : Boutaric. *Droits seigneuriaux*, L. III, ch. 8.

seigneur n'était tenu de donner à l'acquéreur la saisine de la censive ou l'investiture du fief, qu'après que le vassal lui avait payé le quint ou les lods (1).

Les principes qui régissaient la transmission de la propriété des censives s'appliquaient aussi à celle des rentes constituées, tant sur l'hôtel de ville de Paris que sur les particuliers (2). Toutefois, un arrêt du parlement avait décidé, contrairement aux dispositions de l'Ancienne Coutume de Paris, que les lods n'étaient pas dus pour les rentes constituées à prix d'argent sur les maisons et héritages situés dans le ressort de la vicomté de Paris (3). Quant à la prescription, il en était de la censive comme du fief ; le cens était imprescriptible ; mais les profits utiles échus par suite d'une succession, d'une vente ou pour toute autre cause, se prescrivaient par trente ans (4).

Outre les droits dont nous venons de parler et qui étaient la conséquence naturelle et ordinaire de la tenure en censive, les seigneurs censiers ou justiciers en exerçaient encore plusieurs autres qui n'étaient pas aussi souvent attachés au domaine direct, tels que les droits de taille, de corvée, de banalités. Dans l'ancien système féodal, les vilains étaient partout soumis à ces différentes prestations ; mais les nombreux affranchissements opérés au moyen-âge avaient libéré un grand nombre de vilains de ces obligations onéreuses. Cependant, à la fin du XVIIIe siècle, elles existaient encore dans beaucoup de localités.

La taille pouvait être perçue par le seigneur dans différents cas qui variaient souvent ; c'étaient les noces du seigneur, les couches de sa femme, le mariage de ses filles, la guerre, la captivité, un voyage d'outre-mer, une acquisition de nouvelles terres, etc. Mais les légistes décidèrent que la taille n'était jamais due de plein droit ; qu'elle n'était pas une conséquence nécessaire du

---

(1) Brodeau, *sur Paris*, art. 22, nos 10, 11.

(2) Bacquet. *Des rentes constituées*, 2e partie, ch. 25.

(3) Arrêt du 10 mai 1557 abrogeant l'art. 58 de l'Anc. Cout. de Paris. Brodeau, *sur Paris*, art. 83, n° 1.

(4) La Thaumassière. *Décisions sur la Cout. de Berry*, L. III, ch. 48.

cens et de la directe, et que le seigneur ne pouvait jamais l'exiger sans titre (1).

Il en fut de même des corvées, soit qu'elles fussent réelles, soit qu'elles fussent personnelles. Le pouvoir royal prit les vilains sous sa protection et fit cesser l'oppression que certains seigneurs faisaient peser sur leurs sujets. L'Ordonnance d'Orléans enjoignit aux juges royaux de ne pas permettre que « nos pauvres sujets soient travaillez et opprimez par la puissance de leurs seigneurs féodaux, censiers ou autres. » Celle de Blois renouvela les mêmes injonctions et défendit aux seigneurs de lever sur eux des contributions non dues; elle décida qu'il y avait crime de concussion de la part du seigneur qui exigeait des corvées sans titre (2). Conformément à cette ordonnance, tous les jurisconsultes s'accordèrent à décider qu'il n'y avait point de corvées sans titre, qu'elles n'étaient pas de droit commun et ne résultaient pas de la tenure à cens, qu'elles étaient défavorables; on présumait qu'elles avaient eu la violence pour source; il fut décidé que le seigneur ne pouvait rien demander au-delà de ce qui était fixé par le contrat d'affranchissement (3). En abolissant les corvées arbitraires, le pouvoir royal et les légistes faisaient disparaître un des derniers restes de l'ancienne oppression seigneuriale.

Les banalités furent aussi restreintes par la jurisprudence nouvelle. On décida que ce droit ne pouvait être acquis sans titre, et que la possession immémoriale elle-même était insuffisante pour le donner au seigneur (4). D'après Boutaric, il était exorbitant, extraordinaire et contraire à la nature du fief, plus odieux et moins favorable que les autres droits seigneuriaux. Le titre seigneurial devait émaner de tous les habitants soumis au droit de banalité, de leur plein consentement, sans contrainte et pour cause

---

(1) Boutaric. *Droits seigneuriaux*, L. III, ch. 9.

(2) Ord. d'Orléans, art. 106, janvier 1560. — Estats de Blois, art. 283, en 1579.

(3) Bacquet. *Droits de justice*, ch. 29. — Brodeau, *sur Paris*, art. 71, nos 8, 49. — Boutaric, L. III, ch. 10. — N. C. de Paris, art. 71, 72.

(4) Bacquet. *Droits de justice*, ch. 29. — Brodeau, *sur Paris*, art. 71. — Boutaric décide cependant qu'il suffit que le seigneur ait la possession centenaire.

légitime (1). Mais en Anjou il n'en était pas de même, le seigneur féodal ou bas-justicier pouvait, même sous l'empire de la Coutume officielle, de plein droit et sans titre, avoir moulin, four ou pressoir banal (2).

Tels furent les principaux droits seigneuriaux dont le pouvoir royal et la jurisprudence restreignirent l'exercice. Nous ne pouvons entrer dans le détail de tous les autres. Il suffit de dire que les légistes posèrent en principe général que tous ces droits devaient être restreints ou complètement abolis. D'après Dumoulin, les droits exorbitants et insolites sont présumés avoir été extorqués par la violence des seigneurs envers les paysans et doivent être supprimés. Il s'élève avec force contre les seigneurs qui tyrannisent leurs vassaux : (*Tyrannis aut barbarica impressio*). Chopin partage la même opinion : *Presumptum est enim insolita hoc genus clientelæ onera quodam terrore extorta fuisse* (3). La jurisprudence du parlement adopta ce système, et lorsqu'un seigneur réclamait devant la Cour suprême l'exercice d'un droit de cette nature, on décidait que ce droit devait être réputé non écrit et rayé du pacte de l'investiture (4).

§ V.

DES MAINMORTES.

Les affranchissements opérés au moyen-âge par les rois et par les seigneurs ecclésiastiques ou laïques, avaient conféré à un grand nombre de serfs et de mainmortables la condition de censitaires et de libres tenanciers. Dans beaucoup de localités, le droit de mainmorte disparut complètement, et lors de la rédaction offi-

---

(1) Boutaric, *Droits seigneuriaux*, L. III, ch. 11.

(2) Pocquet de Livonnière, L. VI, ch. 6.

(3) *Traité des Fiefs*, § 3, gloss. 3, n. 6 ; § 53, n. 16, 17, 18. — *Traité des censives*, § 76, gloss. 1, n. 16. — Chopin, *De And. leg.*, lib. II, t. 3, § 6.

(4) Arrêt de 1587, cité par Chopin, qui exempte Guillaume de Mayaudais de courir la quintaine pour le fief qu'il tient de Jehan des Vaux. (*Loc. cit.*)

cielle, plusieurs coutumes inscrivirent dans leur texte qu'elles ne reconnaissaient pas d'hommes de condition servile : telle fut celle de Paris. En Berry, les coutumes des châtellenies rurales admettaient la mainmorte, mais celles des villes la repoussaient. Les coutumes de Bretagne, de Nivernais, de Troyes, de Meaux, de Vitry, de Chaumont, de Bourgogne, de Franche-Comté, de Bourbonnais, de la Marche, d'Auvergne, la conservèrent longtemps au contraire (1). Pendant les trois derniers siècles, comme à une époque plus ancienne, le mainmortable était toujours incapable de transmettre sa succession, si ce n'était à ses enfants ou à ses parents vivant en communauté avec lui; à défaut de coparçonniers, le seigneur héritait au préjudice des autres parents et même des enfants qui n'étaient pas *en celle* (2).

On distinguait encore trois sortes de serfs : les serfs d'héritage, ceux de meubles, et ceux de corps ou de poursuite. Le serf d'héritage n'était tel qu'à cause de la terre qu'il tenait de son seigneur; il devenait libre en la quittant; le serf de corps, au contraire, ne pouvait abandonner la seigneurie sans le consentement du seigneur; il était attaché à la glèbe, et, s'il s'échappait, on pouvait le contraindre à revenir. Quant au serf de meubles, il ne pouvait se libérer qu'en laissant à son seigneur non-seulement sa tenure, mais encore ses meubles (3). Du reste, aucun d'eux n'était esclave; le seigneur n'avait aucun droit de propriété sur leur personne, qu'ils fussent ou non serfs de poursuite : tous jouissaient de l'état civil; leur famille était constituée comme celle des hommes libres, leurs mariages aussi légitimes que ceux de leurs maîtres; en un

---

(1) Cout. du duché de Bourgogne, ch. 9, art. 3. — Cout. du comté de Bourgogne, art. 98. — Cout. locales du Berry. Richebourg, tom. IV, p. 995. — Cout. générale de Berry, t. 1, art. 1, 2. — Cout. de Bretagne. Richebourg, tom. IV, p. 412. — Cout. de Troyes, art. 3, 4, 5, 6; — de Vitry-le-Français, art. 141; — de Chaumont-en-Bassigny, art. 3; — de Meaux, art. 5; — de Nivernais, ch. 8; — de Bourbonnais, art. 492; — de la Marche, art. 154; — d'Auvergne, ch. 27, art. 3.

(2) Loisel. *Instit. cout.*, L. I, t. 1, règle 93. — Pothier. *Traité des successions*, ch. 1, § 5.

(3) Loisel, L. I, t. 1, règle 71.

mot, l'Église en avait fait des hommes, et le servage, dans les pays chrétiens, n'avait plus rien de commun avec l'esclavage antique (1).

Le formariage subsistait toujours, mais les ordonnances défendaient aux seigneurs d'abuser de leur autorité et de contraindre leurs sujets à marier leurs filles contre leur volonté, et cela sous peine de perdre la noblesse et d'être punis des peines du rapt (2).

Cependant, le régime de la mainmorte était encore bien rigoureux pour les gens qui s'y trouvaient soumis; il était en outre aussi défavorable que possible au développement de l'agriculture. L'homme ne travaille jamais avec ardeur que lorsqu'il a la certitude de transmettre à ses enfants le produit de son labeur. Aussi, pour des motifs d'économie politique autant que d'humanité, Louis XVI affranchit tous les mainmortables du domaine royal. L'Édit de 1779 supprima les droits de mainmorte, de formariage et de servitude personnelle, en accordant à tous les serfs royaux la faculté de se marier et de changer de domicile sans entraves, celle de transmettre leurs biens par testament ou *ab intestat*, par donation ou à titre onéreux, comme toute personne franche, qu'ils vécussent ou non en communauté (3).

Quant à l'esclavage proprement dit, il n'avait plus lieu en France depuis bien des siècles; les légistes avaient posé en principe, que « *la France est le pays des francs,* » et que tout esclave devient libre en mettant le pied sur le sol du royaume, qu'il appartienne soit à un Français, soit à un étranger (4). Malheureusement, la maxime ne s'appliquait qu'au sol continental et pas aux colonies françaises, dans lesquelles l'esclavage resta en pleine vigueur pour les nègres et pour les gens de couleur, pendant les derniers règnes de l'ancienne monarchie et jusqu'au milieu du XIXe siècle. Mais l'esclavage colonial n'a rien de commun avec le servage féodal.

En un mot, si l'affranchissement des personnes et des terres n'a pas été complètement effectué pendant la dernière période de

---

(1) Pothier. *Traité des personnes.*
(2) Estats de Blois, art. 281, en 1579. Guenoys, L. V, t. 1, § 2.
(3) Edit de 1779, art. 1. — Voir pour les motifs le préambule de l'édit.
(4) Brodeau, *sur Paris*, t. 9, préamb., n° 5.

notre histoire, il a cependant fait beaucoup de progrès. L'influence des théories romaines soutenues par les légistes avait affermi le droit de propriété sur la tête du seigneur utile et affaibli le domaine direct, qui n'était plus qu'un simple droit de supériorité ; les usages vexatoires avaient été abolis, la mainmorte n'existait plus que dans certaines localités. Tandis que la seigneurie féodale était dépouillée, au profit du roi, des droits de souveraineté qu'elle possédait au moyen-âge, le fief servant et la censive étaient déchargés d'une partie des services fonciers ou honorifiques que leur propriétaire devait à son seigneur. Depuis les premiers temps de l'époque féodale jusqu'à 1789, l'état des personnes et celui de la propriété s'étaient donc peu à peu transformés.

CHAPITRE V.

Du mariage.

La jurisprudence moderne, en introduisant l'usage du remploi des propres aliénés et en assurant l'exercice des reprises, changea l'ancien système de la communauté conjugale, surtout au profit de la femme ; celle-ci obtint aussi de n'être tenue des dettes de la communauté que jusqu'à concurrence de son émolument (1).

Le droit de renoncer à la communauté, privilége réservé aux femmes des nobles par l'ancien droit, reçut une importante extension lors de la réformation des coutumes. Comme cette faculté est une juste compensation des risques que court la femme dans une association dont elle n'a pas la direction, les légistes l'accueillirent avec faveur. La jurisprudence l'étendit aux veuves des roturiers et l'accorda même aux héritiers de la femme en cas de prédécès de celle-ci. Jean-Jacques de Mesme fit changer l'ancien article 115 de la Coutume de Paris, qui réservait aux veuves nobles le droit de renoncer à la communauté ; l'article 237 de la coutume réformée consacra le nouveau système et devint le droit commun de la France coutumière (2).

Tandis que la jurisprudence nouvelle étendait à la femme roturière le privilége de la femme noble, elle forçait la noblesse à accepter partout le régime de la communauté, qu'elle avait longtemps repoussé dans certaines localités. Les gentilshommes furent, sur ce point, soumis au droit commun. On leur enleva, dans ces

---

(1) Paris, N. C., art. 228, 232. — Orléans, 187, 192. — Pothier. *Traité de la communauté*, nos 198, 585, 734.

(2) Lebrun. *Traité de la communauté*, L. III, ch. 2, sect. 2, distinction 1, n° 1. — Arrêt du 15 avril 1567, rapporté par Pothier. *Traité de la communauté*, n° 550. — Paris, N. C., art. 237.

contrées, le droit qui appartenait au survivant des époux nobles de prendre tous les meubles, lorsqu'il n'y avait pas d'enfants.

Le procès-verbal de la Coutume de Blois nous en offre un exemple. Les rédacteurs admirent le système du partage égal des acquêts et des meubles entre les époux et leurs héritiers, à la dissolution du mariage. Les nobles protestèrent, disant, ce qui du reste fut reconnu exact, que d'après l'ancienne coutume, entre nobles, l'époux survivant prenait tous les meubles et acquêts. L'assemblée passa outre sur l'avis du clergé et du tiers-état, et admit la communauté comme *coutume nouvelle* (1). Mais l'usage de laisser au survivant des époux nobles, dans le cas où il n'y avait pas d'enfants, les meubles les plus précieux, les armes et les équipages placés dans les châteaux, n'en resta pas moins en vigueur dans la France coutumière (2).

D'après le droit féodal, le relief était dû pour toute mutation de vassal. Conformément à ce principe, la Coutume de Paris exigeait que la fille, en se mariant, payât ce droit pour le fief qu'elle apportait en mariage. La puissance maritale, en effet, mettait le fief à la disposition du mari; il devait en faire le service, rendre hommage au seigneur, jouir des avantages et supporter les charges du fief; en un mot, il y avait mutation de vassal. Dumoulin attaqua très-vivement cette disposition, qu'il déclare dure, inique et contraire à la faveur dont le mariage doit jouir (3). Suivant lui, le relief ne doit pas être payé en cas de mariage, parce que le fief ne change pas de main et que la femme en reste toujours propriétaire.

L'opinion de Dumoulin ne fut pas, toutefois, partagée complètement par les réformateurs de la coutume. On considéra toujours l'union conjugale comme entraînant un changement de vassal; toutefois, pour favoriser le mariage, on décida que le relief ne serait pas payé lors des premières noces de la femme proprié-

---

(1) Richebourg, tom. III, p. 1111. — C. de Blois, art. 182, 183.

(2) Lebrun. *Traité de la communauté*, L. III, ch. 2, sect. 1, dist. 4, n° 24. — N. C. de Paris, art. 238.

(3) Paris, A. C., art. 25, 36. — Dumoulin. *Traité des Fiefs*, § 36, gloss. 1, n. 1.

laire, mais seulement en cas d'un second ou subséquent mariage, considéré moins favorablement que le premier (1). Pothier admettait encore que le mariage est un changement, sinon de propriétaire, au moins de vassal, et que par conséquent, en droit rigoureux, le relief est dû au seigneur (2).

La Coutume d'Anjou n'avait pas subi la même réforme que celle de Paris, et, conformément au vieux droit, elle exigeait le relief en cas de mariage. Pocquet critiquait ce système et disait : « Il convient que, puisque la loi est écrite, il faut la garder, nonobstant qu'elle n'ait pas de motifs trop raisonnables. » Mais il pensait que le système de la coutume, reposant seulement sur la mutation fictive opérée par la communauté, n'a plus de raison d'être lorsque les époux sont mariés sous un autre régime et qu'alors il n'y a plus lieu au rachat (3).

D'Argentré décidait que le relief n'était pas dû pour la constitution de dot faite par le père, parce que c'est un avancement d'hoirie et que la Coutume de Bretagne n'exige pas le paiement du *laudemium* en succession directe (4).

Mais dans les pays de droit écrit, on pensait que si la dot avait été constituée avec estimation, ce qui vaut vente et transfère la propriété au mari, le paiement des lods était dû (5).

Les jurisconsultes ne professaient pas tous non plus la même opinion au sujet de l'exercice des reprises. D'après Brodeau, la femme ne doit point de droits de mutation lorsque, pour la remplir de ses reprises, les héritiers lui abandonnent un fief ou une censive provenant de la communauté et de la succession du défunt. Beaucoup d'autres jurisconsultes adoptèrent ce système, qui fut consacré par plusieurs arrêts (6). Pocquet de Livonnière, moins absolu, faisait une distinction : il ne voulait pas que la femme payât les lods lorsqu'elle se remplissait avec des acquêts de com-

---

(1) Brodeau, *sur Paris*, art. 37, nos 3, 4.
(2) Pothier. *Traité des Fiefs*, part. 2, ch. 2, sect. 2, art. 4.
(3) Pocquet de Livonnière, L. IV, ch. 3, sect. 2.
(4) D'Argentré. *De laudemiis*, § 48.
(5) Boutaric. *Droits seigneuriaux*, L. III, ch. 8.
(6) Brodeau, *sur Paris*, art. 78, n° 12; — art. 80, n° 14.

munauté, « parce que, disait-il, cela se fait par manière de partage de la communauté, et que la femme n'est pas étrangère à l'égard de cette sorte de biens, sur lesquels elle a un droit ou positif ou de prétention »; mais lorsque la femme exerce ses reprises sur les propres du mari, elle doit les lods, « parce qu'elle est entièrement étrangère à l'égard de ces sortes de biens sur lesquels elle n'a jamais eu ni droit, ni prétention, ni espérance » (1). Pothier partage la même opinion (2).

On décidait également que les droits de mutation n'étaient pas dus pour l'acceptation de la communauté, ni pour le partage des acquêts faits en commun, parce que, d'après les jurisconsultes, la femme était censée avoir, dès le premier moment, possédé la part que le partage lui devait attribuer; le partage de la communauté fut donc, ainsi que celui de la succession, considéré comme purement déclaratif. Le droit de disposition exercé par le mari sur les acquêts n'empêchait pas que la propriété de la moitié des acquêts ne reposât sur la tête de la femme dès le moment de l'acquisition (3).

La défaveur des droits féodaux eut donc pour résultat d'affermir les droits de la femme sur la communauté, en la rendant copropriétaire des biens acquis par le mari pendant la durée du mariage.

La même défaveur produisit aussi des résultats avantageux pour la veuve douairière. On l'exempta de l'obligation de payer le relief pour son douaire (4).

---

(1) Pocquet de Livonnière. *Traité des Fiefs*, L. III, ch. 5, sect. 3.
(2) Pothier. *Traité des Fiefs*, 1ʳᵉ partie, ch. 5, art. 2, § 3.
(3) Dumoulin. *Traité des Fiefs*, § 33, gloss. 1, n. 142. — Brodeau, sur *Paris*, art. 5, n° 1. — Pothier. *Traité des Fiefs*, 2ᵉ part., ch. 1, art. 2, § 3.
(4) Dumoulin. *Traité des Fiefs*, § 36, gloss. 1, n. 10.

CHAPITRE VI.

De la garde.

Le régime féodal avait imprimé des traces profondes sur le système des coutumes, en matière de bail et de garde ; mais au XVIe siècle, on ne tenait plus, comme au XIIe et au XIIIe, à assurer le service militaire du fief. Quelques coutumes admettaient encore la garde en ligne collatérale. Les légistes attaquèrent la féodalité sur ce terrain. Dumoulin critique vivement les coutumes qui accordaient la garde du fief aux collatéraux du mineur ; le bail déféré à ces parents est, suivant lui, une flagrante iniquité ; il n'a pour résultat que la dilapidation des biens des mineurs : « *Valde durum est et iniquum ; nihil aliud quam depredatio pupillorum* »; mais il trouve juste, et avec raison, que le père ou la mère ait la garde de son enfant mineur et fasse les fruits siens (1). La tutelle des père et mère est en effet de droit naturel, tandis que le bail des collatéraux n'était qu'une institution purement féodale, née de la nécessité du service des fiefs ; elle devait donc être en butte aux attaques du plus énergique ennemi du régime seigneurial. En Anjou, le bail collatéral fut aboli, lors de la rédaction de la coutume, en 1508 (2).

Le droit de déport, qui tenait aussi essentiellement au régime féodal, fut vivement attaqué par les jurisconsultes. Voici en quoi il consistait : en Anjou, lorsque le père, ou, à défaut du père, la mère d'un mineur possédant fief n'acceptait pas la garde noble, le seigneur prenait, pendant la minorité du pupille, les deux tiers du revenu du fief. « C'était, dit Chopin, une exaction seigneuriale

---

(1) *Traité des Fiefs*. § 46, gloss. 1, n. 1, 2.
(2) Procès-verbal de la rédaction de la Coutume d'Anjou, sur l'art. 85, Richebourg, tom. IV.

inique » (1). Les seigneurs cessèrent peu à peu de réclamer l'exercice de ce droit; au temps de Pocquet de Livonnière, il était complètement tombé en désuétude (2).

Le gardien, d'après l'ancien droit, devait payer le rachat pour les fiefs des mineurs dont il faisait les fruits siens; il en était de même du baillistre, mais non du tuteur (3). Tel était le système adopté par l'Ancienne Coutume de Paris. Elle considérait la garde et le bail comme constituant, en quelque sorte, une mutation de vassal. « Mais, dit Brodeau, cette coutume était trop fiscale, éloignée de raison et de justice »; aussi, la Nouvelle Coutume adopta un système contraire; d'après elle, le gardien noble ne doit pas le relief pour sa jouissance, il doit seulement acquitter les droits dus du chef des mineurs, par cette raison qu'il n'est ni seigneur du fief, ni vassal (4). La même réforme eut lieu en Berry; la Nouvelle Coutume exempta le baillistre de l'obligation de payer le relief, parce que le bail n'est pas une mutation de vassal : « Les sages rédacteurs de la Coutume de Berry, dit La Thaumassière, ont, à bon droit, improuvé cet usage » (5).

En Anjou, le gardien n'avait jamais été tenu au paiement du relief, de son propre chef; mais ce droit était remplacé par celui de déport, qui tomba en désuétude, ainsi que nous l'avons dit (6).

Les droits féodaux qui frappaient les mutations furent donc singulièrement restreints pendant les derniers siècles, pour la garde comme pour le douaire, la constitution de dot et le partage de la communauté.

La garde prenait fin, soit à la majorité du pupille, soit lorsqu'il était émancipé. Les coutumes variaient beaucoup sur ce sujet. D'après les unes, la majorité féodale était fixée à vingt ans,

---

(1) *Licet odio digna sit obventio hæc dominica in filios, filiasque innuptas parentum hæredes.* (Chopin. *De And. leg.*, lib. II, pars 1, cap. 2, t. 2, n. 1.)

(2) *Traité des Fiefs*, L. IV, ch. 5, § 6.

(3) Loisel. *Inst. cout.* L. I, t. 4, règles 17, 18, 19.

(4) *Non est vassallus, nec dominus feudi.* (Brodeau, *sur Paris*, art. 46, nos 1, 4.)

(5) *Décisions sur la Coutume de Berry*, L. I, ch. 30.

(6) Pocquet de Livonnière. *Traité des Fiefs*, L. IV, ch. 5, § 6.

pour les mâles comme pour les filles (1) ; d'après les autres, elle flottait entre quatorze et vingt-un ans pour les mâles, entre onze et dix-huit pour les filles (2).

L'influence du droit romain fit admettre une seconde majorité, fixée à vingt-cinq ans. On distingua donc la majorité féodale et la majorité de droit commun. Le jeune homme qui avait atteint vingt ans était capable de faire les actes féodaux, tels que rendre hommage et recevoir l'investiture des fiefs, mais il n'avait pas pour cela la capacité de faire les actes d'aliénation. Pour disposer de ses biens, il fallait qu'il eût atteint l'âge de vingt-cinq ans déterminé par la loi romaine (3). Le vieil usage féodal qui fixait un âge différent pour la majorité du noble et pour celle du roturier fut donc abandonné, et le droit romain régit à la fois le gentilhomme et le bourgeois, sauf pour les actes purement féodaux.

La faveur accordée au droit romain introduisit aussi dans la législation des principes étrangers au droit coutumier sur la tutelle et sur la puissance paternelle. Les jurisconsultes théoriciens du XVIIe siècle parlent toujours de ces institutions conformément au droit écrit (4). Plusieurs ordonnances royales, rendues dans le but d'empêcher les mariages clandestins et les mésalliances, fortifièrent beaucoup la puissance paternelle, ainsi que nous le verrons plus loin en parlant de l'exhérédation.

La jurisprudence du parlement déclara même nuls, conformément au droit romain et contrairement au droit canonique, les mariages contractés sans l'aveu des parents (5).

---

(1) Normandie, 198. — Bretagne, A. C., 461.
(2) Chartres, 42. — Dreux, 31. — Mantes, 27. — Senlis, 155. — Grand-Perche, 41.—Bourbonnais, 173, 180.—Paris, 32.—Etampes, 20.—Orléans, 24. — Maine, 99. — Touraine, 344. — Anjou, 86.
(3) Brodeau, *sur Paris*. art. 32, proem. et n° 1. — N. C. de Paris, art. 272, 292.
(4) Domat. *Lois civiles*, 1re partie, L. II, t. 1, 2. — *Code d'Henri IV*, L. II, t. 1, 2.
(5) D'Héricourt. *Lois ecclésiastiques*, partie 3, n° 73. — Ord. de Blois, art. 42. — Ord. de 1629, art. 169.

Les doctrines des légistes sur la garde et sur la puissance paternelle eurent donc un double but : d'une part, restreindre les institutions purement féodales, telles que le droit de déport et le bail en ligne collatérale, en conservant au contraire la garde usufructuaire des père et mère; d'autre part, substituer, autant que possible, le droit romain au droit coutumier sur la puissance paternelle pour fortifier cette institution.

CHAPITRE VII.

Des successions.

§ 1er.

DE LA SAISINE HÉRÉDITAIRE.

Le principe de la saisine héréditaire était passé définitivement dans la législation coutumière, dès avant le XVIe siècle. Il fut affermi et précisé par les jurisconsultes comme les autres principes du droit français. On trouve dans toutes les coutumes et dans tous les auteurs du temps cette maxime : « *Le mort saisit le vif son plus prochain héritier habile à lui succéder* » (1). Les jurisconsultes la considérèrent comme favorable, afin d'éluder autant que possible le paiement des droits féodaux.

En vertu de ce principe, le domaine et la possession appartiennent de plein droit à l'héritier. D'après Dumoulin, c'est une continuation ou une translation vraie et non feinte de la possession qui repose sur la tête du plus proche héritier, à son insu, et lors même qu'il est enfant ou privé de raison (2). En conséquence, celui qui a la saisine héréditaire peut intenter la complainte et l'action possessoire, bien qu'il n'ait pas pris possession de fait et qu'il ne possède que civilement et en vertu de la loi. Brodeau repousse, comme contraire à la Coutume de Paris, l'opinion romaniste de l'auteur du Grand Coutumier, d'après lequel l'héritier

---

(1) Loisel. *Inst. cout.*, L. II, t. 5, règle 1.

(2) *Non continuatur nec transfertur ficta sed vera possessio et dominium ipso jure in proximum hæredem etiam ignorantem, etiam infantem, vel furiosum. (Traité des Fiefs*, § 33, gloss. 1, n. 102.)

n'était saisi que par la possession de fait pour les rotures, et par l'investiture pour les fiefs (1). Pothier explique de même le principe de la saisine héréditaire. Par elle le mort est censé mettre son héritier en possession de toute sa succession; ce dernier devient de plein droit propriétaire et possesseur des biens, créancier des dettes actives, débiteur des dettes passives; il peut exercer les actions possessoires et pétitoires comme le défunt lui-même et dans les mêmes limites, mais pas au-delà; la saisine héréditaire produit, d'après Pothier, pour les successions *ab intestat*, le même effet que la tradition pour les donations entre vifs (2). Les commentateurs des coutumes des diverses provinces entendent tous la maxime *le mort saisit le vif* dans le même sens, à savoir que le décès du *de cujus* transfère de plein droit à l'héritier, et sans appréhension de fait, non seulement le domaine, mais aussi la saisine ou possession des objets composant l'hérédité (3).

Cependant, en matière féodale, la saisine héréditaire souffrait une exception. D'après tous les auteurs, et conformément à l'ancien droit féodal, le vassal n'était réputé saisi à l'égard de son seigneur (*contra dominum*) qu'après avoir rendu hommage et reçu l'investiture. Par elle seulement il devenait vrai vassal. La Coutume locale de Dunois renferme une disposition formelle sur ce sujet (4). Dumoulin admettait ce principe, qui était alors de droit commun (5). On distinguait entre le seigneur et les tiers. En vertu de la saisine héréditaire, le vassal était réputé possesseur à l'égard de ces derniers; il pouvait intenter contre eux les actions posses-

---

(1) Brodeau, *sur Paris*, art. 96, n° 2.

(2) Pothier. *Traité des successions*, ch. 3, sect. 2.—*Domaine de propriété*. n° 248.

(3) *Non modo rerum suarum dominium et possessionem quam alioqui hæres sine apprehensione rerum et facto non adipiscatur lege romana.* (Chopin. *De comm. Gall. consuet.*, pars 2, quest. 1, § 1.)—La Thaumassière. *Comm. sur la Cout. de Berry*, t. 19, art. 25, n° 2. — ...... *Vera, realis, actualis est hæc possessio.* (D'Argentré, *sur Bretagne*, art. 509, n° 1.)

(4) C. loc. de Dunois, art. 19.

(5) Dumoulin. *Traité des Fiefs*, § 1, gloss. 4, n. 48. — Loisel, L. V, t. 4, règle 6, 8.

soires, même avant d'avoir rendu hommage; mais, à l'égard de son seigneur, il n'était véritablement saisi que par l'investiture; il ne pouvait intenter la complainte contre lui qu'après avoir été par lui mis en possession de la tenure; que le fief fût propre ou acquêt, l'investiture seule rendait parfaite la possession du vassal (1). Ces principes, qui étaient en vigueur dès le moyen-âge, existaient encore au XVIIIe siècle. Le nouveau propriétaire, tant qu'il ne s'est pas présenté pour recevoir l'investiture, en portant la foi au seigneur, « *est bien, dit Pothier, propriétaire et possesseur vis-à-vis de tout autre que du seigneur; mais, vis-à-vis du seigneur, il ne l'est point* » (2).

A l'égard des terres tenues en censive, comme il n'y avait point à rendre hommage au seigneur, la saisine héréditaire produisait ses effets d'une manière plus complète que pour les fiefs, sans distinguer entre les tiers et le seigneur. On rendit facultative l'obligation imposée jadis au censitaire de se faire ensaisiner, et l'on introduisit la maxime *ne prend saisine qui ne veut*. La Coutume de Paris, dès sa première rédaction, admit ce système, contrairement à l'ancien usage (3). La plupart des coutumes suivirent l'exemple de celle de Paris; l'ancien droit ne resta en vigueur sur ce point que dans quelques localités exceptionnelles (4). L'abolition du droit d'ensaisinement fortifia le principe de la saisine héréditaire au profit du vassal, en le dégageant d'une obligation qui l'assujétissait envers son seigneur.

La saisine ne faisait pas obstacle au droit de renoncer à la succession. Le droit français, contrairement au droit romain, admit toujours qu'il n'y a point d'héritier nécessaire et que tout héritier peut, s'il le veut, cesser de l'être. « *N'est héritier qui ne*

---

(1) *Possessio feudalium non est plena, nisi per investituram.* (D'Argentré, sur *Bretagne*, art. 322, n. 5.) — La Thaumassière. *Comm. sur la Cout. de Berry*, t. 5, art. 23.

(2) *Traité des Fiefs*, partie 1, ch. 2, art. 1.

(3) Paris, A. C., art. 55, 56. — Brodeau, *sur Paris*, art. 82, n°s 6, 11.

(4) La Cout. de Bouillon (ch. 18, art. 2) et celle de Clermont en Beauvoisis (art. 141) rejettent la saisine héréditaire pour les fiefs; elle n'était pas admise pour les rotures dans certaines localités du Beauvoisis. (*Id.*)

veut », disait une vieille maxime du droit coutumier. Mais, pour perdre la qualité d'héritier, il fallait toujours un acte public, conformément au vieux droit barbare ; il ne suffisait pas de s'abstenir, car, d'après les principes du droit français, la saisine héréditaire suffisait pour investir le successeur, avant toute immixtion de sa part. D'un autre côté, celui qui avait fait acte d'héritier avait perdu par là le droit de renoncer (1). Il y avait donc eu, sur ce sujet, mélange du droit français et du droit romain.

§ II.

DE LA SUCCESSION DIRECTE. — DES DROITS D'AINESSE ET DE MASCULINITÉ.

Au XVIe et au XVIIe siècle, l'ancien système de la copropriété de la famille germanique et celtique était depuis longtemps abandonné ; le droit de domaine reposait sur la tête du détenteur actuel et n'appartenait plus, comme pendant la féodalité primitive, à la famille tout entière. D'après Brodeau, « le fils ne peut pas estre dit saisy et propriétaire du vivant des père et mère, mais seulement par espérance dont l'effet est consommé par leur mort et par l'acceptation de leur succession » (2). Mais si le système germanique était complètement abandonné, la théorie romaine des *héritiers siens* l'avait remplacé, et, tout en déclarant que l'héritier n'est pas, en droit, saisi du vivant de son auteur, les jurisconsultes admettaient cependant qu'en ligne directe, il *est en quelque sorte* seigneur des biens, que le fils continue la personne de son père quand celui-ci vient à mourir ; qu'il n'y a pas alors, à proprement parler, translation de domaine, et que le fils acquiert plutôt l'administration que la chose elle-même. Cette théorie, ex-

---

(1) Pothier. *Traité des successions*, ch. 3, sect. 4. — La Thaumassière. *Comm. sur la Cout. de Berry*, t. 19, art. 25, n° 5.

(2) Brodeau, *sur Paris*, art. 13, n° 30.

posée par Dumoulin, a été reproduite par Domat, d'après lequel, entre les parents et les enfants, les biens sont *comme communs* (1) ; elle avait surtout pour but d'empêcher le seigneur de percevoir le droit de relief en ligne directe, parce que, suivant Dumoulin, la succession directe n'entraîne pas une véritable mutation de vassal (2).

Tous les auteurs expliquent de la même manière l'exemption du relief ou rachat accordée par les coutumes à l'héritier direct : « L'héritier direct ne doit, d'après la Coutume de Paris, que la bouche et les mains, » c'est-à-dire l'hommage féodal (3). Pothier invoque à ce sujet les textes du droit romain sur la copropriété qui existe entre le père et les enfants ; si le relief n'est pas dû quand le fils succède au père et le père au fils, « c'est parce que le père et le fils sont considérés comme une seule personne » (4). D'après la Thaumassière, « c'est plutôt une continuation de seigneurie, » qu'une nouvelle acquisition » (5). Pocquet de Livonnière s'exprime à peu près dans les mêmes termes : « L'héritage du père passe au fils sans interruption et presque sans mutation » (6). C'est donc parce que l'héritier direct est *hæres suus*, d'après le droit romain, qu'il ne paie pas le relief; mais comme en ligne

---

(1) *Filius censetur una et eadem persona cum patre, vel patre vivo quodammodo dominus bonorum patris, a quo moriente non dicitur de novo in filium transferri, sed continuari dominium; nec censetur filius rem acquirere sed ejus liberam administrationem consequi.* (Dumoulin. *Traité des Fiefs*, § 3, gloss. 1, n. 1.) — Domat. *Traité des lois civiles*, 2ᵉ part., préface, § 4.

(2) *Igitur quando vassalus moritur, relicto filio vel alio naturali et legitimo descendente, non videtur mutata persona vassali, nec fieri translatio feudi in alium, sed continuatio in eumdem.* (Dumoulin. *Traité des Fiefs*, § 3, gloss. 1, n. 1.)

(3) Paris, N. C., art. 3, 4. — Le Vexin français faisait exception à la règle générale. Dans ce pays, on devait le relief pour toute mutation de vassal, même pour succession en ligne directe. (Brodeau, *sur Paris*, art. 3, nᵒˢ 11, 16.)

(4) Pothier. *Traité des Fiefs*, 2ᵉ partie, ch. 1, sect. 2, art. 1.

(5) *Décisions sur la Coutume de Berry*, L. II, ch. 5.

(6) Pocquet de Livonnière. *Traité des Fiefs*, L. IV, ch. 1, sect. 1.

collatérale il n'y a point d'héritier sien, le rachat était dû pour la succession de cette nature (1).

Les droits d'aînesse et de masculinité, dont nous avons vu l'origine dès les temps les plus reculés de notre histoire, étaient toujours en vigueur. Toutes les coutumes officielles les avaient admis. Cependant le droit d'aînesse fut vivement attaqué par un certain nombre de légistes, à la tête desquels il faut placer Dumoulin. Ce jurisconsulte pose en principe que le privilége de l'aîné est de droit étroit, spécial pour les fiefs et pour les alleux ayant juridiction, qu'il est odieux, exorbitant, contraire au droit commun; qu'il faut dans la pratique en restreindre les effets le plus possible; tandis que l'égalité entre frères est éminemment favorable, qu'on doit toujours y revenir et en étendre l'application (2).

Brodeau, moins absolu, ne critique le droit d'aînesse que dans les coutumes sous l'empire desquelles l'aîné prend tous les fiefs; mais sauf ce cas spécial il le déclare favorable en France, pour maintenir « le nom, le lustre, l'esclat, la splendeur et la dignité de la maison » (3). La Thaumassière adopte à peu près l'opinion de Dumoulin; d'après lui, les coutumes qui s'éloignent le moins du droit romain et de l'égalité de la nature sont plus justes que les autres; le partage égal est favorable (4).

Le droit d'aînesse, lors de la réformation des coutumes, perdit dans certaines provinces sa rigueur primitive, grâce à l'influence des légistes et du droit romain.

En Bretagne, la Nouvelle Coutume abandonna le système de l'Assise de Geoffroy; il fut établit que les puînés succéderaient

---

(1) La Thaumassière. *Décisions sur la Cout. de Berry*. L. II, ch. 5. — En Anjou, le relief n'était pas dû pour les successions des frères et des sœurs, mais seulement pour celles des collatéraux plus éloignés. (Pocquet de Livonnière. *Traité des Fiefs*, L. IV, ch. 1, sect. 2.)

(2) *Consuetudo de jure primogeniturae est exorbitans et contra jus commune, et videtur tam odiosa et restringenda, quam fratrum concordia et aequalitas cui derogat est favorabilis et amplianda.* (*Traité des Fiefs*, § 13, gloss. 1, n. 10; — § 8, gloss. 3, n. 30.)

(3) Brodeau, *sur Paris*, art. 13, nos 14, 15.

(4) La Thaumassière. *Comm. sur la Cout. de Berry*, t. 19, art. 31, n° 2.

désormais à titre de propriétaires et non à titre d'usufruitiers, ainsi que cela avait lieu sous l'empire de l'Ancienne Coutume (1).

Dans le Maine et l'Anjou, les puînés furent moins heureux; lors de la réformation de la coutume, on fit de nombreux efforts pour modifier l'ancien droit; mais ce fut en vain, les gens du roi s'y opposèrent afin de conserver, disaient-ils, un exemple du mode de succession à la Couronne de France. Les puînés mâles continuèrent donc de ne recueillir que le tiers de la succession, en usufruit seulement; les enfants des puînés ne succédaient pas aux propres, mais seulement aux meubles et aux acquêts, les fonds de terre devant retourner à la branche aînée (2).

A Paris, la coutume s'éloignait moins du système de l'égalité. « Régulièrement, dit Brodeau, tous les fiefs sont divisibles entre l'aîné et les puînés ». La coutume n'admettait plus le système primitif de l'indivisibilité du fief. Les fiefs de dignité, indivisibles à Paris comme dans tout le reste de la France, faisaient toutefois exception; l'aîné prenait la totalité du fief de dignité et devait indemniser ses frères et ses sœurs (3). Sous l'empire de cette coutume et de la plupart des autres, les puînés et les filles possédaient à titre de propriétaires la part qui leur était attribuée; ce n'était pas un simple usufruit, comme en Anjou. L'aîné était de plein droit saisi de son préciput par le décès de ses père et mère, sans avoir besoin d'en demander la délivrance à ses frères (4). Les puînés étaient aussi saisis de plein droit et n'avaient pas besoin comme du temps des Assises de Jérusalem, comme en Bretagne et en Normandie, de demander à leur aîné la délivrance de leur part (5). De plus, la coutume les affranchit complètement en sanctionnant l'abolition du parage; du temps de Loisel, l'aîné pouvait encore faire la foi pour ses puînés; mais la Nouvelle Coutume décida que

---

(1) Bretagne, A. C., art. 567; N. C., art. 544. — Chopin. *De feud. And.*, L. II, § 550, 567.

(2) Pocquet de Livonnière. *Traité des Fiefs*, L. VI, ch. 12, proem. et sections 3, 4. — Cout. d'Anjou, art. 222, 226; — du Maine, 239, 242.

(3) Brodeau, *sur Paris*, art. 15, n° 8; — art. 19, n° 1; — art. 13, n° 22.

(4) *Id.*, art. 13, n° 30.

(5) D'Argentré, *sur Bretagne*, art. 509, n° 2.

les puînés tiendraient directement du seigneur et lui feraient hommage pour leur part. Ce système devint presque général et de Laurière le considère comme un principe de la législation moderne. Du temps de Pothier, le parage, était tombé complètement en désuétude (1).

Le principe romain de l'égalité du partage entre tous les enfants ne prévalut donc pas encore pendant la période monarchique ; mais les jurisconsultes l'ayant déclaré favorable firent tous leurs efforts pour restreindre autant que possible les priviléges féodaux d'aînesse et de masculinité.

La représentation, système étranger au droit féodal primitif, était admise dans plusieurs provinces dès une époque assez ancienne ; elle fut consacrée d'une manière plus générale à l'époque de la rédaction des coutumes. On l'admit en ligne directe « *parce* » *que*, dit la Thaumassière, *le fils continue la personne du père, et* » *que celui qui laisse un être semblable à lui, ne meurt véritable-* » *ment pas* » (2). La coutume de Paris ne la reçut en ligne directe qu'à l'époque de la rédaction officielle en 1510 ; celle d'Orléans en 1509 (3) ; celle de Douai l'admit aussi à la même époque, comme coutume nouvelle ; celle de Sens, dont la rédaction primitive la repoussait formellement, l'admit en directe lors de la réformation en 1555 (4). Cet exemple fut suivi dans toute la France. On trouve la représentation en ligne directe dans les coutumes de Lorraine, de Senlis, de Clermont en Beauvoisis, de Meaux, de Montargis, de Blois, de Normandie, de Grand-Perche, de Touraine, de Poitou, d'Auvergne, de Saintonge, de Bretagne, etc. (5). Celle

---

(1) Loisel, L. IV, t. 3, règles 72, 73, et notes de De Laurière. — Brodeau, *sur Paris*, art. 13, n° 20. — Pothier. *Traité des Fiefs*, part. 1re, ch. 1, § 2.

(2) La Thaumassière, *Comm. sur la Cout. de Berry*, t. 19, art. 53, nos 2, 3.

(3) Paris, A. C., art. 133. — Cout. d'Orléans, art. 304. — Pothier. *Traité des successions*, ch. 2, art. 1.

(4) Cout. de l'Echevinage de Douai, ch. 1, art. 7. — Sens, N. C., 88, 96.

(5) Lorraine, t. 9, art. 5. — Senlis, art. 139. — Clermont, 155. — Meaux, 41. — Montargis, XV, 4, 8. — Blois, 138, 139, 154. — Normandie, 238, 240, etc. — Grand-Perche, 151. — Touraine, 287. — Auvergne, XII, 9. — Poitou, 277. — Saintonge, 104. — Bretagne, 592. — Duché de Bourgogne, VII, 18, 19.

d'Anjou et celle de Reims qui l'admettaient dès le moyen-âge la consacrèrent de nouveau (1). Quelques-unes l'admettaient pour les immeubles et non pour les meubles (2); d'autres pour les propres et non pour les acquêts (3).

Mais certaines coutumes, surtout dans le nord, conservèrent l'ancien système et rejetèrent la représentation d'une manière absolue, même en ligne directe; telles furent celles d'Artois, de Boulenois et de Ponthieu (4). Toutes celles du centre de la France l'admirent au contraire à l'époque de la réformation des coutumes, au moins en ligne directe. L'influence des légistes et du droit romain fit encore, sur ce point, préférer l'équité naturelle à la tradition féodale.

§ III.

DES DROITS DES ASCENDANTS.

La maxime féodale *propres ne remontent* avait reçu une exception et un adoucissement notables par le droit accordé aux ascendants de succéder aux immeubles par eux donnés. Lors de la rédaction officielle, le retour légal fut admis dans presque toute la France (5). Quelques coutumes, pour indemniser jusqu'à un certain point les ascendants de la perte des propres qui devaient passer aux collatéraux et de l'application de la règle *propres ne remontent*, leur accordèrent l'usufruit des héritages dont ils n'avaient point la propriété. Telles étaient les coutumes d'Anjou, de Paris et d'Orléans (6).

La coutume réformée de Paris admit une seconde exception à la règle féodale en permettant aux ascendants de succéder aux

---

(1) *A. C. de Reims*, du XVe siècle, ch. 25 et suiv.; — N. C., art. 50, 53, 309. — Anjou, 222, 268.

(2) Nivernois, XXXIV, 10, 13.

(3) Clermont en Argonne, VIII, 4, 5.

(4) Artois, art. 93. — Boulenois, 75, 83. — Ponthieu, 8.

(5) Paris, N. C., art. 313.

(6) Paris, N. C., art. 314. — Orléans, N. C., 316. — Anjou, art. 270.

propres naissants. D'après l'art. 313, l'aïeul succède aux biens immeubles acquis par le fils et délaissés par celui-ci au petit-fils, lorsque ce dernier meurt sans enfants, ni descendants, ni frères, ni sœurs. Dans ce cas, l'immeuble, quoique devenu propre au *de cujus* qui l'avait recueilli dans la succession de son père, remontait exceptionnellement, et l'ascendant excluait les collatéraux (autres que les frères et sœurs du défunt), contrairement à l'ancien droit féodal, conservé par quelques coutumes.

Les jurisconsultes furent favorables aux droits des ascendants, comme fondés sur l'équité naturelle; de Laurière déclare que la règle *propres ne remontent* est un reste de cet *ancien et mauvais droit* qui excluait les ascendants d'une manière absolue de la succession des propres (1). Domat, tout en approuvant les règles coutumières destinées à maintenir les biens dans les familles, réclame pour les ascendants, conformément au droit commun repoussé toutefois par quelques coutumes, les meubles et les acquêts qui n'appartiennent à aucune ligne et l'usufruit des propres pour les indemniser de la privation du fonds (2). Chopin veut qu'à défaut de parents lignagers, les ascendants prennent les propres en toute propriété et qu'ils soient préférés au fisc et au seigneur direct, parce que, dit-il, l'équité le prescrit impérieusement. Il critique les auteurs qui professent une opinion différente (3).

D'après Pothier, la règle *propres ne remontent* a pour but unique de conserver les biens dans la famille; mais les ascendants doivent succéder à ceux qui proviennent de leur ligne; à plus forte raison faut-il leur restituer les choses par eux données. La Thaumassière adopte ces principes; d'après lui, les ascendants doivent être préférés, dans chaque ligne, aux collatéraux de la même ligne. Dumoulin avait déjà émis la même

(1) De Laurière, sur *Loisel*, L. II, t. 5, règles 16, 17.
(2) Domat. *Lois civiles*, 2ᵉ part., préface, § 1.
(3) *Summa igitur æquitatis ratio præscribit ut parentes, qui liberorum familiæque auctores sunt et affines omnes excludant hereditate penes quos rectum dominium residet, fiscum pariter expellant.* (De util. And. rer. dom., lib. III, c. 3, t. 2, n. 2.)

opinion, et critiqué les coutumes qui repoussaient encore ce système (1).

Dans les pays de droit écrit, la règle *paterna paternis* n'était pas généralement adoptée ; les ascendants succédaient à leurs enfants prédécédés, à défaut de descendants de ceux-ci, pour tous les biens sans distinction d'origine, conformément à la législation romaine. Charles IX voulut faire cesser cet état de choses. L'édit de Saint-Maur, rendu en 1567, fit pénétrer dans les pays de droit écrit le système des pays coutumiers fondé sur la législation féodale. « La mère, dit le préambule de l'édit, survivant à
» ses enfants décédans sans hoirs procréés de leur corps, leur
» succède non-seulement en leurs meubles et acquests, mais aussi
» es propres provenus et procédés de la ligne paternelle, privans
» par ce moyen et excluans les vrais héritiers desdits biens et
» patrimoines anciens. » En conséquence, l'édit décida que, dans la Guienne, le Languedoc, la Provence, le Dauphiné et autres pays, les constitutions romaines ne seraient plus observées ; que les propres provenant du côté paternel retourneraient au côté paternel ; que la mère ne succéderait même pas aux meubles et aux acquêts venus de ce côté ; qu'elle n'aurait que les meubles et les acquêts venus d'une autre source et l'usufruit de la moitié des propres de ses enfants (2). Les dispositions de cette ordonnance, connue sous le nom d'*édit des mères*, furent étendues, par une autre ordonnance du mois de janvier 1629, au ressort des parlements de Toulouse, de Bordeaux, d'Aix et de Grenoble (3). Mais tous les parlements du midi protestèrent contre ces édits : quelques-uns même les considérèrent comme non avenus et ne les observèrent pas. Quoique le pouvoir royal fût alors à l'apogée de de sa puissance, il n'était pas assez fort cependant pour vaincre une opposition aussi imposante et détruire en un jour une tradition sanctionnée par l'autorité de quinze siècles. Il fallut céder ;

---

(1) Pothier. *Traité des successions*, ch. 2, sect. 2, art. 2, 3, § 2. — La Thaumassière. *Décisions sur la Coutume de Berry*, L. IV, ch. 38. — Dumoulin, sur l'art. 100 de la Cout. de Montfort.

(2) Edit de 1567. Guenoys, L. VI, t. 4, § 1.

(3) Ord. de janvier 1629, art. 146.

une déclaration donnée au mois d'août 1729, à Versailles, abrogea l'édit de Saint-Maur, et pour faire droit, suivant les termes mêmes du préambule de l'édit, aux réclamations des parlements du midi, rétablit les lois romaines sur la succession des mères (1). L'influence des légistes fit encore dans cette circonstance prévaloir le droit écrit sur le système féodal.

§ IV.

DE LA SUCCESSION COLLATÉRALE.

La succession collatérale est fondée comme la succession directe sur l'équité; « toutes les personnes qui sont liées par la naissance » dans l'un de ces ordres (descendans, ascendans, collatéraux) » sont considérées, dit Domat dans son langage inspiré par la » plus pure philosophie chrétienne, comme une famille à laquelle » Dieu avait destiné les biens de ceux qui la composent, pour les » faire passer de l'un à l'autre successivement selon le rang de » leur proximité » (2). Au temps de Domat le fief et la censive étaient devenus complètement patrimoniaux comme l'alleu, et le principe qu'il posait s'appliquait à toutes les tenures sans distinction. La succession collatérale n'était plus soumise aux restrictions que l'ancien droit féodal lui imposait au moyen-âge.

Lors de la rédaction officielle, le principe de la saisine héréditaire fut admis par la plupart des coutumes en ligne collatérale, comme en ligne directe.

Elles rejetèrent le droit d'aînesse en ligne collatérale et décidèrent que le fief serait partagé également entre les héritiers de même ligne et de même degré, parce qu'il n'y avait point de motif pour préférer un collatéral à l'autre à égalité de degré. La règle ancienne de l'indivisibilité du fief fut rejetée dans ce cas par un grand nombre de coutumes, et notamment par celle de Paris. Le droit d'aînesse fut cependant conservé en ligne collatérale par les

(1) Ord. d'août 1729, art. 1.
(2) *Lois civiles*, 2ᵉ partie, préface, § 4.

coutumes d'Artois, d'Amiens, de Péronne, de Ponthieu, de Boulenois, de Normandie, de Bretagne, de Poitou, de Lodunois, de Touraine, du Maine et d'Anjou, restées plus fidèles à l'ancien principe du droit féodal que les autres coutumes. Mais les puînés succédaient en ligne collatérale en toute propriété, et non en usufruit seulement, comme en ligne directe (1).

Le droit de masculinité fut maintenu par toutes les coutumes, lors même qu'elles rejetaient le droit d'aînesse. En collatérale, les mâles durent exclure les filles, à égalité de degré seulement, sans doute par un adoucissement apporté à la législation ancienne des fiefs. Ce système, admis par la Coutume de Paris, devint de droit commun, ainsi que Loisel nous l'apprend (2). Brodeau explique cette exclusion des filles par les collatéraux de même degré, en disant que la succession collatérale étant un don de fortune est moins favorable que la succession directe, dans laquelle les filles prennent une certaine part. D'après Pothier, le système de la Coutume de Paris est fondé non pas sur l'intérêt de la famille, mais sur le droit primitif des fiefs dont les femmes étaient exclues. De là vint la préférence accordée au sexe sur la souche; dans chaque ligne, le parent mâle du côté maternel passe avant la fille issue du côté paternel (3). En ligne directe, la faveur due à la fille avait adouci la rigueur du droit primitif, tandis qu'en ligne collatérale, le même motif n'existant pas, on avait maintenu le privilége des mâles.

Les coutumes réformées admirent généralement la représentation d'une manière plus étendue que les anciennes. Quelques-unes cependant la repoussèrent complètement en ligne collatérale, tout en l'admettant en ligne directe; telles furent celles de Blois, de Senlis, de Clermont en Beauvoisis, de Meaux, de Montargis (4).

---

(1) Pocquet de Livonnière. *Traité des Fiefs*, L. VI, ch. 12, sect. 3.

(2) Loisel, L. IV, t. 3, règle 83. — N. C. de Paris, art. 326.

(3) Brodeau, *sur Paris*, art. 25, n° 1. — Pothier, *Traité des successions*, ch. 2, sect. 3, art. 3.

(4) Blois, 139. — Senlis, 140. — Clermont en Beauvoisis, 155. — Meaux, 41. — Montargis, XV, 4, 8. — Echevinage de Lille, ch. 1, art. 16. — Echevinage de Douai, ch. 1, art. 7. L'Ancienne Coutume la repoussait, même en directe.

Les coutumes du nord, qui la repoussaient en ligne directe, la rejetèrent à plus forte raison en ligne collatérale (1). D'autres au contraire l'admirent à l'infini, tant en ligne collatérale qu'en ligne directe : ce furent surtout celles de l'ouest, c'est-à-dire celles de Tours, du Maine, d'Anjou, de Bretagne, de Poitou, de Saintonge et du Perche (2). Mais en général on abandonna l'ancien système du droit féodal, pour adopter celui du droit romain ; la représentation fut donc admise en faveur des enfants des frères et sœurs, c'est-à-dire des neveux et des nièces du *de cujus ;* mais pas aux degrés plus éloignés ; les coutumes de Paris, d'Orléans, de Chartres, d'Étampes, de Troyes, la Nouvelle Coutume de Laon, etc., se rattachent à ce dernier système (3). En Berry, la représentation n'avait lieu au profit des neveux et nièces que lorsqu'ils concouraient avec leurs oncles et tantes ; mais quand les héritiers étaient tous au même degré, ils partageaient par tête (4).

La représentation pouvait encore, sous l'empire des nouvelles coutumes, comme sous quelques-unes des anciennes, être appliquée, quand la loi ne l'admettait pas, par un acte du *de cujus.* Il pouvait exprimer dans son testament la volonté d'appeler à sa succession, en vertu de la représentation, des parents que les héritiers plus proches en degré auraient exclus sans ce privilége ; cette disposition portait le nom de rappel (5).

L'influence du droit romain introduisit aussi le privilége du double lien. Certaines coutumes l'admirent formellement ; telles furent celles de Péronne, d'Artois, de Troyes, de Chaumont, de Bar,

---

(1) Voir les Coutumes de Ponthieu, d'Artois, de Boulenois, du Hainault et de Laon, citées plus haut.

(2) Tours, 287. — Maine, 241, 286. — Anjou, 225. — Bretagne, 592. — Poitou, 277. — Saintonge, 104. — Perche, 151.

(3) Paris, 320. — Orléans, 318. — Chartres, 93. — Etampes, 119, 121. — Troyes, 92. — Amiens, 69, 70. — N. C. de Laon, 74, 76. — Vitry, 66, 67, etc. — Pothier. *Traité des successions*, ch. 2, sect. 3, art. 1.

(4) La Thaumassière. *Comm. sur la Cout. de Berry*, t. 19, art. 43.

(5) Pothier. *Traité des successions*, ch. 2, sect. 3, art. 1, § 3.

de Blois, de Touraine, de Nivernais, de Poitou, d'Orléans (1) ; mais ce privilége ne s'appliquait qu'à la succession des meubles et des acquêts et non à celle des propres, régie par le système féodal. Cette innovation fut accueillie si favorablement par quelques auteurs qu'ils voulurent l'étendre même aux coutumes muettes. Pothier rejette cette opinion, appuyée sur le droit des Novelles, mais peu conforme à l'esprit du droit coutumier (2).

L'influence du droit romain avait amené, dès la fin du XIIIe siècle, une nouvelle manière de compter les degrés de parenté. D'après le droit barbare, consacré sur ce point par la législation canonique, l'oncle et le cousin du défunt étaient en parité de degré, *quia remotior trahit ad se proximiorem;* le cousin-germain succédait à son cousin-germain concurremment avec l'oncle du défunt. Tous les descendants du père formaient la première parentèle, tous les descendants de l'aïeul, la seconde, et ainsi de suite. Mais une sentence du *parlouer aux bourgeois*, de 1287, admit la supputation romaine qui compte les degrés en remontant d'abord à l'auteur commun pour descendre ensuite à l'héritier. On décida que l'oncle serait préféré au cousin-germain comme plus proche en degré. Les coutumes officielles sanctionnèrent ce système et abandonnèrent l'ancienne parentèle germanique et féodale (3).

Enfin l'attribution des propres à la ligne dont ils provenaient était toujours, comme à une époque plus reculée, le principe fondamental de la succession collatérale. Elle appartenait, ainsi que le droit d'aînesse, à cet ensemble de principes qui, d'après Chopin, formait le droit commun de la France, et que Loisel a résumé dans ses Institutes coutumières. Domat approuve la règle *paterna paternis* et la déclare fondée sur l'équité (4).

___

(1) Cout. de Péronne, 189, 190 ; — d'Artois, 105 ; — de Troyes, 93 ; — de Chaumont, 80 ; — de Bar, 129, 130 ; — de Blois, 155 ; — de Touraine, 289 ; — de Nivernais, XXXIV, 16 ; — de Poitou, 295 ; — d'Orléans, 330.

(2) Pothier. *Traité des successions*, ch. 2, sect. 3, art. 2, §§ 3, 8.

(3) De Laurière, sur *Loisel*, L. II. t. 5, règle 20.

(4) Loisel, L. II, t. 5, règle 16. — Chopin. *De comm. Gall. consuet.*, pars 2, quest. 1, § 2, 3. — Domat. *Lois civiles*, 2e partie, préface, § 4.

Trois systèmes divisaient les coutumes sur ce point. Les unes avaient conservé l'ancien système féodal ; elles attribuaient le propre aux descendants du premier acquéreur qui l'avait mis dans la famille, à l'exclusion des autres parents; on les appelait coutumes *souchères*, ou *de côté, ligne et estoc*, telles étaient celles de Touraine, de Mantes, de Melun, de Dourdan (1) ; les autres s'étaient écartées de la rigueur de ce système, elles appelaient à succéder au propre tous les parents du premier acquéreur, sans s'inquiéter s'ils descendaient ou non de lui ; on les appelait coutumes *lignagères* ou *de côté et ligne;* telles étaient celles de Paris et d'Orléans. Les réformateurs de la Coutume de Paris décidèrent en effet qu'il n'était pas nécessaire pour hériter de descendre du premier acquéreur, d'être de son *estoc et ligne*, mais qu'il suffisait d'être de son *côté et ligne* (2). D'autres enfin s'écartèrent plus encore du droit primitif, en attribuant les biens venus du côté paternel aux parents paternels et ceux du côté maternel aux parents maternels, sans remonter au premier acquéreur. La jurisprudence sanctionna ce dernier système plus éloigné que les deux autres du système féodal primitif, et décida qu'il serait appliqué aux coutumes muettes, au lieu du système romain qui n'avait égard qu'à la proximité du degré et qui ne s'occupait ni de la ligne, ni de l'origine des biens (3).

Dans le droit primitif, à défaut d'enfants et de parents issus du premier acquéreur, le fief ne pouvant changer de ligne retournait au seigneur. Si le fief était nouveau, c'est-à-dire si le premier concessionnaire mourait sans enfants, il en était de même.

D'après Dumoulin, le fief devait être présumé ancien, et c'était au seigneur à prouver qu'il était nouveau (4). Les jurisconsultes modernes firent prévaloir un système contraire au droit féodal, et l'on admit généralement qu'à défaut d'héritiers dans une des

---

(1) Mantes, 166, 167. — Melun, 169. — Dourdan, 116, 118. — Touraine, 287, 238, 310. — Montargis, XV, 3, 7, 10.

(2) Brodeau, *sur Paris*, art. 141, n° 3.

(3) Pothier, *Traité des successions*, ch. 2, sect. 3, art. 1.

(4) *Traité des Fiefs*, § 8, gloss. 1, n. 107.

lignes, les parents de l'autre ligne devaient être appelés à succéder aux propres venus de la première, et préférés aux seigneurs féodaux ou justiciers et au fisc. Les coutumes de Paris, d'Orléans, de Calais, de Laon, de Châlons, de Reims, de Berry, admirent le droit de dévolution; cette innovation fut approuvée par tous les jurisconsultes (1).

Certaines coutumes, au nombre desquelles figurait celle de Berry, admettaient l'époux survivant à succéder aux propres de son conjoint à défaut d'héritiers; c'était un système introduit par le droit romain, un souvenir de l'antique *possessio unde vir et uxor* de l'édit prétorien. Il fut accueilli favorablement par la jurisprudence, comme presque toutes les institutions sorties du droit romain, et on l'étendit à toutes les provinces dont les coutumes n'avaient pas décidé formellement le contraire. Toutefois il ne s'appliquait pas aux aubains non naturalisés, au préjudice du roi; dans ce cas le fisc excluait la femme (2). Domat approuve les coutumes qui préfèrent le conjoint survivant ou les parents de la ligne opposée à celle dont proviennent les biens, au fisc ou au seigneur; il condamne les autres qui « *par une dureté singulière* » avaient conservé le système du droit féodal (3); c'étaient celles du Maine, d'Anjou, de Normandie et de Bretagne (4).

La tendance à substituer les principes du droit romain et l'équité naturelle aux usages consacrés par la tradition féodale se montre donc dans toutes les théories de nos anciens jurisconsultes sur les successions. Le système de transmission que le régime des fiefs avait créé était conforme à l'organisation de la société du XIe et du XIIe siècle; il était né tout naturellement des besoins de cette époque; mais au XVIIe et au XVIIIe il avait perdu sa raison

---

(1) Paris, 330. — Orléans, 326. — Calais, 118. — Laon, 82. — Châlons, 97. — Reims, 316. — Berry, XIX, 1. — Bacquet. *Droit de déshérence*, ch. 4. — Pothier. *Traité des successions*, ch. 2, sect. 3, art. 4. — La Thaumassière. *Décisions sur la Cout. de Berry*, L. IV, ch. 40, 41.

(2) Berry, t. 19, art. 8; — La Thaumassière, *sur cet article*, n° 4.

(3) Domat. *Lois civiles*, 2e partie, préface, § 11.

(4) Normandie, 245. — Bretagne, 595. — Maine, 286. — Anjou, 268. — Chopin. *De feud. And.*, lib. II, pars 3, cap. 1, t. 4, n. 16, 17.

d'être et son utilité ; on n'en comprenait plus le motif : aussi la jurisprudence en avait-elle singulièrement modifié les dispositions primitives ; les arrêts des cours, les doctrines des auteurs et les décisions souveraines des réformateurs des coutumes provinciales transformaient de jour en jour l'ancien droit féodal.

§ V.

DU PARTAGE (1).

Le partage était, d'après les principes du droit romain, une véritable aliénation que les jurisconsultes classiques assimilent tantôt à l'échange et tantôt à la vente (2). Les glossateurs imbus des idées romaines conservèrent longtemps ce système. Mais vers la fin de l'époque féodale, lorsque les légistes par tous les moyens que le droit mettait entre leurs mains cherchaient à éluder les lois féodales, on changea complètement la doctrine du droit romain sur ce sujet. Si l'on eût admis que le partage est une aliénation, il aurait fallu admettre aussi qu'il renferme une mutation de vassal et, par suite, l'obligation de payer un droit au seigneur. Pour échapper à cette conséquence de l'ancien principe, on décida que le partage n'était pas une véritable aliénation, mais un acte nécessaire et *sui generis*. D'après Dumoulin, c'est un contrat mixte, qui participe à la fois de la vente et de l'échange, mais qui a cependant son caractère propre ; l'acquisition que chaque copartageant fait de sa part, la mutation qui s'opère dans le partage, ne sont en fait ni une acquisition nouvelle, ni une véritable mutation de vassal, mais une distribution nécessaire des différentes

---

(1) Voir Championnière. *Revue de législation*, tom. VII, p. 405.

(2) *Permutatio rerum discernens communionem* (l. 77, § 18. Dig. de legat. 2)...... *Quasi certa lege permutationem fecerint* (l. 20, § 3, in fine. Dig. fam. ercis.)...... *Divisionem prædiorum vicem emptionis obtinere placuit* (l. 1. Cod. comm. utriusque judic. tam famil.).

portions acquises, à la place du droit indivis (1). Cette doctrine fut admise par tous les jurisconsultes et sanctionnée formellement par plusieurs coutumes (2). Cependant il régna pendant longtemps encore une certaine incertitude dans la doctrine. Tantôt on considérait le partage comme ne renfermant aucune aliénation, tantôt comme renfermant une aliénation nécessaire et non volontaire (3); mais par ces deux moyens on arrivait au même but : empêcher le seigneur de percevoir un double droit de relief. Car on posait en principe que le droit de mutation n'est dû que pour les aliénations volontaires, mais non pour les aliénations forcées. C'est à tort, suivant les auteurs du XVIe et du XVIIe siècle, que les coutumes exigent les droits de mutation pour les ventes forcées ou adjudications par décret (4). On condamnait comme injustes les coutumes qui obligeaient au paiement du relief pour les partages (5).

Dumoulin et la jurisprudence étendirent ce privilége à la licitation, au paiement des soultes, en un mot à tous les actes que nécessite le partage d'une succession. Au commencement du XVIe siècle, l'adjudicataire payait les lods non-seulement pour la part de ses cohéritiers, mais encore pour la sienne propre; puis on admit, même sous l'empire de l'Ancienne Coutume de Paris, que

---

(1) *Acquisitio et mutatio quæ fit in divisione, in effectu non est nova acquisitio, sed necessaria distributio in partes divisas portionum, pro indiviso acquisitarum.* (*Traité des Fiefs*, § 33, gloss. 1, n. 78) . . . . . *Nullum relevium propter divisionem debetur sed solum semel propter successionem* (*id.*) — Guy-pape avait déjà dit : *Non ex tali divisione dominium transfertur sed suum quisque recipit.* (Guy-pape, quest. 48, *in fine.*)

(2) Paris, art. 80. — Berry, VI, 28. — Bourbonnais, 405.

(3) *Ex divisione inter fratres et sorores non debetur laudemium quia divisio dicitur necessaria alienatio, ex qua secundum omnes scribentes non debentur accordamenta vel rachatus.* (*Boërius. De consuet. Bitur.*, t. 4, c. 7.)
— « Le partage n'est pas un titre d'aliénation ni de nouvelle acquisition, mais une distribution et séparation des portions échues aux cohéritiers par la succession. » (La Thaumassière. *Comm. sur la Cout. de Berry*, t. 6, art. 28, n. 1.)

(4) Brodeau, *sur Paris*, art. 51, n° 2; — art. 83, n° 16.

(5) Dumoulin, sur l'art. 25 de la Coutume de Chartres. — Brodeau, *sur Paris*, art. 80, n°s 19, 20.

le relief était dû par l'héritier qui achette la part de ses copartageants pour ces différentes portions, mais non pour la sienne propre (1). La Nouvelle Coutume alla plus loin et décida que pour la licitation entre cohéritiers il n'était dû aucun droit de mutation; qu'il n'y avait lieu au paiement du relief que si l'immeuble licité, fief ou censive, était acheté par un étranger (2). Un arrêt décida même que le droit n'était pas dû dans ce cas (3). Quant au retour de partage, il n'était pas dû de droit de mutation, d'après Brodeau, lors même qu'il y avait une soulte en argent (4). Enfin on admettait que les transactions opérées avant le partage définitif par les cohéritiers devaient être réputées actes de partage, parce que tel était en réalité le but final qu'elles se proposaient (5).

Ces théories furent reçues par les jurisconsultes jusque dans les provinces les plus fidèles au droit féodal. D'après Chopin, les lods ne sont pas dus pour le partage entre cohéritiers, ni pour la licitation, lorsqu'un des copartageants achette toute l'hérédité, parce que ce n'est pas un acquéreur étranger, ni pour les soultes; le fief acquis par transaction entre héritiers est un propre et non un acquêt (6). Il condamne l'usage coutumier

---

(1) Arrêt du 2 avril 1538.

(2) Brodeau, *sur Paris*, art. 80, nos 1, 6, 19, 20. — *Licet indivisione uni res tota adjudicetur, tamen principalis intentio fuit dividere..... Unde quamvis per accidens contingat quod certa res in se non dividatur, sed tota uni re maneat, tamen totus actus a principali fine nuncupatur.* (Dumoulin.)

(3) Arrêt du 3 mars 1587.

(4) Brodeau, *sur Paris*, art. 73, n° 24.

(5) La Thaumass ère. *Comm. sur la Cout. de Berry*, t. 6, art. 30, n° 4. — *Décisions sur la Cout de Berry*, L. II, ch. 7.

(6) *Palam est laudemia ex divisione bonorum inter coheredes non prestari.* (Chopin. *De And. leg.*, lib. II, pars 1, cap. 2, t. 3, n. 6.) ..... *Non ideo habetur quasi extraneus emptor, sed in eadem gente ac nomine feudum conservasse creditur.* (*De feud. And*, lib. II, pars 3, cap. 1, t. 4, n. 1.) ......*imo et quicquid fundorum ad cohæredem divisione perveniat, adjecto proprii cujusdam æris supplemento, laudimiorum solutioni eximitur, nec emplitia novaque dicitur, sed hereditaria ex causa possideri.* (*Id.*, n. 11.) *Quamdam bonorum communium vel divisionem, vel accomodationem mutuam inter cohæredes qui proxima necessitudine juncti sunt.* (*Id.*, n. 15.)

qui, contrairement à l'opinion de Dumoulin, faisait payer le droit de mutation pour partage entre associés. On aurait dû, suivant lui, les assimiler à des cohéritiers (1). D'après Pocquet de Livonnière, le partage emporte aliénation ; s'il n'est pas dû de droits de mutation pour cet acte et pour tous ceux qu'il entraîne, c'est parce que cette aliénation est nécessaire et non volontaire, car tout possesseur peut y contraindre ses copossesseurs afin de ne pas demeurer dans l'indivision. Mais une fois le partage accompli, les actes postérieurs étant volontaires et non plus forcés sont soumis aux droits de mutation. Ce jurisconsulte décide que la Nouvelle Coutume de Paris sur la licitation étant très-équitable doit être considérée comme droit commun et s'appliquer dans le Maine et l'Anjou, comme à Paris; « dans la licitation, dit-il, l'intention des parties n'est pas de vendre, mais de partager et de sortir de la communauté » (2). D'Argentré pensait aussi que dans ces différents cas le droit n'était pas dû; mais il considérait encore le partage comme une aliénation nécessaire (3). Les jurisconsultes romanistes, tout en rappelant les théories anciennes qui assimilent le partage à la vente ou à l'échange, déclarent qu'elles ne sont pas complètement exactes. Domat remarque qu'entre ces différents contrats et celui de partage, même avec retour en argent, il existe une différence essentielle; c'est que l'acquéreur étranger n'a rien dans la chose avant l'acte de partage, tandis que le cohéritier qui prend son lot et paie une soulte a sa part dans tout ce qu'il prend; par conséquent il est juste qu'il ne paie pas les lods (4).

La théorie du partage n'avait donc été dans l'origine qu'une arme pour éviter le paiement des droits féodaux; mais les principes qu'avait posés Dumoulin devaient porter leurs fruits. La doctrine les développa et l'on arriva enfin à considérer le par-

---

(1) Chopin. *De And. leg*, pars 1, cap. 2, l. 3, n. 7.

(2) Pocquet de Livonnière, L. III, ch. 6, sect. 5, 6.

(3) . . . . . *quia etsi omni divisioni insit alienatio, tamen cum ea necessaria sit nulla addentur laudemia.* (D'Argentré. *De laudemiis*, § 53.)

(4) Domat. *Lois civiles*, 2ᵉ partie, L. I, t. 4, sect. 1, § 2, 3.

tage comme purement déclaratif. C'était la conséquence nécessaire du système d'après lequel cet acte ne renferme aucune mutation ni acquisition nouvelle; c'était aussi une suite naturelle du principe de la saisine héréditaire. Chaque cohéritier étant censé recevoir du défunt lui-même la propriété et la possession de la succession, il était inutile d'avoir recours à une seconde fiction et de supposer qu'il prenait sa part de la main de ses cohéritiers, comme sous l'empire du droit romain. Il ne faut pas oublier que, d'après l'ancien droit barbare, l'héritier ne faisait que continuer la propriété et la possession du défunt et que l'hérédité n'était jamais vacante.

Pothier expose avec une grande précision les effets du partage, d'après la jurisprudence moderne. C'est un acte purement déterminatif des choses attribuées à chacun des cohéritiers, et dont les effets remontent au jour du décès du *de cujus*. Par conséquent les hypothèques mises par un cohéritier ne peuvent grever que son lot seulement, contrairement au droit romain (1). « Ce principe, dit-il en parlant de l'effet rétroactif du partage, est fondé sur la nature de l'indivis, et parce que nous ne possédons par indivis qu'à la charge du partage qui peut être exigé, et en attendant que le partage déclare ce que chacun de nous doit avoir. » Il en est de même de la licitation; elle ne donne pas ouverture au droit de quint : « parce qu'elle n'est pas un nouveau titre d'acquisition mais un acte de ce à quoi il (le cohéritier) a succédé (2). » Le droit n'est dû que lorsqu'un étranger se rend adjudicataire. Si le rachat ne se paie pas même pour les soultes en argent qui accompagnent souvent le partage, c'est toujours « parce que, d'après toutes les coutumes, les partages ont un effet démonstratif et rétroactif ». C'est parce que cet acte est censé ne renfermer aucune mutation, parce qu'il ne fait que déterminer ce à quoi chaque copartageant est cen-

---

(1) Pothier. *Traité des successions*, ch. 4, art. 5, § 1; — l. 6, § 8. *Dig. commun. divid.*

(2) Pothier. *Traité des Fiefs*, 1re partie, ch. 5, art. 2, § 3. *De la licitation.*

sé avoir succédé (1). Ainsi, d'après Pothier, le partage n'est plus une aliénation nécessaire, comme d'après les jurisconsultes plus anciens, c'est un acte qui par la fiction de la coutume est censé ne renfermer aucune aliénation. De la théorie antifiscale des premiers légistes était sorti un principe de droit civil, que devait consacrer le Code Napoléon. Mais les feudistes des pays de droit écrit n'admettaient pas encore, au XVIIIe siècle, l'effet rétroactif du partage ; Boutaric le considère comme une aliénation nécessaire (2).

(1) Pothier. *Traité des Fiefs*, part. 2, ch. 1, art. 2, § 1.
(2) Boutaric. *Droits seigneuriaux*, L. III, ch. 8.

CHAPITRE VIII.

Des donations.

§ Ier.

DES DONATIONS ENTRE VIFS.

La faculté de disposer entre vifs, comme celle de disposer par testament, fut plus étendue sous l'empire des coutumes rédigées que sous l'ancien droit féodal. On n'exigeait plus l'intervention du seigneur, ni celle de l'héritier présomptif. « Chacun, dit » Loisel, peut disposer de son bien à son plaisir, par donation » entre vifs, suivant l'opinion de tous nos docteurs français » (1).

La règle *donner et retenir ne vaut,* était toutefois destinée à prévenir les abus de la liberté de donner. « L'esprit de notre » droit français, dit Pothier, incline à ce que les biens demeu- » rent dans les familles et passent aux héritiers....... C'est pour » cela qu'elles (les coutumes) ont ordonné qu'aucun ne put vala- » blement donner, qu'il ne se dessaisit, dès le temps de la dona- » tion de la chose donnée et qu'il ne se privât pour toujours » de la faculté d'en disposer, afin que l'attache naturelle qu'on » a à ce qu'on possède et l'éloignement qu'on a pour le dé- » pouillement détournât les particuliers de donner » (2).

Cependant, l'influence romaine fit admettre dans les coutumes officielles des exceptions qui modifièrent la portée de la règle *donner et retenir ne vaut.* Le droit coutumier n'admettait primitivement que la tradition réelle; le donateur devait se dessaisir

---

(1) Loisel, L. IV, t. 4, règle 8.
(2) Pothier. *Traité des donations entre vifs*, sect. 2, art. 2.

réellement et de fait entre les mains du donataire, par les cérémonies solennelles du vest et du dévest, et le mettre de fait et immédiatement en possession. Pour les fiefs, la possession même ne suffisait pas ; il fallait l'investiture. Mais un arrêt du Parlement de Paris, en 1581, donna la préférence à l'acquéreur mis en possession sur celui qui avait reçu l'investiture, bien que le titre de ce dernier fût plus ancien, décision conforme au droit canonique, mais contraire au droit féodal, et qui montre combien il perdait de sa force à cette époque (1).

Lors de la réformation des coutumes, les réformateurs, imbus des idées du droit romain, ne songeaient plus à la nécessité de l'investiture ; ils admirent même, à l'instar des lois romaines, que la tradition feinte serait suffisante pour la validité de la donation. On entendait par tradition feinte, celle par laquelle le donateur transfère la propriété, mais non la possession, et se réserve la jouissance du bien donné, par une clause de constitut, de précaire ou d'usufruit.

« Ce n'est donner et retenir, quand on donne la propriété d'un héritage, retenu à soi l'usufruit à vie ou à temps, ou quand il y a clause de constitut ou précaire, et vaut telle donation, » dit le texte de la Nouvelle Coutume de Paris (2).

Toutes les coutumes adoptèrent cette disposition, en modifiant la règle ancienne par l'admission des clauses de précaire et de constitut (3). Ces clauses furent considérées comme favorables, et la jurisprudence étendit le système de la Coutume de Paris à celles qui étaient restées muettes sur ce sujet (4) ; il fut même

---

(1) *In feudalibus beneficiis tantumdem posse vestituram quantum in aliis traditionem...... dominicam clientuli vestituram more francico traditioni feudi æquipollere.* Tel était l'ancien droit ; mais Chopin ajoute en parlant de l'arrêt de 1581 : *Merito, hercle, quum emptoris in clientelam cooptatio quæ a patrono fit non habeatur pro rei traditione legibus pontificum.* (Chopin. *De util. And. rer. dom.*, lib. III, cap. 2, t. 1, n. 2.)

(2) Paris, N. C., art. 275.

(3) Klimrath. *Etudes sur les Coutumes.*

(4) *L'Esprit des deux ordonnances de Louis XV*, par Vivien du Fay, p. 57, 58.

admis par quelques coutumes de nantissement (1); quelques autres, mais en petit nombre, décidèrent au contraire formellement que les clauses d'usufruit, de précaire ou de constitut, n'équivalaient point à la dessaisine et suffisaient pour rendre la donation nulle (2).

Il fallait toujours la tradition pour opérer le changement de propriété; car, d'après notre ancien droit, comme suivant le droit romain, on n'admettait pas que les conventions pussent opérer cette translation sans tradition réelle ou feinte; elle avait en outre pour but d'empêcher les donations faites en fraude des créanciers (3). Mais, d'après certaines coutumes, la clause de dessaisine par laquelle le donateur ou le vendeur déclarait devant un notaire de cour laie qu'il se dessaisissait et saisissait l'acquéreur, équivalait à la tradition de fait (4). Cette disposition, due aux praticiens, simplifiait beaucoup la solennité des formes; elle faisait disparaître les derniers restes de l'ancien système féodal du vest et du dévest, et de la saisine donnée devant la justice foncière.

L'ordonnance de 1731 régla toute la matière des donations; elle sanctionna la maxime *donner et retenir ne vaut* et les exceptions que le droit moderne avait consacrées; elle maintint la faculté d'imposer à la donation une clause d'usufruit, de précaire ou de constitut, ainsi que l'usage de la tradition feinte; rien dans ses dispositions ne rappelle l'ensaisinement féodal (5); elle exige seulement un acte authentique, l'insinuation et la tradition feinte ou réelle de l'objet donné.

Les légistes restreignirent autant que possible, pour les donations comme pour les successions, l'obligation de payer au

---

(1) Péronne, 109 — Reims, 229, 230.
(2) Senlis, 211, 212. — Valois, 130. — Clermont en Beauvoisis, 127.
(3) La Thaumassière. *Décisions sur la Cout. de Berry*, L. II, ch. 27. — Cout. de Berry, t. 6, art. 4. — Pothier. *Domaine de propriété*, part. 1, ch. 2, sect. 4, art. 4, nos 245 et suiv.
(4) C. d'Orléans. art. 278.
(5) Ord. de 1731, art. 15, 16. — Vivien du Fay. *L'Esprit des deux ordonnances.*

seigneur les droits de mutation. Les objets donnés étaient, suivant la règle générale, considérés comme acquêts : « Il n'est, disait une vieille maxime coutumière, si bel acquêt que le don. »

Lorsque le fief fut devenu complètement patrimonial, et que la rigueur des principes féodaux eut fléchi, les jurisconsultes admirent que le don fait à l'héritier présomptif devait être réputé avancement d'hoirie, et que, par conséquent, le bien donné était un propre et non un acquêt : « *censetur pars quædam futuræ hereditatis eatenus anticipatæ....... verum enim summa equitate nititur* » (1). Mais les choses données ou léguées à d'autres qu'aux héritiers présomptifs furent toujours réputées acquêts (2). Les dons mêmes faits à l'héritier présomptif, lorsqu'ils dépassaient sa part héréditaire, étaient réputés acquêts pour le surplus de cette part (3). On admit que la donation en ligne directe serait toujours présumée faite en avancement d'hoirie ; mais pour les dons faits en ligne collatérale, la présomption n'avait plus la même force.

Par une suite naturelle de ce principe, les auteurs s'accordèrent à décider qu'on ne devait pas plus payer le relief au seigneur pour la donation en ligne directe que pour la succession *ab intestat*. Le droit de mutation n'était pas dû, lors même que le fils renonçait à la succession pour s'en tenir à son don ou que le don valait mieux que sa part héréditaire ; mais en ligne collatérale le relief était dû (4).

---

(1) Chopin. *De feud. And.*, lib. II, pars 3, cap. 1, t. 1, n. 13. — *Id.*, t. 4, n. 14.

(2) Chopin. *De util. And. rer. dom.*, lib. III, cap. 1, t. 4, n. 1 ; cap. 2, t. 4, n. 1.

(3) Loisel, L. IV, t. 4, règles 1, 2.

(4) Brodeau, *sur Paris*, art. 26, nos 1, 10 ; art. 73, n° 24. — La Thaumassière. *Décisions sur la Cout. de Berry*, L. II, ch. 6. — D'Argentré. *De laudemiis*, § 48.—Pothier. *Traité des Fiefs*, 2e part., ch. 1, sect. 2, art. 1.— D'après les auteurs, les lods n'étaient pas dus pour les donations de pure libéralité et qui n'étaient pas une rémunération qu'on pût assimiler à une vente ou à une *datio in solutum*. (D'Argentré. *De laudemiis*, § 47. — Boutaric. *Droits seigneuriaux*, L. III, ch. 8.)

Les Coutumes d'Anjou et du Maine, si rigoureuses envers les puînés, faisaient exception à la règle générale. Elles n'exigeaient pas le rachat pour la donation faite à l'aîné noble ou au fils du roturier par son père, mais ce droit devait être payé pour le don fait au puîné noble ou à la fille par son père, ou par l'aïeul à son petit-fils, parce que ces personnes n'étaient pas, d'après la coutume, héritiers propriétaires, mais seulement de *bienfait et usufruit* (1). « Cette loi est dure, dit Pocquet de Livonnière, mais elle est écrite ». L'usage modifia la rigueur du droit par une distinction ; on cessa d'exiger le paiement du relief tant qu'il pouvait y avoir lieu au rapport ; mais on continua toujours de le payer lorsque la donation était devenue définitive (2).

La réaction des légistes contre le régime féodal a donc sur ce point encore affermi les droits de la famille et développé les principes de la législation française.

§ II.

DU RAPPORT. — DE LA LÉGITIME. — DE L'EXHÉRÉDATION, ETC.

Le don fait à l'héritier présomptif étant considéré comme un avancement d'hoirie, la conséquence naturelle de ce principe était d'obliger tous les héritiers à rapporter à la masse de la succession les dons qu'ils avaient reçus pour procéder au partage, car un avancement d'hoirie ne peut évidemment excéder la part héréditaire du donataire. On tenait d'ailleurs beaucoup à maintenir l'égalité dans les partages, elle était depuis bien des siècles la base des successions roturières ; et dans les successions soumises au droit d'aînesse, la part des puînés était tellement minime qu'il fallait empêcher tout ce qui aurait pû porter atteinte à leurs droits déjà si restreints. Aussi, presque

---

(1) Anjou, 97. — Maine, 110.
(2) Pocquet de Livonnière, L. IV, ch. 2.

toutes les coutumes ont-elles admis l'obligation du rapport en ligne directe, mais elles la repoussent en général pour la ligne collatérale, parce que pour ces successions les mêmes raisons n'existaient pas en faveur de l'égalité ; tel est du moins la règle générale rapportée par Loisel (1).

Trois systèmes divisaient les coutumes sur ce sujet. Les unes, dites coutumes d'égalité, obligeaient les enfants à rapporter à la succession de leurs père et mère tout ce qu'ils avaient reçu d'eux ; les enfants ne pouvaient même garder leur don en renonçant à la succession. Telles étaient les coutumes de Touraine, de Lodunois, d'Anjou, du Maine et de Bretagne, qui défendaient absolument au roturier d'avantager un de ses enfants ; mais elles donnaient aux nobles le droit de donner aux puînés ou à l'un d'eux tous les meubles, le tiers des acquêts et le tiers des propres en toute propriété (2). Il faut remarquer que les coutumes d'égalité étaient celles de l'ouest, où le droit de primogéniture était si rigoureusement constitué. La distinction qu'elles faisaient entre les nobles et les roturiers pour la faculté de disposer atteste la persistance des usages féodaux.

D'autres coutumes avaient adopté un système tout différent ; elles admettaient bien le rapport en ligne directe, mais en permettant aux parents d'avantager un enfant et de le dispenser de cette obligation. C'étaient celles de Berry, de Nivernais, de Bourbonnais, qui avaient subi plus que les autres l'influence du droit romain. La Coutume de Reims et celle de Péronne admettaient aussi les dons par préciput (3).

Enfin dans une troisième classe de coutumes, l'héritier direct pouvait à son choix rapporter les dons et les legs qu'il

---

(1) Loisel, L. II, t. 6, règles 2, 6.
(2) Touraine, 233, 235, 248, 249, 302, 304, 309. — Maine, 268, 278, 333, 349. — Anjou, 260, 320, 321, 337. — Bretagne, 199, 203, 217. — Lodunois, XXV, 12 ; XXVI, 2 ; XXIX, 7. — Chopin. *De util. And. rer. dom.*, lib.. III, cap. 1, t. 2, n. 2.
(3) Berry, XIX, 42. — Bourbonnais, 217, 308, 319, 321. — Nivernais, XXVII, 7 ; XXXIII, 11 ; XXXIV, 20. — Reims, 233, 287, 288, 302, 317, 320, 324. — Péronne, 107, 169, 205.

avait reçus ou renoncer à la succession pour s'en tenir à son avantage; l'héritier collatéral pouvait au contraire garder les dons entre vifs, mais il était tenu de rapporter les legs. La qualité de légataire et celle d'héritier étaient, sous l'empire de ces coutumes, absolument incompatibles; elles ne faisaient aucune distinction entre les différentes classes de personnes, et donnaient les mêmes droits au noble et au roturier. Dans l'Ile-de-France, la Champagne, l'Orléanais, on avait adopté ce dernier système, que Loisel considérait comme le droit commun de la France coutumière (1). On l'expliquait en disant qu'il est impossible d'acquérir la même chose à deux titres différents, et qu'on ne peut recevoir comme légataire ce que l'on possède déjà en qualité d'héritier. Cette raison était bonne en ce qui concerne la part héréditaire du légataire; mais lorsque le legs dépassait cette part, le motif allégué n'était plus fondé, ainsi que l'a remarqué Pothier. Ce jurisconsulte fait venir l'obligation du rapport du vieux droit germain, ami de l'égalité; elle aurait eu pour but de prévenir la jalousie et la violence des cohéritiers de l'époque barbare; « mais le droit naturel, dit-il, veut » qu'on ait la faculté de disposer plus librement de ses biens. » Les coutumes qui permettaient de garder le don ou le legs, en renonçant à la qualité d'héritier, avaient donc conservé la lettre de l'ancien droit, en violant son esprit (2). Elles s'en éloignaient encore en rejetant la distinction faite sur ce point, entre les nobles et les roturiers, par les anciens coutumiers et conservée par les coutumes de l'ouest.

Le droit romain admettait aussi le rapport entre cohéritiers (*collatio bonorum*) pour les donations entre vifs, mais il permettait d'avantager par testament qui l'on voulait, pourvu que le

---

(1) Paris, 300, 307. — Etampes, 109, 112. — Senlis, 160, 161, 217. — Calais, 52, 53, 93, 99. — Laon, 88, 98. — Vitry, 73, 99, 100. — Troyes, 112, 113, 142. — Sens, 72, 73. — Bar, 99, 100, 131, 133, 138, 165. — Meaux, 11, 12. — Melun, 249, 274, 276. — Orléans, 273, 286, 288. — Chartres, 92, 100, etc. — Loisel, L. II, t. 4, règle 12. — Voir aussi Pothier, *Traité des successions*, ch. 4, art. 2, § 1; — art. 3, § 2.

(2) Pothier, *Traité des successions*, ch. 4, art. 3, § 2.

testateur respectât la légitime de ses enfants; la faculté de disposer d'une manière presque absolue était un des caractères essentiels de cette législation. Il y avait donc une grande différence entre le système du droit romain et celui des coutumes françaises.

La faculté de disposer était encore limitée par la nécessité de respecter la légitime. Elle empêchait que par des donations exagérées le chef de famille ne privât un de ses enfants de toute sa part héréditaire pour enrichir un autre enfant, ou même un étranger. La légitime fût fixée dans les pays coutumiers à la moitié de la part héréditaire de l'enfant (1); dans les pays de droit écrit, et même dans certaines provinces coutumières rapprochées de ces contrées, on suivait sur ce sujet les dispositions du droit romain (2). L'obligation de respecter la légitime fut sanctionnée par l'ordonnance de 1735 (3).

Il ne faut pas confondre la légitime de droit avec la légitime ou réserve coutumière. Celle-ci était d'origine germanique; la première venait du droit romain et fut introduite très-probablement par les jurisconsultes modernes. La réserve coutumière ne portait que sur les immeubles propres et appartenait à tous les héritiers de ces biens tant en ligne directe qu'en ligne collatérale; la légitime s'appliquait au contraire à l'ensemble des biens, meubles et immeubles, propres ou acquêts, fiefs ou rotures, et n'existait qu'au profit des héritiers directs. D'après la plupart des coutumes, on pouvait priver les collatéraux de la réserve coutumière par des donations entre vifs, tandis que la légitime ne pouvait être diminuée, ni par des dons ni par des legs, que les dispositions fussent faites au profit d'un enfant ou en faveur d'un étranger. C'était suivant tous les jurisconsultes coutumiers une chose sacrée.

La légitime des enfants fut déclarée, par les jurisconsultes, préférable au droit d'aînesse qui était lui-même considéré comme

---

(1) Paris, art. 298. — Calais, 85. — Chauny, 49. — Orléans, 274.
(2) Bourgogne, VII, 2, 4, 7, 9.
(3) Ord. de 1735, art. 52, 56.

une légitime féodale (1). Lorsqu'il y a conflit entre les droits de l'aîné et ceux des puînés, la légitime de ceux-ci ne peut être diminuée par le préciput de l'aîné (2). « La légitime est » due, dit Ricard, en vertu d'un droit primitif et d'une équité » naturelle; le droit d'aînesse au contraire est particulier, sura- » bondant et inventé pour conserver l'éclat des familles (3). »

Les droits de l'aîné furent encore restreints d'une autre manière par la jurisprudence moderne; le père ne pouvait disposer à son préjudice par testament, mais il avait droit de disposer entre vifs, d'après le droit nouveau, sans son consentement; l'aîné ne pouvait faire révoquer ni les ventes ni les donations entre vifs et devait prendre son préciput sur les biens, tels qu'ils se trouvaient à l'ouverture de la succession (4).

Le droit romain admettait la légitime au profit des ascendants comme des descendants; mais le droit coutumier ne l'avait consacrée d'une manière formelle qu'au profit des descendants. Cependant, certains jurisconsultes décidaient que la mère devait avoir sa part légitime lorsque le fils avait institué un héritier étranger, « *cui testantis genitricem œquitas suadet anteponi* » (5). Un arrêt du parlement de Paris, de 1585, admit ce système, en accordant à la mère du testateur le tiers contre le légataire des meubles; mais ce système ne prévalut pas, et un autre arrêt de 1589 repoussa les droits de la mère. Chopin réclame au nom de l'équité et des affections naturelles en faveur de celle-ci (6). Les légistes modernes se montrèrent toujours plus favorables aux ascendants que le droit féodal.

Quoique la légitime fût éminemment favorable, la jurispru-

---

(1) Pothier. *Traité des successions*, ch. 2, art. 2, § 5, 6.
(2) Dumoulin. *Traité des Fiefs*. § 13, gloss. 4, n. 6, 7.
(3) Ricard. *Traité des donations*. n° 1029.
(4) Dumoulin. *Traité des Fiefs*. § 13, gloss. 3, n. 16, 17, 18. — Pothier. *Traité des successions*, ch. 2, sect. 1ʳᵉ, art. 2, § 6.
(5) Chopin. *De util. And. rer. dom.*, lib. III, c. 3, t. 2, n. 5.
(6) *Æquissime cum vel imperatoria mansuetudine dignum sit minuere orbitatis injurias; nec pati quemquam, filio amisso, insuper affici alio dolore.* (Chopin. *De feud. And.*, lib. II, pars 3, cap. 1, t. 4, n. 16.)

dence française admit cependant que les enfants pouvaient en être privés par l'exhérédation, conformément à la législation de Justinien. Dès le temps de Beaumanoir, l'exhérédation était admise par le droit coutumier (1). Les causes pour lesquelles on pouvait déshériter un enfant furent déterminées par le droit romain. L'exhérédation s'appliquait tant aux enfants qu'aux collatéraux. Elle était nécessaire pour ôter à ces derniers, en les privant de la qualité d'héritiers, la portion des propres que les coutumes affectaient à l'héritier et qu'on appelait légitime coutumière (2).

Le droit d'exhérédation s'appliquait non-seulement à la légitime de droit commun, mais encore à la légitime féodale, c'est-à-dire au préciput de l'aîné. Lorsque celui-ci était déshérité, il n'y avait pas lieu au droit de primogéniture en faveur du cadet, suivant la Coutume de Paris; la succession se partageait alors par parts égales entre les enfants, à moins qu'il ne s'agît d'un fief de dignité, tenure toujours indivisible comme la couronne de France elle-même (3). Mais quelques coutumes n'admettaient pas ce système, et donnaient, en cas d'exhérédation de l'aîné, le préciput légal au second fils : telles étaient les coutumes basques (4).

Aux causes d'exhérédation empruntées au droit romain, les ordonnances royales en ajoutèrent une nouvelle, destinée à fortifier la puissance paternelle. L'édit de février 1566 donne aux parents le droit de déshériter par testament l'enfant qui a contracté mariage contre leur volonté : le fils avant trente ans, la fille avant vingt-cinq ans, et de révoquer toutes les donations faites avant le mariage; il prononce la nullité de tous les avantages matrimoniaux stipulés au contrat (5). L'ordonnance de 1579 et celle de 1627 renouvelèrent ces dispositions. Celle de 1639

---

(1) Beaumanoir, ch. 12, nos 17, 20.
(2) Pothier. *Traité des successions*, ch. 1, sect. 2, art. 4, § 1. — *Novelle* 115, cap. 3.
(3) Dumoulin. *Traité des Fiefs*, § 13, gloss. 2, n. 12.
(4) Cout. de Labour, t. 12, c. 10. — Cout. de Sole, t. 27, c. 26.
(5) Edit de 1556, art. 1, 2, 5.

déclara les fils et filles de famille mariés contre la volonté de leurs parents, privés de plein droit de la succession de leurs ascendants et même de la légitime, incapables de recueillir les avantages faits en leur faveur par testament, par contrat de mariage ou autrement. Ces incapacités frappaient même les enfants issus du mariage (1). Ces dispositions eurent pour but de soutenir l'aristocratie en empêchant les mésalliances; mais quoiqu'elles se rattachent aux institutions nobilières de France, elles ne dérivent pas directement du régime féodal.

La jurisprudence moderne eut donc pour résultat général sur ce sujet de garantir : d'une part, les intérêts des enfants et le principe de l'égalité dans les successions par l'obligation du rapport, l'introduction de la légitime et la préférence donnée à la légitime sur le préciput féodal; d'autre part, d'accroître le pouvoir du chef de famille par l'extension du droit de disposer entre vifs, même au préjudice de l'aîné, et par celle de la faculté d'exhéréder. Le droit coutumier s'était ainsi de plus en plus éloigné des anciens usages germaniques et féodaux, pour se rapprocher du droit romain ; les fiefs avaient été soumis aux dispositions de la loi commune.

§ III.

DES INSTITUTIONS CONTRACTUELLES. — DES SUBSTITUTIONS.

L'influence des légistes et du droit romain restreignit singulièrement la faculté d'instituer un héritier par contrat. Les pactes sur les successions futures furent interdits, si ce n'est dans les contrats de mariage. D'après le système des coutumes, les institutions contractuelles et les renonciations aux successions non encore échues ne sont permises qu'en faveur du mariage. Jusqu'à la rédaction des coutumes, l'institution con-

---

(1) Ord. de Blois, art. 40. — Déclaration du 26 novembre 1639, art. 1, 2.

tractuelle n'avait point subi cette restriction ; mais à cette époque les commissaires royaux l'introduisirent partout (1). En Berry elle fut même interdite pour les dons entre époux par contrat de mariage ; les autres personnes pouvaient seules disposer ainsi au profit des époux et de leurs descendants (2).

L'ordonnance de 1731 interdit tout mode de disposer autre que la donation entre vifs actuelle et irrévocable, et le testament, acte révocable jusqu'au décès du testateur ; elle porta ainsi un dernier coup aux différents modes de disposer à cause de mort, usités au moyen-âge. Elle maintint toutefois l'institution d'héritier par contrat de mariage et exempta les donations de cette sorte de la règle *donner et retenir ne vaut* et de ses diverses applications (3). La faveur du mariage maintint les priviléges spéciaux de l'institution contractuelle, tandis que les autres donations étaient soumises à des règles plus sévères.

Le droit de faire des substitutions fidéicommissaires était illimité d'après le droit romain. Nous avons vu que les grandes familles féodales avaient adopté cet usage, afin de conserver les propriétés dans les mêmes maisons. Les chefs de famille, par leurs testaments et surtout par les contrats de mariage de leurs enfants, établissaient eux-mêmes pour l'avenir la loi de succession de leur descendance et s'affranchissaient souvent des dispositions des lois et des coutumes. Dans les familles princières il y avait, à vrai dire, autant de systèmes divers de succession que de maisons.

Cependant la jurisprudence réagit contre cet état de choses ; un arrêt du 7 septembre 1571, rapporté par Chopin, décida qu'on ne pouvait établir soi-même la loi de son hérédité contrairement à la coutume. (4). Les substitutions indéfinies donnaient lieu à une foule de difficultés et de procès ; elles amenaient même souvent à cause de cela la ruine des maisons

---

(1) M. Anouilh. De l'institution contractuelle. *Revue de législation*, tom. VI.
(2) Cout. de Berry, VIII, 5, 6.
(3) Ord. de 1731, art. 3, 15, 16, 17.
(4) Chopin. *De util. And. rer. dom.*, lib. III, cap. 1, t. 2, n. 7.

dont elles devaient conserver la grandeur (1). Pour porter remède à ces inconvénients, les ordonnances royales réglèrent la matière et limitèrent la faculté de substituer. L'ordonnance d'Orléans décida que ces dispositions seraient à l'avenir réduites à deux degrés, non compris l'institution, quel que fût l'acte par lequel la disposition eût été faite : testament, donation ou contrat de mariage (2). D'après l'ordonnance de Moulins, les substitutions antérieures à celle d'Orléans, devaient être réduites à quatre degrés ; les dispositions de cette dernière ordonnance pour les substitutions à venir furent confirmées (3). La déclaration de 1629 restreignit encore la faculté de substituer :

1° En décidant que les degrés de substitution se compteraient par tête et non par souche, de sorte que si le bien substitué passait à plusieurs frères successivement, chacun devait compter pour un degré ;

2° En prohibant les fidéicommis pour les choses mobilières, si ce n'est pour les pierres précieuses d'un grand prix ;

3° En interdisant aux roturiers de grever leurs successions de substitutions (4).

Ces dispositions ne furent pas fidèlement observées dans les pays de droit écrit, où l'on tenait à conserver intacte la tradition du droit romain. Malgré les ordonnances, on continua dans ces provinces, à compter les degrés de substitution par souche, à les étendre à quatre degrés non compris l'institution, à grever de substitution les biens meubles, enfin à laisser les personnes rustiques faire des dispositions de cette nature (5). Les institutions aristocratiques des provinces méridionales, quoiqu'elles ne reposassent pas sur le droit féodal, comme celles des contrées coutumières, n'en étaient pas moins fortement constituées. La puissance paternelle, la faculté presque illimitée de disposer par testament, d'instituer un héritier universel, d'exhéréder, de substituer à per-

---

(1) Ricard. *Traité des substitutions*, n° 757.
(2) Ord. d'Orléans, janvier 1560, art. 59.
(3) Ord. de Moulins, art. 57.
(4) Ord. de janvier 1629, art. 124, 125.
(5) Domat. *Lois civiles*, 2ᵉ partie, L. V, t. 3, proem.

pétuité, le régime dotal, le système des successions *ab intestat* fondé sur la Novelle 118, tout cet ensemble d'institutions tendait à concentrer la propriété dans un petit nombre de mains, à l'immobiliser dans la famille, quand le testateur le voulait, et à la frapper d'inaliénabilité. Le système romain arrivait par une voie différente au même résultat que le système féodal. Les droits d'aînesse et de masculinité, la réserve coutumière, les règles *paterna paternis, materna maternis, propres ne remontent*, le retrait lignager, etc., constituaient en quelque sorte une substitution légale qui assurait aussi la conservation des biens dans les mêmes familles. Dans le midi, l'immobilité de la propriété dépendait de la volonté de l'homme, tandis que dans le nord, elle résultait surtout de la coutume. On conçoit donc facilement la résistance des parlements des pays de droit écrit aux dispositions des ordonnances qui venaient restreindre les institutions destinées à assurer la puissance de la noblesse du midi.

Cependant l'ordonnance de 1747 régla de nouveau la matière des substitutions ; elle décida qu'à l'avenir ces dispositions ne pourraient avoir que deux degrés, même dans les provinces qui avaient conservé l'usage de les étendre jusqu'à quatre ; que ces degrés seraient comptés par tête et non par souche ; elle prohiba la représentation. Elle renouvela aussi la défense de grever de substitution universelle ou particulière les choses mobilières, si ce n'est celles qui servent à l'exploitation des champs et à l'ornement des châteaux, et qui devinrent, par suite de cette disposition, immeubles par destination (1). Dans le but de sauvegarder les droits des tiers par la publicité, elle ordonna que tout acte contenant une substitution serait publié et enregistré au greffe du siége royal ; elle prescrivit de faire inventaire de tous les objets compris dans la substitution ; elle attribua aux seuls juges royaux la connaissance des causes relatives aux substitutions (2). Enfin l'ordonnance posa en principe que le fidéicommis ne se présumerait pas, quelle que fût la haute noblesse de la famille et malgré l'usage constant de la

---

(1) Ord. de 1747, t. 1, art. 6, 7, 8, 21, 30, 31, 33, 34.
(2) *Id.*, t. 2, art. 1, 18, 47.

maison. Cette disposition était contraire à l'ancienne jurisprudence qui considérait la noblesse ou l'usage de la famille, comme une présomption suffisante dans le cas où le fidéicommis pouvait paraître douteux. Il résulte de cette disposition de l'ordonnance, que si le donateur s'est exprimé en ces termes : j'appelle *Primus* et à son défaut *Secundus*, les enfants de *Primus* n'étant pas compris expressément dans la substitution ne pourront la recueillir à son défaut, et qu'elle passera à *Secundus*. D'après l'ancienne jurisprudence, au contraire, on aurait appelé les enfants de *Primus* à défaut de leur père, s'il se fût agi d'une maison noble où l'usage constant eût été d'agir ainsi (1). C'était une restriction importante apportée aux usages de l'aristocratie.

Dans les pays coutumiers, on appliquait aux biens chargés de substitution les règles ordinaires sur la distinction des propres et des acquêts. Ainsi la substitution faite par un ascendant était réputée propre au donataire, tandis que celle faite par un étranger était réputée acquêt; par conséquent, les ascendants succédaient à ce dernier bien, lorsque le grevé venait à mourir sans enfants (2). Par suite du même principe, on ne pouvait charger de substitution que la quotité disponible; il était interdit de grever les quatre quints non disponibles des propres au préjudice des héritiers lignagers appelés à les recueillir. Mais le testateur pouvait à son gré donner ses acquêts à charge de conserver et de rendre (3).

§ IV.

DES DONS ENTRE ÉPOUX.

La jurisprudence du parlement de Paris, conformément à l'ordonnance de 1731, qui n'admettait que deux modes de disposer,

---

(1) Ord. de 1747, t. 1, art. 19.
(2) Chopin. *De util. And. rer. dom.*, lib. III, c. 3, t. 2, n. 4.
(3) Ricard. *Des substitutions*, n° 201.

déclara nulle toute donation entre époux, soit unilatérale, soit mutuelle, lorsqu'elle n'était pas irrévocable; on considéra comme abrogées toutes les dispositions des coutumes qui admettaient le don entre vifs, révocable jusqu'au moment de la mort de l'époux prédécédé, suivant le droit romain. Mais les parlements du midi n'en continuèrent pas moins à appliquer aux donations entre époux les dispositions du droit de Justinien (1). La législation moderne eut donc pour résultat, sur ce sujet, de mettre de nouvelles entraves à la faculté de faire sortir les biens de la famille et d'en priver les héritiers du sang.

L'édit sur les secondes noces avait déjà atteint le même but. Le droit romain défendait aux veuves et aux hommes veufs qui convolaient en secondes noces, de rien donner à leur nouvel époux de ce qu'ils avaient reçu de la libéralité du premier, à quelque titre que ce fût. La même législation ne permettait aux veuves ayant des enfants de donner à leur second mari qu'une part égale à celle de l'enfant le moins prenant (2). Ces dispositions n'avaient point passé dans l'ancien droit coutumier. L'édit de 1560, rendu sous l'influence du chancelier de l'Hôpital, dans le but de réprimer certaines donations exagérées faites par les veuves au détriment des enfants du premier mariage, fit revivre sur ce point les dispositions du droit romain. On interdit aux veuves de donner de leurs biens meubles, acquêts ou propres, à leur second époux plus qu'à l'enfant le moins prenant, et de rien donner au nouveau conjoint des biens provenant de la libéralité du premier (3). La Nouvelle Coutume de Paris sanctionna ces dispositions (4). L'ordonnance de Blois, dans le but d'empêcher les mésalliances, alla plus loin encore. Elle déclara nuls de plein droit tous les avantages faits par donation, vente, association ou autrement, au second époux, lorsque la veuve ayant postérité s'était remariée à un homme d'une condition inférieure à la sienne et surtout à son valet. La même ordonnance

---

(1) Pothier. *Traité des donations entre époux*, nos 6, 13, 119.
(2) Lois *fœminæ* et *hac edictali*. (*Cod. de secund. nupt.*, 3, 6.)
(3) Edit de juillet 1560, dit *des secondes noces*.
(4) Paris, N. C., 279.

privait en outre la femme qui s'était ainsi mésalliée, du droit d'aliéner ses biens, soit à titre gratuit, soit à titre onéreux (1).

Ces dispositions eurent donc pour but de conserver les biens dans la famille, et de mettre des entraves aux mariages entre personnes de condition inégale. Elles furent faites dans l'intérêt de l'aristocratie, mais elles ne se rattachent pas directement au régime féodal.

(1) Ord. de Blois, sous Henri III, art. 182.

CHAPITRE IX.

Du retrait lignager.

Les coutumes du XVIe siècle, sauf quelques exceptions, n'exigeaient plus le concours des héritiers présomptifs pour l'aliénation des biens propres; conformément au droit romain elles donnèrent à tout propriétaire le droit de disposer à titre onéreux ou gratuit sans le consentement de la famille. A Paris, la question était encore douteuse au XIVe siècle; on ne savait pas s'il était permis de vendre un héritage de ligne à un étranger, mais l'affirmative fut décidée au Châtelet de Paris (1), en réservant toutefois aux lignagers le droit d'exercer le retrait. La coutume de 1510 ne renferme plus de traces de l'ancienne prohibition.

Les docteurs avaient longtemps agité la question de savoir si le retrait lignager, admis par le droit coutumier, était favorable ou odieux; la jurisprudence l'avait cependant considéré comme favorable, et à juste titre, car il ne tenait pas d'une manière essentielle au régime féodal. Son but unique était de conserver les biens dans la famille et non d'assurer le privilége du seigneur, comme le retrait féodal. Les coutumes, suivant le système admis dès le moyen âge, le considéraient comme plus favorable que le retrait féodal et préféraient celui-ci en cas de vente d'un fief propre (2). Mais dans les pays de droit écrit, le retrait seigneurial était au contraire le plus favorable (3). La législation avait consacré une foule de dispositions destinées à assurer aux lignagers l'exercice de ce droit et à prévenir les fraudes qui auraient pu naître à leur préjudice, de la collusion du vendeur et de l'ac-

---

(1) *Coustumes notoires du Chastelet*, art. 144, 145, en 1377.
(2) Loisel. *Inst. Cout.*, L. III, t. 5, règle 4. — Brodeau, *sur Paris*, art. 20, n° 16.
(3) Boutaric. *Droits seigneuriaux*, L. II, ch. 6.

quéreur. On considérait comme nulle toute clause tendant à ôter à la famille le privilége que la loi lui donnait ; il ne pouvait dépendre en effet du vendeur de priver ses proches d'un droit qu'ils ne tenaient pas de lui, mais de la loi (1).

Le retrait lignager ne s'appliquait point aux nouveaux acquêts, d'après la plupart des coutumes, mais seulement aux propres ou aux acquêts qui avaient fait souche et étaient devenus propres. On considérait comme propres, pour le retrait, des biens qui étaient acquêts en matière de succession. Le don fait par un parent collatéral à son parent était acquêt pour le partage de la succession du donataire, tandis que si celui-ci l'aliénait, ses lignagers pouvaient le reprendre comme propre. On pensait que par cela seul qu'un domaine était entré dans une famille et qu'il y avait fait souche, il était affecté envers tout le lignage au droit de retrait; aucun membre de la parenté ne pouvait dépouiller le reste de la famille du droit qu'elle avait acquis collectivement sur cet immeuble (2). Ce droit collectif de tous les lignagers rappelait encore l'ancien système de la copropriété de famille. La famille agissait en quelque sorte en vertu d'un droit préexistant, semblable à celui du fils pour lequel toute donation provenant d'un ascendant était réputée avancement d'hoirie. De là l'héritage racheté par le parent lignager était réputé propre et non acquêt (3). En vertu du même principe on décidait qu'il n'était pas dû de lods et ventes par le retrayant, parce que le retrait n'était pas une *aliénation*, mais une *subrogation* qui substituait le lignager retrayant au premier acquéreur (4). Les principes du droit civil servirent donc encore sur ce point à restreindre la fiscalité seigneuriale.

La distinction des coutumes souchères et des coutumes simplement lignagères existait en matière de retrait comme en matière de succession. Lors de la réformation de la Coutume

(1) Pothier. *Traité du retrait lignager*, ch. 1, § 2.
(2) *Id.*, n° 47.
(3) Chopin. *De util. And. rer. dom.*, lib. III, cap. 1, t. 5, n. 1.
(4) La Thaumassière. *Décisions sur la Coutume de Berry*. L. IV, ch. 9.

de Paris, on admit qu'il suffisait pour retirer le bien vendu, d'être parent du côté et ligne du premier acquéreur, sans descendre de lui, contrairement à l'ancien droit (1). La plupart des coutumes adoptèrent ce système. Les droits de la famille sur les biens propres s'étendirent au-delà des limites primitives.

En Bourgogne, dès le moyen-âge, à défaut de retrayants dans la ligne dont le bien provenait, les parents de l'autre ligne pouvaient même exercer ce droit à leur place (2). Les Coutumes d'Orléans et de Nivernais restèrent souchères en matière de retrait, quoiqu'elles fussent lignagères pour les successions (3). Celle de Chartres, qui ne renfermait pas de dispositions sur l'affectation des propres de succession au lignage, n'en admettait pas moins le retrait au profit des lignagers du côté dont était échu le propre vendu (4); celle de Touraine, au contraire, était souchère pour les successions et lignagère pour le retrait; elle permettait en outre de retirer non-seulement les propres, mais aussi les acquêts (5). Les Coutumes de Lodunois, du Maine, d'Anjou, de Poitou, d'Angoumois, de La Rochelle, de Saintonge, de Bretagne et de Normandie, appliquaient aussi le retrait à tous les biens immeubles sans distinction. Lorsqu'il s'agissait d'un acquêt, c'était le plus proche parent qui exerçait le retrait sans distinction de ligne (6). Une ordonnance de 1581 étendit le retrait lignager à toute la France, même aux pays de droit écrit qui ne l'admettaient point auparavant; mais il paraît que cet édit resta sans exécution (7).

(1 Brodeau, *sur Paris*, art. 141, n° 3. — Nous avons vu (L. II, ch. 12) que les Coutumes de Dourdan, Melun, Mantes, Montargis, avaient conservé, au contraire, l'ancien système.

(2) *A. C. de Bourgogne*, art. 72.

(3) Orléans, 363. — Nivernais, XXVI, 13.

(4) Chartres, 67, 94, et notes de Richebourg sur ces articles.

(5) Touraine, 152, 156.

(6) Lodunois, XV, 1. — Maine, 358. — Anjou, 346. — Poitou, 319. — Angoumois, 55. — La Rochelle, 29, 31, 32. — Saintonge, 43. — Bretagne, 208. — Normandie, 452, 469, 470.

(7) Ord. de 1581. Guenoys, L. IV, t. 9, § 1.

Le délai pour l'exercice du retrait fut prolongé, lors de la rédaction officielle, dans les coutumes qui n'admettaient pas celui d'un an; il fut fixé à soixante jours en Berry, à trois mois en Auvergne, à trois mois en Bourbonnais pour les immeubles corporels, et à six mois pour les droits immobiliers incorporels; en Bretagne, il durait encore autant que la faculté de s'opposer à l'appropriance (1).

D'après la Coutume de Paris, le plus diligent lignager était préféré aux autres, quoique plus proches en degré (2); en Berry, les enfants et les frères du vendeur étaient préférés pour l'exercice du retrait aux lignagers plus diligents, mais parents moins proches (3). Les héritiers les plus proches ne pouvaient exercer toutefois le retrait quand le bien avait été vendu à un lignager plus éloigné, mais qui aurait eu le droit de l'exercer lui-même contre un étranger; la jurisprudence avait en effet décidé que *lignager sur lignager n'a droit de retenue* (4). Le retrait ayant pour but unique de maintenir les biens dans chaque lignage n'avait plus d'objet, lorsque le bien vendu ne sortait pas de la famille; les dispositions des coutumes sur la préférence à accorder, soit aux parents les plus proches, soit aux plus diligents, ne recevaient leur application que dans le cas où l'immeuble avait été vendu à un étranger.

De ce principe découlaient plusieurs conséquences : le partage ne donnait point lieu au retrait ni féodal ni lignager, parce que les copartageants, étant les plus proches parents, excluaient les lignagers et à plus forte raison le seigneur, en vertu de la règle : *si vinco vincentem te*. Pour la licitation, il n'y avait lieu non plus à aucun retrait, lorsque l'adjudicataire était un des lignagers; mais il y avait lieu au retrait lignager et au retrait

---

(1) Berry, XIV, 1. — Auvergne, XXIII, 2. — Bourbonnais, 422. — Bretagne, 270, 274, 302.

(2) Paris, N. C., art. 141.

(3) La Thaumassière. *Comm. sur la Cout. de Berry*, t. 14, art. 5.

(4) Loisel, L. III, t. 5, règle 9. — La Thaumassière. *Décisions sur la Cout. de Berry*, L. IV, ch. 6. — Arrêts du présidial de Bourges, du 22 janvier 1578 et du 22 novembre 1629.

féodal, si l'adjudicataire était un étranger. Quand les cohéritiers licitaient un bien appartenant en commun aux deux lignes et qu'un cohéritier de l'une des lignes se portait adjudicataire, on aurait dû, d'après les principes rigoureux du droit, accorder alors le retrait pour moitié seulement ; mais la jurisprudence, afin d'éviter les embarras de ce système qui eût nécessité une double licitation, décidait que dans ce cas il n'y avait pas lieu au retrait lignager ni à plus forte raison au retrait féodal (1).

Telles étaient les dispositions du droit coutumier sur les institutions féodales, lorsqu'éclata la révolution de 1789, qui modifia si complètement toute notre ancienne organisation sociale. Malgré ce profond bouleversement, divers principes empruntés au droit féodal persistèrent dans la législation moderne, et surtout dans le droit public et fiscal. Le droit privé a gardé peu de traces des usages découlant directement du régime féodal ; mais le Code civil a cependant reproduit de nombreuses dispositions empruntées au droit coutumier ; quelques-unes proviennent de la lutte de nos anciens jurisconsultes contre la féodalité. Il nous reste à étudier la législation moderne à ce double point de vue.

(1) Cout. d'Anjou, art. 282. — Pocquet de Livonnière. *Traité des Fiefs*, L. V, ch. 4, sect. 2.

CHAPITRE X.

Rapports du droit moderne avec le droit féodal.

§ Ier.

DE LA SUCCESSION AU TRÔNE. — DES DOTATIONS. —
DES MAJORATS ET DES TITRES.

La révolution française a renversé le système féodal pour les successions des particuliers; mais les législateurs ont dû le conserver pour la succession au trône, afin d'assurer l'indivisibilité du territoire et de la Couronne de France. La constitution du 14 septembre 1791 déclare que « la royauté est déléguée héréditairement à la race régnante, de mâle en mâle, par ordre de primogéniture, à l'exclusion perpétuelle des femmes et de leur descendance » (1). Le sénatus-consulte organique du 28 floréal an XII, qui a conféré la dignité impériale à Napoléon Ier, reproduit les mêmes principes : droit d'aînesse et de masculinité, exclusion perpétuelle des femmes; en outre, cet acte législatif appelle au trône, pour le cas où la descendance masculine de l'Empereur ferait défaut, l'un des frères du monarque et sa descendance; à défaut, un autre frère et la postérité de celui-ci. La déclaration du 7 août 1830, qui a donné la couronne au roi Louis-Philippe, et le sénatus-consulte du 7 novembre 1852, en appelant au trône l'empereur Napoléon III, ont reproduit, à peu près dans les mêmes termes que les lois plus anciennes, les principes de la succession au trône de France. Le décret organique du 31 décembre 1852 appelle au trône, pour le cas où l'Empereur ne laisserait pas d'héritier direct, le prince Jérôme-Napoléon Bonaparte et sa

---

(1) Constitution du 14 septembre 1791, ch. 2, sect. 1, art. 1.

descendance (1). C'est une substitution perpétuelle semblable à celle que renfermait le sénatus-consulte de l'an XII au profit des descendants mâles du prince appelé.

Les apanages féodaux furent abolis par le décret du 21 décembre 1790, qui pourvut à l'entretien des frères puînés du roi par des rentes apanagères. Le sénatus-consulte du 30 janvier 1810 rétablit les apanages réels au profit des fils puînés de l'Empereur. Le mode de transmission des apanages dut toujours être, comme sous la législation ancienne, le même que celui de la succession à la couronne, c'est-à-dire le système primitif de l'hérédité des fiefs : indivisibilité de l'apanage, droit d'ainesse et de masculinité, exclusion perpétuelle des filles, exclusion des collatéraux qui ne descendent pas du premier apanagiste et retour à la couronne, seigneur concédant, en cas d'extinction de la lignée mâle du premier concessionnaire (2). Sous la restauration et sous le gouvernement de juillet, il n'y avait point d'apanages proprement dits, constitués à perpétuité en faveur des princes et de leurs descendants, mais de simples dotations en argent dont le produit était payé annuellement par le trésor public.

Les principes de la succession féodale réglèrent aussi la transmission des dotations créées par Napoléon Ier, sur le domaine extraordinaire, composé de biens réservés dans les pays conquis (3). Ces dotations étaient irrévocables ; elles étaient destinées à récompenser les généraux qui s'étaient distingués par leur bravoure, leurs talents et leurs services ; les principales portaient le nom de grands fiefs impériaux. Le domaine extraordinaire fut réuni au domaine de l'État par la loi du 15 mai 1818 ; mais cette loi conserva cependant les droits des donataires dans les termes fixés par le S.-C. de 1810, pour ceux dont les dotations n'avaient pas été reprises par les princes étrangers ; les autres furent indemnisés par l'État.

---

(1) S.-C. organique du 28 floréal an XII, art. 3, 5, 6. — Déclaration du 7 août 1830. — S.-C. du 10 novembre 1852, art. 2. — Décret organique du 31 décembre 1852, art. 1.

(2) S.-C. du 30 janvier 1810, art. 55, 56, 60, 61, 80.

(3) S.-C. du 30 janvier 1810, art. 21, 29, 30.

Les grands fiefs impériaux ou *majorats de propre mouvement* ne furent pas les seuls établis sous l'Empire. Le S.-C. du 14 août 1806 et le décret du 1er mars 1808 organisèrent la noblesse impériale et instituèrent les *majorats sur demande*. Le chef de famille qui voulait constituer un majorat sur ses propres biens et dans la limite de la quotité disponible, pouvait le faire en obtenant l'autorisation du gouvernement. Le mode de transmission adopté pour les majorats de propre mouvement régissait aussi les autres. Ces biens étaient en outre frappés d'inaliénabilité. Les titulaires devaient prêter le serment de fidélité et s'engager à suivre l'Empereur à la guerre, comme les feudataires du moyen-âge (1). La création des majorats amena une modification importante des dispositions du Code civil, en matière de substitution, ainsi que nous le verrons plus loin (2). La loi du 4 septembre 1817 compléta ce système par la création des majorats des pairs de France, toujours soumis aux mêmes règles de transmission (3).

La révolution de 1830 renversa peu après l'institution des majorats; les majorats de propre mouvement furent maintenus, il est vrai, mais il fut décidé que les majorats sur demande alors existants ne pourraient s'étendre au-delà de deux degrés, l'institution non comprise. Toute création nouvelle fut interdite pour l'avenir (4). Cette abolition partielle a été suivie d'une abolition plus complète. Après la révolution de février, la loi du 7 mai 1849 décida que tous les majorats, qui avaient été transmis déjà à deux degrés successifs, deviendraient libres dès le moment de la promulgation; que les autres le seraient après deux degrés à partir du premier titulaire, et qu'en outre la transmission n'aurait lieu qu'au profit des appelés nés ou conçus au moment de la promulgation de la loi (5). L'entière

---

(1) S.-C. du 14 août 1806, art. 5. — Décret du 1er mars 1808, art. 27, 35, 37, 40.

(2) *Code civil*, art. 896.

(3) Loi du 4 septembre 1817, art. 3.

(4) Loi du 13 mai 1835, art. 1, 2, 3.

(5) Loi du 7 mai 1849, art. 1, 2.

extinction des majorats arrivera donc, par l'effet seul de ces lois, dans un avenir très-prochain.

L'existence des titres de noblesse rappelle encore aujourd'hui cependant les anciens usages féodaux. La loi du 23 juin 1790 avait aboli la qualité de noble, tous les titres de noblesse ou de seigneurie et même les armoiries et les livrées; celle du 16 octobre 1791 avait fait défense de prendre dans les actes les qualifications supprimées. Mais sous l'Empire une nouvelle noblesse fut reconstituée; des titres héréditaires furent attachés aux dotations impériales et aux majorats sur demande; les titulaires de certaines fonctions ou dignités reçurent aussi des titres, personnels d'abord et qui pouvaient devenir héréditaires par la constitution d'un majorat. L'Empereur se réservait en outre le droit de conférer des titres, comme récompense nationale, à ceux de ses sujets qu'il jugeait les avoir mérités. Le fils aîné, héritier présomptif, pouvait prendre du vivant de son père le titre inférieur à celui du majorat; les autres fils, celui de chevalier (1). Cette noblesse reposait sur la hiérarchie des dignités sociales et sur les majorats et ne se composait que de personnes titrées. Son principe était par conséquent différent de celui sur lequel s'appuyait l'ancienne noblesse de race; celle-ci ne tenait compte, en effet, que de la naissance et restait complètement indépendante de la fonction et de la possession des fiefs de dignité. La Charte de 1814 fit une transaction entre l'ancienne et la nouvelle noblesse : « La noblesse ancienne reprend ses titres, la nouvelle conserve les siens. Le roi fait des nobles à volonté, etc. » (2). Les pairs de France reçurent des titres plus ou moins élevés suivant l'importance des biens composants leurs majorats. Sous la monarchie représentative, des lettres de noblesse et des titres furent conférés à divers particuliers, soit comme récompense nationale, soit sur la demande des intéressés. Puis intervint le décret du 29 février 1848 qui abolit les titres et les

---

(1) Décrets du 30 mars 1806; — du 1ᵉʳ mars 1808; — du 3 mars 1810, art. 10.

(2) Charte de 1814, art. 71.

qualifications nobiliaires et fit défense de les prendre soit publiquement soit dans les actes. Ce décret a été abrogé par celui du 27 janvier 1852, de sorte qu'aujourd'hui la noblesse et les titres nobiliaires ont une existence légale (1). Du reste, aux termes de la Charte de 1814, comme d'après les constitutions impériales, ces qualités ne confèrent aucun privilége, elles n'empêchent pas les personnes qui en sont revêtues d'être soumises aux mêmes charges que les autres citoyens et ne leur donnent aucun avantage dans la société civile.

Le Code pénal de 1810 avait confirmé par une sanction pénale l'institution de la noblesse impériale; la peine de l'emprisonnement était prononcée contre quiconque prenait sans droit un titre national; cette pénalité pouvait frapper aussi bien les nobles privés de leurs anciennes qualités par les lois révolutionnaires que les usurpateurs de titres; le rétablissement de l'ancienne noblesse, en 1814, restreignit l'application de la loi à ces derniers. La pénalité contre ceux qui prennent de faux titres fut effacée du Code lors de la révision de 1832, mais elle a été inscrite de nouveau dans notre législation par le gouvernement impérial. La loi du 28 mai 1858 punit d'une amende quiconque, sans droit et en vue de s'attribuer une distinction honorifique, a pris publiquement un titre, changé, altéré ou modifié le nom que lui assignent les actes de l'état civil (2).

§ II.

DES DROITS DE JUSTICE, D'AUBAINE, DE DESHÉRENCE, DE CONFISCATION, D'ÉPAVES, ETC.

Les justices seigneuriales ont été supprimées sans indemnité par les décrets révolutionnaires, ainsi que le régime féodal et toutes

---

(1) Le gouvernement impérial a usé du droit de donner des titres comme récompense nationale. Tels ont été ceux du duc de Malakoff et du duc de Magenta. Une dotation héréditaire et transmissible de mâle en mâle, par ordre de primogéniture, a été accordée au duc de Malakoff.

(2) *Code pénal*, art. 259.

les distinctions honorifiques, *supériorité* et *puissance* résultant de ce régime (1). Nos lois ne conservent plus aucune trace de la juridiction privée ni de la souveraineté féodale.

Le droit d'aubaine était devenu domanial plusieurs siècles avant la révolution. Il fut cependant aboli par l'Assemblée Constituante, comme les droits restés entre les mains des seigneurs. On pensa avec raison qu'il fallait attirer les étrangers dans le pays, au lieu de les repousser par la crainte de l'exercice de ce droit. Les rois avaient en effet aboli partiellement le droit d'aubaine pour faire prospérer le commerce des principales villes industrielles de France. Les étrangers furent déclarés capables de transmettre leurs successions non-seulement à leurs parents français, mais encore à leurs parents étrangers, de recueillir les successions ouvertes à leur profit, de recevoir et de disposer par testament de la même manière que les Français eux-mêmes (2). La loi, par une générosité mal entendue peut-être, n'accordait aucun privilége aux Français, même dans le cas où, venant à partager une succession avec des étrangers, la loi étrangère les aurait exclus des biens situés hors France.

Le Code Napoléon, sans rétablir le droit d'aubaine, fut moins généreux à l'égard des étrangers que ne l'avait été le droit intermédiaire. Aux termes de l'art. 11, l'étranger, non autorisé à résider en France, ne pouvait jouir que des droits civils accordés aux Français par les traités de la nation à laquelle cet étranger lui-même appartenait. Ce système de réciprocité diplomatique fut préféré au système de réciprocité pure et simple. On avait en effet proposé, lors de la rédaction du Code, de donner aux étrangers résidant en France les mêmes droits que ceux attribués aux Français par les lois de la nation étrangère à laquelle ces individus appartenaient. Mais on ne voulut pas faire reposer les décisions de la loi française sur celles des lois étrangères, et l'on préféra n'admettre la réciprocité que d'après les traités internationaux. Le Code décida donc que l'étranger ne pourrait succéder aux biens que son

---

(1) Décrets des 4, 6, 7, 8 et 11 août 1789; — du 3 novembre 1789; — du 15-25 mars 1790; — du 20 avril 1791, art. 7.

(2) Décrets du 6 août 1790; — du 8 avril 1791, art. 3.

parent étranger ou français possédait dans le territoire français, que dans le cas et de la manière dont un Français succéderait à son parent possédant des biens dans le pays de cet étranger, conformément aux conventions diplomatiques. La même règle fut appliquée aux dispositions entre vifs ou testamentaires (1). Mais aucune loi ne privait le Français du droit de succéder aux biens de son parent étranger, situés en France et régis par la loi française.

La loi du 14 juillet 1819 a changé le système du Code. Elle permet aux étrangers de succéder, de disposer et de recevoir de de la même manière que les Français dans toute l'étendue du royaume. Pour éviter les inconvénients du système trop large de l'Assemblée Constituante, elle décide en outre qu'en cas de partage d'une même succession entre des cohéritiers étrangers et français, ceux-ci doivent prélever sur les biens situés en France une portion égale à la valeur des biens situés en pays étranger, dont ils seraient exclus à quelque titre que ce soit, en vertu des lois et coutumes locales. Mais la loi du 14 juillet ne réserve aucune part de la succession de l'étranger pour l'État; de sorte qu'il ne reste plus rien aujourd'hui, dans notre législation, qui rappelle l'ancien droit seigneurial d'aubaine.

Le droit de bâtardise n'existe plus maintenant, même au profit de l'État. L'enfant naturel est capable de disposer et de transmettre *ab intestat*, par testament ou par acte entre vifs, comme tout autre Français. Il a pour héritiers ses enfants et ses descendants légitimes, ses père et mère, lorsqu'ils l'ont reconnu, et, dans certains cas, ses frères et sœurs (2). S'il meurt *intestat* et sans héritiers appelés par la loi, l'État lui succède à titre de deshérence, comme à tout autre citoyen.

L'État ne prend pas la part des trésors découverts dans les propriétés des particuliers, qui appartenait jadis aux seigneurs hauts-justiciers. Le trésor se partage entre l'inventeur et le propriétaire du fonds (3).

---

(1) *C. C.*, art. 11, 726, 912.
(2) *Id.*, art. 765, 766.
(3) *Id.*, art. 716.

La législation n'a conservé aussi aucune trace de l'ancien droit de garenne. Le droit de chasse appartient à tout le monde, la loi ne règle que l'exercice de ce droit et ne renferme que des dispositions de police (1).

Les droits de déshérence, d'occupation, d'épaves, de confiscation, d'amendes, de péages, de voirie, ont été au contraire conservés par le droit moderne, mais au profit de l'État seulement.

Lorsqu'un défunt ne laisse ni parents au degré successible, ni enfants naturels, ni époux, et qu'il n'a pas disposé par testament ou entre vifs de la totalité de ses biens, la succession ou la part vacante de cette succession est acquise à l'État (2). Il en est de même lorsque les héritiers ou légataires ont abandonné la succession et qu'elle est réputée vacante (3). L'État exerce donc le droit de déshérence, il a pris la place des seigneurs hauts-justiciers dont les légistes domanistes avaient déjà bien limité les prérogatives en cette matière.

C'est aujourd'hui l'État seul qui recueille les épaves ou objets perdus dont le maître ne se présente pas. Tous les biens vacants et sans maître appartiennent à l'État; il a succédé aux droits qu'avaient les anciens seigneurs justiciers sur les terres hermes et biens vacants. Il est aussi seul propriétaire des chemins, routes et rues à la charge de la nation, ainsi que des fleuves et rivières navigables (4). Quant aux rivières non-navigables ni flottables, la loi n'a rien décidé à leur égard d'une manière précise. Les droits que les seigneurs justiciers ou féodaux exerçaient sur ces cours d'eau sont tombés devant les lois abolitives du régime féodal; mais la question de savoir si les petites rivières appartiennent aujourd'hui à l'État ou aux particuliers ou si elles sont *res nullius* divise encore la doctrine et la jurisprudence.

Le droit de percevoir les amendes et le produit des confiscations,

---

(1) *C. C.*, art. 715. — Loi du 3 mai 1844.
(2) *C. C.*, art. 767, 768, 916.
(3) *Id.*, art. 539, 811.
(4) *Id.*, art. 538, 539, 713, 717.

par suite de la suppression des justices féodales, n'appartient plus aujourd'hui qu'au trésor seulement, ou dans quelques cas à la commune (1). Quant à la confiscation, elle a continué d'exister au profit de l'État dans certains cas prévus par la loi sous la République et sous l'Empire. Mais la Charte de 1814 a aboli ce reste du droit féodal. Aujourd'hui, les tribunaux ne peuvent prononcer que des confiscations partielles, telles que celles du corps du délit ou de l'instrument qui a servi à le commettre. En matière de chasse, de pêche, de douane et de garantie des matières d'or et d'argent, des lois spéciales ont également conservé la confiscation des fusils, des engins de chasse ou de pêche prohibés, des marchandises prohibées, des ouvrages marqués de faux poinçons, etc. (2).

Le droit d'établir des ponts et des péages sur les rivières, privilége que les seigneurs justiciers possédaient jadis, avait été singulièrement restreint par les ordonnances royales. La loi du 25 août 1792 l'abolit complètement en permettant à tous les citoyens de tenir des bacs sur les rivières et sur les canaux, en se conformant aux tarifs fixés par les départements. La loi du 6 frimaire an VII a abrogé ces dispositions en rendant domanial le droit d'établir des bacs et des bateaux; elle a en conséquence exproprié au profit de l'État tous ceux qui existaient déjà, moyennant une indemnité pour les propriétaires. Cette dernière loi ne parlait que des bacs établis sur les rivières navigables; mais la jurisprudence du conseil d'État en a étendu les dispositions à toutes les rivières navigables ou non, d'une manière absolue. Un propriétaire ne peut même établir un bac pour l'exploitation de sa propriété sur un cours d'eau qui la traverse qu'avec l'autorisation du préfet (3).

---

(1) *C. P.*, art. 53, 466.
(2) Charte de 1814, art. 66. — *C. P.*, art. 11. — Loi du 3 mai 1844, art. 16. — Décret du 6-22 août 1791, t. 10, art. 23. — Loi du 19 brumaire an VI, art. 109. — Loi du 15 avril 1829, art. 5.
(3) Loi du 6 frimaire an VII, art. 8. — Arrêts du conseil d'État, des 29 septembre 1810, 10 juillet 1822, 11 août 1842.

§ III.

DES DROITS DE MUTATION.

Les droits de rachat, de relief, de quint et de lods et ventes, malgré tous les efforts tentés par les légistes pour en restreindre l'application, restèrent en vigueur jusqu'à la révolution. Ils furent même maintenus et déclarés seulement rachetables par le décret du 15 mars 1790, parce qu'ils étaient présumés avoir pour origine un contrat librement consenti entre le seigneur et le vassal (1).

Mais ces principes modérés ne furent pas longtemps observés. L'Assemblée Législative et la Convention abolirent les différents droits féodaux sans distinguer entre la féodalité *dominante* et la féodalité *contractante*. Les droits de relief, de rachat, de lods et ventes furent supprimés définitivement comme les autres, sans indemnité pour les seigneurs (2). Déjà un décret de la Constituante avait aboli le vest et le dévest et les droits de saisine dans les pays de nantissement (3).

Les droits de mutation supprimés au préjudice des seigneurs furent bientôt rétablis au profit de l'État. Sous la monarchie, le trésor percevait un droit de *centième denier* sur les mutations et un droit d'insinuation pour les actes soumis à cette formalité; il percevait en outre tous les droits féodaux ou censiers sur les fiefs et sur les censives relevant directement du domaine du roi. Ces différents droits furent remplacés par ceux d'enregistrement, de mutation et de transcription qui se paient de nos jours.

La loi du 22 frimaire an VII a posé les règles de cette matière. D'après ses dispositions, les actes sont soumis à un double droit, l'un fixe et l'autre proportionnel. Cette loi, en ce qui touche

---

(1) Décret du 15-28 mars 1790, t. 3, art. 1, 2.

(2) Décret du 18 juin - 6 juillet 1792. — Déc. du 25-28 août 1792. — Déc. du 17 juillet 1793.

(3) Décret du 20-27 septembre 1790, art. 3.

les mutations de propriété, dérive évidemment du droit féodal ; elle n'a fait qu'attribuer à l'État les profits qui d'abord appartenaient aux seigneurs. Elle en diffère cependant en certains points.

D'après la loi de frimaire, le droit proportionnel est dû pour les baux et locations, les cessions et transports de créances, les ventes et autres transmissions à titre onéreux, les créations, cessions et transports de rentes, les transmissions entre vifs à titre gratuit tant au profit d'étrangers que celles faites en avancement d'hoirie, les transmissions par suite de décès, soit *ab intestat*, tant en ligne directe qu'en ligne collatérale, soit par testament, tant au profit d'un étranger que d'un héritier ; pour les actes et jugements portant condamnation, collocation, libération, liquidation ou transmission ; pour les constitutions d'usufruit, pour les échanges, pour les adjudications, licitations, cessions et rétrocessions ; les soultes ou retours en argent sont assimilés aux ventes (1). Aucun contrat n'a été omis.

Nous avons vu que d'après le droit coutumier, au contraire, les lods et ventes n'étaient perçus que pour les mutations de propriété par vente exclusivement et pour les contrats équivalents à la vente ; mais qu'il n'y avait lieu au paiement de ces droits, ni pour les transmissions d'usufruit, ni pour les simples jouissances, ni pour les échanges, ni pour les licitations et adjudications entre cohéritiers, ni pour les soultes, etc.

La loi de frimaire diffère encore du droit coutumier au sujet des mutations par succession. Le relief et le rachat ne se payaient pas pour les successions en ligne directe *ab intestat*, ni pour les donations en avancement d'hoirie, du moins d'après la plupart des coutumes féodales, tandis que sous la loi actuelle on paie un droit de mutation pour les successions directes. En ligne collatérale, le relief ne consistait en général que dans le revenu d'une année du fief, tandis que le droit de mutation en ligne collatérale a été fixé à 5 % par la loi de frimaire. Il a été élevé par des lois postérieures à 6,50 %, pour les successions entre frères et sœurs, oncles

---

(1) Loi du 22 frimaire an VII, art. 2 ; 3 ; 4 ; 14 ; 15 ; 68, § 3, n° 2, § 4, n°s 1, 2.

et tantes, neveux et nièces; à 7 % entre grands-oncles et grand'tantes, petits-neveux, petites-nièces et cousins-germains; à 8 % entre parents au-delà du quatrième degré, sans compter le décime. Ce droit est donc par conséquent plus que double de ce qu'il était sous le régime féodal.

Le droit pour les ventes est au contraire moins onéreux sous l'empire de la loi actuelle que sous celui de la loi ancienne. Les droits de quint et requint combinés étaient énormes, puisqu'ils équivalaient à 24 % du capital du fief; ceux de lods et ventes étaient moins considérables; ils variaient suivant les coutumes, mais ils s'élevaient en général au 12e denier (environ 8 %). La loi de frimaire ne porte au contraire le droit proportionnel en matière de vente qu'à 4 %, et, bien que le taux ait été élevé depuis à 5,50 %, il n'atteint pas encore le 12e denier (1).

La raison de cette différence entre l'ancien et le nouveau droit est facile à saisir. Nos anciens légistes avaient pour but constant de restreindre les droits des seigneurs, mais en même temps de favoriser la conservation des biens dans les familles. Les idées modernes tendent au contraire à mobiliser la propriété et à la faire circuler entre des mains étrangères. Il n'est donc pas étonnant que l'impôt frappe plus lourdement aujourd'hui les successions que les ventes. L'étranger est traité plus favorablement que le parent; c'était le contraire autrefois.

(1) Lois du 22 frimaire an VII, art. 69, § 4, 6, 7, 8; — du 21 avril 1832, art. 33; — du 18 mai 1850, art. 10.

CHAPITRE XI.

Rapports du droit moderne avec le droit coutumier.

§ 1er.

DE LA PROPRIÉTÉ. — DE L'ÉTAT DES PERSONNES.

Pendant les derniers siècles de notre histoire, les légistes avaient par degrés affaibli le lien qui rattachait les vassaux à leurs seigneurs ; la révolution le brisa complètement. Les terres devinrent libres ainsi que les personnes de toute sujétion féodale, roturière ou servile. Le droit de propriété fut complètement modifié par la suppression des droits seigneuriaux et par celle des institutions destinées à maintenir les biens dans les familles.

La propriété a pris dans la loi moderne un caractère d'individualité qu'elle n'avait point autrefois. Le droit de copropriété s'était effacé pendant les derniers siècles, mais il avait laissé une trace évidente dans certaines institutions ; telles que le retrait lignager, la distinction des propres et des acquêts, la réserve coutumière, etc. Le retrait lignager fut aboli par le décret du 19 juillet 1790 (1). La loi de nivôse fit disparaître les autres dispositions qui rappelaient l'ancien droit collectif de la famille. Il ne reste dans nos lois aucune trace de la copropriété du droit barbare, ni même du *quasi dominium* que le droit romain accordait aux *héritiers siens*. Le Code Napoléon définit la propriété : le droit de jouir et de disposer des choses de la manière la plus absolue, pourvu qu'on n'en

---

(1) **Décret du 19-23 juillet 1790**, art. 1.

fasse pas un usage contraire aux lois (1). L'intérêt public est la seule limite que reçoive aujourd'hui le droit de propriété.

La propriété est une; il n'y a pas deux maîtres pour une seule chose; on ne distingue plus entre le domaine utile et le domaine direct. Le décret du 15 mars 1790 abolit la distinction des biens nobles et des biens roturiers, des alleux, des fiefs, des censives et des mainmortes; il supprima les obligations féodales, la foi et l'hommage, les aveux et reconnaissances, le dénombrement, la déclaration à terrier, le retrait féodal et le retrait censuel, la commise, les saisies féodales et censuelles, la garde royale, la garde seigneuriale, etc., en un mot tous les droits qui rappelaient la supériorité féodale et le domaine direct du seigneur (2).

Les rédacteurs du Code civil avaient sans doute en vue le système féodal, lorsqu'ils inscrivirent en tête du titre des servitudes, qu'elles sont des charges établies sur un héritage pour l'usage et l'utilité d'un autre héritage, mais qu'elles n'établissent aucune prééminence de l'un sur l'autre et qu'elles ne peuvent être imposées ni à la personne, ni en faveur de la personne, mais seulement à un fonds et pour un fonds. Ils voulaient établir une différence précise entre l'ancienne directe féodale et le droit qu'exerce le propriétaire du fonds au profit duquel existe la servitude (3); mais cette précaution de langage était excessive, car il n'y a jamais rien eu de commun entre le régime féodal et les servitudes d'héritages qui existaient dans le droit romain, comme dans l'ancien droit français, et qui étaient une dépendance du domaine utile.

La suppression des profits utiles des fiefs et des censives acheva d'affranchir la propriété. Les droits de cens, surcens, rentes seigneuriales et emphytéotiques, champarts, terrages, dîmes inféodées, banalités, etc., après avoir été déclarés rachetables par l'Assemblée Constituante, furent abolis sans indemnité par l'Assemblée Législative. Cependant elle maintint les droits provenant de concessions territoriales, lorsque le seigneur pouvait en faire claire-

---

(1) *C. C.*, art. 544.
(2) Décret du 15-28 mars 1790.
(3) *C. C.*, art. 637, 638.

ment la preuve ; dans ce cas les droits étaient seulement rachetables. La maxime *nulle terre sans seigneur* fut abrogée et toutes les propriétés foncières présumées libres de toute charge, jusqu'à preuve complète du contraire (1). La Convention ne respecta pas le sentiment d'équité qui avait présidé aux décisions des deux assemblées précédentes ; elle abolit sans aucune indemnité tous les droits déclarés rachetables par les décrets de la Constituante et de la Législative. Les rentes foncières non féodales furent les seules conservées. On décréta que tous les titres féodaux seraient brûlés ; la peine de cinq ans de fers fut prononcée contre quiconque conserverait des actes de cette nature (2).

La propriété est donc complètement affranchie. Elle n'est plus soumise aujourd'hui qu'aux charges nécessitées par l'intérêt général, telles que l'impôt et l'expropriation pour cause d'utilité publique, à certaines servitudes légales et aux charges résultant de conventions librement acceptées par le propriétaire du fonds, dans les limites permises par la loi (3). Personne ne peut plus aujourd'hui aliéner un domaine en se réservant sur la terre cédée un droit éminent de propriété.

Toute mutation confère à l'acquéreur le droit de propriété tout entier ; on ne peut même concéder un fonds à titre de louage que pour un temps déterminé (4). Les rentes foncières établies à perpétuité pour le prix de la vente d'un immeuble ou comme condition de la cession d'un fonds immobilier sont à la fois meubles et rachetables, comme les rentes viagères et les rentes constituées (5). Le cédant ne conserve aucun droit de domaine sur la chose ; le cessionnaire est un acquéreur qui peut se libérer, comme tout autre, en payant le prix de la chose achetée. La rente n'est en quelque sorte que l'intérêt de ce capital, et n'empêche pas

---

(1) Décrets du 4 août 1789 ; — du 15-28 mars 1790 ; — du 25-28 août 1792.
(2) Décret du 17 juillet 1793, art. 1, 2, 6, 7. — C'est en vertu de ce décret qu'une foule de documents précieux pour l'histoire de nos institutions ont été détruits.
(3) *C. C.*, art. 649, 686.
(4) *Id.*, art. 1709.
(5) *Id.*, art. 529, 530.

l'acheteur d'exercer sur l'objet acquis le droit absolu de propriété; elle n'a rien de commun avec le cens du droit ancien.

Le complet affranchissement des personnes et des tenures mainmortables a complété l'œuvre de la Constituante au sujet de la propriété. Le décret du 15 mars 1790 a supprimé sans indemnité la mainmorte personnelle, réelle ou mixte, la servitude d'origine, la servitude personnelle du possesseur des héritages tenus en mainmorte réelle, celle de corps et de poursuite, les droits de taille personnelle, de corvées personnelles, d'échute et de videmain, le droit prohibitif des aliénations et dispositions à titre de vente, donations entre vifs ou testamentaires et de tous les autres effets de la mainmorte qui s'étendaient sur les personnes ou sur les biens. Les charges, tailles, redevances et corvées réelles auxquelles les héritages mainmortables étaient assujétis furent d'abord rendues rachetables, comme procédant plutôt de la féodalité contractante que de la féodalité dominante (1). Mais ces prestations subirent bientôt le même sort que les autres. Du reste, la Constituante ne fit qu'achever sur ce point le travail de la royauté. La réformation des coutumes et les ordonnances avaient affranchi presque partout les mainmortables.

Il ne reste dans les lois actuelles aucune trace de la servitude personnelle ni de la servitude de la glèbe. Nul ne peut engager ses services qu'à temps ou pour une entreprise déterminée (2).

Le droit de propriété, tel que l'a défini et constitué le Code civil, n'a donc plus rien de commun avec la législation féodale; c'est le domaine utile affranchi des charges que lui imposait la supériorité du domaine direct. Toutes les propriétés sont ramenées à la même condition; on peut les comparer aux francs alleux roturiers du droit coutumier, fonds libres de toute charge féodale, mais sans aucune juridiction ni supériorité sur d'autres héritages. Une foule de dispositions des lois modernes attestent la réaction opérée contre le régime seigneurial par la Constituante et que nos anciens légistes préparaient depuis plusieurs siècles.

---

(1) Décret du 15-28 mars 1790, t. 1, art. 1, 2.
(2) *C. C.*, art. 1780.

§ II.

DU RÉGIME MATRIMONIAL.

Le Code, en faisant du régime de la communauté le droit matrimonial de toute la France, permet aux époux d'adopter un autre régime ou de modifier celui de la communauté lui-même par diverses conventions spéciales (1). Ces conventions ne peuvent déroger toutefois aux droits qui appartiennent au mari comme chef de la communauté, aux droits conférés par le titre de la puissance paternelle au survivant des époux et aux dispositions prohibitives du Code. La loi frappe de nullité toute stipulation ou renonciation tendant à intervertir l'ordre légal des successions, soit par rapport aux époux dans la succession de leurs enfants ou descendants, soit par rapport à leurs enfants eux-mêmes. Il est interdit aux époux de déclarer d'une manière générale que leur association sera réglée par l'une des coutumes ou statuts locaux abolis par le Code et que la loi de nivôse avait déjà partiellement abrogés (2). Ces dispositions attestent l'influence de l'esprit nouveau dans le Code, elles sont destinées à empêcher les dérogations que les époux auraient pu faire à la loi dans un but aristocratique. Mais, sauf ces restrictions, le Code laisse aux conventions matrimoniales une grande liberté ; il permet aux époux presque toutes les combinaisons possibles, tout en maintenant l'unité de législation.

Le régime de la communauté légale a été tout entier emprunté à l'ancien droit. Les coutumes variaient beaucoup sur ce sujet ; les rédacteurs du Code ont laissé de côté ce qui était propre à chaque coutume et réuni pour en faire un ensemble complet ce qui était commun à toutes ou plus généralement adopté. Le Code a conservé, pour la communauté conjugale, la distinction coutumière des propres et des acquêts, des meubles et des immeubles que la loi

---

(1) *C. C.*, art. 1391, 1392, 1497, 1529, 1540.
(2) *Id.*, art. 1388, 1389, 1390.

de nivôse avait abolie en matière de succession et qui ne se rattache qu'indirectement au régime féodal (1). Mais il ne reste plus sur ce sujet dans la loi moderne aucune trace des anciennes distinctions admises par certaines coutumes, qui laissaient les fiefs en dehors de la communauté, ou qui ne donnaient à la femme qu'une part inférieure à celle du mari pour les acquêts féodaux. Aujourd'hui tous les acquêts sans distinction tombent dans la communauté et se partagent également entre les époux, à moins de stipulation spéciale.

Les époux peuvent convenir que le survivant prélèvera, avant tout partage, une certaine somme dans les biens de la communauté, ou que l'un des époux prendra une part plus forte que l'autre ou même la communauté tout entière (2). Ce préciput, purement conventionnel et que tout conjoint peut stipuler, n'a rien de commun avec l'ancien préciput du survivant des époux nobles, qui n'appartenait qu'à une certaine classe de personnes, en vertu de la coutume et sans aucune convention.

La femme est protégée contre les dilapidations et la mauvaise gestion du mari, par les priviléges que la jurisprudence des derniers siècles avait déjà consacrés pour l'exercice des reprises, le paiement des dettes communes et le droit de renoncer à la communauté (3). A cet égard il ne reste plus aucune trace de l'ancienne distinction féodale que la Nouvelle Coutume de Paris avait déjà abolie.

Le douaire, qui était une des institutions les plus générales du droit ancien, a disparu dans la tourmente révolutionnaire sans qu'on puisse en savoir exactement le motif. Le douaire ne venait ni du régime féodal, ni du système aristocratique, il n'avait rien d'incompatible avec l'esprit des lois modernes. On aurait pu l'admettre en effaçant seulement les distinctions coutumières qui reposaient sur la différence des biens ou des personnes. Mais la loi du 17 nivôse an II ayant aboli en termes généraux toutes les lois, coutumes, usages et statuts relatifs à la transmission des biens par succession

---

(1) *C. C.*, art. 1401 et suiv.
(2) *Id.*, art. 1515.
(3) *Id.*, art. 1428, 1453, 1471, 1483.

ou donation, la jurisprudence a décidé que cette disposition avait implicitement supprimé le douaire et l'augment de dot, qui n'étaient en effet que des modes particuliers de succession au profit de la veuve (1). Le Code n'a pas rétabli le douaire coutumier; peut-être faut-il attribuer cette suppression à l'abolition du droit de masculinité et à l'admission du système de l'égalité des partages. La fille prenant une part égale à celle de ses frères dans la succession paternelle, le législateur a jugé inutile de donner à la veuve la jouissance d'une partie des biens du mari. Il n'est pas interdit toutefois de stipuler par contrat de mariage que la veuve aura un douaire sur les biens de son mari, en cas de prédécès de celui-ci ; cette convention n'a rien de contraire en effet aux dispositions de la loi qui laisse aux époux la plus grande liberté dans l'établissement de leurs conventions matrimoniales (2).

La loi de nivôse, tout en interdisant la faculté de disposer d'une manière générale, avait fait une exception en faveur des donations entre époux ; mais ces libéralités ne pouvaient excéder l'usufruit de la moitié des biens du conjoint donateur, dans le cas où il y avait des enfants issus du mariage ou d'une précédente union (3). Cette loi formulait la même décision pour les avantages par institution, par don ou par legs ; elle ne faisait non plus aucune différence entre le premier et le second mariage. Le Code a adopté un autre système sur ce sujet et s'est plus rapproché de l'ancien droit. Les époux peuvent aujourd'hui par contrat de mariage se faire réciproquement, ou l'un des deux à l'autre, telle donation qu'ils jugent convenable. Mais les donations entre vifs faites pendant le mariage sont toujours révocables, suivant le droit romain auquel beaucoup de coutumes avaient emprunté cette disposition. La quotité disponible entre époux a été réglée par le Code, qui leur laisse sur ce point plus de liberté que la loi de nivôse (4). Le don mutuel fait pendant le mariage par un seul et même acte a été proscrit, contrairement

---

(1) Décret du 17 nivôse an II, art. 61.
(2) C. C., art. 1387.
(3) Décret du 17 nivôse an II, art. 13, 14.
(4) C. C., art. 1091, 1094, 1096.

au droit coutumier qui le considérait au contraire comme favorable ; il ne peut avoir lieu ni par acte entre vifs, ni par testament (1). A l'égard des donations faites à l'occasion d'un second mariage, le Code s'est montré plus sévère que la loi de nivôse, il a fait revivre les dispositions de l'édit des secondes noces. L'homme ou la femme qui, ayant des enfants d'un premier lit, contracte un second ou subséquent mariage ne peut donner à son nouvel époux qu'une part d'enfant légitime, le moins prenant, et sans que dans aucun cas ces donations puissent excéder le quart des biens ; il n'est plus défendu de donner au second conjoint les biens provenant de la libéralité du premier. Il est interdit aux époux de se donner indirectement au-delà de ce qui leur est permis par la loi ; est déclarée nulle toute donation déguisée ou faite à une personne interposée (2). Mais ces dispositions restrictives n'ont pour but que de sauvegarder les intérêts des enfants, et de les mettre à l'abri des entraînements d'une passion irréfléchie. La loi actuelle ne frappe d'aucune défaveur les mariages contractés entre personnes de condition différente. Les dispositions aristocratiques de l'ordonnance de Blois sur ce sujet sont complètement abrogées.

§ III.

DE LA PUISSANCE PATERNELLE.

La législation révolutionnaire a été peu favorable à la puissance paternelle. L'âge de la majorité fut fixé à vingt-un ans pour toute la France, tandis que la majorité de droit commun avait lieu à vingt-cinq ans, d'après la jurisprudence, pour les actes non féodaux. Les majeurs, qui dans les pays de droit écrit restaient soumis à la puissance paternelle et étaient frappés de l'incapacité de tester, furent affranchis de cette autorité (3). Le but de cette double dis-

---

(1) *C. C.*, art. 1097.
(2) *Id.*, art. 1098, 1099.
(3) Décret du 20 septembre 1792, t. 4, art. 2. — Déc. du 28 août 1792.

position était de permettre aux jeunes gens d'embrasser la cause révolutionnaire, sans que le frein de l'autorité paternelle pût les retenir.

La législation républicaine réagit aussi contre les dispositions aristocratiques de l'ancien droit relativement au mariage des fils de famille. Elle permit de contracter mariage dès l'âge de vingt-un ans, sans le consentement des parents. Les mineurs orphelins n'avaient pas besoin de recourir au consentement des aïeux paternels ou maternels; il était remplacé par celui d'un conseil de famille qui ne pouvait que retarder le mariage sans avoir droit de l'empêcher (1). L'abolition de l'exhérédation et les limites étroites dans lesquelles on restreignit la faculté de disposer enlevèrent toute sanction à l'autorité du chef de famille et ne lui permirent plus de punir son fils, s'il avait fait un mariage inégal.

Lors de la rédaction du Code, on voulut fortifier la puissance paternelle et affermir l'institution de la famille désorganisée par les lois révolutionnaires. Aujourd'hui, le fils ne peut contracter mariage avant vingt-cinq ans, la fille avant vingt-un ans, sans le consentement des parents; à défaut du père et de la mère, il faut le consentement des aïeux (2).

L'exhérédation n'a pas été rétablie, mais la faculté de disposer étant plus étendue aujourd'hui que sous l'empire de la loi de nivôse, la puissance paternelle n'est pas complètement dépourvue de sanction. La loi moderne n'a pas fait revivre le système du droit romain sur la puissance paternelle, ni les décisions des ordonnances royales, mais elle s'en éloigne bien moins cependant que la législation intermédiaire.

Le Code a emprunté au droit coutumier ses dispositions sur la puissance paternelle et sur la minorité, en effaçant seulement ce qui dérivait directement de la féodalité. Les droits de garde royale, de garde seigneuriale et de dépôt de minorité, qui donnaient aux

---

(1) Décrets du 20 septembre 1792; — du 7 septembre 1793. — Le conseil de famille ne pouvait empêcher le mariage que si le futur conjoint était d'une inconduite notoire ou s'il avait été condamné à une peine infamante et non réhabilité.

(2) C. C., art. 148 et suiv.

seigneurs le droit de jouir des fiefs relevant d'eux et appartenant à des mineurs, jusqu'à ce que ceux-ci eussent atteint l'âge légal fixé pour faire le service du fief, avaient été abolis, comme dérivant directement de la féodalité. Les dénominations de garde noble et de garde bourgeoise ne pouvaient plus subsister en présence des lois de la Constituante qui avaient supprimé la distinction de nobles et de roturiers, tant pour les personnes que pour les biens (1). Mais le droit qu'avaient les père et mère de jouir de l'usufruit des biens propres de leurs enfants pendant la minorité de ceux-ci, ne tenait pas d'une manière essentielle au régime féodal. Le Code a sanctionné et généralisé cet usage qui régissait autrefois les biens nobles et, sous l'empire de certaines coutumes, tous les biens, nobles ou roturiers. Aujourd'hui, le père durant le mariage, ou, après la dissolution du mariage, le survivant des père et mère a la jouissance des biens de ses enfants jusqu'à l'âge de dix-huit ans accomplis ou jusqu'à l'émancipation qui pourrait avoir lieu avant le mariage. Cette jouissance cesse à l'égard de la mère, en cas de second mariage; elle ne s'étend pas aux biens provenant du travail de l'enfant, ni à ceux qui lui ont été légués sous la condition expresse que les père et mère n'en jouiront pas. Elle entraîne les mêmes charges que sous l'ancien droit (2). Le père est comptable des biens dont il a l'usufruit, mais quant à la propriété seulement. Il est comptable quant à la propriété et quant aux revenus des biens dont il n'a pas la jouissance et dont il est seulement administrateur légal pendant le mariage, ou qu'il a gérés en qualité de tuteur après le décès de son conjoint (3).

Le Code civil se rattache donc sur ce sujet à la tradition coutumière; l'usufruit légal n'est autre chose que l'ancienne garde, mais les applications incompatibles avec l'état actuel de la société ont disparu.

Le père et la mère sont les seuls tuteurs qui aient droit à

---

(1) Décret du 15 mars 1790, art. 11, 12.
(2) *C. C.*, art. 384, 385, 386, 387.
(3) *Id.*, art. 389, 450, 469.

l'usufruit légal; il n'appartient pas à l'aïeul appelé à gérer la tutelle légale, ni aux parents collatéraux. Du reste, dans le système de la loi actuelle, les collatéraux ne peuvent être que tuteurs datifs; il n'y a pas de tutelle agnatique comme dans le droit romain et dans nos anciennes coutumes (1). L'abolition du régime seigneurial avait rendu sans objet la garde en ligne collatérale, institution toute féodale, et combattue depuis longtemps par les légistes français.

§. IV.

DES SUCCESSIONS.

Le droit intermédiaire a apporté dans le régime des successions un changement profond. Aucune partie du droit civil en effet ne tient de plus près au droit politique. C'était là que la féodalité avait laissé les traces les plus profondes; aussi est-ce là surtout que l'attaquèrent les assemblées révolutionnaires. Le système ancien fut renversé, mais cependant il a laissé quelques restes dans la loi moderne.

Nous devons d'abord signaler le principe de la saisine héréditaire qui, sous l'empire de l'ancien droit, avait été développé et généralisé par les légistes. Aujourd'hui, comme sous la législation coutumière, les héritiers légitimes sont saisis de plein droit des biens, des droits et des actions du défunt, sous l'obligation d'acquitter toutes les charges de la succession (2); mais la distinction que faisait l'ancien droit entre le seigneur et les tiers relativement à la saisine du vassal a dû disparaître.

La représentation, qui sous l'empire des coutumes n'existait pas partout, a été fort étendue par le droit moderne. Le décret du 8 avril 1791 l'a introduite dans toutes les coutumes qui ne l'admettaient pas encore, mais en ligne directe seulement. La loi du 17 nivôse l'a admise d'une manière universelle et à l'infini, tant en

---

(1) *C. C.*, art. 405.
(2) *Id.*, art. 724, 769, 773, 1011, 1014.

ligne directe qu'en ligne collatérale, dans le but de favoriser le plus complètement possible le morcellement des fortunes (1). Le Code, tout en admettant la représentation en ligne directe descendante à l'infini, la repousse d'une manière absolue à l'égard des ascendants ; il l'admet en faveur des enfants et des descendants des frères et sœurs du défunt, soit qu'ils viennent à la succession concurremment avec des oncles ou tantes ; soit que le concours s'établisse seulement entre les descendants de ceux-ci en degrés égaux ou inégaux. Ce système était du reste celui qu'avaient adopté la plupart des coutumes et notamment celle de Paris. Dans tous les cas où il y a lieu à la représentation, le partage s'opère par souche ; dans chaque souche par branche, et les membres de chaque branche partagent entr'eux par tête (2).

Le mode de partage des successions a été profondément modifié par le droit moderne. Le décret du 15 mars 1790 a introduit l'égalité des partages tant en ligne directe qu'en ligne collatérale, sans aucune distinction, tant pour les successions mobilières que pour les successions immobilières. Tous les privilèges provenant soit de la qualité des personnes, soit de celle des terres ont été abrogés par le même décret. Celui du 8 avril 1791 a confirmé ces dispositions ; il donne aux filles et aux descendants des filles les mêmes droits qu'aux mâles et à leurs descendants ; il établit aussi l'égalité entre les enfants nés de divers mariages. La loi de nivôse n'a fait que consacrer les décisions législatives déjà éditées sur ce sujet (3). Le Code Napoléon appelle aussi, tant en ligne directe qu'en ligne collatérale, tous les héritiers habiles à succéder au partage égal, sans aucune distinction de sexe ni de primogéniture (4). L'exception introduite par l'établissement des majorats doit disparaître, ainsi que nous l'avons vu, par suite des lois nouvelles.

(1) Décret du 8-15 avril 1791, art. 2. — Déc. du 17 nivôse an II, art. 68, 77.

(2) C. C., art. 740, 741, 742, 743.

(3) Décret du 15-28 mars 1790, art. 11. — Déc. du 8-15 avril 1791, art. 1. — Déc. du 17 nivôse an II, art. 64.

(4) C. C., art. 745, 753.

La Restauration voulut rétablir le droit d'aînesse. Le projet primitif de la loi du 17 mai 1826 renfermait un article qui attribuait dans les successions payant le cens électoral, fixé alors à trois cents francs, la quotité disponible à l'aîné des fils, par préciput et hors part, si le chef de la famille n'avait pas disposé de cette portion par acte de sa volonté. Mais cet article fut repoussé et le partage égal resta le droit commun de la France moderne. Il l'était du reste, sous l'ancien droit, pour les successions roturières, sauf quelques exceptions. Depuis bien des siècles, les légistes tendaient à établir partout ce système, et cherchaient à faire prévaloir autant que possible, même dans les successions nobles, l'égalité qu'ils déclaraient toujours favorable. On peut donc la considérer comme le dernier résultat de leurs efforts.

Les premiers décrets de la Révolution avaient laissé subsister la distinction coutumière des propres et des acquêts, des successions mobilières et des successions immobilières qui ne tenait pas d'une manière essentielle au régime féodal; ils avaient même respecté d'abord la règle *paterna paternis, materna maternis*, qui se rattachait plus directement à la féodalité, malgré les adoucissements apportés à la rigueur primitive de ce principe par l'influence des légistes; la loi de nivôse alla plus loin, elle déclara ne reconnaître aucune différence dans la nature des biens et dans leur origine pour en régler la transmission. Cette disposition est passée presque textuellement dans le Code civil (1). Il n'y a donc plus, quant au mode de succession, aucune distinction entre les meubles et les immeubles, les propres et les acquêts.

La loi de nivôse avait poussé l'esprit démocratique jusqu'à ses dernières limites. Afin de parvenir à égaliser les fortunes, elle divise la succession du défunt en deux parts égales qu'elle attribue, l'une à la ligne paternelle, l'autre à la ligne maternelle. Puis elle subdivise la portion attribuée à chacune de ces deux lignes en deux autres parts, déférées, l'une au côté paternel, l'autre au côté maternel de cette ligne, et ainsi de suite indéfiniment; en outre la représentation, admise à l'infini, pouvait dans certains cas frac-

---

(1) Décret du 17 nivôse an II, art. 62. — C. C., art. 732.

tionner la succession en une multitude de parcelles ; le privilége du double lien fut aboli (1). La règle *paterna paternis* était destinée à conserver les biens dans la ligne dont ils provenaient ; la loi de nivôse avait au contraire pour objet d'égaliser les fortunes entre chacune des deux lignes, entre chaque branche de ces lignes et entre chaque rameau de ces branches.

Le Code Napoléon a pris pour base le principe démocratique posé par la loi de nivôse, mais il n'en a pas poussé les conséquences au même point. Il divise aussi la succession déférée aux ascendants ou aux collatéraux entre la ligne paternelle et la ligne maternelle ; mais, cette première division faite, il n'en admet plus d'autres ; le plus proche parent appelé dans chaque ligne prend toute la part afférente à cette ligne (2). Ce système n'a rien de commun avec le droit coutumier ; c'est une transaction entre la loi de nivôse et la Novelle 118, qui attribuait la succession dévolue aux collatéraux au parent le plus proche en degré, sans représentation, si ce n'est en faveur des descendants des frères et sœurs du *de cujus*, et sans division entre les lignes. Le Code n'admet pas le privilége du double lien, mais il appelle les frères et sœurs germains à prendre part dans les deux lignes (3). Sur ce point il reproduit encore la loi de nivôse.

A l'égard des ascendants, la loi de nivôse avait été d'une dureté singulière, et, par un motif différent, elle les traitait aussi mal que l'ancien droit féodal. Les ascendants étaient appelés à défaut d'enfants et de descendants du défunt, mais ils étaient toujours exclus par leurs propres descendants, quoique plus éloignés en degré ; le collatéral, à égalité de degré, excluait toujours l'ascendant. Ainsi les frères et sœurs et leurs descendants excluaient le père et la mère du défunt ; les oncles et tantes, cousins germains et cousines germaines excluaient l'aïeul, et ainsi de suite (4). Cette disposition bizarre avait un double but ; elle devait d'abord morceler

---

(1) Décret du 17 nivôse an II, art. 82, 89.
(2) C. C., art. 733, 734.
(3) *Id.*, art. 752.
(4) Décret du 17 nivôse an II, art. 72, 75, 76.

plus promptement la succession du défunt en la partageant de suite entre les diverses souches sorties de l'aïeul commun sans attendre son décès ; en second lieu, elle était faite en haine de l'autorité paternelle, et pour saper le pouvoir du chef de famille en enrichissant ses descendants à sa place.

Le Code s'est montré plus favorable aux ascendants ; dans chaque ligne, il appelle l'ascendant le plus proche en degré avant les collatéraux de cette ligne et à l'exclusion de tout autre ; c'était le système que suivaient généralement les coutumes pour la succession des meubles et des acquêts. Toutefois les frères et sœurs du défunt et leurs descendants concourent avec leurs père et mère et excluent les ascendants d'un degré plus éloigné (1). Cette dernière disposition, venue du droit romain, avait été depuis longtemps adoptée par plusieurs coutumes.

Le Code a conservé du reste une disposition d'origine purement coutumière, en matière de succession déférée aux ascendants ; ceux-ci succèdent encore, à l'exclusion de tous autres, aux choses par eux données à leurs enfants ou descendants décédés sans postérité, lorsque les objets se retrouvent en nature dans la succession. S'ils ont été aliénés, les ascendants en recueillent le prix ou succèdent à l'action en reprise que pouvait avoir le donataire. Ce privilége, introduit dans nos anciennes coutumes dès une époque assez reculée, était, comme nous l'avons vu, une des premières restrictions apportées par la jurisprudence au système successoral de la féodalité absolue. La loi de nivôse avait conservé au profit de l'ascendant donateur l'exercice du droit de retour, mais seulement lorsqu'il avait été stipulé. Le Code est revenu au système des coutumes ; comme elles, il admet le retour légal en faveur de l'ascendant donateur et sans qu'il soit besoin de stipulation (2). C'est le seul cas où la loi moderne ait égard à l'origine des biens en matière de succession.

Le Code donne en outre au père ou à la mère survivante l'usufruit du tiers des biens auxquels cet ascendant ne succède pas en pro-

---

(1) *C. C.*, art. 746, 748, 751, 753.
(2) *Id.*, art. 747. — Décret du 17 nivôse an II, art. 74.

priété lorsque, par l'effet du partage entre les deux lignes, les collatéraux succèdent pour moitié et le père ou la mère pour l'autre moitié (1). Cette disposition avait été jadis introduite par la jurisprudence dans certaines coutumes pour indemniser les ascendants des rigueurs de la loi féodale à leur égard.

Les parents sont appelés jusqu'au douzième degré ; les coutumes n'allaient pas plus loin, plusieurs même n'étaient pas aussi larges, le droit de succession du seigneur y faisait obstacle. Il y a dévolution d'une ligne à l'autre, mais dans le cas seulement où il n'y a pas de parents au degré successible dans l'une des deux lignes (2). C'est le système introduit par la jurisprudence des derniers siècles pour limiter le droit de succession du seigneur.

Lorsque le défunt ne laisse ni parents au degré successible, ni enfants naturels, les biens de sa succession appartiennent à son conjoint, et à défaut d'époux survivant, à l'État. Le droit moderne a donc consacré la succession *unde vir et uxor*, introduite dans les coutumes par la jurisprudence sous l'influence du droit romain, et par opposition au système féodal (3).

Les règles relatives à la renonciation aux successions viennent de notre droit ancien ; l'héritier saisi ne peut renoncer que par acte formé au greffe du tribunal ; la renonciation ne se présume pas (4). Toutefois la législation moderne a fait sur ce point une innovation importante. La loi de nivôse avait décidé que ni le mariage de l'un des héritiers présomptifs, soit en ligne directe, soit en ligne collatérale, ni les dispositions contractuelles faites en le mariant, ne pourraient lui être opposées pour l'exclure du partage égal, mais elle lui imposait l'obligation du rapport. Le Code civil défend de renoncer, même par contrat de mariage, à la succession d'un homme vivant et d'aliéner les droits éventuels qu'on peut avoir à cette succession (5). Ces dispositions ont eu

---

(1) *C. C.*, art. 754.
(2) *Id.*, art. 733, 755.
(3) *Id.*, art. 756, 767, 768.
(4) *Id.*, art. 784.
(5) Décret du 17 nivôse an II, art. 11. — Déc. du 5 brumaire an II, art. 14. — *C. C.*, art. 791.

pour but d'abroger le système des coutumes, qui, dans un intérêt aristocratique excluaient de plein droit les enfants mariés et surtout les filles de la succession paternelle, ou leur permettaient d'y renoncer d'avance par contrat de mariage. La loi actuelle a fait revivre le principe du droit romain qui interdit de renoncer à un droit non encore ouvert.

Le Code admet, comme l'ancien droit, l'effet rétroactif du partage et de la licitation, ainsi que la rétroactivité de l'acceptation et de la répudiation des successions. Chaque cohéritier est censé avoir succédé seul et immédiatement à tous les effets compris dans son lot ou à lui échus sur licitation, et n'avoir jamais eu la propriété des autres effets de la succession (1). Ce système est encore emprunté aux légistes qui l'avaient imaginé pour éviter le paiement du double droit de mutation réclamé par les seigneurs. Le droit fiscal moderne ne s'y est conformé qu'imparfaitement ; la loi de frimaire n'impose, il est vrai, à l'acte de partage qu'un droit fixe et n'exige pas le droit proportionnel de mutation. Mais nous avons vu qu'elle soumet le paiement des soultes et les licitations au droit proportionnel dans le cas même où l'adjudicataire est un cohéritier ; elle considère ces actes comme des ventes entraînant une mutation. Il n'y a donc pas accord complet entre la loi de frimaire et l'article 883, d'après lequel ni le partage ni la licitation ne renferment d'aliénation. La loi de frimaire se rapproche encore du système de la fiscalité féodale, tandis que le Code a reproduit celui de nos grands jurisconsultes.

Le Code a conservé le retrait successoral, quoique tous les autres retraits aient été abolis. Il permet aux héritiers d'écarter toute personne, même parente du défunt, mais qui n'est pas son successible, et à laquelle un des cohéritiers aurait cédé son droit à la succession, en remboursant à cet acquéreur le prix de la cession (2). Ce droit, introduit par la jurisprudence du parlement de Paris, n'a rien de commun avec le retrait lignager ; il n'a pour but que de permettre aux héritiers appelés d'empêcher un tiers, parent ou

---

(1) *C. C.*, art. 815, 883.
(2) *Id.*, art. 841.

étranger, de s'immiscer dans leurs affaires de famille. Ce n'est point une application du droit féodal, mais une extension des lois romaines *per diversas* et *ab Anastasio* (1). Il ne porte aucune atteinte aux principes de la législation moderne qui protége avec tant de soin les droits des tiers acquéreurs, l'irrévocabilité des transactions et des mutations et le crédit public. Le retrait successoral n'était jadis admis que par quelques coutumes, tandis que le retrait lignager était de droit commun dans presque toute la France coutumière, et même dans certains pays de droit écrit.

La législation française, malgré les modifications profondes qu'elle a subies, conserve donc encore aujourd'hui des traces de l'action exercée par les jurisconsultes coutumiers sur le système successoral de la féodalité.

§ V.

DES DONATIONS.

Le Code, en sanctionnant la liberté de la propriété, devait aussi affermir le droit de disposition ; il ne reconnaît que deux modes de disposer à titre gratuit : la donation entre vifs et le testament. Chacun peut disposer de sa chose de la manière la plus absolue en se conformant à la loi et sans le concours de ses héritiers présomptifs qu'exigeaient encore au dernier siècle quelques coutumes conformes au vieux droit barbare.

Les règles relatives à la forme des donations entre vifs et des testaments ont été pour la plupart empruntées aux ordonnances de 1731 et de 1735, qui elles-mêmes avaient eu pour objet de résoudre les difficultés de l'ancien droit et d'établir sur cette matière l'unité de législation. Elles sont donc le résultat des dispositions du droit coutumier combinées avec les réformes opérées par le pouvoir royal et par l'influence des légistes (2).

---

(1) *Cod., mandati vel contra,* l. 22, 23.
(2) *C. C.,* art. 931, 932, 939, 967 et suiv.

La loi moderne a conservé de nombreuses dispositions qui ne sont que la conséquence de l'ancienne maxime coutumière *donner et retenir ne vaut* (1); mais, comme l'ordonnance de 1731 et la plupart des coutumes, le Code permet la donation sous réserve d'usufruit (2). Aujourd'hui, il n'est plus question ni de la tradition réelle ou symbolique, ni du vest et du dévest, ni de l'ensaisinement, ni du nantissement; la propriété est transférée au donataire par l'effet seul du consentement des parties et sans autre tradition (3). Il est permis au donateur de stipuler le droit de retour des objets donnés, soit pour le cas de prédécès du donataire seul, soit pour le cas de prédécès du donataire et de ses descendants; mais afin d'éviter que le retour ne produise l'effet d'une substitution, il ne peut être stipulé qu'au profit du donateur seul et non de ses héritiers. Le droit coutumier n'admettait pas le retour conventionnel; c'est un emprunt fait aux usages des pays de droit écrit (4).

Le Code permet l'institution d'héritier que le droit coutumier repoussait, mais il assimile l'héritier institué à un simple légataire, contrairement au droit romain. Le legs universel d'après l'ancien droit français ne pouvait comprendre que les meubles, les acquêts et la part disponible des propres; cette part variait elle-même dans certaines coutumes suivant la qualité des biens, nobles ou roturiers. Aujourd'hui, la loi ne distinguant plus les biens quant à leur nature et à leur origine en matière de succession, le legs universel s'applique indifféremment à tout le patrimoine du défunt (5). Les biens de ligne ne sont plus propres à la famille, et le testateur peut en disposer au profit d'un étranger. Sur ce dernier point, le système romain a prévalu sur le droit féodal et coutumier. La distinction

---

(1) *C. C.*, art. 943 et suiv.

(2) *Id.*, art. 949.

(3) *Id.*, art. 938. — La donation toutefois ne peut être opposée aux tiers qui ont des droits sur l'immeuble donné, qu'après la transcription. (Loi du 23-25 mars 1855.)

(4) Pothier. *Traité des donations entre vifs*, sect. 3, art. 4. — *C. C.*, art. 951.

(5) *C. C.*, art. 967, 1002.

que les coutumes de l'ouest faisaient quant à la faculté de disposer entre les nobles et les roturiers, d'après la qualité des personnes, a dû disparaître aussi devant les principes du droit moderne.

La législation révolutionnaire, dans le but d'établir l'égalité absolue entre les héritiers, avait changé tout le système du droit ancien sur les donations. Le décret du 7 mars 1793 abolit la faculté de disposer en ligne directe, soit à cause de mort, soit entre vifs, soit par donation contractuelle (1).

La loi de nivôse admit un système rétroactif et décida que les cohéritiers, soit en ligne directe, soit en ligne collatérale, ne pourraient, même en renonçant à la succession, se dispenser de rapporter les dons qu'ils auraient reçus du *de cujus* depuis le 14 juillet 1789 (2). Le Code a repoussé le système trop absolu des lois révolutionnaires, pour revenir sur ce sujet au système de l'ancien droit. Tout héritier est tenu de rapporter à ses cohéritiers ce qu'il a reçu du *de cujus* par donation entre vifs directement ou indirectement; il ne peut réclamer les legs à lui faits, ni retenir les dons, à moins que le testateur ne l'ait expressément dispensé du rapport. Mais l'héritier qui renonce à la succession peut cependant, comme sous l'empire de la Coutume de Paris, et contrairement aux décrets de la Convention, retenir le don entre vifs ou réclamer le legs à lui fait, jusqu'à concurrence de la portion disponible (3).

Le droit révolutionnaire avait resserré la quotité disponible dans des limites très-étroites. La loi du 17 nivôse permet à ceux qui ont des héritiers directs de disposer du dixième de leurs biens seulement; à ceux qui n'ont que des héritiers collatéraux, du sixième, pourvu que dans l'un ou l'autre cas ce ne soit pas au profit d'un héritier présomptif. Les lois de cette époque déclarèrent nulles toutes dispositions faites depuis le 14 juillet 1789 par les parents au préjudice de leurs enfants, par les collatéraux au préjudice de leurs collaté-

---

(1) Décret du 7-11 mars 1793.
(2) Décret du 17 nivôse an II, art. 9. — Décret du 5 brumaire an II, art. 9.
(3) *C. C.*, art. 843, 844, 845, 920.

raux (1). Sous le Consulat, on abandonna le système démocratique de la loi de nivôse. Une loi du 4 germinal an VIII fixa la quotité disponible au quart des biens pour le donateur qui avait moins de quatre enfants et à une part d'enfant pour celui qui avait quatre enfants ou un plus grand nombre; elle permit de donner cette part à l'un des héritiers présomptifs, avec dispense du rapport; elle admit, comme le droit romain, une légitime au profit des ascendants et des collatéraux (2).

Le Code a repoussé aussi l'égalité absolue lorsque le testateur a manifesté une volonté contraire. Comme la loi de germinal, il permet de donner la portion disponible à l'un des héritiers, par préciput et hors part ou avec dispense du rapport. Mais il a élevé la quotité de cette portion; elle comprend une part d'enfant quand le disposant laisse moins de quatre enfants, et toujours le quart quand il laisse quatre enfants ou un plus grand nombre; le Code s'éloigne plus que la loi de germinal du principe de l'égalité; il est moins démocratique. Quand il y a des ascendants dans les deux lignes, la part disponible est de moitié; elle est des trois quarts s'il n'y a d'ascendants que dans une ligne. Les collatéraux n'ont droit à aucune portion réservée (3).

Le système du Code sur la quotité disponible et sur la légitime diffère donc essentiellement de celui du droit coutumier. L'abolition des propres de succession a entraîné celle de la réserve ou légitime coutumière qui ne portait que sur les propres, au profit des parents lignagers du côté dont provenaient ces biens. La portion réservée s'applique à l'ensemble du patrimoine, comme en droit romain; c'est donc une légitime de droit qui a pour but d'assurer l'existence des enfants ou des ascendants et non une légitime coutumière destinée à maintenir les biens dans la famille. D'un autre côté, le Code ne réserve aucune part légitime aux frères et sœurs du disposant, tandis que le droit des Novelles leur en accordait une. La

---

(1) Décret du 17 nivôse an II, art 16. — Décret du 5 brumaire an II, art. 11, 12, 13. — Déc. du 17 brumaire an II, art. 16.
(2) Loi du 4 germinal an VIII, art. 1, 6.
(3) C. C., art. 913, 914, 915, 916.

quotité de la portion disponible n'est pas la même qu'en droit romain.

Le Code a fait revivre le partage anticipé fait par les père et mère ou autres ascendants à leurs enfants et descendants, ancienne institution d'abord venue du droit romain et adoptée par plusieurs coutumes. L'ordonnance de 1735 avait admis ce mode de partage, elle l'avait assimilé aux donations testamentaires et dispensé cependant de quelques-unes des formes exigées pour les testaments (1). La loi de nivôse abolit le partage anticipé qui était sous l'ancien droit un moyen d'avantager un héritier au préjudice des autres. Sous la loi actuelle, le partage d'ascendant peut se faire soit par acte entre vifs, soit par testament; il n'a pas de règles propres, il est soumis soit aux formalités des donations, soit à celles des testaments, suivant le mode que le disposant a cru devoir adopter. Pour éviter que le partage anticipé ne devienne un moyen indirect d'avantager un héritier au-delà des limites permises, la loi décide que le partage sera nul pour le tout, s'il n'a pas été fait entre tous les enfants qui existeront au moment du décès de l'ascendant et les descendants des enfants prédécédés. Le partage peut être attaqué s'il y a lésion du plus du quart, ou si, par l'effet de dispositions par préciput, un des cohéritiers a reçu un avantage plus grand que la loi ne le permet. Les biens qui n'ont pas été compris dans le partage doivent l'être après le décès du testateur. Enfin le partage fait entre vifs ne peut comprendre, suivant la règle générale, que des biens présents (2).

L'institution contractuelle fut supprimée par les lois révolutionnaires. Le décret du 7 mars 1793 abolit pour l'avenir la faculté de disposer de cette manière en faveur de l'héritier direct. Les anciennes institutions faites avant le 14 juillet 1789, comprenant des biens présents et à venir et dont l'auteur vivait encore à cette époque, furent réduites par la loi de nivôse aux biens présents : les institutions contractuelles et les donations à cause de mort, postérieures au 14 juillet 1789 et dont l'auteur n'était pas mort à cette époque,

---

(1) Ord. de 1735, sur les testaments, art. 15, 16.
(2) *C. C.*, art. 1075 et suiv.

furent annulées. Mais on excepta de cette annulation rétroactive, celles faites par contrat de mariage avant le décret de brumaire an V; elles furent seulement soumises au rapport (1).

La faveur dont le mariage doit jouir a fait rétablir dans nos lois l'institution contractuelle. Le Code permet à toute personne parente ou étrangère de donner par contrat de mariage tout ou partie des biens qu'elle laissera au jour de son décès, tant au profit des époux qu'au profit des enfants à naître du mariage dans le cas où le donateur survivrait à l'époux donataire. Le donateur ne peut plus ensuite disposer à titre gratuit des objets compris dans la donation, si ce n'est pour sommes modiques (2). On peut donc aujourd'hui, par contrat de mariage, disposer de ses biens à titre universel et se désigner un héritier, comme sous l'ancien droit français, contrairement au droit romain. Les époux peuvent aussi disposer au profit l'un de l'autre, en forme d'institution contractuelle (3).

Les donations par contrat de mariage admettent de nombreuses exceptions aux règles générales en matière de donation ; elles ne sont pas soumises à la règle *donner et retenir ne vaut* ni aux conséquences qui en découlent (4).

Les substitutions, institution tout aristocratique, ne pouvaient être admises dans le système des lois révolutionnaires. Le décret du 25 octobre 1792 interdit pour l'avenir les substitutions, abolit celles qui n'étaient pas encore ouvertes à l'époque de la publication de la loi, et déclara que les substitutions ouvertes ne produiraient d'effet qu'en faveur des appelés qui auraient alors recueilli les biens substitués ou le droit de les réclamer (5). Le Code a confirmé ces dispositions prohibitives; aux termes de l'art. 896, toute disposition par laquelle le donataire, l'héritier institué ou le légataire est chargé de conserver et de rendre à un tiers est nulle, même à l'égard du donataire, de l'héritier institué ou du légataire. Cette prohibition ne s'applique du reste qu'aux substitutions fidéicom-

---

(1) Décret du 17 nivôse an II, art. 1, 2, 15.
(2) C. C., art. 1082, 1083.
(3) Id., art. 1093.
(4) Id., art. 959, 960, 1084, 1086, 1087.
(5) Décret du 25 octobre-15 novembre 1792.

missaires. La loi ne considère point comme une substitution la disposition par laquelle un tiers est appelé à profiter d'un legs ou d'un don que l'institué n'a pu recueillir. Donner la nu-propriété à l'un et l'usufruit à l'autre n'est pas non plus une substitution (1).

Le Code admet toutefois une exception au principe de la prohibition des substitutions. Aux termes des articles 1048 et 1049, il est permis aux père et mère de donner la quotité disponible, en tout ou en partie, à un ou à plusieurs de leurs enfants, par acte entre vifs ou testamentaire, avec la charge de rendre ces biens aux enfants nés ou à naître des donataires, mais au premier degré seulement. De même un donateur ou testateur peut donner la quotité disponible à ses frères et sœurs, sous la même charge et aux mêmes conditions; mais cette donation en ligne collatérale est sujette à révocation s'il survient des enfants au donateur. Les rédacteurs du Code, tout en permettant ces dispositions qui sont de véritables substitutions, ont évité cependant d'employer ce mot; ils les appellent *dispositions permises*. En outre, la charge de restituer doit être imposée au profit de tous les enfants nés et à naître du grevé, sans exception ni préférence d'âge ou de sexe, à peine de nullité de la disposition (2). Ces restrictions montrent l'objet des dispositions permises. Elles n'ont pas pour but de maintenir indéfiniment les biens dans la famille, car elles ne peuvent dépasser un seul degré de substitution; elles ne peuvent concentrer la propriété dans la branche aînée ou masculine, puisqu'elles n'admettent aucune préférence d'âge ni de sexe; leur objet unique est de permettre à un chef de famille d'assurer l'existence de ses petits-fils ou de ses neveux en frappant d'inaliénabilité les biens qu'il délaisse soit à un fils, soit à un frère dissipateur. Ces dispositions sont soumises aux formalités imposées aux substitutions par l'ordonnance de 1747 (3).

Le rétablissement des apanages, des dotations et des majorats fut une nouvelle exception pour la disposition prohibitive du Code en matière de substitution. Un majorat ou un apanage n'est autre

---

(1) *C. C.*, art. 896, 898, 899.
(2) *Id.*, art. 897, 1048, 1049, 1050.
(3) *Id.*, art. 1052 et suiv.

chose, en effet, qu'un bien substitué à perpétuité (1). Cette exception était faite dans un but tout différent de celui des articles 1048 et suivants, puisque les majorats devaient être indéfiniment frappés d'inaliénabilité et transmissibles seulement aux aînés mâles, à l'exclusion des filles. Mais les majorats étaient soumis à l'approbation du gouvernement et devaient comprendre des biens d'une grande valeur ; peu de personnes pouvaient en faire ériger ; le principe prohibitif du Code s'appliquait donc encore à la plus grande partie de la fortune publique. Sous la Restauration, on changea le principe même et l'exception devint la règle. La loi du 17 mai 1826 permit de disposer de la quotité disponible, en tout ou en partie, par acte entre vifs ou testamentaire, avec charge de rendre les biens compris dans la disposition à un ou à plusieurs enfants du donataire nés ou à naître, jusqu'au deuxième degré inclusivement, en suivant les formalités prescrites par les articles 1051 et suivants du Code. Cette loi diffère de la législation impériale en plusieurs points : elle autorise toute personne à faire une substitution et l'étend à deux degrés ; elle permet de disposer en faveur de l'un des enfants du grevé exclusivement ; elle reproduit donc à peu près le système de l'ordonnance de 1747. La loi de 1826 diffère en outre des décrets relatifs aux majorats, en ce qu'elle ne fixe pas la valeur du revenu que devront produire les biens substitués et ne soumet pas l'acte à l'approbation du gouvernement ; elle a donc étendu d'une manière considérable la faculté de substituer.

Mais cette loi n'est pas restée longtemps en vigueur ; elle a été abrogée, après la révolution de février, par celle du 7 mai 1849. Aux termes de cette dernière loi, les substitutions sont interdites pour l'avenir ; celles déjà établies sont maintenues au profit de tous les appelés nés ou conçus lors de la promulgation de la loi. Lorsqu'une substitution doit être recueillie par un ou plusieurs de ces appelés, elle profitera à tous les autres appelés du même degré ou à leurs représentants dans le cas même où ils ne seraient pas nés au moment de la promulgation de la loi (2). Par cette disposi-

(1) C. C., art. 896, n° 3.
(2) Loi du 7 mai 1849, art. 8, 9.

tion transitoire, le législateur de 1849 a repoussé le système de rétroactivité qu'avait jadis suivi la Convention dans ses décrets contre les institutions aristocratiques ; il a respecté au contraire les droits acquis. L'abrogation de la loi de 1826 et l'abolition des majorats ont fait revivre le système primitif du Code. Aujourd'hui, il n'est plus permis de disposer à charge de conserver et de rendre que dans les cas prévus par les articles 1048 et suivants et en se conformant aux conditions qu'ils imposent au disposant. La législation sur les substitutions, dernier débris du système aristocratique de nos anciennes lois, a donc subi dans ses variations l'influence de tous les chàngements politiques survenus en France depuis la fin du dernier siècle.

CHAPITRE XII.

Résumé.

La législation française n'est pas l'œuvre spontanée des rédacteurs du Code Napoléon ; elle s'est développée lentement pendant la suite des siècles et ses variations n'ont été que la conséquence de l'état de la société ; elle ne dérive pas d'une source unique, mais elle a subi des influences diverses.

L'église catholique et le droit canonique ont imprimé des traces profondes dans la civilisation moderne et dans le droit français. La race romaine et la race tudesque, qui ont dominé successivement sur le sol de la Gaule, ont contribué l'une et l'autre à la formation du droit français, comme à celle de la nation elle-même. Les diverses formes politiques qui ont régi notre pays, la féodalité, la monarchie absolue et la démocratie moderne ont apporté de profondes modifications à l'état social de la France et par suite à ses lois et à ses coutumes. Les universités ont répandu partout la science du droit romain que les parlements ont mise en pratique. Les légistes imbus des idées romaines ont puissamment concouru à la constitution du pouvoir absolu et introduit dans l'ancienne législation d'importantes réformes.

Nous avons cherché à caractériser l'influence de la féodalité sur le droit français et à constater l'action exercée par les légistes, ses habiles et constants ennemis, sur le développement de notre législation. Il ne nous reste plus qu'à résumer ce double travail.

La féodalité cache ses origines dans la nuit des temps. Lorsque les peuplades tudesques étaient encore cantonnées en Germanie, chaque chef de tribu vivait au fond des forêts. Autour de lui se groupaient ses parents, toujours unis par la commune obligation des vengeances de famille et du serment judiciaire, puis ses compagnons de guerre, qui partageaient sa vie aventureuse, ses festins et ses courses de pillage ; enfin ses lides ou colons, livrés à la culture des terres que dédaignaient les hommes libres. Après la conquête des provinces romaines, les Germains conservèrent sur le sol soumis à leur domination leurs mœurs et leurs usages; les rois francs et les anciens chefs des tribus et des bandes germaniques, enrichis des dépouilles du fisc romain, continuèrent à mener le même genre de vie. Ils concédèrent à leurs hommes tantôt à titre de bénéfices, ou de fiefs, tantôt à titre de précaires ou de censives, les domaines que le sort des armes leur avait donnés. Ils exerçaient sur leurs vassaux, sur leurs colons, sur leur serfs un patronage étroit et une sorte de souveraineté.

Les nobles gallo-romains possédaient aussi de vastes domaines que cultivaient de nombreuses troupes de clients, de colons et de serfs; ils finirent par adopter les mœurs des barbares, par vivre comme eux au milieu des guerres privées et des vengeances de famille. La législation romaine, qui régissait les anciens habitants du pays, s'altéra au contact des coutumes franques, et le régime municipal, d'abord conservé, fut à la fin absorbé par de nouvelles institutions.

Les évêchés, les abbayes, les chapitres gratifiés par les rois de nombreuses donations, exemptés en vertu des chartes d'immunité de la juridiction séculière, réunissaient la puissance temporelle à la puissance spirituelle et exerçaient tous les droits de la souveraineté sur leurs immenses possessions.

Les ducs et les comtes, gouverneurs des provinces, investis à la fois du pouvoir politique, militaire, judiciaire et fiscal, se rendirent indépendants et héréditaires, au milieu des troubles de l'époque carlovingienne. Ils devinrent souverains de leurs petits États et transmirent à leurs familles, comme des propriétés privées, les territoires qu'ils régissaient. Ils faisaient rendre la justice à leurs sujets et les conduisaient au combat ; ils levaient sur eux les impôts que les officiers romains percevaient jadis au profit du fisc public, et qui se transformèrent en redevances seigneuriales.

Ils inféodèrent à leurs vassaux des domaines, des châteaux, des villes, les produits des redevances fiscales, le droit de justice et le gouvernement des vigueries et des prévôtés de leurs États. La société ne se composa plus que de seigneurs et de vassaux ; l'état des terres et celui des personnes furent soumis à la hiérarchie féodale ; la plupart des alleux furent transformés en fiefs et les propriétaires devinrent seigneurs féodaux de leurs serfs et de leurs censitaires.

Dans cette multitude d'inféodations et de sous-inféodations, il n'y eut pendant longtemps aucune règle fixe et précise, l'état des personnes et celui des terres, la faculté d'acquérir, d'aliéner ou de transmettre les fiefs et les censives dépendaient uniquement de la condition faite par le seigneur ; sa volonté était la seule loi de la tenure. Il se forma cependant à la longue au milieu de cette diversité un ensemble de principes et d'usages qui devint le droit commun de la féodalité. Les nobles eurent leur législation particulière ; les vilains eurent aussi la leur.

L'affranchissement des villes communales et des bourgeoisies, celui des serfs et des mainmortables nécessitèrent la rédaction des coutumes qui régissaient les roturiers des villes et des campagnes. Une loi fixe remplaça pour eux la volonté arbitraire du seigneur. Les tenures possédées par les cultivateurs, à titre précaire dans l'origine, devinrent héréditaires et patrimoniales ; les classes inférieures furent admises à la propriété. Il fallut constater les usages suivis pour la transmission des domaines roturiers, les rapports des époux, les successions, les testaments, etc.

Il y avait toutefois des usages communs aux nobles et aux roturiers. L'ancien droit gallo-franc, formé du mélange de la législation romaine et des coutumes germaniques, n'avait pas péri complètement. Certains principes étaient restés en vigueur à côté des principes nouveaux introduits par l'influence du régime féodal. Le vieux droit coutumier de la France atteste à la fois et la persistance des usages germaniques et les profondes modifications introduites par le régime des fiefs. La féodalité n'a pas créé d'un seul jet le système des coutumes, mais elle a marqué profondément de son empreinte toutes nos anciennes institutions.

Après plusieurs siècles de domination, le droit féodal fut l'objet de vives attaques et resta longtemps en butte à une réaction énergique. Secondant l'action puissante de la royauté, les parlements et les docteurs restreignirent peu à peu l'exercice des droits féodaux et les concentrèrent presque tous entre les mains du roi. L'unité monarchique remplaça le morcellement féodal ; l'élément romain prit le dessus sur l'élément germanique. On modifia par l'effet d'un travail lent et pour ainsi dire latent les usages primitifs de la féodalité. On considéra le droit féodal comme un droit spécial, étroit et, pour employer l'expression de nos vieux légistes, comme *un droit haineux*. Les légistes firent prévaloir le droit commun sur celui des fiefs, mirent l'équité naturelle à la place des rigueurs féodales, substituèrent les droits du vassal et ceux de sa famille aux prérogatives du seigneur, et préparèrent par leurs travaux l'unité de la législation française.

La législation moderne, malgré les modifications profondes qu'elle a subies depuis la fin du XVIIIe siècle, garde encore des traces nombreuses du mouvement que lui ont imprimé les jurisconsultes des derniers siècles. Le système féodal, il est vrai, a été renversé et les institutions qui s'y rattachaient directement ont disparu comme lui ; mais l'État a succédé aux seigneurs et exerce de nos jours plusieurs droits dont l'origine est toute féodale. Le droit politique moderne renferme encore d'importantes dispositions empruntées au régime des fiefs.

Quant au droit civil, si la législation romaine a servi de base à la théorie générale des obligations et aux règles spéciales de la plupart des contrats, c'est surtout au droit coutumier, que les rédacteurs du Code ont emprunté les règles relatives à la constitution de la famille. La puissance paternelle, l'usufruit légal des père et mère, la puissance maritale et le régime des biens entre époux, quelques principes essentiels du droit moderne en matière de succession, de donation et de testament, ainsi que l'institution contractuelle, viennent évidemment de la législation coutumière et de l'ancienne jurisprudence des légistes francais. Quoique le Code soit une transaction entre le droit écrit et les coutumes, il est cependant facile de reconnaître que ce dernier élément domine dans la partie fondamentale de notre législation civile.

Les rédacteurs de la loi moderne ne pouvaient pas en effet repousser le système créé par toute l'histoire de notre pays et développé par les longs et savants travaux de nos grands jurisconsultes. Il était impossible de briser complètement cette tradition conservée religieusement par les plus grands noms de la jurisprudence, Philippe de Navarre, Jean d'Ibelin, Pierre des Fontaines, Beaumanoir, l'auteur des Établissements de Saint-Louis, Jean Desmares, Dumoulin, Loisel, Chopin, d'Argentré, Guy Coquille, Ferrière, Brodeau et Pothier, et devant laquelle s'était inclinée la haute philosophie des Domat et des d'Aguesseau. Né sur le sol de France, avec la nation elle-même, le droit coutumier est le véritable droit français. Un peuple ne peut pas plus abandonner en un jour sa vieille législation qu'il ne peut renoncer à son caractère, à sa langue, aux œuvres de ses artistes ou de ses écrivains et à tout ce qui constitue ses souvenirs nationaux.

TABLE.

	Pages.
Préface	I
Introduction	1

LIVRE I. — Origines féodales.

CHAPITRE I. — Établissement de la féodalité.	5
CHAPITRE II. — Institutions romaines	15
CHAPITRE III. — Institutions germaniques	22
CHAPITRE IV. — Institutions gallo-franques	25
§ I. — Du gouvernement des provinces et des cités. — Des droits seigneuriaux	*Id.*
§ II. — De l'état des terres. — Des alleux	39
§ III. — Du vasselage militaire et des bénéfices. — Des nobles	41
§ IV. — Du colonat, du servage et des terres acensées.	50
CHAPITRE V. — Institutions bretonnes	62

LIVRE II. — Domination du régime féodal. — Influence de la féodalité sur le droit civil.

CHAPITRE I. — État politique de la France sous la féodalité absolue.	65
CHAPITRE II. — Des droits seigneuriaux.	74
§ I. — Souveraineté politique des seigneurs	*Id.*
§ II. — Du droit de justice.	79
§ III. — Droit de vengeance. — Guerres féodales	85
§ IV. — Droits d'aubaine, de déshérence, de bâtardise, de confiscation, de monnaie, de voirie, de banalités, etc.	91
CHAPITRE III. — De l'alleu.	100
CHAPITRE IV. — Du fief.	108
§ I. — Des différentes espèces de fiefs	*Id.*
§ II. — De l'hommage et de l'investiture. — De la possession.	109

§ III. — Des sous-inféodations 114
§ IV. — De la capacité de posséder des fiefs 117
§ V. — Du service du fief. 120
§ VI. — Du relief, du droit de quint, des aides féodales. 125
§ VII. — De la faculté d'aliéner les fiefs. — Du jeu de fief. 128
§ VIII. — Du dévest et de la tradition symbolique. . . 132
§ IX. — Du retrait féodal. 134
§ X. — De la commise ou perte du fief. 136
Chapitre V. — Des tenures roturières 140
 § I. — Des censives, soccages, bourgages, emphytéoses et tenures congéables . . . . *Id.*
 § II. — Des droits d'ensaisinement et de lods et ventes. . 145
 § III. — Du retrait censier 148
Chapitre VI. — Des tenures serviles. 152
 § I. — Des vilains et des serfs. . . . . *Id.*
 § II. — Des sources du vilenage et du servage. . . . 156
 § III. — Des affranchissements 158
 § IV. — De la mainmorte. — Du formariage. — Du droit de poursuite 159
Chapitre VII. — Du mariage féodal. 167
 § I. — Du droit de mariage . . . . *Id.*
 § II. — De la puissance maritale. 169
 § III. — Du douaire. 170
 § IV. — De la communauté 179
 § V. — Du régime dotal 191
Chapitre VIII. — Du bail et de la garde 193
 § I. — Du bail féodal . . . . *Id.*
 § II. — De la garde. 198
 § III. De la tutelle féodale. 204
Chapitre IX. — Des successions féodales 207
 § I. — Du caractère de la succession féodale . . . . *Id.*
 § II. — De la saisine héréditaire. 210
 § III. — Du droit de masculinité en ligne directe. . . . 218
 § IV. — Du droit d'aînesse en ligne directe 226
 § V. — Du parage 245
 § VI. — De la représentation 249
 § VII. — De la règle : *propres ne remontent*. — Du droit de retour 252
 § VIII. — De la succession collatérale. — Des acquêts féodaux. 256

§ IX. — Des droits de masculinité et d'aînesse en ligne collatérale 261
§ X. — Des fiefs de ligne. — De la règle : *paterna paternis, materna maternis* 264

CHAPITRE X. — Des successions roturières 272
§ I. — Du caractère de la succession roturière . . . . *Id.*
§ II. — De la saisine héréditaire 273
§ III. — Du droit d'aînesse et du droit de masculinité . . 276
§ IV. — Des droits des ascendants 285
§ V. — De la succession collatérale 287

CHAPITRE XI. — Des donations 293
§ I. — De la faculté de disposer . . . . *Id.*
§ II. — Des donations entre vifs 298
§ III. — De la réserve coutumière 300
§ IV. — Des institutions contractuelles. — Des renonciations à succession future 307
§ V. — Des substitutions. — Du retour conventionnel . . 310
§ VI. — Des dons entre époux 313

CHAPITRE XII. — Du retrait lignager 315
§ I. — De la copropriété de famille. — Assistance des héritiers présomptifs aux actes d'aliénation . . . . *Id.*
§ II. — Du droit de premesse 319
§ III. — Du retrait lignager 321

LIVRE III. — Décadence et chute de la féodalité. — Réaction des légistes contre le régime féodal.

CHAPITRE I. — Établissement de la monarchie absolue 327
CHAPITRE II. — Des droits seigneuriaux 339
§ I. — Du domaine royal . . . . *Id.*
§ II. — Du droit de justice 341
§ III. — Du droit de guerre 348
§ IV. — Des droits d'aubaine, de bâtardise, de déshérence, de confiscation, etc. 351
§ V. — De l'amortissement. — *De l'homme vivant et mourant*, etc. 358

CHAPITRE III. — De la directe royale universelle. — Des alleux . . 363
CHAPITRE IV. — De la propriété féodale 369
§ I. — Du domaine direct et du domaine utile . . . . *Id.*
§ II. — Des fiefs et des devoirs féodaux 370

§ III. — Du droit de francs-fiefs et des anoblissements. . 377
§ IV. — Des censives et des droits du seigneur censier . . 380
§ V. — Des mainmortes 385
CHAPITRE V. — Du mariage 389
CHAPITRE VI. — De la garde 393
CHAPITRE VII. — Des successions. 397
§ I. — De la saisine héréditaire . . . . *Id.*
§ II. — De la succession directe. — Des droits d'aînesse et
de masculinité. 400
§ III. — Des droits des ascendants 405
§ IV. — De la succession collatérale. 408
§ V. — Du partage 414
CHAPITRE VIII. — Des donations. 420
§ I. — Des donations entre vifs . . . . *Id.*
§ II. — Du rapport. — De la légitime. — De l'exhérédation. 424
§ III. — Des institutions contractuelles. — Des substi-
tutions 430
§ IV. — Des dons entre époux. 434
CHAPITRE IX. — Du retrait lignager. 437
CHAPITRE X. — Rapports du droit moderne avec le droit féodal . . . 442
§ I. — De la succession au trône. — Des dotations. — Des
majorats et des titres. . . . . *Id.*
§ II. — Des droits de justice, d'aubaine, de déshérence,
de confiscation, d'épaves, etc. 446
§ III. — Des droits de mutation 451
CHAPITRE XI. — Rapports du droit moderne avec le droit coutumier. 454
§ I. — De la propriété. — De l'état des personnes. . . . *Id.*
§ II. — Du régime matrimonial. 458
§ III. — De la puissance paternelle. 461
§ IV. — Des successions 464
§ V. — Des donations 471
CHAPITRE XII. — Résumé 480

FIN DE LA TABLE.

SAUMUR, IMP. DE P. GODET. — [875 2)

ERRATA.

Page 67, ligne 1re, au lieu de *du règne*, lisez : *au règne*.
Page 156, ligne 1re, au lieu de *celles*, lisez : *celle*.
Page 158, ligne 6, au lieu de *étaient*, lisez : *était*.

OUVRAGES DU MÊME AUTEUR.

De l'influence du droit canonique sur la législation française (Mémoire couronné par l'Académie de législation de Toulouse, en 1855).

Les Formules angevines, étude sur la législation mérovingienne en Anjou.

www.ingramcontent.com/pod-product-compliance
Lightning Source LLC
Chambersburg PA
CBHW060230230426
43664CB00011B/1601